O girassol que nos tinge

FÓSFORO

OSCAR PILAGALLO

O girassol que nos tinge

Uma história das Diretas Já, o maior
movimento popular do Brasil

Para Beatriz e Sofia

Queremos usar o amarelo das flores sem medo, o girassol amarelo que nos guia, tinge e alimenta.

Trecho do documento do Movimento 25 de Janeiro, lido por Esther Góes, presidente do Sindicato dos Artistas de São Paulo, em 14 de fevereiro de 1984, na Festa do Amarelo, em frente ao bar Spazio Pirandello, em São Paulo

11 APRESENTAÇÃO

PARTE 1: A COSTURA DA CONVERGÊNCIA (1982-1983)
21 O santo e os fradinhos
34 Uma emenda ignorada
46 Democracia em campo
59 Os operários do ABC
72 A folha da juventude
84 Pas de deux no palanque
96 O cristão e o lobisomem
107 Reticências à esquerda
119 O plano dos militares
132 O papel da imprensa
144 Preparando o terreno

PARTE 2: O GIRASSOL QUE NOS TINGE (1983-1984)
159 Pontapé inicial no Pacaembu
172 Ensaio geral na Boca Maldita
185 Parabéns, Sampa!
200 Queremos votar, uai!
217 Candelária, enfim
230 O vale e o planalto
243 Encarando os podres poderes
256 Capital sitiada

PARTE 3: O OUTONO DOS GENERAIS (1984-1985)
271 A ressaca cívica
283 O plano B
298 Epílogo
307 Cronologia

APÊNDICES
317 APÊNDICE 1
O peso eleitoral do "não" às diretas
349 APÊNDICE 2
Retratos atualizados
360 APÊNDICE 3
A harmonia do frevo

363 AGRADECIMENTOS

365 NOTAS
384 REFERÊNCIAS BIBLIOGRÁFICAS
391 CRÉDITO DAS IMAGENS
394 ÍNDICE REMISSIVO

Apresentação

A história contemporânea do Brasil tem sido pontuada por manifestações que, independentemente da cor ideológica, levaram milhares de pessoas às ruas dos principais centros urbanos do país. Em 1964, a Marcha da Família com Deus pela Liberdade representou o apoio do segmento mais conservador da sociedade ao golpe militar. Em 1968, a Passeata dos Cem Mil, com a participação de artistas e intelectuais, enfrentou a ditadura pouco antes dos "anos de chumbo". Encerrado o ciclo autoritário, os brasileiros voltaram às ruas em 1992 para pedir o impeachment do presidente Fernando Collor de Mello. Mais recentemente, em 2013, uma parcela da população protagonizou as Jornadas de Junho, com a deflagração de um processo que, três anos mais tarde, levaria à derrubada do governo de Dilma Rousseff. São alguns exemplos da influência das ruas.

A campanha das Diretas Já está inscrita em relevo nessa dinâmica que torna audível a voz insurgente contra governos, sejam eles de direita ou de esquerda. O movimento se destaca dos congêneres por algumas razões. Em primeiro lugar por ter sido, apesar de sua derrota no Congresso, o marco inaugural do mais longo período de obediência às regras democráticas na República brasileira. Iniciado em março de 1983, com a apresentação da emenda constitucional que propunha eleições diretas para presidente, e concluído em janeiro de 1985, com a eleição indireta de um civil de oposição, o movimento foi determinante para o modo como se deu o fim da ditadura.

Pode-se argumentar, em sentido contrário, que, com ou sem Diretas, a ditadura estava fadada ao ocaso iminente. É verdade. Os sinais de esgotamento do regime vinham de todos os lados. Vinham da economia, desarranjada pela espiral inflacionária e pela recessão brutal, e da política, com o acirramento das disputas internas no governo, entre os defensores da abertura e os da linha dura. Sem as Diretas, porém, o desfecho se encaminhava para a última etapa de uma autorreforma que dispensava a participação da sociedade, salvo pela indicação de sua vontade nas urnas em pleitos para outros níveis de governo, como para os poderes legislativos e os executivos estaduais. É impossível, no entanto, saber em que teria desembocado o script oficial, a não ser recorrendo à especulação amparada no condicional, um tempo verbal acertadamente proscrito da narrativa histórica. Fato é que, apesar da derrota da emenda, imposta por um Congresso dominado por governistas, a campanha das Diretas Já logrou o intento de fazer avançar a democracia no país.

Entre os outros motivos pelos quais a campanha das Diretas deve ser tratada como caso único, podem ser citadas as particularidades de conteúdo, forma, tamanho, grau de consenso e natureza. Vejamos cada uma delas.

Em geral, atos públicos enfatizam aquilo que são contra: o arbítrio, a carestia, a corrupção. No caso das Diretas, o movimento focou o que era a favor. O conteúdo, portanto, foi mais propositivo (a favor da eleição) do que reativo (contra a ditadura), embora as duas características fossem evidentemente inseparáveis. A campanha também se diferenciou pela forma, com contribuições impactantes de artistas, compositores, militantes, atletas, chargistas, publicitários, poetas, jornalistas. A criatividade vazava por slogans matadores, músicas empolgantes, performances modernistas e manifestos poéticos, o que emprestava uma dimensão estética à questão política.

Quanto ao tamanho, foi o maior movimento de massa da história brasileira, antes ou depois de 1984. Não há dúvida de que, por interesse político dos organizadores, as estimativas de público nos mais de quarenta comícios foram inflacionadas. Os quase 5 milhões de manifestantes calculados à época são um exagero posteriormente reconhecido. Ainda assim, nenhuma outra causa reuniu tanta gente no Brasil. O número exato — de resto, hoje impossível de ser calculado — tem importância limitada. Diante da dúvida, o então governador de São Paulo, Franco Montoro, fez bom uso da retórica na largada dos megacomícios ao dizer no palanque montado na Sé, no aniversário da cidade em 25 de janeiro de 1984: "Aqui na praça estão as esperanças de 130 milhões de brasileiros".

A resposta dele remete ao penúltimo item da lista de predicados que fizeram das Diretas um evento raro: o elevado grau de consenso com relação à emenda. À exceção da franja mais à direita da sociedade e dos poucos que gravitavam em torno do núcleo do poder, a população em peso apoiava a reivindicação. As divergências ficavam mais por conta das implicações políticas da logística da festa cívica. Entusiasta das Diretas, Henfil, por exemplo, torcia o nariz para a grandiosidade dos megaeventos patrocinados por governos estaduais de oposição, com clima de superprodução, efeitos de iluminação e crachás para personalidades. "Vão acabar precisando da direita para bancar o espetáculo", alertava o cartunista, receoso de que a pirotecnia visual reforçasse a supremacia dos esquemas dos partidos.[1]

A preocupação de Henfil procedia. Tinha a ver com a natureza do movimento — a última, mas não menos importante particularidade das Diretas. Sua observação destaca o protagonismo das multidões, em contraste com o papel coadjuvante que desempenharam em outras encruzilhadas da vida nacional. Há duas interpretações sobre a participação popular na campanha das Diretas. Uma, fundada na leitura dos bastidores, identifica a subordinação das ruas à estratégia eleitoral dos governadores de oposição — Tancredo Neves, em Minas Gerais, Franco Montoro, em São Paulo, e Leonel Brizola, no Rio de Janeiro — que tinham um olho em seus estados e outro no Palácio do Planalto. A outra interpretação, a partir das evidências manifestadas a céu aberto, aposta numa dinâmica própria das massas em movimento, independente da política tradicional dos partidos e que se retroalimentava com a força crescente da campanha.

Se isoladas, as explicações soam reducionistas. A primeira é exageradamente maquiavélica, por atribuir aos príncipes da oposição poderes que estariam além de seu controle. A segunda é quase ingênua, por se aproximar da hipótese de combustão social espontânea, algo raro fora de um contexto pré-revolucionário. Mas o fato é que as interpretações não se excluem. Ao contrário, articulação política e voluntarismo popular são fatores complementares. Observada de longe, com o benefício do olhar em retrospecto, a campanha emerge como resultante da relação simbiótica entre o gabinete e a praça. *O girassol que nos tinge* encampa essa perspectiva: a de que o movimento se deu de cima para baixo, de baixo para cima, da esquerda para a direita, da direita para a esquerda, numa profusão de pressões concomitantes (mas não equivalentes em intensidade), que ajudaram a moldar aquele momento político. A voz do palanque e do público era uma só.

O conceito de massa de manobra, implícito na tese da manipulação da vontade popular, é estranho ao universo das Diretas. A campanha pode ter sido um movimento orquestrado, sim, mas em vários momentos foi a banda — e não este ou aquele maestro — que ditou o andamento da música, acrescentando-lhe compassos. Assim, o que talvez não passasse de uma previsível marchinha de coreto transformou-se numa prolongada improvisação jazzística sobre o tema central. Sem desconsiderar a partitura, este livro procura ouvir o som da rua.

As Diretas Já ocupam lugar central na história contemporânea do Brasil. Além de colocar o povo na equação que produziu o fim da ditadura, a campanha testemunhou a ascensão de lideranças que dominariam a cena política no período da redemocratização. Os dois presidentes mais longevos desde 1985 foram Fernando Henrique Cardoso e Luiz Inácio Lula da Silva, assíduos frequentadores dos palanques das Diretas.

A historiografia tem abordado extensamente o fenômeno do movimento, dando-lhe o peso devido na formação da consciência nacional. Não há, na literatura sobre o último meio século da política brasileira, obra relevante que ignore a importância do fenômeno.

Alguns livros se debruçaram sobre a campanha e seus desdobramentos imediatos. Cinco deles merecem registro. *Explode um novo Brasil*, de Ricardo Kotscho, finalizado pouco antes do resultado da votação da emenda, é uma coletânea de reportagens que o "cronista das Diretas" escreveu para a *Folha de S.Paulo*, o veículo que mais se engajou no movimento. Tem a temperatura alta do jornal do dia. *Diretas Já: 15 meses que abalaram a ditadura* (2004), de Dante de Oliveira, propositor da emenda das diretas, e Domingos Leonelli, é o mais minucioso e exaustivo trabalho sobre o período. Reflete a visão da esquerda do PMDB, à qual os autores estavam alinhados. Com enfoque mais acadêmico, *A campanha das Diretas e a democratização* (2007), de Edison Bertoncelo, aborda o movimento social suscitado pela campanha. *O complô que elegeu Tancredo*, de cinco jornalistas do *Jornal do Brasil*,[2] pega a narrativa do ponto em que os dois primeiros livros a deixaram e conta os bastidores da eleição indireta, uma história escrita a quente, ainda em 1985. Por fim, *Diretas Já: o grito preso na garganta*, de Alberto Tosi Rodrigues, publicado vinte anos depois do movimento, pela Fundação Perseu Abramo, vinculada ao Partido dos Trabalhadores (PT), é mais interpretativo. Sustenta a tese, prevalente no campo progressista, de que o desfecho conciliatório acabou se dando "pelo alto".

Quase quarenta anos após a campanha, a maioria dos brasileiros não tem lembrança própria daqueles comícios apoteóticos. Em 1984, três quartos da população atual não era nascida ou tinha menos de dez anos, faixa etária em que as eventuais recordações não compõem exatamente uma visão de mundo. Depois de tanto tempo, a ditadura — o pano de fundo em que a ação pró-democracia se desenrolou — é uma "passagem desbotada na memória/ das nossas novas gerações", como diz o samba "Vai passar", de Chico Buarque, associado às Diretas. Talvez seja oportuno, portanto, devolver à memória coletiva as cores daquela história, sobretudo "o amarelo das flores sem medo", como propõe o manifesto dos artistas que suscitou o título deste livro.

Sem ser uma tentativa de reconstituição factual dos acontecimentos — até porque a descrição de comícios tenderia ao monótono —, *O girassol que nos tinge* procura delinear o ambiente político e cultural em que se moviam seus personagens, de caciques da oposição a indígenas ativistas, dos responsáveis pela trilha sonora das Diretas aos autores das mais ousadas performances, além de atletas, atrizes, cantoras, maestros, intelectuais, estudantes, operários e militantes do movimento negro, entre outros grupos.

O resgate do fator humano é o foco da primeira parte do livro, que trata também das instituições que tomaram parte no jogo, como a imprensa e as Forças Armadas. Na segunda parte, mais obediente à cronologia, os megacomícios daquele verão cívico servem como marcos temporais de uma ação que transborda dos palanques para os espaços da vida pública. A última parte, sobre o pós-Diretas, tem como fio condutor o saldo da campanha, um trunfo usado nas negociações durante o outono dos generais.

Testemunhei a campanha das Diretas Já a partir de um posto de observação privilegiado: a redação da *Folha de S. Paulo*. Presenciei o histórico comício da Sé, de onde voltei para a sede do jornal, molhado de chuva e suor, para integrar a equipe, de setenta jornalistas e quatro diagramadores, que produziria e editaria o material da cobertura espalhado ao longo de mais de dez páginas.[3] Mas, embora as recordações pessoais possam ter trazido à tona, aqui e ali, algum detalhe do movimento, este relato não se baseia em memorialismo. Nem se vale de novos depoimentos, salvo aqueles tomados para sanar dúvidas surgidas a partir de versões contraditórias de determinados pontos da história. A narrativa que segue está apoiada principalmente no registro jornalístico da época e na bibliografia sobre os personagens da história.

Laurentino Gomes termina o seu *1889* cobrindo as Diretas Já com a glória que a Proclamação da República nunca teve. "A campanha abriu caminho para que a República pudesse, finalmente, incorporar o povo na construção de seu futuro", anota o jornalista e escritor.⁴ Não se trata da Nova República da propaganda de Tancredo, erguida sobre o que sobrara das Diretas. Trata-se de uma Nova Proclamação. É essa a história que se quer contar aqui: a de um povo que, depois de assistir bestializado ao golpe militar de quase cem anos antes, tenta tomar as rédeas do próprio destino.

PARTE 1

A costura da convergência
(1982-1983)

O santo e os fradinhos

No final dos anos 1970, com o Brasil mergulhado numa ditadura militar que ora dava sinais de exaustão, ora ameaçava perpetuar o autoritarismo, Henfil ouviu de um interlocutor o conselho de prestar atenção nos movimentos de Teotônio Vilela. Com a rudeza de nordestino arretado, o senador vinha peitando os mais altos mandatários do regime. Já o insolente cartunista, mineiro de nascença e por temperamento, um dos críticos mais ácidos e debochados dos homens da caserna, levantou uma sobrancelha de dúvida.

"Ele é da Arena. Será que não é jogo de cena?"[1]

A desconfiança do artista que emprestou seu traço indócil e genial à luta pela redemocratização não era sem razão de ser. Afinal, por mais que se mostrasse um estranho no ninho governista, o parlamentar não deixava de ser membro do partido que, havia mais de uma década, dava sustentação aos generais que se revezavam na Presidência da República, deixando atrás de si um rastro de arbítrio e de violações aos direitos humanos.

Com seu rabisco nervoso, que captava só o essencial do personagem, do movimento, do clima, Henfil deu cara a uma época — a que marcou a transição de uma ditadura quase morta para uma democracia mais que torta. Não é exagero afirmar que ele se impôs como referência obrigatória entre os críticos do governo, que, naquela altura, já formavam folgada maioria. Evidência de sua posição central na cena cultural e política do país foi ter sido citado por Aldir Blanc na letra de "O bêbado e a equilibrista", lançada em 1979 como o hino da Anistia, assinada naquele ano. O verso sobre "a volta do irmão do Henfil" — o sociólogo Herbert José de Souza, o Betinho — aludia à repatriação de tanta gente que, nos anos de chumbo, havia partido para o exílio, "num rabo de foguete".

Henfil nascera em 1962, aos dezoito anos, quando começou a desenhar para a revista *Alterosa*, de Belo Horizonte. Foi batizado por Roberto Drummond, diretor de redação e mais tarde escritor de sucesso, para quem Henrique de Souza Filho precisava de um nome artístico.[2] "Horrível", reagiu o moleque à ideia de fundir seu nome e sobrenome, mas logo percebeu que não se tratava de mera sugestão e assumiu, desde então, a assinatura que ficaria vinculada a um humor cáustico contra os poderosos.

Com os primeiros personagens, criados logo após o golpe de 1964, Henfil investiu na crítica dos costumes. Embora já fosse precocemente politizado pela convivência familiar marcada pelo viés de esquerda, os tempos eram bicudos para tratar sem rodeios de política, sobretudo numa publicação de propriedade de um conspirador como o banqueiro Magalhães Pinto. Surgiram assim os Fradinhos, ou Fradins, a última sílaba engolida à mineira. Com temperamentos contrastantes, os dois — Cumprido, carola e tolerante; e Baixinho, ou Baixim, provocador e sarcástico — refletiam algo de seu multifacetado autor.

Cartunista de prestígio local, em 1967 Henfil pegou um ônibus para o Rio de Janeiro, onde ganharia projeção em todo o país. Trabalhou em *O Sol*, jornal cantado por Caetano Veloso em "Alegria, alegria" ("*O Sol* nas bancas de revista/ me enche de alegria e preguiça"), e a partir de 1969, com a estreia de *O Pasquim*, o hebdomadário anárquico que inovou ao usar o escárnio para criticar o regime, cavou a trincheira onde alcançaria a fama.

Lá, e também nas páginas do então importante *Jornal do Brasil* e outros veículos em que colaborava simultaneamente, criou uma galeria de tipos antológicos, com destaque para a Turma da Caatinga, como o Capitão Zeferino, típico cabra macho nordestino; o Bode Orelana, que literalmente devora livros, numa crítica à censura prévia; e a Graúna, que vivia ridicularizando as iniciativas de combate à seca e o desenvolvimento do Sul Maravilha. Em outubro de 1975 concebeu, junto com o jornalista e amigo Tárik de Souza, o personagem que melhor traduziu o medo generalizado diante das incertezas do processo de distensão política, com seus avanços e recuos. A aparição de Ubaldo, o Paranoico, no entanto, acabou sendo adiada para abril do ano seguinte, porque naquele mesmo mês o assassinato do jornalista Vladimir Herzog nos porões da repressão em São Paulo indicava que a ansiedade com relação à segurança pessoal não era algo apartado da realidade.[3]

Mas o enfant terrible do "humor armado" — a expressão é dele — era radical demais para desfrutar de um cômodo consenso, mesmo entre os muitos que se divertiam diariamente com suas tirinhas impagáveis. A maior fonte de polêmicas se concentrava na seção "Cemitério dos Mortos-Vivos", no *Pasquim*, onde, no início dos anos 1970, ele enterrava artistas e intelectuais que, em sua avaliação, mostrassem qualquer sinal de simpatia com a ditadura ou mesmo que não aproveitassem a visibilidade que tinham para desancar o regime. Entre as vítimas, figuraram o cantor Wilson Simonal, o sociólogo Gilberto Freyre, a apresentadora Hebe Camargo, o cartola João Havelange, o enxadrista Mequinho, o poeta Décio Pignatari, os integrantes da banda Os Incríveis... A lista era enorme, heterogênea e sempre idiossincrática. Às vezes injusta também. Causou espécie entre os bem pensantes, por exemplo, o cancelamento, como se diz hoje, da escritora Clarice Lispector e de Elis Regina — justamente ela que, anos mais tarde, os dois já reaproximados, gravaria "O bêbado e a equilibrista". Nem mesmo seus colegas de redação aguentavam. Para o crítico de música Sérgio Cabral — homem de esquerda, pai do encrencado futuro governador do Rio — Henfil tinha se tornado um "Robespierre da Praça da Cruz Vermelha".[4]

O cartunista encarnava um personagem messiânico e sem um pingo de paciência. O messianismo seria decorrente da influência da militância da esquerda católica dos idos da adolescência, de acordo com uma leitura político-psicológica de Frei Betto,[5] um observador credenciado para emitir tal juízo, dada a sua própria trajetória, narrada em *Batismo de sangue*, um expoente entre as muitas memórias da luta armada publicadas no início dos anos 1980. Quanto à impaciência, é atribuída à sua perspectiva determinada desde sempre pela ameaça da proximidade da morte, devido ao fato de ser hemofílico. Os obstáculos à frente deveriam ser logo chutados de lado sem maiores hesitações, ou ele talvez não tivesse tempo para testemunhar o florescer da sociedade dos seus sonhos.

Com esse perfil irrequieto, não admira que Henfil tenha entrado de cabeça em uma das grandes polêmicas que marcaram a transição para a democracia, colocando em campos opostos os jovens adeptos da contracultura e os politizados, que, com outras denominações, se digladiavam nos auditórios dos festivais de música popular desde meados dos anos 1960. Entre os ditos alienados, de um lado, e os esquerdistas, de outro, não é difícil adivinhar a tribo na qual Henfil se integrou. Em resposta à famosa expressão cunhada por Cacá Diegues —

"patrulhas ideológicas", para estigmatizar os críticos de esquerda do seu filme *Xica da Silva* —, Henfil contrapôs o conceito de "patrulha odara", composta entre outros pelo cineasta Glauber Rocha, que escandalizara os críticos da ditadura ao endossar os termos do processo de abertura do presidente Geisel, e por Caetano Veloso, que desde 1977 inundava as rádios com a mensagem de que seu canto faria "o mundo ficar odara", palavra em iorubá que significa "tudo o que é bom".

Coerente com sua visão de mundo, Henfil não tinha dúvida em colocar a sua arte a serviço de causas e candidatos de esquerda. Em 1978, morando temporariamente em São Paulo, fez campanha para o sociólogo Fernando Henrique Cardoso, ex-professor universitário aposentado pelo AI-5 e então identificado com o campo progressista, que estreou na política na eleição daquele ano ao obter uma vaga como suplente do senador Franco Montoro, do Movimento Democrático Brasileiro (MDB), o partido da oposição consentida. Na mesma época, produziu uma cartilha para o Sindicato dos Metalúrgicos de São Bernardo e Diadema, presidido por Lula, a cara mais identificável do novo sindicalismo brasileiro.

A nitidez ideológica, a forte convicção política, a trajetória sem desvios de militante de causas populares — o conjunto de todos esses fatores tornaria difícil explicar sua aproximação com um político conservador cuja vida pública se dera à sombra de um regime que ele queria derrubar. A não ser pelo fato de que Teotônio Vilela foi um ponto fora da curva na vida nacional.

Teotônio inverteu o clichê da suposta tendência natural de acomodação do ser humano à medida que entrava nos anos: incendiário aos vinte, bombeiro aos quarenta. Sua trajetória pública foi em sentido oposto. Bombeiro durante quase toda a vida, o

O senador alagoano Teotônio Vilela, que se bandeou do partido governista para a oposição, onde se tornaria um dos maiores inspiradores das Diretas Já

alagoano se tornaria um incendiário tardio, quando beirava os sessenta.

Nascido em família de usineiros, seguiu os passos do pai enquanto engendrava uma carreira política no que havia de mais conservador em sua juventude, a União Democrática Nacional (UDN), que, em 1948, ajudou a fundar em Alagoas. Depois de uma passagem pela Assembleia Legislativa estadual, elegeu-se vice-governador em 1960. Com a extinção das legendas e a implantação do bipartidarismo, após o golpe de 1964, filia-se à Arena e obtém o primeiro mandato de senador nas eleições de 1966 para uma legislatura que seria inexpressiva. Até aí sua biografia valeria, se tanto, uma nota de rodapé na história do Brasil.

A metamorfose é deflagrada na campanha eleitoral de 1974. Depois de dez anos de ditadura, o regime passava a apresentar sinais de fadiga. Havia ficado para trás o chamado "milagre econômico" — marcado pela vigorosa expansão do PIB desde o final dos anos 1960 —, e a oposição, animada por uma classe média insatisfeita, começava a incomodar. No pleito daquele ano, o MDB quase dobrou a representação na Câmara, ficando com mais de um terço do total de deputados federais, e só não levou à vitória seus candidatos ao Senado em seis estados, Alagoas entre eles. Lá, mesmo tendo sido reeleito senador pela Arena, Teotônio afinara o discurso com o diapasão oposicionista ao denunciar o vezo liberticida dos militares no poder.

O senador, porém, seguiu acreditando no general Ernesto Geisel, que havia assumido a Presidência da República em março daquele ano disposto a levar adiante um projeto gradual e controlado de distensão política. Geisel via nas disputas internas das Forças Armadas uma ameaça latente à unidade da instituição militar, algo que queria preservar. O processo colocado em marcha também visava a uma transição negociada para a democracia, de modo a evitar o risco do que os militares entendiam como revanchismo contra membros do aparelho de repressão, responsáveis por centenas de mortes, desaparecimentos e prisões arbitrárias de presos políticos nos anos anteriores. Determinado a levar adiante seu plano, Geisel enfrentava, de um lado, a linha dura das Forças Armadas, descontente com a possibilidade de qualquer abertura política, e de outro a oposição, que, pressionada por boa parte da sociedade civil, procurava assumir o protagonismo da redemocratização.

Embora a distensão já estivesse esboçada antes da posse de Geisel, não se tratava de informação de domínio público. Formadores de opinião, a quem o governo esperava seduzir, estavam a par das intenções do Palácio do Planalto, mas o presidente, por cálculo estratégico ou aversão a entrevistas, não dava visibilidade ao assunto. Teotônio só tomaria conhecimento formal desse plano em 28 de março de 1975, pela boca do próprio Geisel. O parlamentar entrou no gabinete presidencial para uma audiência protocolar de vinte minutos e saiu depois de duas horas, convicto de que o Brasil estava prestes a dar uma guinada institucional.[6] Dias depois, reuniu a imprensa. "Deu a notícia da conversa que tivera e arvorou-se em cavaleiro andante da redemocratização", escreveu Márcio Moreira Alves, seu biógrafo, que em 1968, então deputado pelo MDB, fora acusado de ofender as Forças Armadas, tornando-se o pivô do AI-5. "A notícia ganhou as manchetes, o senador das Alagoas começou a transformar-se no Senador do Brasil."[7] Na sequência, Teotônio ocupou a tribuna para fazer seu primeiro discurso sobre a redemocratização, inaugurando, para a perplexidade de governistas e sob os aplausos da oposição, a campanha cívica que se transformaria em sua razão de viver.

Teotônio assumiu de bom grado o paralelo histórico sugerido por Moreira Alves, que o comparou a Caio Graco, senador da república romana.[8] Eleito tribuno da plebe, Graco defendeu com ardor reivindicações populares que feriam os interesses de sua própria classe social. O autor lembra que em Roma era costume que os discursos desses tribunos fossem feitos no fórum de costas para o povo, para simbolizar a submissão da plebe e do seu tribuno aos senadores. Um dia, no entanto, Caio Graco, numa estudada afronta à aristocracia, decidiu falar de frente para os cidadãos, um gesto simbólico que Teotônio, ignorando o precedente, viria a repetir.

O senador continuou fustigando o governo sem, no entanto, abandonar o barco arenista. Em 1977, a violência institucional do Pacote de Abril abalou sua crença no projeto de reforma prometido por Geisel. O presidente, com o intuito de garantir um bom resultado para o partido do governo nas eleições do ano seguinte, fechou temporariamente o Congresso para baixar uma série de inusitadas medidas autoritárias, como a criação da figura do senador indicado, logo apelidado de "senador biônico", em referência ao seriado *Cyborg: o homem de 6 milhões de dólares*, ainda fresco na memória coletiva, sobre um certo Steve Austin que, após sofrer grave acidente, fora reconstruído com implantes biônicos numa cirurgia experimental. Como o personagem, o senador não eleito era um ser artificial. Teotônio subiu em muitos decibéis o tom da crítica ao governo, mas não trocou de bancada.

Ainda na Arena, lançaria uma boia que, se abraçada por seus colegas de legenda no Congresso e no Executivo, lhes daria uma chance de redenção. Era o Projeto Brasil, um documento com propostas reformistas, que pregava um capitalismo socialmente responsável, comprometido com a redistribuição da renda que os governos militares, em especial, haviam concentrado. O texto, que se aproxima do modelo idealizado pela social-democracia europeia, condizia com as convicções liberais de Teotônio. "Ele é o udenista que os udenistas pensaram que eram", resume Moreira Alves. Mas o Projeto Brasil nunca chegou a sair do papel. Os conservadores, refratários à ousadia, não agarraram a boia, e a esquerda, com o desdém de sempre pelo reformismo, ignorou a ideia.

A essa altura, parecia evidente que a ruptura entre Teotônio e a Arena era só uma questão de tempo. Foi quando Henfil, mesmo com um pé atrás, intuiu que o comportamento do senador não era, afinal, apenas jogo de cena, como desconfiara a princípio. O ingresso de Teotônio no partido de oposição foi formalizado em 25 de abril de 1979, quatro anos após o discurso que mereceu a ovação do MDB. Embora ele estivesse a ponto de ser punido pela Arena, talvez com a expulsão, o que lhe custaria o mandato, a decisão não foi pautada pela conveniência. A oposição era o seu destino natural. "Quando Teotônio entrou no partido, ele declarou que chegava aonde já estava", diria mais tarde Ulysses Guimarães, presidente do MDB. Terminada a cerimônia, o senador disse ao líder emedebista: "Ulysses, eu sou um louco manso que perdeu o rumo do hospício. O que eu quero é que você me deixe andar por aí, deixe eu andar pelo Brasil".[9]

A andança o levaria a assumir papel de destaque em duas frentes que marcaram os anos finais da ditadura. No mesmo ano em que entrou para o MDB, tornou-se um dos mais importantes defensores de uma anistia ampla, atuando no Congresso e viajando por cadeias de todo o país para visitar presos políticos, ação que contribuiu para sensibilizar a sociedade para além do núcleo das famílias dos perseguidos e unificar a luta das várias entidades que se desentendiam sobre os termos daquele processo. "Foi ele o ponto de desaguadouro de todos os movimentos", de acordo com avaliação registrada em sua biografia.[10] No ano seguinte, na segunda frente, atuou como mediador entre empresários, governo — ambos querendo quebrar a espinha dorsal do novo sindicalismo — e os operários, durante a greve dos metalúrgicos do ABC, que levaria à prisão as lideranças do movimento, com Lula à frente. Teotônio não ficou nos gabinetes. Foi para a rua, chorou com gás lacrimogêneo, defendeu os interesses dos trabalhadores, de quem se tornou interlocutor qualificado, e ajudou a evitar um confronto sangrento que poderia ter provocado o recrudescimento da ditadura.[11]

A vida pública de Teotônio Vilela poderia ter terminado em maio de 1982, quando ele recebeu o diagnóstico de um câncer devastador no pulmão, com metástase no cérebro, e os médicos lhe deram três meses de vida após a operação a que teria que se submeter. Mas a notícia, em vez de abreviar sua carreira, o faria sonhar com a campanha à qual ficaria para sempre associado: a defesa da eleição direta para presidente da República. Se seu tempo era curto, então ele teria que acelerar o processo. Comunicou aos caciques do PMDB (a nova sigla do MDB, com o fim do bipartidarismo) que não se candidataria à reeleição no pleito daquele ano, e pôs os pés na estrada, aproveitando qualquer espaço que lhe oferecessem para falar sobre o futuro do Brasil que ele vislumbrava. Em meio a propostas diversas, que cobriam as áreas econômica, política e social, as eleições diretas — ainda sem o famoso aposto com exclamação: Já! — eram a semente de uma ideia que começava a germinar.

Na percepção de Moreira Alves, a partir do dia em que soube do fim próximo, Teotônio "foi aos poucos se transformando em uma espécie de santo cívico. [...] A presença da morte conferiu-lhe imunidades absolutas para falar o que bem entendesse". O autor comenta que as pessoas viam o sacrifício de alguém que dedicava o pouco tempo de vida que lhe restava defendendo uma causa pública como algo que purificava a política. "Como a morte unifica, a sua pregação situou-se acima dos conflitos de classe, penetrou em todas as classes, encontrou e despertou ecos na sociedade inteira."

A investidura dessa dimensão que o colocava na fronteira entre o divino e o terreno se deu sob os holofotes da TV. Em 10 de outubro de 1982, poucos meses após o diagnóstico e recém-saído do hospital, Teotônio deu uma entrevista histórica ao programa *Canal Livre*, da Bandeirantes.[12] Tinha a cara inchada pela cortisona e a cabeça calva pelas irradiações de cobalto. O país estava a um mês do pleito em que, pela primeira vez desde 1965, seriam eleitos governadores. Mas Teotônio não deixou de mencionar que, no calendário, ainda faltava a eleição para presidente. Conclamou o povo a "acreditar no impossível" e a buscar forças para "atravessar o mar Vermelho", numa referência à narrativa bíblica em que Moisés estende seu cajado para separar as águas e permitir a fuga dos israelitas rumo à Terra Prometida. Transcorrida sob o signo da emoção, a conversa terminou entre lágrimas furtivas dos entrevistadores, gente tarimbada como o suplente de senador Fernando Henrique Cardoso e Janio de Freitas, futuro colunista da *Folha de S.Paulo*.

O incendiário Henfil veste a camiseta com sua caricatura icônica de Teotônio como um Moisés redivivo, em 1984

"A partir desse programa surgiu, pelo menos nos meios intelectuais, estudantis e jornalísticos, uma espécie de culto cívico a Teotônio", anota Moreira Alves.[13]

A essa altura, a afinidade ideológica entre Teotônio e Henfil estava sedimentada. O cartunista "reconhecia no ideário do senador alguns de seus próprios valores básicos: a paixão arrebatada pela cidadania, a solidariedade aos oprimidos, o gosto pela ação direta, o desprezo por acordos e conchavos de cúpula".[14] A parceria consistia no "encontro de esperanças que as utopias acendem", na definição de Janio de Freitas, amigo de ambos.[15]

Havia também muita camaradagem entre os dois "justiceiros rebeldes", nas palavras do pesquisador de comunicação Dênis de Moraes.[16] Cada um em seu canto, falavam sempre por telefone. Numa dessas conversas, em fevereiro de 1983, Henfil notou desânimo na voz de Teotônio, anestesiado pela medicação. Aproveitou o Carnaval e foi visitar o companheiro, que se recuperava em um sítio da família em Alagoas. Henfil saiu de lá com nove horas gravadas de entrevista e "a receita para salvar o Brasil", deixando na residência bucólica, às margens da lagoa de Manguaba, um paciente que, embora em estado quase terminal, se mostrava revigorado pelo desafio a que fora submetido. O resultado do papo informal foi publicado no mês seguinte em quatro edições seguidas do *Pasquim*, tabloide que, apesar dos muitos percalços — crise financeira provocada por seguidas apreensões, racha entre colaboradores simpáticos ao PMDB e ao PDT de Leonel Brizola —, ainda mantinha um prestígio residual.

Pouco depois, Henfil imortalizaria a figura do amigo, com traços que acentuavam sua fragilidade e otimismo, num desenho icônico em que o senador — como um Moisés redivivo — brande no ar sua bengala de bambu, sob a expressão que, atribuída ao cartunista, iria capturar a imaginação do brasileiro nos meses seguintes:

"Diretas Já!"

Uma emenda ignorada

Primeiro de fevereiro de 1983, dia de festa imoderada no Congresso. Depois de dezoito anos de um sistema que aprisionava várias correntes ideológicas heterogêneas em duas legendas criadas pelo arbítrio, a instalação de uma nova legislatura naquela terça-feira marcava a volta do pluripartidarismo ao Parlamento. Mais de 4 mil pessoas tomaram o prédio da Câmara dos Deputados, manifestando-se com alarido de torcida organizada, um barulho que parecia compensar o longo período de silêncio que lhes havia sido imposto pela ditadura. Não era, ainda, o retorno à democracia, mas os políticos eleitos e suas claques aproveitavam a oportunidade para marcar o território onde, naquele ano, se enfrentariam as forças governistas — reunidas no Partido Democrático Social (PDS), sucessor da Arena — e as de oposição, pulverizadas em siglas como PMDB, PT, PDT e PTB.

O bipartidarismo nasceu e morreu por conveniência dos donos do poder. Em outubro de 1965, nasceu por meio do segundo Ato Institucional (AI-2), depois de uma derrota do governo em eleição para governadores naquele mês. No mesmo ato, aliás, o então presidente, general Castello Branco, aproveitou para acabar com as eleições diretas para presidente da República, escancarando o viés autoritário do regime que, até então, os militares procuravam escamotear com falsas promessas de rápida volta à normalidade democrática. Em novembro de 1979, o bipartidarismo morreu, com a aprovação da Lei Orgânica dos Partidos, encaminhada ao Congresso por João Figueiredo, o último general-presidente. A iniciativa visou dividir a oposição que, concentrada no MDB, obtivera vitória expressiva nas eleições do ano anterior. O começo e o fim do bipartidarismo foram, portanto, determinados pelo mesmo casuísmo.

Naquele dia de verão de 1983, a galeria da Câmara era um microcosmo da sociedade brasileira, que, embora polarizada, mostrava inequívoca inclinação crítica aos representantes do partido do governo. O deputado Paulo Maluf, que estreara na política em 1969 como prefeito de São Paulo nomeado pelo presidente-general Costa e Silva e fizera carreira à sombra da ditadura, foi vaiado "longa e impiedosamente", segundo o registro da *Folha*. Sebastião Rodrigues de Moura, mais conhecido como Major Curió, um militar que combateu a guerrilha rural do Araguaia, recorrendo a torturas e execuções, foi recebido com vaias estrepitosas e gritos de "fascista!".[1] A outros representantes do partido governista foi dispensado tratamento semelhante.

Na oposição, um dos mais aplaudidos foi Ulysses Guimarães, presidente nacional do PMDB, reconhecido como timoneiro do partido desde que, em 1974, ganhara projeção ao lançar sua anticandidatura à Presidência da República, para denunciar o jogo de cartas marcadas do Colégio Eleitoral, que, previsível e obedientemente, daria os votos necessários ao general Ernesto Geisel. A ovação a Ulysses só foi menor do que a dirigida a Mário Juruna, o xavante que enfrentara a Funai de gravador em punho para registrar a palavra do "homem branco" que, como constatou, não valia grande coisa. Festejado inter-

Primeiro indígena-deputado do Brasil, o cacique Mário Juruna ergue os punhos pelas Diretas Já, que defendia em discursos em jê, o tronco linguístico de seu povo, e em português

nacionalmente por ter dois anos antes apontado abusos contra os povos indígenas no Tribunal Bertrand Russel, em Roterdã, Holanda, o cacique fora eleito pelo PDT do Rio de Janeiro. Ao tomar posse — "trajando um elegante terno azul-marinho", como notou a *Folha*, deixando transparecer um tratamento ao primeiro indígena-deputado marcado pelo viés do exotismo — Juruna pegou o microfone, falou em jê, o tronco linguístico de seu povo, e depois soltou em bom português: "Pelos índios e pelos oprimidos".[2]

A ênfase da oposição nesse dia festivo foi a defesa da Constituinte. "O juramento constitucional dos peemedebistas será prestado com a ressalva de que o partido insiste na convocação de uma Assembleia Nacional Constituinte", disse Freitas Nobre, líder do PMDB na Câmara.[3] E assim se manifestou cada um dos representantes do partido. Sobre o projeto para restabelecer a eleição direta para presidente da República — que nos meses seguintes se transformaria na cereja do bolo do processo de abertura política — nada foi dito ou registrado, embora esse passo estivesse na conta de todos, oposição e governo. A questão, que era mais "quando" do que "se", por enquanto dormitava sob o véu diáfano da indiferença parlamentar.

O bom momento da oposição, que seria reforçado no mês seguinte, com a posse dos governadores eleitos em novembro do ano anterior, era sublinhado pelo cenário internacional, que se mostrava francamente favorável à redemocratização no Brasil. Tendências políticas, é sabido, costumam ocorrer em ondas mundiais, e não isoladamente, num único país. O século 20, que testemunhara vagas totalitárias e ditatoriais, respirava um ambiente mais arejado naquela virada para os anos 1980. Da península Ibérica e de países latinos — influentes, respectivamente, pela formação cultural e proximidade geográfica — chegavam paradigmas de retorno à democracia por diferentes vias, da revolução à negociação, passando pela guerra.

Portugal saíra na frente. Quase dez anos antes, em 25 de abril de 1974, um golpe liderado por um grupo de militares de esquerda colocara fim às quatro décadas da ditadura do Estado Novo, de António Salazar até 1968, e então Marcelo Caetano. Em vez de tiros, a imagem duradoura do movimento foi a de uma mulher que ofereceu flores aos rebeldes, dando origem ao nome Revolução dos Cravos. No Brasil, que ainda vivia os anos de chumbo da ditadura, respingou alguma esperança de que os ventos que sopravam em Lisboa chegassem a Brasília. Chico Buarque se animou, pegou o violão e compôs: "Sei que estás em festa, pá!". Mas a música "Tanto mar" foi censurada. Sim, havia "léguas a nos separar", um oceano intransponível naquele momento. Quando a canção finalmente foi liberada, alguns anos depois, o compositor mudou os versos, usando o tempo verbal no passado, para adaptá-los à história, uma vez que a revolução frustrara as expectativas iniciais da esquerda: "Foi bonita a festa, pá!", diz a segunda e mais conhecida versão.

Na sequência, foi a vez da Espanha, devidamente impactada pelo que acontecia do outro lado da fronteira. Tudo começou em 1975, com a morte do general Francisco Franco, que governava o país com mão de ferro desde a vitória na guerra civil, em 1936. Assumiu o poder o rei Juan Carlos, que desempenharia o papel de fiador do processo de redemocratização. Em 1977, realizada a primeira eleição em quase meio século, partidos de todo o espectro ideológico, sindicatos e empresários assinaram o Pacto de Moncloa — o nome do palácio do governo em Madri —, considerado o marco da redemocratização espanhola. No ano seguinte entraria em vigor a Constituição que garantiu o regime democrático aos espanhóis.

No Brasil, a oposição prestava atenção ao que estava acontecendo em duas ditaduras vizinhas que cediam a pressões populares. Na primeira delas, no Uruguai, a população impôs um revés aos militares à frente de um governo autoritário desde 1973. Em novembro de 1980, um plebiscito rejeitou a proposta de reforma constitucional que procurava legitimar pelo voto o regime de exceção. Desde então, a ditadura uruguaia — proporcionalmente mais letal que as de outros países da região — começou a ruir. Cairia em 1985, com a posse do governo democrático eleito em fins do ano anterior.

Na Argentina, a queda dos militares, que teve início com a derrota na Guerra das Malvinas, em junho de 1982, foi o evento estrangeiro que mais impactou a política brasileira no período, devido ao paralelismo das duas situações. Em abril, o governo do país vizinho invadira as ilhas Malvinas — pertencentes à Grã-Bretanha, mas havia tempo reivindicadas pelos argentinos — com o claro objetivo de criar um inimigo externo para desviar a atenção da crise interna, econômica e política. Alinhados com o republicano Ronald Reagan, os militares, no poder desde 1976, acharam que contariam com o apoio dos Estados Unidos e que haveria negociação, não guerra — duas apostas erradas e que seriam fatais. As Forças Armadas, voltadas para combater a subversão, não estavam preparadas para defender as fronteiras. Em pouco mais de dois meses, o poderio britânico pôs de joelhos a Argentina, que perdeu cerca de setecentos soldados. O ânimo popular inicial virou do avesso. Todo o alto comando, inclusive o presidente, general Leopoldo Galtieri, caiu após a rendição, abrindo espaço para um acordo, selado pela Igreja Católica, com base na promessa de eleição.[4] Os militares tentaram uma última cartada, uma transição negociada que os eximisse de culpa pelas mais de 30 mil mortes durante os anos de repressão. A ideia de uma autoanistia foi rechaçada pela sociedade, que em novembro de 1982 afluiu para uma grande manifestação em defesa da democracia, obrigando o governo a marcar a data do pleito. Seria em outubro do ano seguinte.[5]

A Guerra das Malvinas havia dividido a esquerda no mundo, inclusive no Brasil. De um lado, os partidos comunistas, seguindo a orientação da União Soviética, alinharam o discurso de apoio à Argentina, contra o que tachavam de agressão do imperialismo britânico. De outro lado, a nova esquerda, atuando no campo democrático, se equilibrava numa retórica de neutralidade que, sem apoiar a Grã-Bretanha, não queria emprestar solidariedade a um país sob ditadura.[6] Logo que a guerra terminou, no entanto, as análises convergiram para o ponto de que a posição dos militares seria insustentável na Argentina.

Infantes da Marinha argentina durante a Guerra das Malvinas, 1982. A derrota para os britânicos acelera a queda da ditadura no país vizinho e influencia a redemocratização no Brasil

Lá, a eleição direta para presidente da República era só uma questão de tempo, perspectiva que certamente se refletiria no cenário político brasileiro.

A essa altura, a eleição direta no Brasil estava nos cálculos da sociedade. O processo de redemocratização avançava — ainda que lentamente e apesar dos obstáculos, devido à resistência da ala mais dura do regime — e, depois da recente eleição dos governadores, o passo seguinte, a médio prazo, seria a eleição do presidente da República. Mas, ao contrário da Argentina, por aqui a data do pleito continuava em aberto. O calendário eleitoral estava assim — indefinido e fora do foco da oposição — quando, naquela posse festiva da nova legislatura, entrou em cena um personagem obscuro que precipitaria a inclusão das diretas no topo da agenda política.

*

Deputado de primeiro mandato, o mato-grossense Dante de Oliveira, então com pouco mais de trinta anos, teve que driblar o anonimato para viabilizar a apresentação de uma emenda constitucional que, superando suas melhores expectativas, iria em breve capturar a imaginação popular, transformando-se no mote da maior campanha política da história do Brasil. Embora sua trajetória até então não permitisse antever o estrelato repentino a que seria catapultado, o peemedebista acumulara, desde a adolescência, alguma experiência com os embates da política.

Nascido numa família conservadora de Cuiabá — o pai, Sebastião de Oliveira, fora deputado estadual pela UDN —, Dante se mudou para o Rio em 1970, ao completar dezoito anos, a fim de cursar engenharia civil na Universidade Federal do Rio de Janeiro (UFRJ). Logo passaria a dividir seu tempo entre as aulas no campus da ilha do Fundão e as reuniões de uma organização clandestina, o Movimento Revolucionário 8 de Outubro (MR-8), dissidência do Partido Comunista Brasileiro que, àquela altura, reavaliava sua participação na luta armada como forma de resistência à ditadura. Batizado em homenagem ao líder comunista Che Guevara, capturado naquele dia em 1967 por militares bolivianos que o executariam em seguida, o grupo, depois de sequestrar o embaixador americano Charles Elbrick em 1969 — a ação mais espetacular da guerrilha —, decidira integrar uma frente ampla em defesa da democracia. Foi a partir da adoção da nova estratégia que o MR-8 encontraria abrigo no MDB e, mais tarde, no PMDB. A militância de Dante na organização data dessa nova fase.

Com o diploma debaixo do braço, Dante voltou à cidade natal em 1976. Mais focado em política do que em construção civil, ingressou no único partido de oposição com existência legal e concorreu a vereador. As técnicas de mobilização popular que aprendera no Rio não foram suficientes para que obtivesse os votos necessários. Derrotado, teve que se contentar com um cargo na burocracia do MDB local enquanto se preparava para nova tentativa de conquistar um mandato. Com 25 anos, visou naturalmente o eleitor jovem, mas buscou penetração também em setores populares: camponeses sem-terra e pequenos produtores rurais, sobretudo da região do Araguaia, a quem se dirigia falando num megafone sobre um banquinho-palanque — praticamente o único arsenal de campanha, que ele transportava num fusca cor de laranja. O esforço compensou. Em 1978, Dante se elegeu deputado estadual.[7] A partir dessa posição, embora conseguisse atuar somente no Mato Grosso, o jovem político granjeou algum prestígio no partido, ou Ulysses Guimarães, presidente nacional da legenda, não teria se dado ao trabalho de, em junho de 1980, se deslocar a Cuiabá para ser seu padrinho de casamento com Thelma, companheira do Oito — como os militantes se referiam à organização.[8]

Afastado formalmente do MR-8 — por divergências irreconciliáveis, depois que a corrente se aproximou das alas mais à direita do PMDB —, Dante seria eleito deputado federal em novembro de 1982, com a segunda maior votação do partido em Mato Grosso, que fez uma bancada com quatro dos oito representantes do estado. Antes mesmo da posse, em fevereiro do ano seguinte, o estreante na Câmara já dava os primeiros passos para tornar viável a apresentação da emenda constitucional que ficaria para sempre grudada à sua biografia.

A ideia surgira durante a campanha. "A resposta da população era muito forte quando se falava em elegermos o presidente da República", conta Dante em depoimento registrado no livro que assina com Domingos Leonelli, seu colega de bancada.[9] Assim, uma vez eleito, tratou de se inteirar da existência de projetos com esse objetivo no Congresso. No Senado, soube que as iniciativas do pernambucano Marcos Freire, que se despedia do mandato, e de Orestes Quércia, que assumiria em breve como vice-governador de São Paulo, já haviam sido arquivadas.[10] Na Câmara, o projeto do paulista Theodoro Mendes, que exercera um mandato anos antes, ainda não havia sido reapresentado após sua reeleição em 1982.[11] Sem emendas em tramitação, o caminho estava livre para Dante, que não perdeu tempo. Tratou de redigir a emenda, o que fez com a ajuda do pai, que, além de político, era advogado. Juntos, escreveram um texto curto e direto, com base na Constituição de 1946,[12] estipulando a data da eleição direta para presidente em 15 de novembro de 1984 — ou seja, dali a quase dois anos.

Na sequência, ainda antes da posse, Dante saiu a campo para colher as assinaturas exigidas pelo regimento interno da Câmara.

O parlamentar novato Dante de Oliveira, autor do projeto das Diretas Já, na Câmara dos Deputados, onde foi o primeiro a discursar na legislatura de 1983

Difícil não notar sua intensa movimentação. Era "altíssimo, magrelo e falava pelos cotovelos", de acordo com a lembrança da colunista Eliane Cantanhêde.[13] Também cultivava a barba, como vários de seus jovens colegas de bancada, o que valeu ao grupo, integrado por deputados da esquerda independente, o apelido de "capuchinhos",[14] em referência aos religiosos franciscanos da Ordem dos Frades Menores Capuchinhos. Dante circulou por restaurantes, cafés, hotéis, apartamentos funcionais, corredores do Legislativo — onde pudesse haver um possível signatário, lá estava ele. Sem conhecer os colegas, abordou até um jornalista, Flamarion Mossri, do *Estadão*, achando que era parlamentar. O apelido dado a ele por Ulysses pegou: "Mosquito Elétrico".

O irrequieto Dante conseguiu as assinaturas de que precisava em tempo para a abertura dos trabalhos legislativos, em 2 de março de 1983. "Eu estava tão ansioso para apresentar o projeto que fiquei na fila, perto do microfone, e fui o primeiro a falar", diria mais tarde.[15] Apesar da excitação do deputado, a emenda foi recebida com frieza. As diretas eram vistas pela oposição como parte do processo de redemocratização, sim, mas não tinham a centralidade da proposta da convocação de uma Assembleia Nacional Constituinte, livre e soberana, com o objetivo de desmontar a ordem jurídica da ditadura. Em consonância com esse entendimento, a imprensa ignorou a apresentação da PEC, que mereceu apenas uma pequena nota no *Globo* do dia seguinte, registrando que a proposta tinha obtido 199 assinaturas de deputados e senadores.[16]

O PMDB só começaria a se mexer na semana seguinte. Na primeira reunião da bancada, Freitas Nobre, líder do partido na Câmara, sugeriu uma mobilização em torno do tema. Uma comissão foi designada: Carlos Mosconi, Roberto Freire, Flávio Bierrenbach, Ibsen Pinheiro e Domingos Leonelli, além do próprio Dante.

Eram deputados alinhados à esquerda do partido, inclusive Mosconi, próximo de Tancredo Neves, que ficaria mais à vontade no centro do espectro ideológico. "Nascia ali, na Câmara dos Deputados, na bancada do PMDB, em 9 de março de 1983, a campanha das Diretas Já", na avaliação de Dante e Leonelli.[17]

Embora a reunião tivesse sua importância, naquele momento, quando o advérbio "já" ainda não havia sido acoplado ao substantivo "diretas", estava mais para a fecundação do movimento do que para o nascimento. Até Ulysses Guimarães, que no ano seguinte se transformaria no Senhor Diretas, ainda demonstrava certo ceticismo com relação à iniciativa. Ainda não havia clareza sobre o que deveria ser feito. Apenas alguns dias depois de formada a comissão é que seus membros, reunidos numa das salas da Biblioteca da Câmara, traçaram a tática da campanha. Como constou da ata, em vez de ser deflagrada pela bancada, como imaginava Dante, a proposta deveria ser levada à direção do PMDB, que assumiria a operação.[18] Foi só então que o presidente do partido se deixou convencer do potencial político das diretas. "Com o apoio de Ulysses, agrandamo-nos", diria Ibsen Pinheiro mais tarde.[19]

A proposta finalmente passaria pelo crivo da Executiva Nacional do PMDB, que em 14 de abril recebeu o primeiro documento sobre as diretas que se tornaria público. Lá ficava clara a consciência de seus autores no que diz respeito à mudança da estratégia da luta oposicionista, que passaria a preterir a defesa da Constituinte. "A oposição saía da resistência para a ofensiva política", escrevem Dante e Leonelli. "Saía da crítica e da reatividade para o terreno da proposição, de forma consciente e planejada."[20]

Ainda longe da agitação das ruas, a campanha em defesa da eleição direta para presidente da República começava a tomar forma na cabeça de seus idealizadores.

Democracia em campo

Depois da assinatura da Anistia e do fim do bipartidarismo, em 1979, as eleições gerais de 15 de novembro de 1982 entraram no radar da oposição como um marco no processo de redemocratização do país. Na sequência do avanço sobre o terreno do partido governista nos pleitos legislativos dos anos 1970, aproximava-se o momento de disputar o Poder Executivo nos estados, pela primeira vez desde 1965. Natural, portanto, que naquele fim de ano quase tudo girasse em torno da política: do noticiário da TV às conversas de bar, o eixo do interesse nacional era a eleição. No futebol, o tema despertou a atenção do torcedor quando, duas semanas antes de o brasileiro ir às urnas, o Corinthians entrou em campo com uma camisa na qual, acima do número dos jogadores, estava escrito com destaque: "Dia 15 vote".

A iniciativa do Timão, em sintonia com o ambiente político, decorria de uma revolução dos jogadores contra os antigos e despóticos cartolas do clube. De uma hora para outra, a partir de uma eleição interna para presidente, os atletas passaram a decidir, democraticamente, o que consideravam melhor para a equipe, dentro e fora do campo. Guardadas as proporções, o paralelo entre o futebol e a política não parecia despropositado: o Corinthians havia conquistado aquilo que a sociedade, em sua maioria, desejava para o Brasil.

A Democracia Corintiana nasceu do ventre do regime que viria a substituir — exatamente, aliás, como ocorreria mais adiante com a brasileira. Em 1981, dois anos depois de levantar a taça de campeão paulista, o alvinegro faria uma campanha desastrosa no Campeonato Brasileiro, do qual foi eliminado prematuramente em abril. Dias depois, o péssimo resultado inviabilizaria a reeleição para presidente do clube do folclórico Vicente Matheus, que se manteve na cúpula por uma manobra continuísta: a inversão da ordem da chapa, com ele assumindo o papel de vice de Waldemar Pires. Dirigente havia quase dez anos, Matheus tentava se agarrar ao poder, convicto de que trabalhava pelo bem do clube. "Minha 'gestação' foi a melhor que o Corinthians já teve", dizia, trocando palavras em seu dialeto particular.

Pires, no entanto, não desempenharia o papel decorativo que Matheus lhe reservara. Ao contrário, firmou-se no cargo, delegando poder a corintianos notáveis dispostos a ajudar o Timão a sair do atoleiro, como Orlando Monteiro Alves, dono de uma fábrica de biscoito, vice-presidente designado para cuidar de futebol. Contudo, o início da nova gestão de Orlando não foi nada promissor. O empresário indicou Adilson Monteiro Alves, seu filho, para assumir a diretoria de futebol. O pecado maior não fora o nepotismo, mas o fato de Adilson, confessadamente, nada entender de futebol. Seu currículo, com destaque para a experiência como burocrata na indústria do pai, também atestava a inadequação para o cargo.

Mas logo após ocupar o posto, em novembro de 1981 — um ano antes de o Corinthians vestir aquela camisa histórica —, Adilson começou a mostrar a que viera. Revelou-se um po-

O dirigente corintiano Adilson Monteiro Alves com a camisa que, nos estertores da ditadura militar, estimulava a retomada democrática

lítico com pendor especial para ouvir e acatar a decisão da maioria, tarefa, no caso, talvez facilitada por sua ignorância futebolística. O viés democrático vinha dos tempos de estudante. Sociólogo formado pela Universidade de São Paulo (USP), Adilson havia sido, no final dos anos 1960, dirigente da União Estadual dos Estudantes (UEE), em São Paulo, e da União Nacional dos Estudantes (UNE), organizações que ainda faziam barulho no combate à ditadura. Em 1968, chegou a ser preso, junto com centenas de líderes estudantis, durante a realização do congresso clandestino da UNE em Ibiúna, nas proximidades de São Paulo.[1]

Fazendo jus a esse histórico, o novo diretor dispensou formalidades no primeiro encontro com os jogadores, em um fim de tarde depois do treino. "O papo, que era para durar quinze minutos, se estendeu por seis horas. Virou uma assembleia", anotou o jornalista Tom Cardoso em sua biografia de Sócrates, a grande estrela do Parque São Jorge.[2] Embora a conversa tivesse sido boa, o Corinthians ainda continuaria ladeira abaixo. No início de 1982, o clube se viu disputando a Taça de Prata, a segunda divisão do Campeonato Brasileiro, uma humilhação para a torcida que se acostumara a vitórias expressivas no final dos anos 1970. A situação só começaria a se inverter com a consolidação da Democracia Corintiana.

Esporte popular por excelência, o futebol tem, desde sua origem no Brasil, uma vocação inclusiva, miscigenada e democrática, que, embora nunca completamente realizada, foi apropriada ao longo da história por interesses impostos de cima para baixo, como na Copa do Mundo de 1970, em que a propaganda da ditadura explorou politicamente a conquista do tricampeonato. Mais de um século antes, depois de inventado pela elite britânica — que prezava o amadorismo como forma de exclusão dos trabalhadores, que recebiam salário como atletas profissionais — o futebol moderno ganhou as várzeas por aqui, onde times formados por funcionários das ferrovias inglesas enfrentavam equipes de operários brasileiros. "O nome Corinthians, aliás, representa a própria síntese desse processo", observa o ensaísta José Miguel Wisnik. "O clube de várzea do Tietê adotou a sigla de uma das mais aristocráticas equipes inglesas, a mais ciosa, por sinal, dos privilégios elitistas do amadorismo e do jogo entre pares."[3] Surgia aí o time que, no futuro, seria um dos mais populares do país.

Após décadas de cartolagens mais ou menos explícitas, a Democracia Corintiana resgatou algo desse passado remoto, ainda que o movimento tivesse sido involuntário, pois os jogadores olhavam para a frente, e não para trás. O termo tem dupla paternidade. Quem falou primeiro foi o jornalista Juca Kfouri, num debate sobre a renovação no clube, no auditório do Tuca, na PUC paulista. Ele parodiava o desenhista e escritor Millôr Fernandes, que, após enfileirar uma série de condicionais ("se o governo continuar deixando" que se fale em eleições, que se critique a política financeira, que se pense com a própria cabeça etc.), concluiu que "em breve estaremos caindo numa democracia". Kfouri, usando a mesma estrutura da frase, comentou: "Se os jogadores continuarem a participar das decisões no clube, se os dirigentes não atrapalharem e se a imprensa esclarecida apoiar, veremos que aqui se vive uma democracia, a democracia corintiana".[4]

Na plateia, Washington Olivetto, corintiano fanático e publicitário premiado, percebeu na hora o potencial das duas palavras justapostas. "Pegou um pedacinho de papel, escreveu 'Democracia Corintiana' e o guardou no bolso", conta Fernando Morais em livro sobre a agência de publicidade W/Brasil. "Acabava de ser batizada a revolução que ia virar o Timão de ponta-cabeça."[5] "O nome foi percebido por mim", diria o publicitário mais tarde, refutando a versão de que teria criado a expressão.[6] Kfouri lhe dá o devido crédito: "Washington Olivetto teve a sacada de pegar a expressão à unha".[7] O publicitário não estava lá à toa. Ele havia aceitado o convite de Adilson Monteiro Alves para palpitar sobre uma novidade no negócio dos esportes — o marketing do futebol. Pouco antes, o Conselho Nacional de Desportos (CND) autorizara a exposição de marcas nas costas da camisa dos jogadores, e o presidente do Corinthians queria saber como monetizar melhor a nova possibilidade de patrocínio.

A origem da Democracia Corintiana está associada a reivindicações de cunho exclusivamente esportivo. Entre outros objetivos, os jogadores estavam interessados em flexibilizar a rígida disciplina e queriam o fim da concentração antes dos jogos, que os mantinha afastados da família por dias. Mas não demorou para o movimento ganhar contornos partidários — ou suprapartidários — e se confundir com as Diretas Já.

Com as frentes futebolística e oposicionista em processo de retroalimentação, os gramados se tornaram extensão legítima dos palanques.

Num primeiro momento, o Corinthians transformou um revés comercial em oportunidade política. Sem anunciantes dispostos a estampar suas logomarcas nas costas dos jogadores, o time — o conjunto de seus integrantes: dos protagonistas em campo ao roupeiro — decidiu usar o espaço nas camisas para incentivar a presença dos eleitores no pleito iminente de novembro de 1982. Assim, além de lembrar as empresas de que o uniforme passava a ser também um veículo publicitário, o Corinthians marcava posição na agitada agenda nacional.

Embora as mensagens fossem objetivamente neutras, a disposição e o destaque das palavras não deixavam margem de dúvida sobre o recado. Às vésperas do 15 de novembro, por sugestão de Olivetto, o time entrou em campo com duas inscrições nas camisas: "Dia 15 vote" e, abaixo, "Democracia Corintiana". "O que também podia ser lido como 'Dia 15 vote democracia'", como narra Fernando Morais. O Timão tinha um lado definido. "A Democracia Corintiana é progressista e não pede voto para candidato reacionário", dizia Sócrates.

Sócrates com a camisa usada pelo Corinthians em fins de 1982, às vésperas da eleição dos governadores de oposição que apostariam nas Diretas Já

Ídolos do Corinthians, Casagrande e Wladimir misturam futebol e política ao levar para o gramado a faixa com a inscrição "Ganhar ou perder, mas sempre com democracia"

As mensagens nem tão cifradas assim apareceram em cinco jogos realizados entre 27 de outubro e 10 de novembro. A campanha causou constrangimento ao governo e preocupou os militares, a ponto de o presidente da CND, brigadeiro Jerônimo Bastos, intervir para que o Corinthians não entrasse mais em campo com aqueles slogans que, aos olhos das autoridades, soavam a provocação. Sem ter como contestar, Waldemar Pires acatou o pedido, o que talvez tenha tido efeito prático limitado, já que logo em seguida o espaço encontrou sua vocação publicitária original.[8]

Embora a Democracia Corintiana almejasse a impessoalidade republicana de um colegiado entre pares de peso igual, na prática sua face mais visível tinha nome e sobrenome: Sócrates Brasileiro. Transferido para o Parque São Jorge em 1978, era um jogador fora de qualquer padrão. Num universo em que o estudo formal não é valorizado, Sócrates havia concluído o curso de medicina em 1977, enquanto já jogava profissionalmente no Botafogo de Ribeirão Preto, equipe que o revelou. Também consumia álcool e cigarro em quantidade industrial, vício incompatível com a vida de atleta. Além disso, não tinha o que no teatro se chama de *phisique du rôle*, a aparência apropriada para representar um papel. Com mais de 1,90 metro, o Magrão mal parecia se equilibrar sobre as pequenas chuteiras.

E, no entanto, contra todas as probabilidades, Sócrates foi, reconhecidamente, um gênio do esporte. "Trouxe imaginação, verticalidade e virtuosismo ao futebol. Reinventou o calcanhar como recurso de jogo", avalia o jornalista esportivo espanhol Quique Peinado.[9] Em campo, coreografava a "dança dionisíaca" aludida décadas antes por Gilberto Freyre para descrever o futebol brasileiro, em oposição ao "jogo britanicamente apolíneo".[10] Como diz o samba de Wisnik, "Sócrates Brasileiro Sampaio de Souza Vieira e Oliveira/ deu um pique filosófico ao nosso futebol".[11]

Sócrates era filosófico no sentido amplo, o que inclui o interesse pela política, despertado desde os tempos da faculdade. A primeira oportunidade de colocar em prática a defesa da democracia além do ambiente circunscrito ao esporte surgiu com a proximidade das eleições de 1982. Ciente da imagem que projetava, o ídolo da torcida mais numerosa de São Paulo pôs seu prestígio pessoal a serviço da oposição ao regime militar. Semanas antes do pleito, ele e os companheiros Casagrande e Wladimir organizaram uma festa para arrecadar fundos para a campanha de Lula ao governo do estado de São Paulo, pelo recém-fundado Partido dos Trabalhadores.[12]

Naquele início dos anos 1980, o PT e o Corinthians estavam na moda nos mais badalados circuitos intelectuais e artísticos da capital paulista. O Timão contava com o entusiasmo de Rita Lee, que, vestida com a camisa da Democracia, fazia os jogadores subirem ao palco nos encerramentos dos shows. Era apoiado também por altos executivos da Globo, como Walter Clark e José Bonifácio de Oliveira Sobrinho, o Boni, que mandou enxertar na trama da novela *Vereda tropical* um jogador do Corinthians, vivido por Mário Gomes.[13]

Quanto ao PT, era festejado nas zonas mais nobres da cidade, onde anfitriões emprestavam espaço e influência para angariar recursos ao partido dos operários. No período pré-eleitoral, rolavam, em média, até seis festanças por fim de semana. Segundo a *Folha*, tinha de tudo: "Da festa libertária da [psicanalista e socióloga] Caterina Koltai à 'festa das bruxas' promovida pela viúva de Carlos Marighella, Clara Charf, candidata a deputada federal". A reportagem capta o clima: "Na festa de Koltai, do PT do Jardim América, estava toda a moça *jeunesse dorée* e bicho-grilo de todos os sexos, pulando ao som de Gilberto Gil e rock pauleira". E arremata: "Uma das que foram parar nos anais da boemia engajada [...] foi na casa do advogado Percival Maricato, na Vila Madalena, um bangalô com belo jardim, piscina, vista panorâmica e som verdadeiramente burgueses, mas com convites a preços populares".[14]

A festa do Corinthians para o PT, nas dependências do estádio, também foi concorrida. Além de dirigentes partidários e esportistas, o churrasco contou com a presença de artistas como Gonzaguinha, Fagner e Djavan. Todos se divertiram — menos boa parte da cúpula do clube. Embora o evento tivesse sido autorizado pelo diretor de futebol, a iniciativa foi reprovada pela maioria dos conselheiros, entre eles Romeu Tuma, que, ligado à ditadura, acabara de trocar a diretoria-geral do Departamento de Ordem Política e Social (Dops) pela superintendência da Polícia Federal em São Paulo.* "Reza a lenda

---

* Eleito o governador Franco Montoro, seu futuro secretário da Justiça, José Carlos Dias, deu uma entrevista dizendo que seriam abertos os arquivos

que [ele] quase infartou ao se deparar com centenas de barbudos nas áreas sociais do clube", especula Tom Cardoso.[15] O estatuto, com efeito, não permitia o uso político do clube, mas a possibilidade de uma punição severa para os jogadores envolvidos, defendida pelo presidente do Conselho Deliberativo, Roberto Pasqua, foi afastada, uma vez que a conquista do título de campeão paulista dependeria da atuação de Sócrates e seus companheiros.

Lula era o azarão naquele pleito, em que Franco Montoro, do PMDB, confirmou o favoritismo, batendo o governista Reynaldo de Barros. Sem chance real de vencer, o estreante em campanhas políticas não fez má figura, garantindo dez por cento dos votos e um quarto lugar, logo atrás do ex-presidente Jânio Quadros. Corintiano, Lula levou o prêmio de consolação ao ver o seu time erguer a taça menos de um mês depois da eleição. A Democracia Corintiana demonstrava que o regime de liberdade funcionava mais do que a gestão autoritária anterior. Nos dois anos em que vigorou, o clube quitou as dívidas, deixando um saldo positivo equivalente a 3 milhões de dólares, e venceu metade das 180 partidas disputadas, perdendo apenas 33.

Uma das vitórias mais importantes seria no final do ano seguinte — contra o São Paulo, no Morumbi —, quando mais uma vez venceu o Campeonato Paulista, com gol decisivo de Sócrates. O camisa 8, eleito o melhor da América Latina em 1983, celebrou à sua moda, erguendo o punho direito cerrado, um símbolo de resistência popularizado durante a Guerra Civil Espanhola de 1936 como saudação antifascista. O Corinthians entrara em campo com a faixa "Ganhar ou perder, mas sempre

---

→ da repressão. Tuma, que era diretor do Dops, um órgão estadual, foi nomeado diretor da PF e levou consigo os arquivos da ditadura.

com Democracia". Duas semanas antes, em frente ao Pacaembu, a campanha das Diretas Já havia ensaiado uma decolagem. O comício passou longe do êxito, mas, fresco na memória coletiva, foi o suficiente para ajudar o público a entender o duplo sentido da faixa: "Os gritos a favor das eleições diretas fizeram o campo tremer", escreveu Quique Peinado.[16]

Se no Corinthians a politização do futebol se deu a partir dos jogadores em direção às arquibancadas, no Flamengo o movimento se deu em sentido contrário. A torcida rubro-negra saiu na frente no apoio às Diretas Já. Em 28 de janeiro de 1984 — três dias depois de o comício da praça da Sé, em São Paulo, consolidar o movimento — um pequeno grupo de torcedores ergueu cartazes no Maracanã, durante o jogo contra o Palmeiras, na estreia do Campeonato Brasileiro. A bandeira com as cores do clube onde se lia "Fla Diretas" reivindicava o voto para presidente da República. Tratava-se da primeira torcida a se manifestar publicamente pela redemocratização do país.[17] O Flamengo, aliás, tinha certa história na luta política. Cinco anos antes havia deflagrado a Flanistia, iniciativa de apoio à Anistia que chegou a ser monitorada pela polícia do regime, como mostrou o jornal *Extra* em 2015, com base em três documentos do Serviço Nacional de Informações (SNI) descobertos pela Comissão Estadual da Verdade. O clube chegou a organizar um Jogo da Anistia que, no entanto, nunca aconteceria.[18]

A ideia da Fla Diretas surgira durante uma pelada em Botafogo, no campinho da Associação Scholem Aleichem (ASA), reduto da esquerda judaica no Rio de Janeiro, onde costumavam jogar universitários ligados ao então clandestino Partido Comunista Brasileiro. Flamenguistas em sua maioria, estuda-

Integrantes da torcida Fla Diretas, no Rio. Primeiros torcedores a se manifestarem em bloco a favor do movimento, os rubro-negros tinham história na política desde que, no final dos anos 1970, deflagraram a Flanistia, em defesa da Anistia

vam nas faculdades onde o Partidão dominava o movimento estudantil: Universidade Federal Fluminense (UFF), Universidade do Estado do Rio de Janeiro (UERJ), UFRJ e PUC-RJ. Entre eles, estavam os humoristas Bussunda, que morreria em 2006, e Cláudio Manoel, que mais tarde daria uma guinada à direita, ambos do grupo satírico Casseta e Planeta; Sérgio Besserman, irmão de Bussunda e presidente do IBGE nos anos 1990; Luiz Augusto Veloso, que seria presidente do Flamengo; e Henrique Brandão, outro futuro cartola do time carioca, próximo do PT e, depois, do Partido Socialismo e Liberdade (PSOL).

Eles dizem não se lembrar como criaram a Fla Diretas. Surgiu provavelmente de uma brincadeira com o nome do zagueiro Figueiredo. "Nosso Figueiredo é melhor que o deles", diziam, em referência ao general-presidente João Baptista Figueiredo, como conta Brandão em entrevista ao jornalista Caio Sartori.[19] Antes de estrear nas arquibancadas do Maracanã, buscaram o aval do clube e da associação das suas torcidas organizadas.

Márcio Braga, deputado federal peemedebista e ex-presidente do rubro-negro, fez o meio de campo com o presidente George Helal, refratário ao movimento. Miro Teixeira, do mesmo partido, que contara com o apoio dos comunistas ao disputar o governo do Rio em 1982, foi um dos maiores incentivadores da Fla Diretas. Nas torcidas, também houve resistência inicial, porém ela foi motivada mais por disputa de espaço nos estádios do que por razões políticas. Temia-se que a torcida informal se transformasse em organizada, ameaçando antigas hegemonias. Pesou a favor da democracia o apoio da maior e mais influente torcida do Flamengo, a Raça Rubro-Negra.

Aparadas as arestas, a Fla Diretas ganhou dois patronos: o próprio zagueiro Cláudio Figueiredo Diz (que morreria em acidente aéreo no final daquele ano, um mês antes da eleição de Tancredo Neves) e Christiane Torloni, chamada de musa da campanha Diretas Já, ao lado de Fafá de Belém. A torcida ganhou também uma imagem que galvanizou aquele momento: um desenho do flamenguista Henfil retratando o tradicional urubu da Gávea com uma cédula no bico assinalada com um xis. O rastro do seu voo formava, no ar, o nome da torcida.

Jogado num sábado chuvoso e com público pequeno, aquele clássico interestadual terminou com dois gols. O de Tita, de cabeça, deu a vitória ao Flamengo. Mas o que entraria para a história foi marcado de peito, pela torcida, no meio da geral.

Os operários do ABC

"Hoje eu não tou bom!"

Era com esse bordão marrento que João Ferrador encarnava os operários do ABC na segunda metade dos anos 1970. Desenhado pelo jovem cartunista Laerte, que ainda não se identificava como transgênero, o personagem da história em quadrinhos publicada no jornal do Sindicato dos Metalúrgicos de São Bernardo e Diadema representava o que a imprensa passou a chamar de

Cartum de João Ferrador, personagem de Felix Nunes para a *Tribuna Metalúrgica*, jornal do Sindicato dos Metalúrgicos de São Bernardo e Diadema. Mais tarde seria desenhado por Laerte, Hélio Vargas e Henfil

"novo sindicalismo", uma das frentes da sociedade civil que fustigava uma ditadura em seus estertores. Invocado e contundente, ele cobrava as autoridades na seção "Bilhetes do João Ferrador", que dava vazão às reivindicações da categoria. "Hoje eu não tou bom!", repetia, antes de soltar mais uma cobrança aos patrões.

Tendo despontado em meados daquela década, o novo sindicalismo enterrou os vícios dos antigos pelegos que — com a repressão às lideranças operárias de esquerda depois do golpe de 1964 — haviam se aboletado na estrutura burocrática dos sindicatos, servindo a interesses de governo e patrões. O movimento surgiu em São Bernardo, o "B" do ABC paulista, ao lado de Santo André, São Caetano e, depois, Diadema, região metropolitana que concentrava a cadeia produtiva da pujante indústria automobilística.

Os operários do ABC estão inscritos na narrativa do movimento sindical como metonímia do novo sindicalismo. Não é uma classificação geográfica. É uma alusão ao perfil de um novo personagem que logo atravessaria as fronteiras de sua região natal. O novo trabalhador braçal, ciente de seu poder de barganha, estava em todo lugar. "Em Barretos eu só via os operários do ABC", cantou Caetano Veloso, ilustrando a tese.[*]

Embora a dinâmica do fenômeno descrevesse um movimento de baixo para cima, com destaque para o trabalhador no chão de fábrica, é impossível abordá-lo sem dar peso de protagonista a quem o colocou em marcha: Luiz Inácio da Silva, ainda sem o apelido "Lula" incorporado ao nome.

Nascido no interior de Pernambuco em meio à pobreza, Lula migrou num pau de arara ainda criança, com irmãos e a mãe, para o litoral de São Paulo, onde o pai, lá instalado antes do nas-

---

[*] O verso é de "Nu com a minha música", que consta no LP *Outras palavras*, lançado em 1981.

cimento do menino, formara uma segunda família. Fazendo bicos enquanto se alfabetizava, contribuiu desde cedo para a renda da família, que vivia em situação de miséria. Aos catorze anos, teve a carteira de trabalho assinada pela primeira vez.

Chegou à maioridade com um diploma de torneiro mecânico debaixo do braço. Empregou-se numa pequena metalúrgica onde, antes de completar dezenove anos, perdeu o dedo mindinho da mão esquerda, esmagado numa prensa e, em seguida, amputado por decisão duvidosa do médico do pronto-socorro. Recebeu uma modesta indenização e trabalhou mais alguns meses na empresa. Aos vinte, desempregado e sem dinheiro nem para a condução, caminhava quilômetros todos os dias em busca de trabalho, eventualmente submetendo-se à humilhação de fumar bitucas catadas na rua.[1] Em 1966, acabou sendo contratado pela Villares, uma indústria de porte, moderna, em expansão e com mil peões na folha de pagamentos.

O início da atividade sindical, no final de 1968, foi tímido e até a contragosto. Com o país adentrando os anos de chumbo, após o decreto do AI-5, um instrumento brutal de repressão, Lula, que não queria saber de política e associava o sindicalismo à subversão e à ladroagem, endossava a visão, comum entre operários, de que os militares haviam tomado o poder na "revolução" de 1964 para consertar o país, livrando-o da corrupção e do comunismo. Por indicação de um irmão ironicamente comunista, Lula ingressou como suplente da diretoria na chapa de renovação que venceria a eleição do ano seguinte. No cargo, acabou pegando gosto pelas atividades. Realizaria um eficiente trabalho de base, frequentando as portas das fábricas e focado em reivindicações pontuais, até ser eleito presidente do Sindicato do Metalúrgicos de São Bernardo e Diadema, em 1975.

A posse concorrida, com a presença de mais de 10 mil pessoas e várias autoridades, se explica pela perspectiva positiva que a nova liderança representava — não apenas para os operários, mas para setores do conservadorismo identificados com a ala da ditadura favorável à abertura defendida pelo presidente Geisel. O governador nomeado de São Paulo, Paulo Egydio Martins, prestigiou o evento coalhado de operários por ver em Lula um desafeto dos comunistas.[2] Lula correspondeu à expectativa de uns e outros ao afirmar, em seu discurso, que o ser humano se encontrava escravizado tanto pelo poder econômico, que o explorava, quanto pela ideologia marxista, que tolhia seus "mais comezinhos ideais de liberdade".[3]

O sindicalista, no entanto, começaria a mudar sua percepção do governo em setembro do mesmo ano, com o sequestro e a tortura, por agentes dos porões do regime, do irmão que o iniciara na vida sindical, José, conhecido como Frei Chico, devido à tonsura franciscana natural. Ao tomar ciência da situação, Lula antecipou a volta de uma viagem ao Japão, onde participava de um congresso internacional de sindicalistas. "Fiquei sabendo que Frei Chico tinha sido massacrado, aí me deu até uma revolta por dentro", lembraria mais tarde.[4] Não foi um caso esporádico. Na época, com a guerrilha urbana já dizimada, os militares, supostamente em nome da segurança nacional, caçavam comunistas da linha soviética, justo eles, que eram contrários à luta armada. No mês seguinte, o jornalista Vladimir Herzog, associado ao Partidão, seria assassinado nas dependências de um órgão subordinado ao Exército.

A decepção de Lula com os militares, porém, não o jogou nos braços das várias correntes de esquerda que, animadas com o novo vigor do movimento, afluíam ao sindicato, nem sempre às claras. Militantes de grupos de orientação socialista, sobretudo trotskistas, se faziam passar por operários, numa tentativa de influenciar os rumos das campanhas, tornando-as mais radicais e politizadas. Lula identificava nas mãos lisinhas de estudantes e intelectuais os infiltrados entre os operários. Sem lhes ceder um naco de controle da máquina sindical, também não os rechaçava, pois qualquer apoio era bem-vindo. O próprio Laerte, para citar um exemplo do saco de gatos ideológico do sindicato, era comunista de carteirinha, mas seu João Ferrador sempre passou ao largo do proselitismo stalinista.

Os primeiros anos da presidência de Lula se provaram propícios à pauta de reivindicações. Embora o "milagre econômico" houvesse ficado para trás, o país ainda registrava um crescimento razoável. A expansão média anual do Produto Interno Bruto (PIB) superior a 10%, ostentada entre 1968 e 1973, havia refluído para algo em torno de 7% ao ano até 1978, o suficiente para manter aquecida a demanda por trabalho. Ao mesmo tempo, o argumento da reposição do poder aquisitivo dos salários — ponto central das campanhas — se escorava em dados consistentes. Ocorre que em 1977 fora divulgado um documento do Banco Mundial demonstrando que em 1973, último ano do presidente Médici, o governo havia manipulado para baixo o índice de inflação. Com base nessa fonte insuspeita, os sindicalistas calcularam em mais de 30% a discrepância entre a realidade do aumento dos preços e as planilhas do Ministério da Fazenda, o que turbinou a campanha salarial encabeçada por Lula.

A iniciativa resultou em ganhos minguados, mas o aprendizado levaria à efervescência da atividade sindical a partir do ano seguinte. Em 1978 começou a onda de greves, com a paralisação espontânea da montadora de caminhões Scania em maio. Era a primeira em dez anos. Era a primeira de Lula também. Foi uma greve branca: em vez de fazerem piquete do lado de fora, expondo-se à ação da polícia ao tentar impedir a entrada dos trabalhadores, os grevistas bateram o ponto, mas não ligaram as máquinas — uma "tática engenhosa" típica do novo sindicalismo, na avaliação do brasilianista Thomas Skidmore.[5] Nos três meses seguintes, só na Grande São Paulo meio milhão de operários cruzaram os braços, cena que se tornaria comum até 1980. Foi nesse período que Lula mostrou seus dotes de "encantador de multidões", na definição de Fernando Morais, seu biógrafo.[6]

Com um discurso que compartimentava as reivindicações de ordem econômica, sem as misturar com a política, Lula passou a amealhar apoios além do movimento sindical e, repentinamente, ganhou projeção nacional. A imprensa o idolatrava como um líder operário puro, ou seja, não contaminado pelo comunismo. Tal recepção, sugere Skidmore, seria até estimulada pelo general Golbery do Couto e Silva, estrategista do Palácio do Planalto e mentor do projeto de distensão.[7] Intencionalmente ou não, o governo Geisel beneficiou muito o movimento sindical ao baixar uma portaria que permitia à indústria automobilística repassar ao preço dos automóveis os aumentos salariais.[8] Na visão da esquerda tradicional, "um dos mais eficazes movimentos estratégicos da direita e da ditadura [foi] evitar a união entre a velha tradição revolucionária e o novo sindicalismo".[9]

Os conservadores que cobriam Lula de elogios começaram a mudar de ideia quando o sindicalista, ao constatar que os trabalhadores praticamente não tinham representação em Brasília, passou a pensar na criação de um partido. A ideia surgiu durante um congresso dos petroleiros, em Salvador, em julho de 1978, bem antes, portanto, do fim do bipartidarismo, que acabaria por decreto em dezembro do ano seguinte.

Polo de atração de várias correntes de esquerda, o Partido dos Trabalhadores, no entanto, passou ao largo do consenso no campo progressista, uma vez que seu surgimento ameaçava esfacelar a frente de oposição formada em torno do MDB — ou PMDB, a partir de então, com um "P" acrescentado à sigla para cumprir a exigência de que as novas legendas tivessem a denominação de "partido". A sigla passou então a ser chamada de "partido do movimento", uma locução cuja redundância contornava a lei ao mesmo tempo que denunciava a intenção do governo de impedir a utilização de uma marca cada vez mais visível e respeitada.

Com o mesmo objetivo de esvaziar o PMDB — acreditavam seus correligionários —, o setor militar articulador da abertura política teria interesse na criação de um partido operário que rachasse a frente ampla. "O Planalto apressou-se em facilitar — não ostensivamente — a emergência do PT", crava Skidmore.[10] A desconfiança com relação ao partido que se esboçava era nutrida sobretudo pela esquerda tradicional. Abrigado no PMDB, o PCB, por exemplo, era francamente contra a formação do PT. O Partidão entendia que lideranças sindicais deveriam se manter como tais, sob a pena dupla de comprometer a luta operária e dispersar as forças que se opunham ao regime. Próximo ao PCB na época, o ex-deputado emedebista e escritor Fernando Morais conta que ele mesmo "havia estado publicamente entre os que acreditavam que a criação do Partido dos Trabalhadores contribuía para o rompimento da frente política que o MDB juntava na luta contra a ditadura".[11]

Diante da posição dos comunistas, não admira que o primeiro apoio de peso ao PT tenha vindo dos trotskistas. Inimigas, mais do que adversárias, as duas tendências se digladiavam pela ascendência sobre a esquerda desde o final dos anos 1930, quando Trótski, um dos líderes da Revolução Russa de 1917, foi mandado por Stálin para o exílio, onde acabaria assassinado por um militante a serviço do ditador soviético. Embora longínqua, essa ferrenha disputa ainda reverberava na esquerda brasileira no período que precedeu a campanha das Diretas. Assim, no início dos anos 1980, enquanto os comunistas do Partidão se mantiveram no PMDB, os trotskistas, espalhados em pequenos grupos clandestinos, migraram em massa para o PT.

Vencidas as resistências, o PT veio oficialmente à luz em 10 de fevereiro de 1980, quando dezenas de delegados da maioria dos estados se reuniram num palco inopinado — o tradicional Colégio Sion, em São Paulo — para assinar o Manifesto de Lançamento. A grande estrela do dia, ao lado de Lula, foi Mário Pedrosa, responsável pela introdução do trotskismo no Brasil quase meio século antes. A deferência com que foi tratado tinha razão de ser. Revolucionário histórico e intelectual influente, o crítico de arte havia colocado seu prestígio a serviço do PT ao sugerir a Lula a construção da legenda em carta datada de 1º de agosto de 1978, dias após aquele congresso dos petroleiros na Bahia, quando sindicalistas aventaram a ideia, ainda sem contornos nítidos. "Sem a libertação do movimento trabalhista é inútil falar-se em liberdade, democracia ou socialismo", escreveu-lhe Pedrosa, em texto que logo se tornaria público.[12]

Intelectuais de peso e figuras públicas endossaram as palavras de Pedrosa, entre eles o aclamado crítico literário Antonio Candido; o historiador Sérgio Buarque de Holanda, autor de *Raízes do Brasil*; o militante Apolônio de Carvalho, herói da Guerra Civil Espanhola como combatente das Brigadas Internacionais; e, representando os artistas, a atriz Lélia Abramo, presidente do sindicato da categoria em São Paulo. Igualmente importante foi a adesão de movimentos sociais, de lideranças estudantis e das Comunidades Eclesiais de Base, ligadas à ala progressista da Igreja Católica, que garantiram a capilaridade do partido, disseminando células país afora.

Naquele início de 1980, Lula cumpria jornada dupla, por assim dizer. A dedicação à atividade partidária não diminuía

Presidente do Sindicato dos Metalúrgicos, Lula discursa para milhares de trabalhadores em assembleia no Estádio de Vila Euclides, em São Bernardo do Campo, onde angariou a reputação de encantador de multidões

seu compromisso como líder sindical. Depois das campanhas salariais intensas nos dois anos anteriores, os metalúrgicos se preparavam para voltar à carga. Escaldados, lembravam que em 1979 o governo havia decretado intervenção nos sindicatos e cassado Lula, numa tentativa de acabar com a greve aprovada no Estádio da Vila Euclides transbordante de trabalhadores.

Em 1980 a repressão seria ainda mais implacável. No auge da paralisação em abril, Lula e demais dirigentes foram presos pelo Dops, órgão que abrigava agentes que haviam praticado tortura durante os anos de chumbo da ditadura. Se Lula deixou a prisão fisicamente ileso depois de 31 dias, isso se deveu em parte ao olhar atento da sociedade. Sem sair das primeiras páginas dos jornais, o líder metalúrgico recebeu, entre as muitas manifestações de apoio, a visita de Teotônio Vilela, a solidariedade da cúpula da Igreja Católica e um editorial firme do conservador *O Estado de S. Paulo*, avaliando que daquela maneira o governo em nada contribuía para seu próprio projeto de redemocratização.[13]

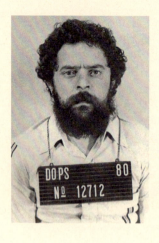

Lula fichado pelo Departamento de Ordem Política e Social (Dops), onde ficou preso por 31 dias em 1980

O fim da greve, que não resultou em conquistas materiais imediatas, deu o último empurrão em Lula, jogando-o definitivamente na arena política, o que só se concretizaria, no entanto, depois de uma breve tentativa de manter a atividade sindical. O fato é que, como os presos haviam sido demitidos por justa causa, não tinham como sequer se filiar ao sindicato. Surgiu então a ideia de montar uma pequena empresa que os contratasse. Sem dinheiro suficiente para a empreitada, recorreram a Chico Buarque, que compareceu com o que faltava. Lula ligou para o compositor e brincou: "Agora você é patrão. Já pode ser candidato à presidência da Fiesp". Mas a essa altura o líder sindical já estava pronto para voos mais altos, cujas rotas passariam por seu protagonismo na campanha das Diretas Já.

Naturalmente em campos opostos nas greves, empresários e trabalhadores se aproximavam quando o assunto em pauta era a política nacional. A ditadura provavelmente com os dias contados, uns e outros defendiam a redemocratização — ainda que o grau de envolvimento, o nível de exposição, os métodos e as ideologias fossem totalmente diferentes.

O empresariado, até então, fora parceiro da ditadura. Depois de apoiar o golpe de 1964, inclusive financiando a articulação que derrubou um presidente que exercia constitucionalmente o cargo, os donos dos meios de produção se beneficiaram com a nova política econômica, tão modernizante quanto conservadora, que concentrava a renda e combatia a inflação achatando o poder aquisitivo dos salários, além de adotar práticas protecionistas. No início dos anos 1980, porém, o já antigo "milagre econômico" havia deixado uma conta elevada a ser paga. Em novembro de 1982, enquanto ocorria a primeira eleição para governadores em mais de quinze anos, o país assinava um acordo com o Fundo Monetário Internacional, obtendo um empréstimo que tinha como contrapartida restrições à produção. Ou seja, o país gastaria menos internamente para poder pagar os bancos credores estrangeiros. Só assim, rezava a cartilha ortodoxa do FMI, a dívida externa contraída nos anos anteriores seria paga. Resultado: a recessão, iniciada no ano anterior, se agravou. Portanto, estava mais do que na hora de os empresários desembarcarem do governo.

Foi uma debandada gradual, ordeira, sem rompimentos explícitos, com críticas pontuais e calibradas para não desviar água para o moinho da oposição mais radical. Pragmáticos e sem nunca perder de vista os próprios interesses, os empresários lidavam com a situação mantendo um olho no presente, porque os negócios não param, e outro no futuro, porque planejamento é essencial. Aplicavam na política o conceito de hedge, aquela espécie de cobertura que ajuda a limitar os riscos dos investimentos. A estratégia não era necessariamente ganhar, mas evitar perdas que poderiam derivar de uma decisão que, de repente, os colocasse do lado errado da história.

E foi assim, pisando em ovos, que algumas lideranças empresariais começaram a se manifestar a favor da redemocratização. Em meados de 1978, um pequeno grupo de industriais, com mandato para falar pela categoria, veio a público para defender a democracia, "um sistema superior de vida, o mais apropriado para o desenvolvimento das potencialidades humanas". Num momento em que as greves começavam a pipocar e os trabalhadores se organizavam, o documento incensava a democracia por ser o único regime dotado de "flexibilidade suficiente para absorver tensões, sem transformá-las num indesejável conflito de classes".[14] O texto é assinado por oito líderes, eleitos por seus pares no Fórum Gazeta Mercantil, iniciativa do então prestigiado jornal de economia. Entre eles, Antonio Ermírio de Moraes, o mais importante de sua geração; Severo Gomes, ex-ministro de Geisel e futuro senador peemedebista, próximo a Ulysses Guimarães; o bibliófilo José Mindlin, respeitado por seu humanismo; e Paulo Villares, dono da empresa onde Lula se tornara sindicalista.

O documento entusiasmou o aspirante a político Eduardo Suplicy. "Poucas vezes na história brasileira, e provavelmente pela primeira vez desde 1964, um grupo expressivo de empresários brasileiros definiu-se tão claramente pela democracia", escreveu o economista, que em 1978 se elegeria deputado estadual em São Paulo pelo MDB. E fez um contraponto que remete à falta de consenso da classe: "O documento difere bastante de outros recentes apresentados por grupos de empresários, como o da Confederação Nacional da Indústria, que se mostrou receosa frente à abertura democrática, ou o da Federação das Indústrias do Estado de São Paulo, que solicitou ao governo que considere problema de segurança nacional o movimento reivindicatório dos trabalhadores em São Paulo".[15]

De qualquer maneira, os líderes empresariais voltariam a insistir na tese e, em documento divulgado em agosto de 1983, avaliaram que "a plena democracia é um grande anseio nacional". Pelo contexto, pode-se deduzir que o adjetivo "plena" estava lá para incluir a eleição direta para presidente, não citada nominalmente. Outro cuidado do discurso foi enfatizar que o processo de abertura política — com a revogação do AI-5, a Anistia e a eleição para governadores — "deve ser creditado antes de tudo ao discernimento do presidente Ernesto Geisel e à determinação do presidente Figueiredo".[16]

Durante a campanha das Diretas Já, patrões e empregados estariam do mesmo lado, sim, mas não exatamente no mesmo local. Enquanto uns subiriam nos palanques e encheriam as praças, outros submergiriam em seus escritórios, torcendo por uma solução moderada e acompanhando à distância a festa cívica — cada qual se posicionando no tabuleiro da política de acordo com suas perspectivas, em antecipação ao jogo que começava a ser jogado.

A folha da juventude

Num dia qualquer de 1982 — entre a surpreendente derrota da seleção brasileira na Copa da Espanha, em 5 de julho, e a auspiciosa primeira eleição para governadores em mais de quinze anos, em 15 de novembro — Roger Moreira tomou uma chuveirada que mudaria sua vida e emprestaria irreverência à trilha sonora da campanha das Diretas. Cantarolando na ducha, acabou entoando, por uma associação sonora qualquer, a palavra "inútil", que ficou reverberando em sua cabeça até se transformar no refrão "a gente somos inútil".[1]

O adjetivo não surgiu do nada. Saíra da boca do pai, decepcionado com a opção do jovem, cinco anos antes, de largar na metade o curso de arquitetura no Mackenzie para se dedicar à música. Em vez de pegar o diploma, Roger foi para os Estados Unidos tentar estudar na Berklee College of Music, na fria e acadêmica Boston, Massachusetts, mas terminou entregando pizza e fazendo outros bicos na ensolarada e dispersiva São Francisco, no estado da Califórnia.[2] Na volta ao Brasil, no início dos anos 1980, passou a fazer *cover* dos Beatles com o amigo que o acompanhara na viagem, o baterista Leonardo Galasso, o Leospa, com quem formaria a célula original da banda Ultraje a Rigor.

Nascido em família da classe média paulistana residente na chique região dos Jardins, Roger estava distante do perfil dos jovens engajados que militavam no então ressurgido movimento estudantil. Adolescente, a transgressão não ia além dos sapos que apanhava na fazenda dos pais e soltava nas aulas. Em vez de contestação juvenil, algazarra inconsequente. Tinha largado o vício do fliperama, mas ainda gostava de entrar pela madrugada jogando videogame ou folheando gibis, como *Pato Donald*.[3] "Eu não era muito politizado, mal sabia o que era esquerda e direita", lembraria quatro décadas mais tarde,[4] quando já estava alinhado à direita, inclusive apoiando o presidente Jair Bolsonaro, de extrema direita. E, no entanto, o guitarrista alienado de 1983 iria capturar o desejo coletivo, mas ainda não verbalizado nas ruas, de deixar para trás a ditadura.

Vazada em críticas ao governo e à sociedade, com ironias sublinhadas pela concordância verbal torta, a letra passeia por mazelas brasileiras. Há menções à política industrial ("a gente faz trilho e não tem trem pra botar"), ao descuido social ("a gente faz filho e não consegue criar") e à censura ("a gente escreve peça e não consegue encenar"). Roger olha também para o próprio umbigo ("a gente faz música e não consegue gravar") e reflete o desapontamento nacional com a copa perdida pelo futebol-arte ("a gente joga bola e não consegue ganhar"). Foi o verso de abertura, porém, que catapultou a música ao cenário político nacional: "A gente não sabemos escolher presidente". Entre ácido e debochado, o comentário atualizava pelo avesso a famosa declaração de Pelé, anos antes, em plena ditadura, de que o brasileiro não sabia votar. Era um grito que expunha frustrações e sacudia consciências, mexendo com os brios de quem, talvez vestindo a carapuça, se acomodara à impotência política.

A parabólica de Roger estava voltada para o lugar certo. "Inútil" teve a primeira audição pública em abril de 1983,[5] pouco mais de um mês depois de a emenda Dante de Oliveira ter obtido o número necessário de assinaturas para ser apreciada pelo Congresso. A então desconhecida Ultraje a Rigor tocou-a no Teatro Lira Paulistana, um dos endereços mais prestigiados da cena musical de vanguarda dos anos 1980 e que decidira abrir espaço para novas bandas no projeto "Boca no Trombone". Gravada quase em seguida num compacto simples, teria que aguardar longos meses a liberação da censura. A provocação juvenil parecia incomodar os militares — como um sapo jogado na caserna.

Antes de obter a autorização de Brasília, no entanto, a música chegaria aos palanques da campanha das Diretas por vias informais. Tudo começa quando André Midani, presidente da gravadora WEA, resolveu distribuir para amigos fitas cassete com a gravação inédita. Uma delas cai nas mãos de Washington Olivetto, o criador da Democracia Corintiana, que a envia a Osmar Santos. O radialista e apresentador toca "Inútil" no seu programa na extinta rádio Excelsior, o *Balancê*, que fazia sucesso entremeando música e conversa sobre política e futebol.[6] Na sequência, procura Roger e lhe pede autorização para reproduzi-la no sistema de som do primeiro dos grandes comícios das Diretas, em 12 de janeiro de 1984, na Boca Maldita, em Curitiba.[7] Seria a estreia de Osmar Santos como mestre de cerimônias da campanha e de "Inútil" como um de seus hinos. No palanque, Ulysses Guimarães se arrisca a cantarolar um trechinho.[8]

Finalmente liberada pela censura, que desistiu de exigir mudanças na letra, a música emplacou, tendo contado até com a publicidade que lhe deu Ulysses. Quando Carlos Átila, porta-voz do presidente Figueiredo, declarou em seguida que as manifestações populares só serviam para "desestabilizar a sucessão", o deputado disse à imprensa que mandaria ao funcionário do Palácio do Planalto uma cópia do single de presente. "Ele que repita isso, que toque o disco e fique ouvindo."[9]

Momentos históricos costumam ser associados a trilhas sonoras marcantes. Assim foi durante o Estado Novo, quando compositores eram estimulados a escrever sambas ufanistas ou que exaltassem o trabalho em oposição à malandragem, em linha com a imagem projetada por Getúlio Vargas. São dessa safra "Aquarela do Brasil", de Ary Barroso, que canta um "Brasil lindo e trigueiro", e "Isaura", de Herivelto Martins, que aconselha ser o trabalho "um dever [que] todos devem respeitar". Os dois exemplos, que integram qualquer antologia do cancioneiro do país, são respectivamente de 1939 e 1945, ano que marca o fim daquela ditadura.

Assim foi também nos cinco anos de Juscelino Kubitschek (1956-1960), quando nasceu a bossa nova, a partir da fusão dos acordes jazzísticos de Tom Jobim com a batida sincopada do violão de João Gilberto. Tudo muito sofisticado e intimista, na base de "um banquinho, um violão", como receitou Jobim em "Corcovado", em sintonia com um país que se reinventava e assumia identidade própria.

E assim seria ainda, pouco tempo depois, com a música de protesto e a Tropicália, que responderam, cada qual à sua maneira, à ditadura militar a partir de 1964. Enquanto Geraldo Vandré conclamava o público à resistência ("esperar não é saber"), Caetano Veloso seguia caminhando "sem lenço, sem documento". (Aliás, "Para não dizer que não falei das flores" e "Alegria, Alegria" seriam mais tarde resgatadas pelas ruas; a primeira na própria campanha das Diretas e a segunda nas manifestações que pediam o impeachment do presidente Fernando Collor, em 1992.)

Como todos esses gêneros, o rock também cumpriu a função de dar uma cara musical a determinado momento histórico. Roger estava longe de ser, entre seus pares, uma andorinha solitária no verão das Diretas. Tardio como foi, o rock brasileiro, além de abordar temas típicos da juventude, como a rebeldia e o amor, diferenciou-se dos seus modelos britânico e americano ao lançar um olhar crítico sobre as coisas da política nacional desde a virada da década.

Em 1978, Renato Russo, que acabara de completar a maioridade, se perguntava "Que país é este?" num rock punk que gritava haver "sujeira pra todo lado". O Senado, citado como exemplo, não era apenas uma rima. Pouco antes haviam tomado posse os senadores biônicos, uma invenção da ditadura para garantir a maioria governista. Apresentada em espaços alternativos de Brasília pelo grupo Aborto Elétrico, a música, no entanto, só ficaria conhecida em 1987, dois anos após o fim da ditadura, quando o compositor a gravou com sua nova banda, a Legião Urbana.

Formada no início dos anos 1980, a Plebe Rude, também da vertente punk do rock da capital federal, não dava trégua ao governo. Em "A voz do Brasil" a banda captou a percepção geral da sociedade sobre o programa chapa-branca que registrava, diária e burocraticamente, os feitos do governo: "Todo dia eu ligo meu rádio para ouvir lavagem cerebral". No fim da campanha das Diretas, o grupo denunciou a truculência das autoridades que cercaram Brasília para dificultar a votação da emenda Dante de Oliveira em "Proteção": "Tanques lá fora/ Exército de plantão/ e tudo isso pra sua proteção".

Em São Paulo, o grupo Garotos Podres, cujo nome não deixa dúvida sobre sua inserção no punk, foi outra banda meio marginal que engrossou o caldo de críticas ao regime e ao sistema. Formada em 1982, a banda começou fazendo shows para arrecadar fundos para os metalúrgicos em greve. Dois anos depois, enquanto empresários e trabalhadores buscavam um objetivo em comum na política, os Garotos atacariam os patrões: "Eles são os terroristas/ com sua maldita polícia". Por causa da censura, trocaram "polícia" por "preguiça", mas o recado estava dado.

Já o Língua de Trapo, com seus integrantes egressos da USP, preferia o sarcasmo para fustigar o governo, como no show *Sem indiretas*, gravado ao vivo no Lira durante a campanha das Diretas, em que cantava: "Deve ser bom processar jornalista/ e se fingir caluniado/ deve ser bom tachar de comunista/ quem não for mesmo um aliado". Outra canção, "Amor à vista", comentava a penúria nacional com deboche mais explícito. "Os tempos são difíceis e você tem que se desdobrar", diz o narrador-gigolô à sua mulher. A balada romântica reversa evolui para a crônica política: "Nós moramos em São Paulo e aqui a oposição está no poder/ mas o colapso econômico, isso ninguém pode resolver". E então o rufião abre seu voto: "Oh, baby, eu votei no PT/ Que é que tem?/ Gente baixa também pode ter consciência". Se os versos não enaltecem os partidos de Lula e Ulysses, as duas legendas mais identificadas com as Diretas sobrevivem ao escárnio do Língua de Trapo.

O rock foi também o veículo para Caetano Veloso se expressar com veemência contra os rumos do Brasil naquele final anunciado da ditadura. "Podres poderes" nasceu durante a campanha das Diretas e, inédita em disco, foi apresentada ao público em maio de 1984, mês seguinte ao da derrota da emenda na Câmara dos Deputados. Numa saraivada de perguntas retóricas que distribuem lambadas nos políticos, o compositor coloca a ditadura brasileira num contexto cultural continental: "Será que nunca faremos senão confirmar/ a incompetência da América católica/ que sempre precisará de ridículos tiranos?". O cacófato "caca", em "América católica", seria para enfatizar a

Caetano Veloso no início dos anos 1980, quando lançou álbum com a música "Podres poderes", questionando, entre outras coisas, a presença de "ridículos tiranos" na América Latina

"porcaria" dessa tradição, sentido que a palavra tem em português e espanhol.[10] Caetano não eximia os brasileiros de culpa por permitir que os homens exercessem seus podres poderes. "Somos uns boçais", como afirma na letra, é sua maneira de dizer "a gente somos inútil".

À novidade da contundência do rock nacional somou-se a melhor tradição de resistência da música popular brasileira, representada por dois de seus expoentes: Chico Buarque e Milton Nascimento. Juntas, as duas vertentes engrossariam o caldo sonoro da campanha das Diretas.

Embora sempre claramente alinhado ao campo progressista, Chico Buarque não fora, e nem se considerava, um compositor de músicas de protesto. Ao contrário, havia, por parte dele, uma desconfiança "diante da cultura engajada depois de 1964, quando já estava desconectada do lastro social que lhe dava base material antes do golpe", na descrição de Fernando de Barros e Silva, que perfilou o artista.[11] Nas palavras do próprio Chico:

"A moda das canções de protesto me incomodava [...], dava a impressão de ser um pouco oportunista".[12]

Mesmo levando-se em conta apenas as primeiras duas décadas de sua carreira — antes, portanto, das Diretas —, são muitas as canções de cunho social e político que abordam a injustiça e o autoritarismo ou que piscam para experiências revolucionárias contemporâneas que pudessem, de alguma forma, inspirar o Brasil. Em "Partido alto" (1972), o compositor dá voz ao malandro sofredor — um "batuqueiro", pois a censura vetara "brasileiro" — que reclama com Deus por ter nascido "na barriga da miséria". Em "Quando o Carnaval chegar" (do mesmo ano), alude à repressão: "Eu tô só vendo, sabendo, sentindo, escutando/ E não posso falar". Em "Tanto mar" (1975), pedia aos portugueses em festa pela Revolução dos Cravos que mandassem para cá "algum cheirinho de alecrim". Há muitos outros exemplos: "Meu caro amigo" (1976), "Primeiro de Maio" (1977), "Cálice" (1978, com Gilberto Gil), "Morena de Angola" (1981), "Brejo da Cruz" (1984), entre outras. Nenhuma delas, no entanto, se encaixa na definição de música de protesto.

Uma das poucas músicas que o próprio Chico colocaria nessa categoria é "Apesar de você", um samba antigo que parecia ter sido escrito sob medida para os comícios pelas Diretas. A música tem uma história que se confunde com o movimento oposicionista à ditadura. Chico passou pouco mais de um ano autoexilado na Itália no final dos anos 1960, quando, depois do AI-5, continuar no Brasil era uma opção arriscada para alguém que, como ele, estava na mira dos órgãos de repressão. Com dificuldade financeira para se manter no exterior, acabou voltando no início de 1970, no auge dos "anos de chumbo", expressão, aliás, que ele atualizaria no título do livro de contos publicado em 2021.

Foi então, percebendo que o país só havia piorado no período em que estivera fora, que Chico compôs os versos, endereçados a um interlocutor não nominado ("você"), a quem acusava de ter inventado "toda a escuridão". A letra, como tantas na época, tinha duplo sentido para driblar a censura, podia ser ouvida como um lamento de marido. Mas não deixava muita dúvida sobre a intenção política do autor. Versos como "A minha gente hoje anda/ falando de lado/ e olhando pro chão" ou "Eu pergunto a você/ onde vai se esconder/ da enorme euforia" continham indisfarçável mensagem. "Você" era o general-presidente Médici ou o coletivo da ditadura. E, no entanto, naquele que é considerado um dos maiores cochilos dos censores, a música passou sem cortes e fez enorme sucesso. Até que, meses depois, o governo percebeu a própria falha e reagiu, proibindo sua execução e destruindo o estoque dos discos.

Com a abertura política, o samba, incluído no LP de 1978, passou a embalar eventos decisivos da oposição, como as eleições parlamentares daquele mesmo ano e o pleito de 1982, que elegeu os governadores que estariam à frente da campanha das Diretas. Mesmo considerando-a uma música "do passado", Chico não se furtou a cantá-la de novo nos showmícios de 1984 diante das multidões que sabiam de cor o refrão que refletia o anseio pelo fim da ditadura: "Amanhã vai ser outro dia".

Outra obra buarqueana associada à campanha é o samba-enredo "Vai passar". Lançada em meio à campanha, a música, em tom alegórico, passa em revista a ditadura ("página infeliz da nossa história") a partir do golpe, consumado enquanto "dormia a nossa pátria mãe tão distraída". A frase que dá título à canção, enunciada como um comentário contido no fim da gravação, é gritada no palanque, como se um apoteótico Chico não estivesse mais se referindo ao "estandarte do sanatório geral", e sim à emenda Dante de Oliveira no Congresso: "Vai passar!".

No mesmo ano, o compositor revisitaria a campanha em "Pelas tabelas", que ele resume como a história de "um sujeito procurando uma mulher, apaixonado, no meio da manifestação pelas Diretas". A letra, que passeia na fronteira entre o individual e o coletivo, recebeu uma leitura predominantemente política que, no entanto, o próprio Chico considera "viciada". Com efeito, a construção sofisticada, que remete à "barafunda mental" de sua obra literária posterior, se presta mais aos palcos do que aos palanques.[13]

Chico marcou presença, sim, mas quem forneceu a trilha sonora da campanha cívica foi mesmo Milton Nascimento. Não com uma, nem com duas, mas com três canções consideradas hinos das Diretas.

Milton habitava o alto do panteão da música brasileira havia vinte anos — aliás, da mesma maneira que Chico, ambos surgidos nos eletrizantes festivais dos anos 1960. Começou sobrando ao emplacar — de novo — não uma, nem duas, mas três músicas na segunda edição do Festival Internacional da Canção, da Globo, em 1967. Entre elas, as clássicas "Travessia", com letra de Fernando Brant, e "Morro velho". Desconhecido do grande público, o jovem já tivera o talento reconhecido no ano anterior, quando Elis Regina gravara "Canção do sal", em que aparece a questão social abordada por quem, como ele, nascera numa favela. "Trabalho o dia inteiro pra vida de gente levar", diz um verso. Desde então, Milton se impôs no cenário cultural brasileiro com seu estilo único, baseado num "surpreendente aproveitamento da música regional mineira, tratada com requintados recursos harmônicos da bossa nova, do jazz e dos Beatles", na avaliação de Jairo Severiano, historiador da MPB.[14]

O compositor captava as delícias do amor, as venturas da fraternidade, a força da mulher, as coisas da terra que o acolheu, tudo isso sem, de vez em quando, deixar de visitar a política. "Quero a utopia, quero tudo e mais", cantava três anos antes das Diretas em "Coração civil", que assina com o parceiro Brant. A música reivindica para o brasileiro uma cidadania plena, não só com justiça e liberdade, mas também com direito ao vinho e à alegria. O caminho até lá passaria pela democracia que o país ensaiava timidamente: "Os meninos e o povo no poder, eu quero ver". A letra cita, quase didaticamente, o contexto que a inspirou: a Convenção Americana dos Direitos Humanos, conhecida como Pacto de São José da Costa Rica, que havia entrado em vigor em 1978, quase dez anos depois de assinada. É um clamor cívico: "São José da Costa Rica, coração civil/ Me inspire no meu sonho de amor Brasil".

No mesmo álbum, os parceiros assinavam outra canção com forte apelo político — "Nos bailes da vida", cujo verso mais conhecido ("todo artista tem de ir aonde o povo está") era a senha para que os membros mais proeminentes da classe subissem nos palanques das Diretas e emprestassem seu prestígio à causa.

"Coração civil" e "Nos bailes da vida" ainda tocavam nas rádios quando, no início de 1983, a dupla compôs "Menestrel das Alagoas", em homenagem a Teotônio Vilela. É o primeiro dos três mencionados hinos das Diretas. Incansável na defesa da Anistia, solidário com os metalúrgicos presos em São Paulo e paladino das eleições diretas para presidente, o ex-senador concedera pouco antes, por ocasião do pleito de novembro de 1982, uma entrevista emocionante em que, já abalado pelo câncer que em breve ceifaria sua vida, falou com esperança sobre o futuro do Brasil. Gravada por Fafá de Belém, que se transformaria na musa das Diretas, a canção enaltecia a "ira santa" e a "saúde civil" do político, que ao final da gravação declara: "Esta música é a melodia do povo. Sinto-me dentro dela porque venho fazendo de minha vida o roteiro da liberdade".

Milton Nascimento, um dos responsáveis pela trilha sonora das Diretas. São de sua autoria "Coração de estudante" e "Menestrel das Alagoas", duas das mais cantadas nos palanques

A tríade de Milton Nascimento que embalou as diretas — verdadeiros "cânticos de mobilização popular", na definição de Severiano —[15] fecha com "Coração de estudante", que consta do álbum *Ao vivo*, lançado no Natal de 1983, justamente quando representantes da oposição e da sociedade civil se organizavam para colocar de pé os megacomícios. A melodia, na realidade, não era nova. Havia sido composta por Wagner Tiso para o filme *Jango*, de Sílvio Tendler, que ainda nem fora lançado. Milton fez a letra baseado em outro contexto, lembrando-se da morte do estudante Edson Luís, em 1968, num confronto com a polícia, episódio que precedeu as intensas manifestações contra o governo naquele ano.[16] Dirigida ao jovem, a canção mescla desalento ("já podaram seus momentos/ desviaram seu destino") e fé no porvir ("mas renova-se a esperança/ nova aurora a cada dia").

O título evocava o nome de uma planta delicada, coração-de-estudante, muito comum em Minas, e a cada vez que Milton soltava a voz nos palanques, ele regava um pouquinho aquela "folha da juventude".

Pas de deux no palanque

A história de algumas pessoas é mais reveladora quando contada em contraponto à de seus rivais. Disputas dessa ordem — reais ou fruto da percepção de quem as observa de fora — são úteis para salientar as virtudes e os vícios dos personagens envolvidos, que com frequência estabelecem entre si uma relação de admiração temperada pela inveja. Amarradas por convergências e antagonismos, as existências parelhas povoam as narrativas de qualquer área onde predomine o fator humano. Noel Rosa e Wilson Batista esgrimiram sambas que enriqueceram a música brasileira. As tentativas de Alain Prost de subir no degrau mais alto do pódio valorizaram as vitórias de Ayrton Senna. O contraste entre a prosa cristalina de Tolstói e a linguagem rude de Dostoiévski indicou caminhos preciosos para o romance moderno. Os exemplos se multiplicariam ao infinito. Até porque é bem antiga a ideia de traçar vidas paralelas, fazendo com que uma ilumine a outra, e vice-versa. O modelo original data do primeiro século depois de Cristo, quando Plutarco escreveu uma série de biografias comparativas, buscando correlações entre protagonistas gregos e romanos não necessariamente contemporâneos, como Alexandre Magno e Júlio

César. Guardadas as proporções, Tancredo Neves e Ulysses Guimarães, protagonistas da campanha das Diretas, também tiveram trajetórias que se prestam a tal chave de leitura.

Nascido em 1910, seis anos antes que o futuro colega paulista, Tancredo sai na frente, filiando-se em 1933 ao Partido Progressista de Minas Gerais, pelo qual em seguida se elegeria vereador em São João del-Rei, sua cidade natal. Em 1937 bandeia-se para o recém-fundado Partido Nacionalista Mineiro, onde permaneceria sob as asas do governador Benedito Valadares, fiel aliado de Getúlio Vargas, que o manteve no cargo como interventor durante a ditadura do Estado Novo (1939-1945). Nessa quadra da vida, a pequena diferença de idade se faz notar. Em 1938, enquanto Tancredo se casava, Ulysses ainda militava na política estudantil, e no ano seguinte chegaria à vice-presidência da recém-fundada UNE.

As carreiras dos dois jovens advogados se entrelaçam pela primeira vez em 1945, quando ambos se filiam ao Partido Social Democrático (PSD), que surge como uma das primeiras legendas nacionais de massa do Brasil, ao lado do Partido Trabalhista Brasileiro (PTB) e da UDN. Tancredo e Ulysses estavam bem instalados na ditadura, escreve Luiz Gutemberg, biógrafo do paulista. "Não tinham por que embarcar na onda liberal de ruptura com o Estado Novo" e preferiram se abrigar no PSD, "cuja missão era reciclar o espólio do getulismo a fim de mantê-lo no poder".[1] Encarregado de fundar o PSD em Minas e São Paulo, Valadares acabou promovendo uma primeira aproximação entre Tancredo e Ulysses. Dois anos mais tarde, ambos foram eleitos deputados estaduais para legislaturas com poderes constituintes, o último capítulo de suas pré-histórias.

No início da década seguinte, com a volta de Vargas ao poder, agora como presidente eleito, Tancredo e Ulysses passam a ter alguma convivência na bancada da Câmara dos Deputados, para a qual haviam sido eleitos em 1950. Apesar de estreantes na política nacional, conquistam espaços importantes e ganham projeção. Ulysses integra a prestigiada Comissão de Constituição e Justiça. Tancredo se encaixa na Comissão de Transportes e Obras Públicas e assume a liderança da bancada pessedista do seu estado.

O mineiro sobressai em relação ao paulista quando, em junho de 1953, é guindado ao primeiro escalão, como ministro da Justiça. Na época, Vargas se encontrava pressionado por uma estridente campanha oposicionista, que identificava um "mar de lama" em seu governo. Uma Comissão Parlamentar de Inquérito, da qual fazia parte Ulysses, apurava irregularidades num empréstimo oficial ao jornal *Última Hora*, de Samuel Wainer, o único que apoiava o presidente. Em agosto de 1954, a crise levou ao suicídio de Getúlio, provocando comoção nacional. Tancredo reassume o assento na Câmara, mas logo ficaria sem mandato, pois não havia se desencompatibilizado do cargo a tempo de se candidatar de novo. Quanto a Ulysses, reelege-se deputado, como faria ininterruptamente até o fim da vida.

A turbulenta campanha presidencial do pessedista Juscelino Kubitschek, em 1955, encontra Tancredo e Ulysses do mesmo lado, naturalmente. Com a importância e a visibilidade que o cargo ministerial lhe dera, porém, o ex-deputado mineiro se mostra mais ativo na articulação da chapa. Na volta do enterro de Vargas, já combinava com João Goulart, seu-ex-colega na cúpula do governo, "a resposta que ambos julgavam à altura da memória do presidente": a candidatura de Juscelino.[2] O trabalho foi intenso, sobretudo depois da vitória de JK, quando a oposição conservadora ensaiou um golpe para lhe impedir a posse. Nos cinco anos seguintes, Tancredo e Ulysses estiveram ao lado do presidente: o primeiro como conselheiro, o segundo como parlamentar.

Depois de um começo promissor, vem o primeiro revés para cada um deles. Em 1958, Ulysses tenta se candidatar ao Governo de São Paulo, mas descobre que não tem o apoio de Juscelino e acaba desistindo. Em 1960, é a vez de Tancredo, que, apesar do favoritismo, perde a eleição para o Executivo de Minas. Para ele, foi uma derrota dupla, pois seu candidato à Presidência da República, o general Henrique Lott, foi atropelado nas urnas pelo fenômeno Jânio Quadros. Lott entrara no cenário nacional por ter sido o fiador do governo JK, de quem se tornou ministro do Exército. Cinco anos antes, sua atuação fora decisiva para evitar o golpe contra o presidente eleito. Juscelino, porém, não se empenhou na eleição de seu sucessor. Teria preferido a vitória de um adversário, que herdaria a alta conta da construção de Brasília, dificuldade que, no seu cálculo, abriria caminho para sua volta à Presidência em 1965.[3] Tancredo, ao contrário do presidente, aproveitou

Tancredo Neves nos anos 1960, quando exercitou o poder de articulação que esbanjaria na campanha das Diretas. Na época, o político mineiro foi primeiro-ministro do presidente João Goulart, deposto pelos militares em 1964

sua própria campanha em Minas para defender com afinco o candidato do seu partido.

Sem base partidária sólida, mas com o apoio circunstancial da UDN, Jânio Quadros desceu do palco da política nacional bem mais depressa do que nele subira. Tivera uma carreira meteórica, como vereador, deputado estadual, prefeito e governador de São Paulo — tudo em treze anos. Tendo chegado ao ápice, renunciou depois de sete meses, numa tentativa frustrada de obter mais poder. O gesto extemporâneo abriu uma crise política sem precedente, da qual Tancredo emergiria como um dos artífices da solução do impasse em torno da posse do vice, João Goulart. A partir daí, e durante quase um ano, o protagonismo do mineiro ganharia relevo, sobretudo quando comparado ao papel de coadjuvante do paulista.

Tudo começou quando, uma vez anunciada a renúncia, em 25 de agosto de 1961, os três ministros militares — do Exército, da Marinha e da Aeronáutica — decidiram rasgar a Constituição e vetar a posse de João Goulart, o Jango, sob a alegação de que ele teria ligações com comunistas. O vice estava na China, em missão oficial. Informado do veto, esticou a viagem de volta, fazendo várias escalas, enquanto em Brasília lideranças políticas negociavam com a cúpula militar uma saída para a situação que ameaçava levar o país à guerra civil. Surgiu a ideia de uma emenda constitucional que mudasse o regime político, do presidencialismo para o parlamentarismo. Era uma espécie de versão aguada do golpe original pretendido: em vez de impedimento, a retirada de parte do poder do novo presidente. Todos de acordo, só faltava convencer Goulart, uma missão delicada que ficaria sob a responsabilidade de Tancredo.

Combinando retórica corajosa e argumentação pragmática, o político mineiro reuniu credenciais aceitas pelos dois lados. Primeiro, dias depois da renúncia, em plena crise com desfecho ainda incerto, divulgou um manifesto que alertava para "a iminência de uma horrenda luta fratricida", defendia a Constituição, cobrava patriotismo dos chefes militares e apoiava a posse de Jango.[4] Segundo, demarcado o território democrático em que atuaria, pegou um avião para Montevidéu, onde Jango aguardava o desenrolar dos acontecimentos na última perna de sua viagem de volta. Em tensa reunião na embaixada do Brasil na capital do Uruguai, Tancredo dobrou Goulart. O vice provavelmente não se convenceu de que, como lhe disse Tancredo, o sistema híbrido em discussão no Congresso preservaria boa parcela do poder presidencial. Mas o emissário lhe fez ver que a margem de manobra era exígua. A capitulação diante das condições impostas pelos militares parecia a mais razoável das três opções na mesa: as outras duas eram a inviabilização da posse ou a resistência armada, cuja conta sangrenta seria dividida com o governador do Rio Grande do Sul, Leonel Brizola, que liderava a mobilização popular a favor de seu cunhado, Jango.

Missão cumprida, Tancredo volta ao Brasil como pacificador nacional, um político que emprestava à tradicional vocação conciliadora mineira uma renovada camada de virtude. Nem por isso, no entanto, ele seria a primeira escolha para o cargo inédito de primeiro-ministro. Aliás, não seria também a segunda, nem a terceira ou as seguintes.* O nome do ungido deveria passar pelo crivo do PSD, que tinha a maior bancada no Congresso. Na reta final, depois de vários candidatos descartados, Tancredo — que estava sem mandato — derrotou

---

* Foram considerados os nomes de Amaral Peixoto (ex-governador do Rio e ex-ministro de Juscelino), Siegfried Heuser (ex-secretário da Fazenda de Brizola), Auro Moura Andrade (senador), Juracy Magalhães (governador da Bahia) e Carvalho Pinto (governador de São Paulo). Ver Plínio Fraga, *Tancredo Neves, o príncipe civil*. Rio de Janeiro: Objetiva, 2017, pp. 183-4.

em votação parlamentar o deputado correligionário Gustavo Capanema, ex-ministro da Educação durante quase todo o primeiro governo de Getúlio.

Logo após a posse de Jango — em 7 de setembro, duas semanas depois da renúncia de Jânio —, Tancredo monta um gabinete que dá alguma projeção a Ulysses. O paulista, que já havia presidido a Câmara no final dos anos 1950, naquela altura cumpria um quarto mandato para o qual fora eleito com metade dos votos do pleito anterior. Havia também integrado, juntamente com outros quinze colegas, a comissão que analisou o veto das Forças Armadas a Jango, uma tarefa modesta para sua ambição. Além disso, andava com o moral baixo desde que, abandonado por JK, tivera que desistir de disputar o Governo de São Paulo. O premiê então o chamou para tocar o Ministério da Indústria e Comércio.

Na história da dupla, essa era a vez de Tancredo brilhar, até mesmo para além das coisas da política palaciana. Agindo nos bastidores, o seu ambiente por excelência, o mineiro teve lá o seu papel na conquista da Copa do Mundo de 1962, disputada no Chile. A seleção brasileira estava ameaçada de entrar em campo para a final com o time desfalcado de seu principal destaque. Garrincha — que, na ausência de Pelé, contundido, era a grande estrela do torneio — fora expulso no jogo anterior, contra o Chile, depois de fazer dois gols, e a Fifa decidiria se ele poderia atuar contra a Tchecoslováquia. Tancredo, que acompanhara o jogo pelo rádio ao lado de Ulysses e outros ministros, não perdeu tempo. Mandou um telegrama ao presidente da Fifa pedindo que não aplicasse a punição. Reforçou o pedido com os presidentes do Chile e do Peru, país de origem do árbitro. É impossível saber o peso da iniciativa de Tancredo, mas fato é que Garrincha jogou. Com febre alta, não teve bom desempenho, mas sua presença atraiu a marcação, liberando outros atacantes, responsáveis pelo três a um que deu o bicampeonato ao Brasil.[5]

O gabinete de Tancredo seria dissolvido logo em seguida, em julho, diante da perspectiva da realização de um plesbicito que, previsivelmente, decidiria pela volta do presidencialismo, o que de fato ocorreu em janeiro de 1963. O primeiro-ministro não via sentido em continuar num cargo que tenderia a se esvaziar cada vez mais, e o gabinete se demitiu em bloco. Depois de oito anos longe do Legislativo, Tancredo se elegeu deputado e, na condição de líder da maioria na Câmara, tentaria, sem êxito, demover Jango de participar de eventos que elevassem ainda mais a temperatura política.

Foi de lá, da bancada do PSD, que o mineiro e o paulista assistiram ao golpe de 1964.

Tancredo e Ulysses não tinham tanta relevância quanto Juscelino nem eram tão radicais quanto Brizola. Assim, ao contrário do ex-presidente e do ex-governador gaúcho — cassados e vivendo no exterior, como muitas outras figuras públicas —, os futuros protagonistas das Diretas puderam continuar exercendo seus mandatos. Pautavam-se pela expectativa geral de que, uma vez afastados os considerados comunistas e corruptos, o poder fosse logo devolvido aos civis. O tranco autoritário seria mais sentido no final do ano seguinte, quando, após um revés do governo nas eleições para governadores, os militares baixaram o segundo Ato Institucional, extinguindo os partidos e criando a Aliança Renovadora Nacional (Arena), governista, e o MDB, destinado a desempenhar o papel de oposição consentida.

Os parlamentares se acomodaram de acordo com preferências ideológicas ou conveniências políticas. Entre os filiados às maiores legendas, os udenistas — conservadores que haviam apoiado o golpe — migraram, naturalmente, para a Arena. Os petebistas honraram a herança trabalhista e se aninharam no MDB. Os pessedistas, no entanto, se dividiram. Não foram poucos os deputados do PSD que engrossaram a fileira situacionista, mas Tancredo e Ulysses ficaram na oposição possível, reelegendo-se nos dois pleitos seguintes, o de 1966 e o de 1970.

Se as trajetórias dos dois descrevessem um movimento de gangorra, a primeira metade dos anos 1970 seria o período em que Ulysses estaria no alto, enquanto Tancredo, que estivera nessa posição em boa parte das duas décadas anteriores, fincaria os pés no chão, preparando-se para dar novo impulso à sua carreira. No início de 1971, Ulysses assumiu a presidência de um MDB em franco declínio, com representatividade minguante, em decorrência do pouco espaço institucional que tinha para se movimentar durante os anos mais repressivos da ditadura, a partir da decretação do AI-5, em dezembro de 1968. O paulista conseguiu articular alguma unidade entre as várias correntes abrigadas no partido, aproximando-o do projeto de uma frente ampla que oferecesse resistência à ditadura, ainda que simbólica.

O primeiro resultado visível dessa estratégia foi o lançamento de Ulysses à Presidência da República, em setembro de 1973. Depois de quase dez anos de regime militar, o MDB usaria as regras do próprio governo para incomodar os generais. A eleição indireta se daria em janeiro de 1974, e não era segredo que o escolhido pelo Colégio Eleitoral seria o general Ernesto Geisel. Foi nesse contexto que a oposição lançou o nome de Ulysses. Temendo que a candidatura se transformasse numa grande farsa, batizou-a de "anticandidatura". Desse modo, serviria ao triplo objetivo de sacudir a oposição, denunciar o caráter antidemocrático da eleição indireta e enfiar uma cunha no processo de redemocratização.

O anúncio da anticandidatura se deu em grande estilo na Convenção do MDB. Num discurso histórico, Ulysses cita: "Navegar é preciso, viver não é preciso". Tais teriam sido as palavras de um bravo guerreiro romano da Antiguidade, o general Pompeu, gritadas aos seus marinheiros ante a iminência da tormenta. Muitos séculos mais tarde, a frase seria aproveitada por Fernando Pessoa, que desloca o sentido original do enunciado para dizer que criar é preciso. Sem se lembrar da origem clássica da citação, o deputado menciona o poeta no discurso, e mesmo assim com a ajuda involuntária de Caetano Veloso, que na época fazia sucesso com o fado "Os argonautas", cujo refrão revisitava o texto póstumo do português.[6] O biógrafo de Ulysses acredita que ele tenha feito uma conexão não explicitada com os versos do Hino da Independência que o impressionavam desde criança: "Ou ficar a pátria livre/ ou morrer pelo Brasil".[7]

Ulysses apanhou dos dois lados. As críticas vindas da situação não surpreenderam. O presidente Médici se referiu à iniciativa como uma "ridícula anticampanha" que teria montado um "circo de provocadores"[8] e usou os poderes à sua disposição para desidratá-la. Mas o deputado foi alvo também de emedebistas mais à esquerda, que se intitulavam "autênticos" e o acusavam de se apropriar indevidamente da ideia da anticandidatura e de subverter o roteiro inicial, que não incluía levar a encenação até o fim, submetendo o MDB ao Colégio Eleitoral. Enquanto a direita e a esquerda falavam, Ulysses cruzava o Brasil em caravanas que recolocavam a oposição no tabuleiro político. Nas eleições parlamentares de novembro de 1974 — dez meses após sua derrota certa no Colégio Eleitoral — Ulysses veria sua insistência dar resultado: o MDB obteve sua primeira grande vitória eleitoral. A oposição cresceria ainda mais no pleito seguinte, de 1978, apesar dos casuísmos do ano anterior, como a introdução da figura do senador biônico e a ampliação da bancada na Câmara dos estados menos populosos. Em Minas, Tancredo conquistou a vaga de senador, uma das 23 que estavam em disputa no Brasil. Em São Paulo, Ulysses seria mais uma vez reeleito deputado.

Embora as duas trajetórias tivessem na sequência mantido o paralelismo, a virada para os anos 1980 marcou um afastamento momentâneo entre o paulista e o mineiro. Com a reforma partidária de 1979, enquanto Ulysses se manteve firme no comando do principal partido de oposição, agora renomeado PMDB, Tancredo preferiu investir seu capital político na fundação de uma nova legenda — o Partido Popular. Na régua ideológica, a agremiação estaria à direita do PMDB e à esquerda do PDS, que ficaria com o legado da Arena. De popular mesmo, o partido só tinha o nome. Na imprensa, passou a ser chamado pejorativamente de "partido dos banqueiros", por ter atraído vários donos de instituições financeiras, como o ex-governador de Minas, Magalhães Pinto, do Banco Nacional, e o ex-prefeito de São Paulo, Olavo Setúbal, do Itaú. Outros, ainda mais críticos, tachavam o PP de "Partido do Petrônio", fazendo referência a Petrônio Portella, o ministro da Justiça que estimulara o surgimento de uma sigla de centro como parte do processo de abertura.

O projeto do PP atendia perfeitamente à estratégia do senador Tancredo, que tomou para si o papel de interlocutor da oposição moderada junto à ala militar que defendia o fim da ditadura, no bojo de um projeto de transição gradual, controlada e, sobretudo, sem revanchismo. No PP, Tancredo estava em seu ambiente natural, longe do radicalismo que via em algumas lideranças do PMDB. O mineiro não escondia o desconforto, por exemplo, de ser correligionário de alguém como Miguel Arraes, líder esquerdista pernambucano que voltara de um exílio de mais de quinze anos, após a Anistia de 1979.

Nascido em janeiro de 1980, o PP começaria a morrer no final do ano seguinte, vítima do dano colateral provocado por um pacote de medidas que tentava, mais uma vez, conter o avanço da oposição nas urnas. Em novembro de 1981, o governo instituiu o voto vinculado, que obrigava o eleitor a escolher candidatos do mesmo partido, de vereador a governador. O objetivo era dar mais peso às eleições nos municípios, onde a máquina partidária do governo ainda tinha alguma eficiência. Além disso, os militares procuravam despolitizar o pleito, deslocando o debate para assuntos locais. Outra medida foi a proibição das coligações partidárias, o que prejudicava as legendas com estruturas ainda não totalmente montadas, como o PT e o PP. Com esse pacote, o Palácio do Planalto tencionava manter o PDS em maioria nas Assembleias Legislativas e no Congresso, para garantir o controle do Colégio Eleitoral que escolheria o sucessor do presidente Figueiredo.

Consideradas um retrocesso no projeto de abertura política, as medidas inviabilizaram o partido articulado por Tancredo. Ao desistir do PP, o senador chegou a propor a união de toda a oposição numa só legenda, mas a tese não entusiasmou as siglas mais à esquerda com chances de decolar. A iniciativa, de qualquer maneira, resultaria na fusão do PP com o PMDB, em fevereiro de 1982, a tempo de o filho pródigo do partido levar adiante a bem-sucedida campanha ao Palácio da Liberdade, sede do Governo de Minas, onde ele ensaiaria o pas de deux a ser encenado com Ulysses nos palanques das Diretas.

O cristão e o lobisomem

Se as vidas públicas de Tancredo e Ulysses podem ser descritas como paralelas, as trajetórias de outros dois artífices das Diretas — Franco Montoro e Leonel Brizola — estariam mais bem refletidas em outra configuração geométrica: a das retas concorrentes, aquelas que se cruzam num único ponto, como um xis. Em termos de orientação ideológica, de atuação política e até de personalidades, os dois não poderiam ser mais diferentes.

O primeiro partiu de uma posição conservadora baseada no catolicismo tradicional e, sem abrir mão de suas convicções de juventude, soube atrair apoios à esquerda, contribuindo para uma espécie de frente ampla que fustigaria a ditadura militar já em seu estertor. O segundo fez o caminho inverso. Esteve inicialmente associado ao campo da esquerda nacionalista, cuja bandeira levantou com retórica radical e ação corajosa, mas se bandeou para algo próximo de uma social-democracia moderada em sua segunda encarnação política, encerrando a carreira sob o signo da ambiguidade, em que não faltaram tentativas de composição com forças por ele antes combatidas.

Embora contemporâneos e atuando na mesma seara, Montoro e Brizola habitaram universos com poucos pontos de interconexão. Um, paulista, advogado e às vezes tachado de hesitante, fez carreira em seu estado natal. O outro, gaúcho, engenheiro e com fama de impetuoso, erigiu bases eleitorais no Rio Grande do Sul e no Rio de Janeiro, respectivamente antes e depois do longo exílio no exterior. Seus perfis ajudam a narrar a história do Brasil na segunda metade do século 20.

A régua e o compasso com que André Franco Montoro traçaria sua atuação política lhe foram dados cedo, muito antes que pudesse soletrar "eleição". Desde menino, apreendeu o mundo a partir da perspectiva do catolicismo praticado em família e, mais tarde, elaborado no tradicional Colégio São Bento, em São Paulo, ao som dos cantos gregorianos ensaiados pelos monges no mosteiro adjacente.

Para Montoro, a principal ponte entre a fé religiosa e a política partidária foi feita a partir das ideias de Jacques Maritain, filósofo francês cuja obra contribuiu para adensar o projeto de democracia cristã como uma corrente ideológica que, após a Segunda Guerra Mundial, tentava ocupar o espaço da terceira via, uma opção entre o capitalismo e o socialismo que polarizariam o mundo. Maritain exerceu grande influência entre os católicos brasileiros de corte mais conservador, como o escritor Alceu Amoroso Lima, um de seus tradutores. Amoroso Lima, também conhecido pelo pseudônimo de Tristão de Athayde, passou a estudar a obra de Maritain na segunda metade da década de 1920, na mesma época em que, com mais de trinta anos, se converteu ao catolicismo. Tornaram-se amigos. Ao fazer um balanço de sua vida, Tristão anotou entre os seus grandes feitos: "Conversei dez horas seguidas com Maritain".[1]

O francês tinha mesmo muito a falar, principalmente sobre a interseção entre religião e política. Foi um dos responsáveis pelo resgate do tomismo, a doutrina de São Tomás de Aquino que, no século 13, procurava conciliar a escola aristotélica com a crença cristã. Como o santo da Idade Média, o filósofo do século 20 também não via conflito entre razão e fé. Para Aquino, Deus é a causa de tudo, mas não age diretamente nos fatos da criação — uma concepção que dá larga margem de manobra para a atuação humana, inclusive por meio da intervenção política.

O pensamento de Maritain reforçou a chamada "doutrina social" da Igreja Católica, cuja história remonta à encíclica *Rerum Novarum*, escrita pelo papa Leão XIII em 1891. Rejeitando de um lado a via socialista e de outro o capitalismo sem limites preconizado pelo liberalismo, a carta defende a justiça social e a distribuição da riqueza. Embora se referindo ao contexto da época em que foi publicado, o documento vem se mantendo desde então como um pilar do pensamento social católico, tendo sido renovado por Pio XII com a encíclica *Quadragesimo Anno*, de 1931, quando Montoro tinha quinze anos. Juntas, a obra de Maritain e a sistematização das ideias sociais da Igreja emprestaram consistência ideológica a um movimento político ainda em gestação ao qual o adolescente mais tarde iria aderir de corpo e, literalmente, alma: a democracia cristã.

Trata-se de um fenômeno típico dos tempos da Guerra Fria que encontrou espaço para crescer sobretudo em países da Europa e da América Latina, onde o catolicismo é, culturalmente, uma manifestação relevante. Assim, partidos denominados "democratas cristãos" brotaram em certa abundância — e o Brasil não foi exceção. Embora nacional, o Partido Democrata Cristão (PDC) não escondia o sotaque que lhe denunciava a origem. A legenda foi fundada em São Paulo em 1945, no final da ditadura do Estado Novo, e não por acaso em 9 de julho, data em que os paulistas celebram o início da luta armada contra o governo de Getúlio Vargas, a chamada Revolução Constitucionalista. Ao contrário do que aconteceu em outros países, no entanto, o PDC não contou com a adesão institucional da Igreja Católica, que se sentia bem representada pela UDN.

Franco Montoro não foi um correligionário de primeiríssima hora. Quando o partido surgiu, o então jovem advogado e professor universitário já militava em organizações religiosas laicas, como a Ação Católica Brasileira, cujo expoente era Amoroso Lima, mas não havia ainda optado pela via partidária. Montoro daria um primeiro passo em direção ao PDC em 1947, quando, na condição de representante da Juventude Universitária Católica, participou de um congresso democrata-cristão em Montevidéu. O arcebispo local exortou os participantes da América Latina a tirarem do papel a encíclica de Pio XII relativa à doutrina social quando voltassem para casa. Encarregado da missão, Montoro criou a Vanguarda Democrática inspirado por Maritain. Só dois anos mais tarde, sentindo a necessidade de ter voz na política partidária, o grupo finalmente ingressaria no PDC.

Montoro se elege vereador por São Paulo em 1950, mas não chega a concluir o mandato. Renuncia em 1952 em protesto contra uma manobra pouco republicana para eleger a presidência da Câmara. Há no gesto uma prévia do comportamento que teria no restante de sua carreira política, marcada pela retidão moral, o que é amplamente reconhecido. Dois anos depois, o ex-vereador é mais uma vez jogado sob os holofotes da política paulista. Entre os membros da direção regional do PDC, ele se destaca na rejeição ao apoio de seu partido à candidatura de Jânio Quadros ao Governo de São Paulo. Chega a ser expulso do partido, decisão que, no entanto, é em seguida revertida pela Justiça Eleitoral. Com toda a projeção granjeada pelos entreveros, Montoro se elege deputado estadual em 1954 e federal em 1958.

Data da virada para os anos 1960 o maior convívio que Montoro teria com Ulysses e Tancredo. Do primeiro, foi colega de legislatura, cada qual em sua bancada. Do segundo, seria subordinado no breve período em que vigorou o parlamentarismo. Não se pode dizer que Montoro fosse próximo do governo federal. Havia se indisposto com Jânio, agora presidente, e, ideologicamente, estava mais próximo da UDN do que do PTB de João Goulart, o vice. Ainda assim, o democrata-cristão integrou a comitiva de Jango na visita oficial à China comunista. Lá, do outro lado do mundo, em agosto de 1961, recebeu a notícia da renúncia de Jânio. Estava ao lado de quem, por direito constitucional, deveria sucedê-lo. Uma vez criado o impasse com relação à posse de Jango, Montoro sugeriu que ele retardasse o retorno ao Brasil, a fim de dar tempo para que uma solução política fosse negociada. De volta, Montoro apoiou a alternativa do parlamentarismo e, com Tancredo primeiro-ministro, assumiu a pasta do Trabalho e Previdência Social, em que teve oportunidade de colocar em prática o ideal de distribuição da riqueza propugnado nas encíclicas papais. Entre outras iniciativas, aprovou uma lei sobre o salário-família, aumentando a renda das camadas mais pobres, e propôs a ampliação do programa de habitação popular e a sindicalização de trabalhadores agrícolas.

O golpe militar de 1964 o encontrou em mais um mandato como deputado, reeleito que fora em 1962, após a renúncia coletiva do gabinete de Jango. Na condição de líder do PDC na Câmara, votou a favor do general Humberto Castello Branco para a Presidência da República, no pleito indireto que tentou dar um verniz democrático à ditadura que se iniciava. No ano seguinte, porém, com a extinção dos partidos, engrossaria as fileiras da oposição ao optar pelo MDB, ao contrário de muitos antigos correligionários que preferiram a governista Arena.

Sem despontar como crítico contundente do regime, o deputado ainda assim ocupou espaço crescente no MDB, reelegendo-se mais uma vez em 1966 e chegando ao Senado em 1970, na contramão de um partido que, pouco podendo fazer diante do aumento da repressão, perdia representatividade enquanto testemunhava o aumento de votos nulos e brancos. A atuação de Montoro ganhou relevo no pleito seguinte, de 1974, quando coordenou a campanha nacional do partido em sua primeira vitória convincente. Em 1978, não apenas se reelegeu senador como levou a tiracolo, como suplente, Fernando Henrique Cardoso, então um professor universitário respeitado como intelectual, mas ainda sem asas robustas para voos políticos ambiciosos.

O ápice da carreira seria alcançado em 1982, quando, na primeira eleição direta para governador em vinte anos, Montoro foi escolhido pelos paulistas para ocupar o Palácio dos Bandeirantes, que a partir do final do ano seguinte ele transformaria num quartel-general da campanha das Diretas.

Enquanto a estrada em que caminhou Franco Montoro se caracterizou por uma linearidade quase monótona em sua previsibilidade, as veredas exploradas por Brizola apresentaram trechos perigosos, guinadas inesperadas e sinalização confusa.

Simpatizante de Getúlio Vargas, seu conterrâneo, Brizola entra para o PTB em 1945, assim que o partido é criado. Elege-se deputado dois anos depois, mantendo a cadeira na Assembleia Legislativa gaúcha no pleito seguinte. Entre um mandato e outro, casa-se com Neusa Goulart, um evento que pertenceria apenas à esfera de sua vida privada se a noiva não fosse irmã do futuro presidente da República. Em 1954, no pleito realizado apenas dois meses após o suicídio de Getúlio, é eleito deputado federal. Não completa o mandato, pois no ano seguinte é guindado pelo voto à Prefeitura de Porto Alegre. Pela primeira vez, coloca em prática medidas de caráter social nas áreas de saneamento, ensino e transporte. O reconhecimento da boa gestão abre caminho para que ele se eleja governador em 1958.

Poucas semanas após a posse, no início de 1959, Brizola choca os conservadores ao anunciar a encampação da empresa americana responsável pela distribuição de energia na área metropolitana da capital gaúcha. Em 1962, repete a dose com a subsidiária da poderosa International Telephone and Telegraph (ITT). Nessa altura, é chamado de "lobisomem", não tanto pelos sustos que causa ao establishment, mas por aparecer todas as sextas-feiras à noite na rádio Farroupilha, quando falava diretamente ao povo para prestar conta das ações de seu governo.[2]

Brizola ascendeu ao primeiro plano da política nacional durante a crise da posse de Jango. Esteve na linha de frente dos que resistiram à decisão dos ministros militares de não dar posse ao vice após a renúncia de Jânio Quadros. Não se limitou à retórica inflamada. Transformou o Palácio Piratini, sede do governo em Porto Alegre, num bunker em defesa da Constituição. Lá, funcionários e voluntários circulavam armados, muitos com revólveres da Taurus, cuja produção fora requisitada pelo governo. Sempre ciente do poder da comunicação, Brizola se deixou fotografar com um cigarro nos lábios e uma metralhadora nos braços.

A parte mais visível da resistência brizolista foi a formação da "cadeia da legalidade", uma rede de mais de cem emissoras do Sul que transmitiam os discursos do governador. A parte mais importante foi a conquista da consciência do comandante do Terceiro Exército, José Lopes Machado, que passou a defender a Constituição depois de, inicialmente, acatar as ordens vindas de Brasília. Foi a ação decisiva de Brizola que impediu o golpe que se consumaria com o veto à posse de Jango. Se não

Armado, o governador do Rio Grande do Sul, Leonel Brizola, age para colocar em pé a "cadeia da legalidade", movimento de resistência que garante a posse do presidente João Goulart em setembro de 1961, pouco depois da renúncia de Jânio Quadros

conseguiu impedir o outro golpe, o do parlamentarismo, Brizola trabalhou com afinco para que o plebiscito que restauraria o presidencialismo — previsto para 1965, já no final do mandato — fosse antecipado para o início de 1963.

A partir daí, a radicalização crescente em que o Brasil mergulhará terá sempre, à esquerda, as digitais de Brizola. Concluído o mandato de governador, ele se elege como o deputado federal até então mais votado da história, mesmo tendo disputado pelo estado da Guanabara, longe de sua base original. Energizado pela resposta popular, sobe o tom no ataque aos interesses americanos e defende que as reformas de base, como a agrária, sejam feitas "na marra", ou seja, passando por cima do Congresso, que ele vê como um poder subalterno à elite.

Em pouco tempo, o qualificativo "nacionalista de esquerda" se torna insuficiente para descrever Brizola. Influenciado pelo êxito recente das forças lideradas por Fidel Castro em Cuba, o político gaúcho se aproxima de posições revolucionárias, ainda que distantes do comunismo. Ideologicamente, ele ocupa o espaço do trabalhismo radical, a ala mais à esquerda do PTB. Nessa condição, lança a Frente de Mobilização Popular, que reúne as principais tendências de esquerda do país, das Ligas Camponesas, formadas pelo PCB, à UNE, passando pelos sindicalistas do Comando Geral dos Trabalhadores (CGT).

A tentativa de Brizola de forçar a aprovação das reformas prometidas por Jango acirrou os ânimos. A conhecida polarização entre conservadores e progressistas, que desembocaria no golpe de 1964, é apenas parte da história. Além disso, a própria esquerda estava rachada: moderados e reformistas de um lado e, de outro, radicais e revolucionários. Ou, esquerda "positiva" e "negativa", na classificação de San Tiago Dantas, ministro da Fazenda de Jango que, incluindo-se entre os primeiros, temia pelo isolamento cada vez mais notório do presidente. Para se contrapor à influência de Brizola sobre Jango, Dantas propôs em fins de 1963 a criação de uma Frente Progressista de Apoio às reformas de base, visando a adesão do PTB janguista, do PSD e de partidos de centro, como o PDC de Franco Montoro.[3] O ambiente político, porém, não se mostrava receptivo a iniciativas conciliadoras.

Brizola dobrou a aposta radical ao organizar comandos nacionalistas que ele chamou de Grupos dos Onze. O número não é por acaso. O gaúcho procurava uma maneira de transferir para a política a paixão popular pelo futebol. Dispostos a pegar em armas, os onze "jogadores" de cada uma das milhares de células espalhadas pelo país recebiam orientações do próprio Brizola pela *Rede do Esclarecimento*, programa transmitido pela rádio Mayrink Veiga, que lhe vendia o horário noturno, e pelo semanário *O Panfleto*, que declarava no cabeçalho ser "o jornal do homem da rua".

Com a deflagração do golpe em 31 de março — ou Primeiro de Abril, para quem quer fazer a data coincidir com o Dia da Mentira — Brizola tentou reeditar a resistência. Viajou para Porto Alegre, onde obteve mais uma vez o apoio do comando do Exército e, em discursos na rádio Farroupilha, conclamou a população a enfrentar os golpistas. O lobisomem, porém, dessa vez ficou falando sozinho. Jango se recusou a endossar qualquer resistência e deixou o Brasil rumo ao Uruguai. Brizola permaneceu escondido em uma fazenda fronteiriça até maio, quando seguiu para o mesmo destino do cunhado.

O exílio de Brizola se divide em três períodos distintos, vividos no Uruguai, nos Estados Unidos e em Portugal. Nos primeiros dois anos, tenta articular uma reação aos militares que haviam tomado o poder. A insurreição, no entanto, não decola, e Brizola acaba confinado no país vizinho sob controle da polícia local, que estaria agindo a pedido do governo brasileiro. Em 1977, finalmente expulso do Uruguai, segue para os Estados Unidos, o alvo preferencial de suas diatribes na década anterior. Lá, o governo de Jimmy Carter havia colocado na agenda uma política de defesa dos direitos humanos que confrontava a prática de ditaduras, inclusive a brasileira. Morando por pouco tempo em Nova York, uma vitrine do capitalismo, Brizola deixa para trás o radicalismo trabalhista e se convence das virtudes reformistas da social-democracia. Na terceira fase do exílio, a partir de 1978, passa a morar em Lisboa, de onde estabelece pontes com lideranças social-democratas da Europa.

O Brizola que chegou ao Brasil em setembro de 1979, dias após a decretação da Anistia, é um político que, fora o carisma intato, pouco tem a ver com o agitador dos anos 1960. Com o fim do bipartidarismo, tentou reaver a sigla PTB, um ativo cobiçado pelo recall no eleitorado. Desconfiados de sua conversão política, os militares não lhe facilitaram a volta à vida pública, manobrando para que a sigla ficasse com Ivete Vargas, sobrinha de Getúlio. Sem alternativa, Brizola escolheu um novo nome para a sua legenda: Partido Democrático Trabalhista. Foi a bordo do PDT que se elegeu governador do Rio de Janeiro em 1982, não sem antes denunciar uma fraude que por pouco não altera o resultado do pleito, em benefício do candidato do partido do governo.

As trajetórias dos governadores recém-eleitos do Rio e de São Paulo — as tais retas concorrentes apontando para direções distintas — viriam a se cruzar no ano seguinte, durante a campanha das Diretas. Simbolicamente, formavam o xis marcado nas cédulas estilizadas das camisetas amarelas diante da opção "Eu quero votar para presidente".

Reticências à esquerda

O desempenho dos principais atores da campanha das Diretas Já viria a ser tão intenso e convincente nos palanques dos megacomícios que deixaria a impressão de que todos eles estavam associados ao movimento desde seus primórdios. Mas não foi bem assim que aconteceu. A verdade é que boa parte das oposições à ditadura, sobretudo no campo da esquerda, hesitou antes de abraçar a causa. Não que minimizassem a importância de votar para presidente, mas questionavam a prioridade absoluta a essa demanda, quando havia tantas outras consideradas mais importantes e prementes. Para uns, o caminho para a volta à democracia deveria passar antes por uma Assembleia Nacional Constituinte. Para outros, os problemas sociais, como o desemprego e a miséria, é que deveriam receber a atenção que a sociedade começava a dar às diretas.

A ideia de uma Assembleia Nacional Constituinte não era nova no início dos anos 1980. Mais de dez anos antes das Diretas, em 1971, integrantes do recém-formado Grupo Autêntico do MDB haviam lançado a proposta em um seminário no Recife que lhes deu visibilidade nacional. Com a ditadura em sua fase mais sombria, esses deputados, os mais aguerridos da oposição, ganharam projeção por erguerem a bandeira da implantação de um Estado de Direito e de uma ordem econômico-social mais justa, a partir de uma nova Constituição.[1] "Na época, falar em Constituinte era uma afronta. E afrontávamos", comentaria mais tarde Alencar Furtado, um dos membros do grupo.[2]

O aparecimento dos autênticos em meio a um cenário político desolador, com pouquíssimo espaço institucional para se fazer oposição ao regime, trouxe algum alento aos críticos do governo. "Eis senão quando, ressuscita a palavra autêntico", registrou Carlos Drummond de Andrade em crônica no *Jornal do Brasil*. "Aí está de volta, na pele de uma corrente do MDB. Para que o partido de oposição se torne, realmente, de oposição."[3]

Afoitos, atrevidos e altivos, como eles próprios se viam, os 23 deputados autênticos eram mais ou menos uma corrente dentro do MDB, como notou o poeta. A diferença é que, ao contrário das outras correntes — como os "moderados" de Tancredo, os "pragmáticos" de Orestes Quércia ou os comunistas —, não dispunham de uma unidade ideológica clara, nem de interesses comuns, além da defesa intransigente da democracia. No partido-ônibus que era o MDB, seus membros viajavam em pé, sem regalias, trocando o conforto pelo barulho. Quase todos eram jovens parlamentares de primeira viagem, eleitos em 1970. Reuniam-se na sala da Segunda Secretaria da Mesa Diretora da Câmara, apelidada "pelos reacionários de outras bancadas" de "Central da Subversão", segundo o anfitrião, Paes de Andrade.[4]

Coube ao autêntico Chico Pinto a redação do documento original sobre a Constituinte. Submeteu-o a um dos caciques emedebistas, Ulysses Guimarães, que elogiou a forma, mas foi enigmático com relação ao conteúdo, respondendo que o levaria à apreciação da direção do MDB. Quando os líderes do partido chegaram ao Recife para o debate, o enigma se desfez. Tancredo Neves apresentou no seminário outra versão do texto, mais cautelosa, em que, segundo ele, a convocação da Constituinte estaria implícita. "Se está implícito, então explicite", retrucou Chico Pinto.[5] Apesar da provocação, a Constituinte não seria, na sequência, alçada ao topo da lista de prioridades do MDB. Havia outras coisas em que se concentrar, como a anticandidatura de 1973 e a organização das campanhas eleitorais bem-sucedidas de 1974 e 1978. Mas o tema não saiu da agenda. Nesse período, a convocação de uma Constituinte, sem ser um tópico dominante, se manteria em banho-maria, aguardando o momento propício para ser lançada.

Novas constituições sempre marcam guinadas históricas — para o bem e para o mal. Até então, apenas metade das seis cartas magnas brasileiras havia resultado de assembleias constituintes. A primeira data do início da República. Promulgada em 1891, institui a separação entre a Igreja e o Estado e o habeas corpus, garantindo a proteção à liberdade individual. A segunda, de 1934, traz a influência de Getúlio Vargas, na época à frente do governo provisório vigente após a Revolução de 1930. Vêm daí a Justiça Eleitoral e as leis trabalhistas, como a jornada de oito horas e o direito a férias. A terceira, de 1946, reflete a vontade de um Congresso recém-eleito, que assume as tarefas de uma Assembleia Nacional Constituinte após a queda da ditadura de Vargas. Seus membros aprovam o direito de greve, a livre associação sindical e a pluralidade partidária, entre outras determinações de caráter democrático.

Outras três constituições, impostas de cima para baixo, carregam a marca do autoritarismo. São outorgadas, ou seja, dadas ao povo pelo soberano, e não promulgadas por seus representantes. Uma delas — a primeira do Brasil, de 1824 — nasce depois que d. Pedro I dissolve a Assembleia Constituinte. Entre as principais medidas, destaca-se, naturalmente, o fortalecimento do papel do imperador, com a criação do Poder Moderador. Outra, de 1937, de inspiração fascista, provê a moldura legal da ditadura do Estado Novo, com a supressão de todas as liberdades. Finalmente, em 1967, um Congresso subserviente aprova a Constituição dos militares. Mais draconianas do que a carta em si são as emendas sucessivas dos anos seguintes, na forma de atos institucionais, como o AI-5, de 1968, que, entre as muitas medidas repressivas, fecha o Congresso, que só voltaria a funcionar depois de quase um ano. É esse "entulho autoritário", como se dizia, que, a partir da década seguinte, o MDB quer revogar, com a convocação de uma Assembleia Nacional Constituinte.

Apesar da resistência inicial da cúpula do partido, a pauta ganhou espaço na oposição à medida que a abertura política avançava e a sociedade civil se manifestava favoravelmente à iniciativa. Em agosto de 1977, por exemplo, quase cem advogados assinaram uma "Carta aos Brasileiros" exigindo "Estado de Direito Já". De acordo com o manifesto, lido pelo professor Goffredo da Silva Telles Jr. num concorrido ato cívico nas arcadas da Faculdade de Direito da USP, "é ilegítimo todo governo fundado na força, que nela se apoia e dela se utiliza a serviço do arbítrio". E concluía conclamando: "Só é legítima a ordem que nasce do povo, plasmada numa constituição". Mais tarde endossado pela Ordem dos Advogados do Brasil (OAB) e pelo MDB/PMDB, o documento foi a senha para que a convocação da Assembleia Constituinte fosse entronizada na agenda da oposição, sobretudo a partir da campanha eleitoral de 1982. "Nossa ideologia é a Constituinte", disse Ulysses por ocasião da posse dos parlamentares na legislatura que se iniciava em 1983.[6]

A posição de Fernando Henrique Cardoso ajuda a entender o arcabouço ideológico da esquerda do PMDB, que prevaleceu antes de o partido aderir incondicionalmente às Diretas. No início de abril de 1983, poucos dias antes de o Diretório Nacional da legenda finalmente endossar a prioridade da campanha, o então senador estreante — ele assumira o lugar de Montoro, recém-empossado governador de São Paulo — ainda considerava mais urgente o debate sobre as questões econômicas, afirmando que a eleição direta não iria resolvê-las.[7] Influenciado pelo estudo do marxismo a que se dedicara nos tempos de acadêmico, FHC priorizava a visão econômica do processo político. "Minimizávamos a importância do jogo político diretamente. A gente dava mais importância às estruturas, às mudanças de fundamentação de base, enquanto a eleição parecia uma coisa menos significativa."[8]

Dois dos maiores ícones da esquerda brasileira — Miguel Arraes e Luís Carlos Prestes — manifestavam-se na mesma linha. Arraes granjeara prestígio no início dos anos 1960, quando filiado ao Partido Social Trabalhista, legenda de limitada expressão que ocupava o espectro da centro-esquerda. Eleito governador de Pernambuco em 1962, enfrenta os poderosos usineiros locais, em defesa dos interesses dos trabalhadores. No golpe de 1964 recusa-se a renunciar ao cargo para evitar a detenção. Permanece preso mais de um ano, a maior parte do tempo isolado no arquipélago de Fernando de Noronha. Solto, exila-se na Argélia, de onde volta após a Anistia, sendo recebido por uma multidão de apoiadores. Entra para o PMDB e se elege deputado em 1982.

Do alto dessa biografia, Arraes, em seu primeiro discurso na tribuna da Câmara, jogou água no moinho da esquerda que se mostrava reticente à ideia das Diretas. O deputado disse que a eleição de "um civil para a Presidência da República, sem enfatizar as mudanças, pode dar a ilusão de que o simples fato de não ter farda vai acabar com a crise econômica brasileira". E completou: "Esse tipo de escolha, ainda que em pleito direto, prolongará a ditadura econômica que infelicita nosso povo".[9]

Os defensores das diretas não deixaram sem resposta o pronunciamento de Arraes. Domingos Leonelli, deputado do grupo de Dante de Oliveira, ocupou a tribuna para argumentar ser importante "superar dialeticamente uma equação perigosíssima para a esquerda". Para ele, "se o pressuposto único é estrutural, a práxis política teria que responder a essa estrutura, capitalista e oligárquica, com a sua destruição, substituindo-a por outra". Ou seja, a única saída seria a revolução. "Este é o problema que sempre se colocava para uma formulação assim: não fazer nada, senão a revolução. No caso de Arraes uma revolução nacional libertadora."[10]

A crítica de Leonelli era extensiva aos que voltavam do exílio com a visão de que a política ainda estava no mesmo ponto em que a haviam deixado quando tiveram que partir. O parlamentar identificava neles "uma certa resistência subjetiva" em reconhecer os pequenos avanços da oposição nos anos em que estiveram fora do país. "Como alguns problemas estruturais realmente permaneciam os mesmos, a dificuldade de compreensão se acentuava." Para ele, "essa concepção colocava a luta social de um lado e a política do outro".[11] Para a esquerda tradicional, a ponte possível entre as duas era a Assembleia Constituinte; para Dante, Leonelli e seus companheiros era, claro, a campanha para o voto direto no presidente.

Se a perspectiva "revolucionária" de Arraes representou um estorvo para a formação do consenso à esquerda com relação às Diretas, a participação de Prestes no debate público seria ainda mais danosa para essa estratégia. Tratava-se, afinal, da maior referência do comunismo no Brasil. Aos 85 anos em 1983, ele tinha mais de meio século de serviços prestados à causa. Surge no cenário nacional nos anos 1920, quando coloca em marcha a histórica Coluna Prestes, personificando o descontentamento popular com a oligarquia da Primeira República (1889-1930). No início dos anos 1930, já convertido ao comunismo, mora na União Soviética, de onde volta para liderar, em 1935, a fracassada tentativa de revolução comunista no Brasil. Preso, é anistiado com o fim do Estado Novo e se elege senador, mas é cassado em 1948 depois que o PCB passa à ilegalidade. Com o golpe de 1964, se exila na União Soviética. Retorna com a Anistia, quando é apresentado a uma nova geração, que só o conhecia dos relatos biográficos, alguns recheados de romantismo. Em 1980, rompe com o PCB, assumindo posições à esquerda do chamado Partidão.

Na campanha das Diretas, a influência das posições radicais de Prestes, na época sem legenda nem poder, derivava apenas da sua aura de revolucionário resiliente, conquistada ao longo da agitada trajetória. Em setembro de 1983, pouco antes do início dos grandes comícios, quando as esquerdas já haviam convergido para a estratégia das Diretas, ele veio a público criticar seus arquitetos como "politiqueiros a serviço dos privilegiados". Para ele, essas lideranças, conscientemente ou não, procuravam "desviar a atenção do povo do quadro de miséria e da própria fome para convencê-lo, nesta hora, a preocupar-se apenas com a escolha do futuro presidente da República ou a lutar pelo voto direto para as eleições presidenciais".[12]

O Velho, como era chamado, até subiria em palanques das Diretas Já, mas com o objetivo de "denunciar a manipulação das massas pelas elites liberais, assim como sua postura conciliadora com a ditadura", como anotou a historiadora Anita Leocadia Prestes na biografia do pai. Nascida num campo de concentração nazista — onde sua mãe, Olga, militante comunista de origem judaica, foi morta depois de ter sido extraditada por Getúlio Vargas —, Anita Leocadia divulgou nessa obra documentos que detalham o choque de Prestes com a esquerda que orbitava em torno da nova direção do PCB.[13]

Ao contrário do PCB e de Arraes, Prestes também não endossava a tese da convocação de uma Assembleia Nacional Constituinte. No início de 1980, numa entrevista ao jornal *Voz Operária*, qualificou a proposta como "pura ilusão", na leitura do historiador Daniel Aarão Reis, também biógrafo do líder comunista. Para ter um mínimo de efetividade, a Assembleia Constituinte deveria ser precedida da revogação do "entulho autoritário", argumentou Prestes, referindo-se a Lei de Segurança Nacional, Lei de Imprensa, Lei de Greve e todo o aparato legal da repressão. Sem isso, "falar numa Assembleia Constituinte era como jogar areia nos olhos das gentes, pois ela não poderia ser 'nem livre, nem democrática, nem soberana'".[14]

Portanto, nem Constituinte, nem Diretas — o que Prestes defendia era a formação de uma frente de esquerda. Tinha a convicção de que "o objetivo imediato das massas na luta contra a ditadura deve ser um governo popular, de transição para o socialismo". E dava de ombros para quem achasse que o encanto radical da proposta trazia em seu bojo o risco de um novo golpe.

Tal fervor revolucionário devia soar como o hino "A Internacional" aos ouvidos dos dirigentes mais à esquerda do PT, naquela altura um partido ainda em formação. Em 1982, Lula ficara em quarto lugar na eleição para governador em São Paulo, e a legenda fizera uma bancada de apenas oito deputados federais. As muitas correntes abrigadas na sigla se digladiavam, e ainda não estava claro o rumo que o PT tomaria. Havia um intenso debate interno sobre como acabar com a ditadura. "As correntes mais à esquerda do partido continuavam prisioneiras do vanguardismo", escreve em suas memórias José Dirceu, que na época cavava o seu próprio espaço na legenda. "A atuação das tendências [...] incomodava as lideranças sindicais e populares, tanto pelo aparelhismo quanto pela dupla atuação. Mais grave ainda, pelo papel divisionista e por introduzir no partido os vícios e deformações típicas da velha esquerda armada." Ele se refere a organizações como Convergência Socialista, Partido Revolucionário Comunista (PRC), Movimento de Emancipação do Proletariado (MEP) e Organização Socialista Internacionalista (OSI). "As tendências eram partidos dentro do PT, e o campo sindical, popular e a esquerda independente não eram", explica Dirceu, ex-líder estudantil que passara a ditadura entre a prisão, o exílio em Cuba e a clandestinidade.[15]

Do confronto das forças que integravam o PT, surgiu a Articulação, em torno de Lula, que, com Dirceu na retaguarda, passou a dar as diretrizes do partido. Em abril de 1983, o terceiro encontro estadual do PT em São Paulo, que consagrou a Articulação, definiu "a orientação de peitar a ditadura, mobilizando o povo pelas Diretas Já, e não pela Constituinte ou pela aposta em uma greve geral".[16] Ainda assim, os sindicalistas não se empenhariam na campanha, na avaliação do próprio Lula. "Há uma mania na cabeça dos dirigentes sindicais que entendem que só sindicato resolve tudo. Não interessa a dívida externa porque não fomos nós que fizemos. Não interessa participar da campanha das Diretas porque a classe trabalhadora não vai levar nada", criticaria o petista, após a derrota da emenda Dante de Oliveira. Para Lula, "o movimento sindical, enquanto movimento, não jogou pesado. Não acreditamos na possibilidade de vitória da campanha". A Central Única dos Trabalhadores (CUT), fundada às vésperas do início da campanha, era o alvo da repreenda de Lula. "Mesmo os companheiros da CUT [...] diziam que não adiantava nada, porque aquilo era coisa da burguesia, que o problema do trabalhador era o salário."[17]

Para além das estratégias ditadas por convicções ideológicas, a divisão da esquerda com relação à campanha das Diretas teria se dado também por interesses menos nobres, de acordo com suspeitas envolvendo a atuação do PCB e de Brizola em episódios distintos.

O PCB, em situação de ilegalidade tolerada e atuando dentro do PMDB, estava empenhado em evitar uma rota de confronto com o governo. Em meados de julho de 1983, o secretário-geral do partido, Giocondo Dias, publicou na *Folha* um artigo em que já a partir do título, fazendo eco ao "navegar é preciso" de Ulysses dez anos antes, explicitava a disposição dos comunistas: "Negociar é preciso, mudar é preciso". Como que se defendendo previamente de reações negativas à esquerda, o autor carregou na retórica contra o arbítrio e garantiu ser contra negociações que passassem pela adesão ou pactos de elite. Mas foi claro ao concluir que "o confronto não aproveita a democracia".[18] A iniciativa não convenceu Prestes, que reagiu com ironia: "Trata-se, pois, de negociar com a ditadura".[19]

Pouco tempo após a publicação do artigo, os deputados Alberto Goldman e Roberto Freire, peemedebistas oriundos do PCB, detalharam no jornal *Voz da Unidade*, porta-voz do Partidão, a proposta de Giocondo Dias num documento intitulado "Entendimento nacional é a saída para a crise". Elencaram algumas reivindicações, entre elas rompimento do acordo com o FMI, defesa do poder aquisitivo dos assalariados, reaquecimento da economia e estímulo às pequenas e médias empresas; e dedicaram às eleições diretas "apenas um único parágrafo", como notaram Dante de Oliveira e Leonelli. Eles também não deixam de observar que a muitos pareceu que o PCB, "independentemente do eventual acerto ou erro de sua proposta, procurava através do PMDB [...] abrir as portas para a sua legalidade".*[20]

Brizola também não queria entrar em rota de colisão com o governo, mas por outros motivos. Deu vários passos à direita além do Partidão e, mais do que propor negociação com o governo, estabeleceu uma relação de cordialidade com o presidente João Figueiredo, a quem elogiava por dar prosseguimento ao processo de abertura política. À esquerda, que o criticava, cobrando-lhe coerência com sua própria história, Brizola respondia que esse era o comportamento esperado do governador do Rio de Janeiro, que dependia de um bom relacionamento com o governo federal para obter a verba necessária para tocar projetos locais, o que, em tempos de profunda crise econômica como aqueles, não deixava de ser verdade. Mas essa era apenas parte da história: a parte que interessava a ele contar.

A tentativa de aproximação de Brizola com o Palácio do Planalto chegou ao ápice na esteira de sua anuência à proposta de reeleição de Figueiredo por via indireta, iniciativa de um deputado do PDS, José Camargo. O apoio foi condicionado à inclusão de uma emenda que limitasse a dois anos o novo mandato. Seria, portanto, um mandato-tampão, ao fim do qual haveria eleição direta para presidente. Ou seja, em vez de Diretas Já, Diretas Depois.

O governador, cujo mandato terminaria em 1986, considerava "muito inconveniente para a vida nacional" a eleição direta em 1984. Ao tentar explicar sua tese, traçou um paralelo histórico insustentável. Para ele, como o Congresso estava em meio do mandato, haveria um "conflito quase fatal entre os dois

---

* O PCB só seria reconhecido como partido com existência legal em maio de 1985.

poderes, porque teriam sido eleitos em momentos históricos diferentes, com compromissos diferentes", como teria ocorrido com a eleição de Jânio Quadros.[21] A historiografia, porém, não consigna que esse tivesse sido um dos muitos problemas relevantes do ex-presidente.

Como o maior projeto de Brizola era ser presidente da República, não faltou quem visse no mandato-tampão de dois anos algo mais do que simples coincidência. Referindo-se a si próprio na terceira pessoa, ele rebateu a insinuação: "Então, alguns já surgem dizendo: 'Não! O senhor Leonel Brizola, como candidato, está concebendo uma proposição de tal modo que as eleições venham a coincidir com o término do seu mandato'. Lamento muito, mas não posso evitar que pensem assim". E arrematou: "Não cultivo nenhuma ambição a esse respeito".[22]

A proposta, de qualquer maneira, não prosperou. Desde meados de abril de 1983 — um mês e meio após Dante de Oliveira ter obtido as assinaturas necessárias para apresentar a sua emenda — os dois principais partidos de oposição já estavam fechados com a prioridade que dariam à campanha das Diretas Já. Naquele mês, PMDB e PT definiram suas posições na reunião do Diretório Nacional e no Encontro Estadual em São Paulo, respectivamente. As reticências à esquerda tinham, em grande parte, ficado para trás. A partir daí, era aguardar o momento certo para começar a erguer os palanques.

O plano dos militares

O projeto de emenda constitucional das diretas, de março de 1983, é a cereja inesperada de um bolo que começou a ser assado dez anos antes. Entre avanços e recuos, o processo de distensão vinha se desenrolando desde que, em junho de 1973, Ernesto Geisel deixou o comando da Petrobras ao ser indicado para suceder Emílio Garrastazu Médici na Presidência da República.

Quando seu nome foi apontado pela cúpula militar, já se sabia, com certeza absoluta, que o posto seria dele. Geisel nem perdeu muito tempo com a anticandidatura de Ulysses, levada adiante apenas para denunciar a farsa da eleição indireta. Não havia dúvida de que o Colégio Eleitoral, controlado pelo partido situacionista, endossaria seu nome. Assim, nove meses antes de assumir o cargo, ele passou a traçar os planos do que, a partir de março de 1974, viria a ser o seu governo.

Numa periodização esquemática da ditadura, pode-se argumentar que a ascensão de Geisel representou o início de um terceiro ciclo.

O primeiro, com Castello Branco, foi focado na modernização conservadora da economia, com a criação do Banco Central, guardião da moeda nacional, e a adoção de um programa liberal levado a cabo por dois de seus expoentes, Octavio Gouvêa de Bulhões e Roberto Campos. Havia ainda alguma liberdade de expressão, e o governo não dispunha de instrumentos legais para amparar um estado de exceção mais violento.

O segundo ciclo — os anos de chumbo — durou de meados do governo Costa e Silva, sucessor de Castello, a Médici, passando pela junta militar que substituiu Costa e Silva, impossibilitado de governar por questão de saúde. Nessa fase, entre fins de 1968 e meados dos anos 1970, os militares puseram fim à luta armada, recorrendo à tortura e a execuções sumárias de guerrilheiros e até de simpatizantes. Esses foram também os anos do "milagre econômico", quando a economia cresceu a taxas anuais superiores a 10%, um desempenho excepcional, do qual o país não chegaria perto desde então.

Por que Geisel buscou a distensão e a abertura política? Por dois motivos.

Em primeiro lugar porque, como militar que prezava a instituição mais do que tudo, Geisel temia pela unidade das Forças Armadas, caso continuassem indefinidamente envolvidas na política e na administração pública. As sucessões presidenciais, por exemplo, haviam sido objeto de renhidas disputas nos quartéis. Costa e Silva se impusera como candidato, e seu vice, Pedro Aleixo, um civil, fora impedido de assumir por ocasião da doença do presidente, numa afronta à Constituição dos militares. O próprio Geisel, embora escolhido por Médici, teria sido ungido por influência de seu irmão mais velho, Orlando, ministro do Exército e identificado com a ala castellista. A ambição pelo poder abria fissuras naquilo que, até por sua natureza hierárquica, deveria ser um bloco monolítico.

Em segundo lugar, o general temia que um processo descontrolado de redemocratização pudesse, uma vez consumado, estimular o que ele via como revanchismo, com a punição de militares que, ao combater o que chamavam de subversão, haviam cometido crimes. Portanto, da perspectiva de Geisel, o ideal seria preparar o terreno para uma transição gradual e pacífica que, em algum momento, trouxesse os civis de volta ao cenário político. Esse era o sentido da distensão.

Para executar o plano, o presidente contou com a ajuda de um colega de farda, Golbery do Couto e Silva. Atuando nos bastidores como eminência parda, Golbery é considerado o principal arquiteto da abertura. Inicialmente, poucos entenderam a proposta, e quem entendeu não gostou. Os radicais à direita viram, com razão, que o projeto lhes tiraria o poder que tinham amealhado nos anos em que agiam nos porões do regime sem serem incomodados. Na outra ponta, lideranças da sociedade civil tinham mais pressa para redemocratizar o país do que Geisel e Golbery.

A estratégia da dupla consistia numa fina sintonia para administrar a pressão dos dois lados, o que, na clássica metáfora cardíaca, provocava sístoles e diástoles, ou seja, movimentos de contração e dilatação. Quando a linha dura do regime marcava um ponto, na sequência o governo forçava a abertura. Quando a oposição se via em vantagem, logo vinha algum retrocesso. Dessa maneira, neutralizando os ganhos alternados das forças em confronto, Geisel podia continuar tocando o plano no ritmo em que julgava conveniente.

Por algum tempo, o país experimentou sustos e alívios de montanha-russa. No início de 1976 — quando Geisel trocou o comando do Exército em São Paulo, onde um operário, Manuel Fiel Filho, morrera nas mesmas circunstâncias em que o jornalista Vladimir Herzog três meses antes — pareceu que os declives mais abruptos haviam ficado para trás. No mesmo ano, porém, o governo baixaria a Lei Falcão, restringindo a propaganda eleitoral na TV para tentar brecar o MDB nas eleições municipais. E o ano seguinte reservaria à oposição uma queda livre de tirar o fôlego: o Pacote de Abril. Naquele mês, Geisel fechou o Congresso e usou todo o poder de que dispunha para, entre outras medidas, aumentar as bancadas de estados arenistas na Câmara dos Deputados e criar a figura do senador biônico. Com esses casuísmos, o governo limitaria a efetividade da vitória emedebista no pleito de 1978.

Pela lógica da abertura, na sequência seria a vez de a linha dura ser cerceada — e a diástole, com efeito, não tardou. O movimento veio em outubro de 1977, na forma da demissão do ministro do Exército, Sylvio Frota, um representante dos radicais de direita que articulava para se impor como sucessor de Geisel. A inédita exoneração do chefe de uma pasta militar foi o ponto de inflexão do processo de abertura, que a partir daí estaria assegurado. O passo seguinte seria a definição de um sucessor afinado com a ideia da abertura. A escolha de Geisel foi anunciada na virada para 1978 — mais de um ano antes da posse de João Baptista Figueiredo.

Integrante do grupo dos militares castellistas, opositores da linha dura, o novo presidente vinha da chefia do Serviço Nacional de Informações (SNI), órgão criado em 1964 para coordenar a espionagem. Conhecia por dentro as engrenagens e subterrâneos do sistema. Em mais de uma ocasião, Figueiredo tinha sido subordinado de Golbery, que o considerava um discípulo. A proximidade entre ambos, aliás, fora determinante para a decisão de Geisel. Sem ter participado da formulação da política de abertura, Figueiredo foi incumbido da tarefa de levá-la adiante. Assim, já na posse, em março de 1979, disse que seu objetivo era "fazer deste país uma democracia".

As palavras foram recebidas com a devida cautela porque já se sabia o que Figueiredo entendia por democracia. Meses antes, em entrevista, ele opinara que o povo não estava preparado para votar. "Se em muitos lugares do Nordeste o brasileiro não conhece nem noções de higiene, como pode votar bem?", perguntou aos repórteres. E elaborou: "O eleitor brasileiro ainda não tem o nível do eleitor americano, do eleitor francês. O Getúlio fez uma ditadura sanguinária e não acabou sendo eleito?". Conclusão: "Eu não gostaria de dizer democracia relativa, mas o fato é que democracia plena não existe".[1]

E, no entanto, os avanços em direção à democracia durante seu governo foram inegáveis. Para começar, Figueiredo não contou com os poderes excepcionais do AI-5, que deixara de vigorar pouco antes de sua posse. Já no primeiro ano de mandato, seguindo o roteiro da abertura, em agosto assinou a Anistia, e em dezembro reintroduziu o pluripartidarismo. É verdade que as duas iniciativas foram alvo de críticas por parte da oposição: a Lei da Anistia não foi "ampla, geral e irrestrita" e a possibilidade de criar novos partidos visou sobretudo a pulverização do MDB. Sim, mas é verdade também que, na prática, a Anistia acabou beneficiando os que haviam ficado de fora do recorte inicial, e o surgimento de novos partidos, embora tenha mesmo dividido a oposição, também contribuiu para a redemocratização. O fato é que durante o ano de 1979 o país se aproximou da democracia, com direito a festejar as conquistas naquele que ficaria conhecido como o "verão da abertura", marcado pela presença de centenas de ex-exilados, como "o irmão do Henfil", Brizola, Arraes e um dos sequestradores do embaixador dos Estados Unidos dez anos antes, Fernando Gabeira, cuja tanga de crochê nas praias do Rio se transformou num ícone da temporada.

A ultradireita, no entanto, não estava morta. Sem espaço no governo, a ala que abrigava os agentes da repressão partiu para ações terroristas. Em meados de 1980, um ano depois da Anistia, intensificou os atentados a bancas que vinham sendo praticados esporadicamente desde 1977, com o objetivo de pressionar os jornaleiros a não vender publicações da imprensa alternativa associada a correntes de esquerda. Em várias capitais, grupos de civis, militares e agentes da Polícia Federal incendiaram estabelecimentos que expunham periódicos, como *Movimento*, que refletia posições do PCdoB (Partido Comunista do Brasil), e *Em Tempo*, de trotskistas. Ao espalhar pânico entre os pequenos empresários do setor, a campanha aniquilou de vez a chamada imprensa nanica, que já vinha minguando devido a rachas seguidos das várias tendências e à perda do monopólio do jornalismo crítico, uma vez que a grande imprensa, livre da censura, também passou a ocupar esse espaço.[2]

A violência da direita logo mudaria de escala. Pessoas públicas e instituições passam a ser alvos. Em agosto de 1980, uma carta-bomba mata uma secretária na sede da OAB do Rio. O terrorismo atinge o ápice em 1981 com o atentado do Riocentro, durante um show de música em comemoração ao Primeiro de Maio. Duas bombas explodem no evento organizado pelo Centro Brasileiro Democrático (Cebrade), ligado ao PCB. Havia cerca de 10 mil pessoas no centro de convenções. Por incompetência dos terroristas, não aconteceu uma tragédia. Um dos artefatos, ao lado da casa de força, não causou o dano planejado, e o outro foi detonado acidentalmente no carro em que estavam dois militares do DOI-Codi.* O sargento morreu na hora; o capitão, gravemente ferido, sobreviveu.

O Exército tentou atribuir o atentado a um grupo da esquerda armada que havia sido desmantelado. A versão mambembe foi logo desmascarada e os militares que a inventaram saíram desmoralizados. "A bomba explodiu no governo", admitiu o mi-

---

* O DOI-Codi (Destacamento de Operações de Informações — Centro de Operações de Defesa Interna) era um órgão subordinado ao Exército, criado em 1969 para combater supostas ameaças à segurança nacional. Nos anos seguintes, seus integrantes foram responsáveis por torturas e execuções.

nistro da Justiça, Ibrahim Abi-Ackel.[3] Lideranças políticas e entidades civis se uniram em apoio a Figueiredo. Tancredo, Ulysses, Brizola, Lula, o governista José Sarney e representantes da OAB e da Associação Brasileira de Imprensa (ABI) assinaram um documento empenhando solidariedade ao presidente que, em outra ocasião, havia dito: "Quem for contra a abertura eu prendo e arrebento". Nessa oportunidade, não fez nem uma coisa nem outra. Apesar de as evidências apontarem o dedo para a ultradireita, um Inquérito Policial-Militar foi inconclusivo. Em vez de investigar, o Exército acobertou os envolvidos e prestou honras militares ao sargento morto.[4]

A percepção da sociedade, a partir da extensa cobertura da imprensa, era a de que a história oficial estava mal contada. Golbery também não se conformou com os desdobramentos do caso. Ele tinha certeza de que o atentado era obra de "um núcleo de governo paralelo" infiltrado "não se sabe até que níveis superiores dos escalões governamentais", como escreveu a Figueiredo. Sugeriu ao presidente agir para retomar o controle da situação, inclusive extinguindo os DOI-Codi.[5] Não foi ouvido e, em agosto, pediu demissão. Antes de concluída, a abertura estava agora além da influência dos seus dois principais patronos. De qualquer maneira, depois do fracasso da operação no Riocentro, a campanha terrorista esgotou seu ciclo.

O plano dos militares para, eventualmente, devolver o governo aos civis levava em conta o que acontecia na Argentina. O paralelismo das situações nos dois países autorizava a suposição de que, a exemplo do que ocorria do outro lado da fronteira, aqui também os fardados envolvidos em crimes poderiam vir a ser responsabilizados. Com centenas de mortes nos porões dos quartéis, o que os militares brasileiros mais temiam era o que denominavam "retaliação". A preocupação havia ficado subjacente nos termos da Anistia, que incluíra torturadores, e na estratégia de manter o controle da transição para a democracia, de modo a viabilizar uma saída organizada da cena política.

Os militares argentinos não tiveram essa chance. A derrota humilhante na Guerra das Malvinas, em junho de 1982, fez com que aflorasse na sociedade o ressentimento com as Forças Armadas. Foi nessas circunstâncias que ganhou importância a ação das Mães da Praça de Maio, que desde 1977, no auge na ditadura, se manifestavam semanalmente em frente à sede do governo para cobrar das autoridades informações sobre seus filhos, desaparecidos e mortos aos milhares. A reação das mulheres espelhava um sentimento geral, alimentado por denúncias de terrorismo de Estado vazadas numa imprensa que deixara de se curvar diante da censura.

Um dos muitos protestos das Mães da Praça de Maio, em Buenos Aires. A iniciativa coloca o governo militar contra a parede e faz surgir, nas Forças Armadas do Brasil, o temor em relação ao que chamavam revanchismo

Desse caldo de revolta popular emergiu a candidatura de Raúl Alfonsín, um moderado, mas com histórico de firme defesa dos direitos humanos. Filiado à União Cívica Radical (UCR), partido que se opunha ao populismo peronista, Alfonsín cresceu no cenário político argentino a partir de fins de 1982, quando o governo, sob pressão da sociedade, marcou eleição presidencial direta para dali a um ano. Na ocasião, o Brasil também dava mais um passo no projeto de abertura, com a realização das eleições para governadores.

Apesar de comparáveis, os processos de redemocratização nos dois países tinham suas particularidades. Se a natureza e a ideologia aproximavam as ditaduras, a lógica e a escala da repressão não eram as mesmas. Em relação à lógica, o aparelho repressivo, embora com a conivência da cúpula militar, agiu com considerável grau de autonomia no Brasil, enquanto na Argentina "a alta hierarquia e os chefes de Estado envolveram-se diretamente na repressão".[6] Em relação à escala, foram 434 mortos no Brasil e cerca de 30 mil na Argentina.[7] Havia outras duas diferenças. O Brasil não produziu um político com perfil equivalente ao de Alfonsín que tivesse densidade eleitoral. Os moderados daqui, como Tancredo e Ulysses, sempre penderam mais para a conciliação reparadora. E, por fim, o país não teve um evento catalisador que precipitasse os acontecimentos, como uma desastrada derrota bélica.

Tais distinções, no entanto, não aplacavam a ansiedade das Forças Armadas. "Os militares brasileiros estão de pelos eriçados com o que está acontecendo na Argentina", avaliou Carlos Chagas, que, tendo sido assessor de imprensa de Costa e Silva, conhecia bem os humores da caserna. Após a posse de Alfonsín, em fins de 1983, a conta havia chegado para os militares do país vizinho. "Ex-generais presidentes presos incomunicáveis, processos abertos contra dezenas dos que tiveram responsabi-

Raul Alfonsín, que fizera campanha eleitoral defendendo os direitos humanos na Argentina, toma posse como presidente em dezembro de 1983, pouco antes de a campanha das Diretas Já começar a ganhar força

lidade ou participação ativa nos porões da repressão, apupos e agressões a oficiais fardados na porta dos tribunais onde entram, não mais como juízes, mas agora como réus", escreveu Chagas no *Estadão*. Era o que os militares brasileiros temiam. O jornalista contou que, no passado recente, havia afixada nas paredes de órgãos de repressão castrense, "em letras garrafais, frase do general Walter Pires [ministro do Exército de Figueiredo], sobre jamais vir a ser permitido o revolvimento do passado, o banco dos réus". Por isso, o episódio do Riocentro havia demonstrado que "em determinados vespeiros era proibido meter a mão".[8]

Figueiredo tentou conduzir sua sucessão espremido entre a pressão de seus colegas de farda, com quem se identificava, e a expectativa da sociedade, que não podia ignorar. Na essência, era a mesma tarefa a que Geisel se dedicara. Mas, à medida que seu mandato avançava, se exacerbavam a pressão e a expectativa de uns e outros. No início, com os seis anos de governo pela frente — o sexto fora providenciado pelo Pacote de Abril —, a sucessão não ocupava a agenda política. Foi a partir do começo da segunda metade, depois das eleições governamentais, que o tema passou a ser dominante.

O roteiro oficial contemplava a eleição indireta a cargo de um Colégio Eleitoral que, devido aos vários casuísmos, continuava dominado pelo governo, apesar das vitórias da oposição. O processo, porém, não seria o mesmo. Geisel desfrutara de força suficiente para impor uma escolha pessoal. Figueiredo, não. Em primeiro lugar porque, estando a abertura em outro estágio, o controle total das variantes políticas escapava das mãos do presidente. Em segundo, porque dessa vez civis estavam no páreo. Além disso, criador e criatura mostravam dessemelhanças de estilo e comportamento que se refletiam no cenário político.

Os quatro primeiros presidentes-generais tinham em comum o visual austero e a expressão sisuda, que não faziam questão de suavizar, antes o contrário. Compreensível que assim o fizessem. Afinal, não haviam precisado da aprovação popular para exercer o poder. Já Figueiredo, governando na etapa final da transição para a democracia, se via obrigado a dar mais satisfação à opinião pública do que seus antecessores. Assim, permitiu que a máquina de propaganda do Palácio do Planalto explorasse a imagem de homem comum, "João". Sexagenário, deixou-se fotografar sorridente, de sunga e sem camisa, mostrando o porte atlético. Até a rudeza e o pavio curto do cavalariano foram transformados em virtude, espontaneidade. As famosas pérolas grotescas — "Prefiro cheiro de cavalo a cheiro de povo"; "Gaúcho é gigolô de vaca"; "Se ganhasse salário-mínimo, eu dava um tiro no coco"; "Me envaideço de ser grosso" etc. — se acumulavam como se fossem apenas indício de franqueza.[9]

O perfil de Figueiredo só tem relevância porque, por um momento, lhe teria passado pela cabeça ser candidato à reeleição. Embora o pleito em vista fosse indireto, a popularidade, naquele estertor da ditadura, seria um trunfo nada desprezível para qualquer pretendente a ocupante do Palácio do Planalto. Embora o presidente nunca tenha admitido publicamente a possibilidade de disputar o cargo, teria dado o seu aval à proposta de emenda constitucional sobre a reeleição apresentada por um deputado governista e patrocinada pelo ministro das Minas e Energia, César Cals.[10] A iniciativa, aquela mesma que entusiasmou Brizola, seria rejeitada por próceres do regime — como Geisel, Golbery e o almirante Maximiano da Fonseca, ministro da Marinha — e acabaria descartada.[11]

Outra pré-candidatura militar que ficaria pelo caminho seria a do general Octávio Medeiros. O chefe do SNI acalentava a pretensão de suceder a Figueiredo quando seu sonho presidencial foi interrompido pela repercussão do caso Baumgarten. Alexandre von Baumgarten, que circulava com desenvoltura nos círculos militares, desapareceu em 13 de outubro de 1982 durante uma pescaria a bordo de uma traineira no litoral carioca. Próximo da cúpula do SNI, que o ajudara a resgatar a falida revista *O Cruzeiro* três anos antes, o jornalista se transformaria em alvo do órgão ao acumular informações sigilosas sobre negócios impróprios do programa nuclear brasileiro e ameaçar divulgá-las num livro que estava escrevendo. No início de 1983, a revista *Veja* revelou que sua morte, inicialmente atribuída a afogamento, resultara de tiros. O assassinato em alto-mar teria sido, portanto, queima de arquivo perpetrada pelo SNI, conclusão que inviabilizou a pré-candidatura de Medeiros, em armação desde que a comunidade de informações saíra incólume do episódio Riocentro.[12]

Sem Medeiros e sem Figueiredo, o plano dos militares para a sucessão ficaria restrito às opções de civis governistas. Havia vários disputando espaço nos bastidores, entre eles o ministro do Interior, Mário Andreazza, que, embora fosse tenente-coronel, não se candidatava como militar; o vice Aureliano Chaves; o chefe da Casa Civil, Leitão de Abreu; e, correndo por fora, o deputado federal Paulo Maluf, ex-governador de São Paulo. Com exceção de Aureliano, são todos personagens de um cenário de eleição indireta. Enquanto eles se movimentavam nos gabinetes de Brasília, no entanto, a sociedade se preparava para agitar as ruas das grandes cidades na campanha das Diretas Já.

O papel da imprensa

A campanha das Diretas Já provavelmente não teria acelerado o fim da ditadura sem o empurrão decisivo da imprensa. Foi a intensa mobilização popular estimulada por uma cobertura engajada de jornais, revistas e TV que emprestou a estrelas dos palanques o capital político que, nove meses após as multidões terem deixado as ruas, seria usado para garantir alguma legitimidade às negociações que resultaram na eleição indireta de um civil de oposição.

A atuação da mídia esteve longe de ser monolítica. A *Folha* saiu na frente, se destacou, deu o tom, puxou a orelha dos hesitantes, ajudou a organizar a festa e fez por merecer o epíteto de "Diário das Diretas". A maioria dos veículos demorou a aderir à causa, por assim dizer. Nos primeiros meses, muitos continuavam presos à defesa do script oficial, que previa a eleição indireta de um civil governista. Temia-se que qualquer tentativa de forçar o passo — como a aposta nas Diretas Já — pudesse provocar algum retrocesso na abertura. Portanto, antes pouco do que nada. Por esse raciocínio, melhor um civil governista do que mais um militar, como se a ausência da farda na figura do presidente significasse o fim da ditadura. À medida que as praças enchiam, porém, quase todos os órgãos de imprensa acabaram contribuindo para inflar a maior e mais animada festa cívica da história do Brasil.

Das revistas, a que acordou mais cedo para as Diretas foi a *Isto É*. Em fins de novembro de 1983, na mesma semana em que se realizou o primeiro comício com alguma repercussão, em frente ao estádio do Pacaembu, em São Paulo, a revista saiu com uma capa onde se lia: "Pelas Diretas: o país todo empunha esta bandeira".[1] No miolo, um material que se estendia por mais de vinte páginas e uma foto dos jornalistas da redação exibindo os títulos de eleitor. O claro endosso à campanha sinalizava os rumos que a revista seguiria nos meses seguintes. Fundada em 1976 por Mino Carta a pedido da Editora Três, a *Isto É* cavara algum espaço no mercado ao adotar uma linha editorial crítica ao governo, perceptível sobretudo na página a cargo de Henfil. O peso de seu viés, no entanto, era modesto, proporcional à tiragem, de pouco mais de 100 mil exemplares, quando a principal concorrente, a *Veja*, encostava no meio milhão.

Publicação semanal da editora Abril, a *Veja* nascera no auge dos anos de chumbo, em 1968. Inicialmente dirigida pelo mesmo Mino Carta, teve edições apreendidas e enfrentou a censura prévia, que denunciava a seus leitores publicando gravuras de demônios ou a logomarca da empresa no lugar dos textos cortados. Mas a partir de meados dos anos 1970, quando se consolidou comercialmente, a revista abrandou o tom. Tratava com relativa docilidade um governo que prometia a redemocratização, quando as Diretas deram sinal de vida. A *Veja* apoiou a campanha, mas inicialmente com discrição, a partir de um texto de opinião do editor de política, Mario Sergio Conti, intitulado "As eleições contra a derrocada", que saiu antes da capa da *Isto É*.[2] Muitos anos depois, Conti avaliou ter sido importante para a *Veja* fazer uma cobertura com entusiasmo e simpatia pela campanha, pois assim ajudava a desfazer "uma imagem muito próxima ao governo, próxima à ditadura".[3]

Havia ainda a favor das Diretas a *Senhor*, para onde Carta se bandeara em 1982.[4] A revista, no entanto, pregava para poucos convertidos, uma elite intelectual que sustentava a circulação ligeiramente superior a 20 mil exemplares. Por isso, mais importante do que o conteúdo das reportagens foi a atuação política de Carta, que extrapolou o papel de jornalista. Ele se dava bem com Lula desde que dedicara uma capa da *Isto É* ao líder sindical durante as greves do final dos anos 1970. Lula ainda não era um personagem nacional e o tratamento favorável que recebeu da revista ajudou a projetá-lo no cenário político. Sabendo desse relacionamento, Montoro pediu que o jornalista falasse com o líder petista antes do megacomício de 25 de janeiro de 1983. "Eu almocei com o Lula num restaurante da alameda Santos e disse a ele: 'Os caras querem a sua participação'." Provavelmente Carta não fora o único mensageiro, mas Lula não apenas compareceu ao comício como segurou a militância que ensaiava uma vaia ao governador de São Paulo.

Das quatro principais revistas semanais, a única na contramão das Diretas foi a *Visão*. Fundada em 1952, a publicação tinha sido importante nas duas primeiras décadas de sua existência, uma referência para o jornalismo brasileiro independente. Em 1974, vendida para Henry Maksoud — que ficaria mais conhecido pelo luxuoso hotel que construiria em São Paulo —, a revista passou a focar o leitor empresário, tornou-se porta-voz de teses liberais e só criticava o governo por considerá-lo estatista. Quanto às Diretas, achava a mobilização "demagogia de oposição".[5] Assim, mesmo do alto de uma tiragem de mais de 150 mil exemplares, a *Visão* foi relegada à irrelevância como formadora de opinião pública.

Entre os grandes jornais diários — que mais cedo ou mais tarde, e com mais ou menos intensidade, apoiariam as Diretas —, o *Jornal do Brasil* foi a única exceção. Na época, o *JB*, como era conhecido, vivia da fama amealhada ao longo de uma história quase centenária. Contemporâneo da República, o diário carioca passara por reformas nos anos 1950 e 1960 — feitas, respectivamente, por Janio de Freitas e Alberto Dines — que lhe deram prestígio nacional. Depois de apoiar o golpe de 1964 — como toda a grande imprensa — o *JB* criticou o regime com ousadia e criatividade. Um dia depois do AI-5, a previsão climática na primeira página dizia o que a censura não deixava passar: "Tempo negro. Temperatura sufocante. O ar está irrespirável". Em meados dos anos 1970, no entanto, em meio a graves problemas financeiros e dependente de favores do governo, o jornal deu uma guinada e se compôs com a ditadura, posição em que ainda se encontrava no início da campanha das Diretas. Seu canto do cisne teria sido a cobertura da eleição do governo do Rio, em 1982, quando denunciou a fraude que quase custou o cargo a Brizola.

Em fins de 1983, o dono do jornal, Nascimento Brito, colocou o tema da eleição direta em votação entre os editorialistas. A maioria foi a favor, mas o diretor, Walter Fontoura, deu o contra, e defendeu "o calendário da abertura democrática".[6] Pouco depois, em editorial após o comício da Sé, em São Paulo, o *JB* classificou a eleição direta de "imprevidência oposicionista".[7] Em outro editorial, pouco antes do comício de Belo Horizonte, seria ainda mais oficialista ao chancelar o Colégio Eleitoral: "A eleição direta, como quer o açodamento dos interesses personalistas, não seria apenas um golpe no processo eleitoral, mas uma traição aos eleitores que foram às urnas em 1982 para eleger um Congresso e Assembleias Legislativas que forneceriam os eleitores do futuro presidente da República".[8] Na reta final, o jornal até faria reportagens favoráveis às Diretas, mas naquela altura, embora nunca tenha admitido, já estava comprometido com o candidato Paulo Maluf, que buscava a Presidência pela via indireta.[9] Depois disso, apesar das várias tentativas, o jornal nunca mais se recuperaria.

O principal concorrente local do *JB* não fez muito diferente, pelo menos até a campanha contagiar de vez o país. A caminho dos sessenta anos, *O Globo*, de propriedade da família Marinho, tinha a imagem associada ao regime, apesar de a reforma dos anos 1970 ter-lhe imprimido um caráter mais noticioso. A página de opinião, no entanto, manteve o tom conservador. Um editorial publicado após o comício da Sé fincou mais uma bandeira no terreno governista.

O texto começa desqualificando o ato ao afirmar que a presença do grande público ("1% da população da capital") se deveu à insistente convocação "pelos meios de comunicação à disposição do governo estadual e do municipal", à presença de "numerosos artistas, entre os mais populares do país" e à gratuidade dos transportes públicos. Mais adiante enverada pela falácia, sugerindo que a eleição indireta não seria incompatível com princípios democráticos, pois adotada pela "maioria dos países mais adiantados", inclusive os Estados Unidos, onde há uma "forma mista". O editorial sobe o tom ao dizer que seria "imprudência máxima" implantar as diretas por "passe de mágica, a apenas um ano da sucessão". Depois de defender a legitimidade do Colégio Eleitoral, aponta o dedo para "o sôfrego oportunismo de uns tantos oposicionistas vorazes de poder que, cegos de ambição, não hesitam em forçar caminhos perigosíssimos para a paz pública e, em última instância, para o processo de abertura democrática, até aqui sustentado sobretudo pela paciência com que é gradativamente conduzido".[10]

O veículo das Organizações Globo que mais esteve sob o escrutínio da sociedade civil foi, naturalmente, a TV. O noticiário em horário nobre sobre o comício da Sé frustrou as oposições ao tratar a manifestação política como um evento de música por ocasião do aniversário de São Paulo, praticamente ignorando a reivindicação por eleições diretas para a Presidência da República. Com uma audiência muito superior à soma da circulação dos jornais, a TV Globo tinha o poder de influir decisivamente no rumo do movimento apenas fazendo uma cobertura jornalística condizente com a dimensão dos comícios, mas, pressionada pelo governo, preferiu esperar a campanha atingir uma ordem de grandeza impossível de ser minimizada para entrar em campo.*

O fato de aquele editorial do *Globo* ter sido reproduzido no dia seguinte pelo *Estadão* diz muito sobre a posição inicial do matutino paulistano, então refratário à campanha das Diretas Já. O jornal da família Mesquita desfrutava da condição de ser o diário mais tradicional e de maior prestígio não só de São Paulo, mas do país. Havia enfrentado duas ditaduras: a de Getúlio, quando foi tomado pelo governo, e a militar, cuja censura denunciou publicando versos de *Os lusíadas*, de Camões, no lugar dos textos suprimidos. A censura prévia havia sido suspensa em 1975, no aniversário de cem anos do jornal, que a partir daí se destacou em investigações de fôlego críticas ao governo.

Sem nunca ter deixado de ser conservador, porém, o *Estadão* temia que as eleições diretas, na esteira de um movimento popular, alçassem ao poder central políticos que considerava

---

* O noticiário ao longo da campanha das Diretas, sobretudo o televisivo, será abordado nos capítulos da Parte 2 deste livro, que trata dos megacomícios, uma vez que só pode ser apreciado à luz da dinâmica do movimento.

populistas, pelos quais nutria ojeriza. Coerente com esse raciocínio, alinhou-se aos que antepunham ressalvas à campanha das Diretas. "Apesar do que espalham por aí, o sr. Brizola e outros, somos pelas eleições diretas", tentou se defender em editorial, só para, na sequência, deixar cair a máscara: "Mas não nos permitimos enganar a opinião pública, afirmando que elas são a única forma legítima de escolha dos dirigentes, ou insinuando que sem elas não haverá salvação".[11]

O palanque do comício da Sé ainda estava sendo desmontado quando, no dia seguinte ao evento, o jornal, mesmo reconhecendo ser a maioria da população favorável às Diretas, publicou um editorial com restrições à iniciativa. Para começar, implicou com o fato de que se pregasse o pleito direto "sob o impacto de uma propaganda que o assemelha a qualquer produto comercial de varejo dotado de poderes mágicos para resolver problemas". E advertiu contra os males de se considerar "a entronização das diretas como derradeira panaceia". O jornal também admoestou as autoridades pelo uso da máquina administrativa para garantir o êxito do comício, e cobrou coerência do governador Montoro, que criticara seu antecessor, Maluf, por ter lançado mão do mesmo expediente.[12]

A posição editorial não enviesava o tom das páginas de informação. O factual dos comícios estava sempre lá, com destaque garantido, e o equilíbrio emergia da prática de dar uma no cravo outra na ferradura. Na véspera do comício da Sé, por exemplo, o *Estadão* valorizou uma pesquisa Gallup mostrando que 81% dos brasileiros se diziam favoráveis às Diretas.[13] Dois dias depois, deu voz ao líder do governo na Câmara, Nelson Marchezan, que, comentando o número, disse: "A opinião pública também se equivoca. Hitler sempre teve muito prestígio popular".

O jornal também franqueava espaço a articulistas assíduos que divergiam entre si. Ainda refletindo sobre o primeiro megacomício, Luiz Carlos Lisboa anotou: "O comício da Sé não pode ser tomado como um plebiscito nacional". O jornalista atribuía os passos da abertura mais à iniciativa do governo do que à pressão da oposição. "Conquistas anteriores, como a Anistia e a eleição de governadores, são vistas hoje por grandes segmentos da oposição como vitórias arrancadas à força ao arbítrio, o que é em grande parte uma ilusão autocomplacente." Por isso torcia o nariz para as Diretas Já como instrumento de mudança política: "Três ou quatro dos grandes padroeiros da campanha são beneficiários pessoais de uma eleição direta porque se acreditam popularíssimos ou simplesmente carismáticos".[14]

No outro extremo do espectro de opiniões, Geraldo Forbes manifestava entusiasmo com a campanha. Convocando o eleitor a comparecer à praça da Sé, propôs um notório paralelo histórico. "O comício é o Rubicão da democracia", escreveu, em referência ao rio da península Itálica, cuja travessia proibida seria feita por Júlio César na transição da República para o Império Romano, tornando-se metáfora de decisões arriscadas e sem volta. "Os que não o atravessarem, não merecerão a liberdade, a ordem e progresso que havemos de conquistar."[15]

Já a *Folha*, que vinha de uma experiência relativamente recente de pluralismo, embarcou com tal intensidade na campanha que as eventuais vozes dissonantes mal puderam ser ouvidas. Antes da campanha das Diretas Já, a *Folha* buscava um caminho para se firmar como um jornal relevante, de prestígio. Embora tivesse dado alguns passos importantes nessa direção, continuava como o segundo matutino da praça, muito atrás do *Estadão*, em circulação e influência.

A pré-história do jornal é relativamente curta. Depois de um começo pouco expressivo a partir de 1921, quando é fundado com o nome de *Folha da Noite*, ganha alguma vitalidade nos anos 1950, sob a direção de Nabantino Ramos, que funde os três títulos da empresa — *Folha da Manhã*, *Folha da Tarde* e *Folha da Noite* — num único, dando origem à *Folha de S.Paulo*, em 1960. Quase três anos depois, Octavio Frias de Oliveira, junto com um sócio e recorrendo a empréstimos bancários, compra a *Folha*, que desde então é de propriedade da família. Os primeiros anos de Frias à frente do jornal são dedicados a pagar as dívidas geradas pela aquisição e sanear financeiramente a empresa. A qualidade editorial é negligenciada.

A *Folha* ensaia alguma reação ao contratar Cláudio Abramo, em meados dos anos 1960. Abramo, que tinha conhecidas posições de esquerda, havia editado o *Estadão*, de onde se demitira em 1963 por pressão dos militares. Inicialmente com atuação limitada, o jornalista pouco fez, enquanto o diário cedia às ordens da censura e elogiava o regime, chegando até a ter alguns de seus carros usados pelo aparato de repressão.

O *publisher* Octavio Frias de Oliveira em sua sala no 9º andar do prédio da *Folha*, em meados de 1986, quando o diário era identificado pelo público como o "Jornal das Diretas"

A *Folha* renasce em 1974, contemporânea do projeto de abertura de Geisel e Golbery.[16] Em janeiro, antes da posse do presidente, aquele que viria a ser o arquiteto da distensão procurou os barões da imprensa para expor seu plano de redemocratização gradual, para o qual disse esperar contar com o apoio dos interlocutores. No encontro com Frias, mencionou que a *Folha* poderia ter um espaço a ocupar nesse processo. A sinalização de Golbery coincide com um debate embrionário no jornal com vistas à transformação editorial. Naquela altura, depois de uma modernização tecnológica, Frias queria aproveitar a recém-conquistada independência econômica para torná-lo também influente. Decidiu-se que o diário se posicionaria ligeiramente à esquerda do concorrente. Nos primeiros dias do ano, a *Folha* voltou a publicar editoriais — que haviam sido suspensos em 1972, quando não era possível expressar opinião que não fosse a favor do governo — e adotou uma posição mais neutra com relação ao regime, por exemplo, passando a chamar o golpe de 1964 de "movimento", e não mais de "revolução".

No final de 1974, depois da primeira vitória do MDB, a *Folha* entende que o momento é oportuno para colocar o projeto em pé. No início do ano seguinte, Abramo começa a executar as diretrizes acordadas com Frias. O jornal se abre a intelectuais de todas as tendências, que a partir de 1976 ocupam o espaço nobre da seção "Tendências/Debates". Várias contratações de peso — como a de Paulo Francis, correspondente em Nova York, e a de Alberto Dines, chefe da sucursal do Rio — indicam que o matutino está disposto a investir para ganhar densidade editorial.

Abramo continuava visado pela linha dura do governo. Em 1976, um documento do SNI, então chefiado por Figueiredo, avaliava que a *Folha* estava contaminada por ideias de esquerda devido ao "integral controle do jornalista comunista Cláudio Abramo, que há alguns anos desempenha na empresa um papel de eminência parda". Em 1977, o órgão relatava que o jornal tinha "o esquema de infiltração mais bem montado da chamada grande imprensa" e que estava na "vanguarda entre os veículos de imprensa empenhados em isolar o governo da opinião pública".

O governo parecia apenas aguardar um pretexto para intervir no jornal. A chance surgiu em setembro de 1977, com a publicação, em plena Semana da Pátria, de uma crônica de Lourenço Diaféria caçoando de ninguém menos que o patrono do Exército, Duque de Caxias. O jornalista seria preso duas semanas mais tarde e, em protesto, no dia seguinte a coluna saiu em branco, só com uma nota de rodapé explicando por que seu titular não a escrevera. A atitude desafiadora do jornal estava muito além do poder de enfrentamento de qualquer órgão de imprensa sob uma ditadura. O governo ameaçou enquadrar a *Folha* na temida Lei de Segurança Nacional, com a possibilidade de o jornal vir a ter a circulação suspensa, o que comprometeria a receita a ponto de quebrar a empresa.

Para contornar a crise, ofereceu-se a cabeça de Abramo, substituído por Boris Casoy, que não só tinha bom trânsito na área militar como estava afinado com o novo projeto editorial. Dias depois, em outubro, Geisel demitiu o ministro do Exército, Sylvio Frota, principal fonte das pressões contra a *Folha*, episódio que os defensores da abertura festejaram como um movimento de diástole. Embora a decisão da troca do comando da redação da *Folha* tenha sido mantida, o projeto não foi abortado. O jornal recuou por um tempo, mas logo retomaria o curso anterior ao voltar a publicar os editoriais que haviam sido suspensos — o primeiro deles, em 7 de maio de 1978, em defesa da liberdade de imprensa, ilustrado por uma charge de Angeli que retratava um homem apreensivo a bordo de um barquinho feito de uma folha do jornal, em meio à tempestade e sob um céu de nuvens negras.

Nos cinco anos seguintes, a *Folha* passaria a ser percebida como um veículo do campo democrático, cobrindo criticamente o governo e dedicando suas páginas ao debate sobre o novo sindicalismo, à vitória da oposição no pleito legislativo de 1978, à defesa da Anistia em 1979 e, por fim, ao triunfo do PMDB nas eleições para governador em 1982. Tornava-se assim, aos poucos, um desaguadouro das perspectivas de matizes variadas que emanavam de uma sociedade civil disposta a retomar o controle de seu próprio destino.

O jornal estava, portanto, bem posicionado editorialmente para desempenhar o papel que teria nas Diretas Já. Mas a adesão não foi imediata. Como as outras publicações, ignorou o fato de, em março de 1983, a emenda Dante de Oliveira ter obtido as assinaturas necessárias para ser apresentada ao Congresso. No final do mês, no entanto, demonstrou simpatia pela proposta num editorial em que registrou: "O que parece certo, entre muitas incertezas, é que o êxito da tese das eleições diretas será tão menos improvável quanto mais firme e abertamente seja ela sustentada pelos setores da opinião pública que lhe sejam favoráveis". E concluiu com uma observação que, lida em retrospecto, tinha algo de profética: "Se tais setores se mostrarem amplamente majoritários, como acreditamos que são, sua vontade constituirá também um fator que não deixará de pesar no curso dos acontecimentos".

Ainda não seria a partir daí, porém, que a *Folha* ganharia protagonismo. Antes do engajamento do jornal na campanha, a oposição teria algum trabalho pela frente, preparando o terreno fértil da redemocratização para uma colheita tão incerta quanto sonhada.

Preparando o terreno

Antes de deslanchar, em 1984, a campanha das Diretas Já patinou ao longo do ano anterior. Entre as duas tentativas de colocar gente na praça — a de junho, em Goiânia, e a de novembro, em São Paulo — o ano transcorreu em meio a reuniões de cúpula dos partidos de oposição, em que as principais lideranças acertaram os ponteiros para a deflagração do movimento. Se 1984 seria o ano das manifestações de rua, 1983 foi o das combinações de gabinete.

A história registra vários possíveis pontos de partida da campanha — menos ou mais defensáveis. Há quem advogue que tenha sido o comício da capital de Goiás, o primeiro com organização centralizada. Outros preferem citar o realizado em frente ao estádio do Pacaembu, pois foi a largada de uma série de eventos do gênero. Há quem diga que o de Curitiba, em janeiro de 1984, deveria ter a primazia, argumentando que, pelo porte, serviu de modelo aos demais. Os que privilegiam a natureza suprapartidária do movimento apontam o da praça da Sé, em São Paulo, pois nunca antes a ação conjunta de legendas e entidades havia sido tão evidente. O menos lembrado é justamente aquele que, cronologicamente, foi o número um.

Em 31 de março, quando os futuros atores das Diretas Já mal pensavam em palanques, uma manifestação em Abreu e Lima, uma cidadezinha recém-fundada nas proximidades do Recife, em Pernambuco, reuniu cem pessoas que, diante de um caminhão de som mambembe, fizeram coro de "abaixo a ditadura" — para marcar posição a favor da proposta de Dante de Oliveira e contra os simpatizantes dos militares, que festejavam naquele dia mais um aniversário da "revolução". Convocado por vereadores peemedebistas e desconectado da articulação oposicionista em Brasília, o evento é mais lembrado por sua singeleza e pelo orgulho abreu-limense do que pela importância apenas simbólica que, corretamente, lhe confere a historiografia.

Oficialmente, a campanha das Diretas é lançada dois meses e meio mais tarde, em 15 de junho, num comício do PMDB em Goiânia. O local, longe dos grandes centros, e o formato, enxuto na medida para ser notado, mas sem causar maiores impactos, refletiam a estratégia de Ulysses Guimarães, que, de dentro do partido, havia tomado as rédeas do processo. Ulysses optara por um início discreto para vencer resistências na própria legenda, na qual nem todos os parlamentares haviam endossado a tese. Havia, à esquerda, os que ainda não tinham esquecido a prioridade à Assembleia Nacional Constituinte, e, à direita, os que, mesmo aderindo à retórica das Diretas, focavam na eventual participação no pleito indireto. Também os governadores do PMDB, dependentes de verbas federais num contexto de severa crise econômica, não queriam exposição excessiva. Por tudo isso, Ulysses teria preferido um evento modesto, em vez de fazer um discurso grandiloquente na Câmara, certamente com mais repercussão.

O comício, com efeito, foi registrado burocraticamente pela imprensa. Mesmo a *Folha*, que duas semanas antes publicara o primeiro editorial defendendo as eleições diretas, não deu a ma-

Comício em Goiânia fotografado por Hélio Nunes de Oliveira, em 15 de junho de 1983, o primeiro das Diretas, com cerca de 5 mil pessoas. Praticamente ignorado pela mídia, o movimento não teria sequência nos meses seguintes

nifestação na capa. Segundo o relato jornalístico, que saiu escondido em uma coluna no alto de uma página interna, o público de 5 a 6 mil pessoas superou a expectativa, tanto que a manifestação, que seria realizada num auditório universitário, teve que ser transferida para uma praça pública. Mas não era tanta gente assim. Dante de Oliveira guardou uma lembrança negativa do evento. "Pequeno, controvertido, representatividade menor do que a necessária, cercada de dúvidas e conflitos", resumiu no livro publicado em coautoria com o correligionário Domingos Leonelli.[1]

Qualquer palanque, no entanto, estava de bom tamanho para Ulysses bater em Figueiredo e no seu partido, o PDS. Pegou o microfone com vontade: "O partido oficial entregou a coordenação da sucessão presidencial ao próprio presidente da República, pois não faltam nunca os manifestos de bajulação e subserviência aos poderosos. Montado na docilidade da maioria, o presidente não coordena, ordena". Para o deputado, "nos momentos dramáticos e cruciais, ou a Nação marcha para o voto direto ou marcha diretamente para o caos".[2] Muitos caciques presentes ouviram o discurso, mas não os governadores do PMDB, que preferiram não aparecer por lá, com exceção do anfitrião, Íris Rezende, chefe do Executivo goiano. Brizola e Lula também não passaram perto, até porque o pedetista e o petista pareceriam penetras na pequena festa do PMDB. Quanto ao peemedebista Tancredo Neves, governador de Minas, foi uma ausência notada, mas não surpreendente. Afinal, dias antes ele havia comentado que a oposição deveria ter alternativas mais realistas: "A campanha pelas Diretas é necessária, mas lírica", afirmara em entrevista,[3] numa declaração lembrada pela oposição nos vários momentos em que, nos meses seguintes, seu apoio à proposta seria colocado em dúvida.

Quando chegou timidamente às ruas — nessa manifestação isolada, sem continuidade no curto prazo —, a campanha já esboçava uma base programática que ia muito além da reivindicação do pleito. A pecha que pairava inicialmente sobre a proposta das Diretas Já — de estar impregnada da ilusão de que a simples escolha do presidente se confundia com a solução para todos os males — seria confrontada com a apresentação de um plano abrangente costurado por ninguém menos que o inspirador e padrinho espiritual do movimento, Teotônio Vilela. Já na condição de ex-senador, pois a saúde debilitada não lhe permitira disputar cargo eletivo em 1982, Teotônio juntou as forças que lhe restavam para redigir e submeter às oposições o seu Projeto Emergência.

A eleição direta, em sua concepção, não deveria ser um fim em si mesmo, mas um meio de transformar o Brasil, tornando-o menos injusto. Assim, o projeto identificava quatro grandes dívidas: externa, interna, social e política; e indicava caminhos para serem saldadas. A última delas se referia, claro, à eleição direta para presidente, enquanto as três primeiras, mensuráveis a partir de números e estatísticas, espelhavam a dimensão gigantesca de crises simultâneas.

A dívida externa batera em 100 bilhões de dólares, quantia considerada impagável — só os juros anuais equivaliam ao total das exportações. Havia sido acumulada sobretudo durante o "milagre econômico", quando os militares contraíram empréstimos para financiar grandes obras, aproveitando o excesso de dólar nos bancos estrangeiros — os "petrodólares", ou seja, a receita extra dos produtores de petróleo, cujo preço decuplicara nos anos 1970. Alta ao ser contraída, a dívida ainda fora multiplicada no início dos anos 1980 em decorrência da forte alta dos juros internacionais, após a decisão dos Estados Unidos de aumentar drasticamente suas taxas para combater a inflação no país.

O documento de Teotônio colocou em circulação no Brasil um termo popularizado no ano anterior pelo México: moratória. Se a dívida era impagável, então que não fosse paga. Sua intuição de que aí estava a saída para a crise brasileira fora respaldada por um estudo do prestigiado economista Celso Furtado, que, como Ulysses e Tancredo, integrara o primeiro escalão do governo Jango vinte anos antes. "Baseado em exemplos históricos, concluiu ser a moratória um direito soberano dos povos", escreveu Márcio Moreira Alves sobre o trabalho de Furtado. "Realista, procurou também levar em consideração os interesses dos países credores."[4]

Quanto à dívida interna, crescia em progressão geométrica, tendo chegado a um quarto da externa, o que obrigava o governo a emitir títulos públicos que pagavam juros cada vez mais atraentes aos investidores, o que por sua vez fazia crescer ainda mais a dívida. Para interromper o círculo vicioso, o Projeto Emergência propôs uma solução radical: emitir títulos "com características semelhantes a 'bônus de guerra', restringindo-se a sua rentabilidade".[5]

Por fim, a dívida social, que o projeto quantifica com dados oficiais: "12 milhões de famílias sem-terra ou com terra insuficiente para sua manutenção; 6 milhões de desempregados; 15 milhões de subempregados; 20 milhões de analfabetos; 12 milhões de crianças sem escolas e menores abandonados; 40 milhões de pessoas subnutridas e/ou portadoras de doenças endêmicas; 25 milhões vivendo em favelas; e 30% da população na pobreza absoluta ou miséria". Para Teotônio, o jeito de pagar essa "dívida com o povo" seria por meio de mudanças no Imposto de Renda: "Contribuirá mais quem tiver mais, contribuirá menos quem tiver menos".[6]

Em fins de abril, o Projeto Emergência foi acolhido formalmente pela Executiva Nacional do PMDB, que, no entanto, deixou de fora a proposta da moratória. Para Moreira Alves, ao propor reformas estruturais de difícil implantação, o documento "acabou por se transformar mais em um manifesto do que em um instrumento de negociação".[7] Ainda assim, na avaliação de Dante e Leonelli, "a campanha das Diretas ganharia com o Projeto Emergência tutano econômico e social".[8]

Naquele início de década, a combinação perversa da maior recessão já registrada no Brasil com uma espiral inflacionária —*
somada à crise estrutural identificada no Projeto Emergência

---

* O IGP-DI (Índice Geral de Preços – Disponibilidade Interna), calculado pela Fundação Getulio Vargas, chegaria a 211% em 1983, enquanto o PIB per capita – que havia encolhido 6,3% e 1,3% nos dois anos anteriores – cairia mais 4,9%.

— serviu de ignição e combustível à agitação social. O alarme soou primeiro em São Paulo, onde no início de abril houve momentos de tensão entre a posse de Montoro e a aprovação pelo PMDB do plano de Teotônio. Uma manifestação de desempregados acabou em saques a supermercados e na tentativa, orquestrada por militantes do PCdoB, de derrubada da cerca do Palácio dos Bandeirantes.

A inquietação social encorpou e, três meses mais tarde, desaguou no Dia Nacional do Protesto, que testemunhou maior mobilização no Rio de Janeiro e em São Paulo. Em 21 de julho, a população respondia à convocação das centrais sindicais, críticas da política salarial do governo que pretendia restringir os reajustes em obediência à austeridade exigida pelo FMI como contrapartida a empréstimos para fazer frente à dívida externa.

No Rio, cerca de 50 mil cariocas em passeata optaram pelo bom humor. "O povo tá a fim/ da cabeça do Delfim", gritava-se em coro, em referência a Delfim Netto, ministro do Planejamento, o principal formulador da política econômica da ditadura, tendo servido também a Costa e Silva e Médici. Numa faixa erguida por artistas do Circo Voador, lia-se: "Mais circos e menos patetas".[9]

Em São Paulo, mais uma vez, houve violência. Na capital, viveu-se um clima de feriado, pois muitos comerciantes, receosos depois do que acontecera em abril, fecharam as portas das lojas. O tumulto se concentrou em São Bernardo e Diadema, onde a maioria dos trabalhadores fez greve — 2 milhões cruzaram os braços, segundo os sindicatos. Com ameaça de intervenção do governo federal e escaldado pelo episódio anterior, Montoro reprimiu a manifestação, que teve cinquenta ônibus depredados. Houve cerca de trezentas prisões e até a invasão, pela Polícia Militar, da igreja matriz de São Bernardo, onde um grupo se refugiara.

Alvo dos protestos, a política salarial vinha sendo estabelecida durante a ditadura por uma série de decretos-leis do presidente da República que, com pouca variação entre eles, determinavam reajustes abaixo da inflação, para não a realimentar, conforme a justificativa oficial. Desde sempre impopular, o mecanismo passou a ser mais combatido por sindicatos e oposições à medida que os preços explodiam, corroendo rapidamente o poder de compra dos assalariados. Mas na madrugada de 21 de setembro — exatamente dois meses após o Dia Nacional do Protesto — a Câmara dos Deputados, contando com o voto de um punhado de deputados governistas, rejeitou o texto que atualizava o arrocho. "Era a primeira vez que isso acontecia desde a instituição daquele diploma legal em 1967", escreveram Dante e Leonelli.[10]

A vitória oposicionista, sem precedente em se tratando de pauta de grande interesse do governo, teve uma dimensão política que extrapolou a questão salarial. "Depois do que aconteceu aqui nesta noite, nada será como antes no Congresso", comentou Ulysses. Ele certamente tinha em mente a futura votação da emenda Dante de Oliveira, que, pela conta de nove entre dez analistas, seria impossível de passar no Congresso. Como observaram Dante e Leonelli, "em todas as cabeças, dos políticos e do povo, estabeleceu-se um raciocínio simples, direto e, até então, inédito: a oposição pode ganhar alguma coisa no Parlamento".[11]

O governo reagiu usando a força outorgada pelo regime para tentar aprovar versões subsequentes do decreto-lei. Um mês depois do primeiro revés governamental, o presidente acionou o aparato constitucional das "medidas de emergência" para impedir manifestantes de pressionarem congressistas contra a aprovação do novo texto legal sobre a política de reajustes de salários. Esse dispositivo, ao lado da Lei de Segurança

Nacional, representava o chamado "entulho autoritário" que restara após a revogação do AI-5. Assim, amparado por uma legislação produzida pelo arbítrio, Figueiredo decretou intervenção em Brasília em 19 de outubro. A capital foi submetida a um cerco militar, com acessos bloqueados, passageiros revistados no aeroporto e proibição de reuniões em locais públicos. Mesmo assim, com o voto de dissidentes do PDS, o decreto-lei não passou, obrigando o governo a apresentar no fim do mês mais um texto, que, fazendo algumas concessões às oposições, seria finalmente aprovado.

Paralelamente à batalha parlamentar, as oposições não descuidavam da ideia das Diretas Já. A campanha ainda não estava madura para ganhar as ruas, mas o calendário político — com 1984 já no horizonte e a perspectiva de votação da emenda Dante de Oliveira tomando forma — começava a imprimir algum ritmo a iniciativas que a viabilizassem. O segundo semestre de 1983 seria marcado por três eventos: uma reunião em *petit comité*, um discurso histórico e um encontro decisivo de governadores, os quais construiriam o caminho até o pontapé inicial da campanha, em novembro.

Vejamos cada um deles.

Duas semanas depois daquele modesto comício inaugural em Goiânia, o peemedebista Montoro, o pedetista Brizola e o petista Lula entabularam uma conversa preliminar para definir uma estratégia comum. Os dois primeiros, governadores de São Paulo e do Rio, respectivamente, se reuniram com o líder do PT no Palácio da Guanabara, sede do governo fluminense. Disputando a influência sobre o mesmo campo ideológico — aquele que ia da esquerda à centro-esquerda, passando pelo trabalhismo —, os três estavam mais para adversários do que para aliados. A *Folha*, em submanchete, tratou o encontro como o início de uma articulação de frente suprapartidária. Segundo o jornal, os três concordaram que a crise social e econômica "só se resolverá pela via política, através de uma nova ordem democrática, surgida em função da eleição direta do futuro chefe do governo, que teria assim 'condições de legitimidade' para representar os interesses da população".[12]

Embora o PMDB flertasse com a ideia de uma frente de oposições, não desfrutava de unidade nem mesmo internamente. O partido não era mais o saco de gatos dos tempos do bipartidarismo, mas a dispersão de objetivos não desaparecera totalmente. Além de continuar abrigando parlamentares de legendas proscritas, agora tinha governadores eleitos que não podiam se dar ao luxo de desprezar a interlocução com o poder central. Por fim, algumas das principais lideranças habitavam universos distintos, como o do radicalismo e o da moderação, cujos expoentes eram respectivamente Teotônio e Tancredo.

Ulysses, presidente do partido, teria que gastar muita saliva para manter todos eles sob o mesmo guarda-chuva. E foi o que fez, em 24 de agosto, ao pronunciar um discurso de quase uma hora da tribuna da Câmara, conclamando à união. Suas palavras representaram "uma solução de compromisso entre as grandes correntes internas do PMDB".[13] Basicamente, o deputado adaptou a proposta do Projeto Emergência, tornando-a palatável à maioria. Com a contribuição de economistas do partido, o texto ganhou ares de uma plataforma alternativa à política do governo. Buscou-se o equilíbrio. De um lado, não haveria rompimento com o FMI; de outro, a moratória estava contemplada, ainda que como objeto de negociação. Teotônio não gostou, tachou a nova versão do seu documento de conservadora, mas a maioria dos parlamentares aplaudiu, inclusive aqueles à esquerda.

O ponto central da fala, de interesse dos governadores peemedebistas, foi a defesa do diálogo com a situação. Haveria disposição por parte do PMDB para debater medidas econômicas que visassem à retomada do crescimento, garantiu o deputado. Mas o diálogo com o governo se daria no Congresso, com o PDS, e não diretamente com o governo. "Não subo a rampa do poder, preferindo assomar o topo desta tribuna para falar à nação e ao governo", disse Ulysses, com aquele linguajar de quem, na juventude, manifestara veleidade de se tornar poeta parnasiano.[14] No discurso, porém, preferiu o pós-moderno Guimarães Rosa, popularizando um insight extraído de *Grande sertão: veredas*: "O real não está nem na saída nem na chegada. Ele se dispõe para a gente é no meio da travessia". A ideia de caminhada remetia às Diretas: "O povo atravessará o atual deserto e com democracia chegará à prosperidade". A defesa da bandeira do PMDB é explícita: "Um governo sem legitimidade democrática não tem representatividade popular e não tendo representatividade não tem credibilidade interna e externa. Só a eleição direta leva à legitimidade e ao consenso real".

Com o discurso, Ulysses se colocou em posição privilegiada na cena política. Se o diálogo da oposição com o governo federal deveria passar pelo Congresso, como ele propôs, então os governadores do PMDB precisariam bater na porta do seu gabinete para negociar o que fosse — das verbas para seus estados aos termos que viabilizassem a eleição direta para presidente, uma hipótese, aliás, que o próprio Figueiredo admitira algumas vezes, ainda que em declarações ambíguas seguidas de recuos.

Os governadores peemedebistas tentaram retomar o protagonismo num encontro em Foz do Iguaçu, no Paraná — o último dos três eventos que anteciparam a campanha das Diretas. Ulysses, apesar de ter manifestado intenção de participar, não foi convidado. Como se tratava, oficialmente, de uma reunião para discutir aspectos administrativos das gestões estaduais, não haveria espaço para um parlamentar, justificaram os organizadores. Na realidade, porém, o encontro no fim de semana de meados de outubro serviu para Montoro, Tancredo, José Richa, do Paraná, e outros cinco governadores do partido decidirem a natureza e a dimensão da campanha pelas eleições diretas.* "Deflagrou-se, ali, uma nova fase na luta", avaliaram Leonelli e Dante.[15]

A diferença era que os chefes dos Executivos estaduais, ao contrário dos parlamentares, tinham condições de financiar a campanha. Decidiram viabilizá-la materialmente. Com o apoio deles, seria possível sonhar com uma gigantesca estrutura de mobilização popular, que incluísse palanques colossais, confecção de milhares de camisetas, produção de milhões de botons e toda a parafernália tecnológica de som e comunicação. O dinheiro vinha também das agências de publicidade que atendiam as contas dos governos. "Elas entraram como opcional obrigatório, ou seja, você tem a conta, você paga", explicou Mauro Motoryn, publicitário do PMDB, em entrevista a Leonelli. Em São Paulo, a grande agência que fez as Diretas foi a Companhia Brasileira de Publicidade.[16]

O historiador Ronaldo Costa Couto, que participou da reunião na condição de secretário do Planejamento de Minas, conta que, no documento final, que ele ajudou a redigir, foi incluído um pequeno parágrafo que revelava "a verdadeira razão do encontro". Nele, os governadores instaram o Congresso a aprovar a emenda das Diretas Já. Diz o parágrafo: "Só eleições diretas, dentro dos ritos da democracia moderna, que compreendem o

---

* São eles: Gilberto Mestrinho (AM), Nabor Júnior (AC), Jader Barbalho (PA), Gérson Camata (ES) e Wilson Martins (MS). Íris Rezende (GO) foi o único ausente. Brizola, do PDT, não foi, mas mandou um representante, César Maia, secretário do Planejamento do Rio de Janeiro.

sufrágio universal e secreto, podem superar dificuldades políticas e econômicas como as que vive hoje a sociedade brasileira".[17]

Mas Tancredo, um dos articuladores do encontro, tinha feito e refeito as contas dos parlamentares favoráveis às diretas e, como a maioria dos observadores, não acreditava na aprovação da emenda. Ele acreditava, isto sim, no êxito da campanha que estava prestes a tomar conta do país.[18]

PARTE 2

O girassol que nos tinge
(1983-1984)

Pontapé inicial no Pacaembu

Em meados de novembro de 1983, Franco Montoro abre uma brecha na sua agenda de compromissos administrativos no Palácio dos Bandeirantes e quebra a rotina de burocracias ao pegar a ponte aérea para o Rio. Lá, um pequeno grupo de intelectuais, escritores, jornalistas e boêmios o esperava para uma conversa solta em torno de uma mesa de jantar, sem as formalidades e os protocolos do poder. Havia se passado um mês daquele encontro decisivo de governadores de oposição em Foz do Iguaçu, e o mundo político almoçava e jantava falando sobre o indefinido processo de sucessão presidencial. Se, contra todas as probabilidades, a eleição direta prevalecesse, o Brasil estaria a um ano do pleito.

A noite carioca reuniu, entre outros, o filólogo Antônio Houaiss, que ficaria conhecido por coordenar o dicionário que leva seu nome; Carlos Castello Branco, o Castellinho, ex-assessor de Jânio Quadros e titular da mais influente coluna de política da imprensa, no *JB*; Ênio Silveira, que transformara sua editora, a Civilização Brasileira, em trincheira de resistência à ditadura; o jornalista e escritor Antonio Callado, autor de vários romances, como o elogiado *Quarup*; e Otto Lara Resende.

Lara Resende, cronista e escritor respeitado, que na época já era membro da Academia Brasileira de Letras, ocupava um cargo de diretor das Organizações Globo, mas era mais conhecido por gostar de uma boa prosa. "Sua grande obra é a conversa; deviam botar um taquígrafo atrás, anotando tudo, depois vender ou alugar numa loja de frases", disse certa vez o dramaturgo Nelson Rodrigues.[1] O predicado identificado pelo amigo não passaria despercebido por Montoro quando, no meio do jantar, com aquele jeito mineiro de falar por meio de metáforas, Otto manda o recado: "Acende os faróis altos, governador".[2]

O sentido do conselho, reforçado pelos outros convivas, era cristalino. Montoro assumira havia menos de um ano o Executivo do estado econômica e politicamente mais importante do país, e deveria ter um papel condizente com o cargo na luta pela redemocratização. Encontros a portas fechadas como o de Foz eram necessários, sim, mas estava na hora de colocar o bloco das Diretas na rua, e alguém tinha que tomar a dianteira. Mais do que Tancredo (pois Minas não tem a densidade eleitoral de São Paulo) e mais do que Brizola (pois o PDT não tinha a penetração do PMDB), Montoro, com seus mais de 5 milhões de votos, teria a obrigação moral de comandar o processo.

Precisando ou não do empurrão, Montoro acendeu os faróis já no dia seguinte, quando, no avião de volta a São Paulo, começou a rascunhar o manifesto intitulado "A Nação tem o direito de ser ouvida". O documento lançaria a campanha em nível nacional, com o endosso dos governadores de oposição, que em sua maioria participaram da solenidade no Palácio dos Bandeirantes, em 26 de novembro, um sábado. Publicado nos jornais do dia seguinte, o texto em estilo telegráfico diz que a eleição direta para presidente é "o caminho para a superação da nossa crise econômica, política e social", "a reafirmação de nossa soberania" e "uma reivindicação da consciência nacional".

No mesmo dia, na *Folha*, Montoro elaborou o argumento com um exemplo da história recente. "Quando a emenda que restaurou a eleição direta dos governadores foi apresentada, muitos a consideravam lírica, impossível, porque não tinha o apoio dos detentores do poder", escreveu no artigo. "A emenda, que tinha sido inicialmente da oposição, depois de duas ou três derrotas em votações no plenário, acabou por ser apresentada pelo governo." Tal decisão, ele lembrou, não correspondeu a uma vontade espontânea dos governantes, mas decorreu da luta da sociedade civil. "É o que acontece agora com as eleições diretas para a Presidência", concluiu, estabelecendo o paralelo.[3]

Não foi por acaso que o governador escolheu a *Folha* para publicar o artigo. Naquele momento, o jornal se descolava do *mainstream* da mídia nacional com a decisão de encampar a campanha suprapartidária. Depois de um primeiro editorial a favor das Diretas em fins de março — no mesmo mês em que a emenda Dante de Oliveira obteve as assinaturas necessárias para ser apresentada no Congresso —, o jornal deixara de investir na pauta. Embora continuasse a favor, o que deixava claro em destaques eventuais, era só mais um assunto entre tantos que cobria. A partir daquele final de ano, porém, isso mudaria.

A decisão da *Folha*, que influenciaria a dinâmica da campanha, tem sua gênese em três propostas.[4] A primeira, feita algumas semanas antes do lançamento do manifesto da oposição, foi apresentada por João Russo, editor de política, que circulava bem entre os caciques do PMDB. Tendo percebido a intenção do Palácio dos Bandeirantes de deflagrar o movimento, levou ao jornal a ideia de apostar na iniciativa. Exposta numa sexta-feira, durante o tradicional almoço da direção da empresa com editores e editorialistas, a sugestão foi rechaçada com veemência por "seu Frias", como era habitualmente chamado o *publisher* do jornal. "Quase fui escorraçado", lembraria Russo quase duas décadas depois, por ocasião do aniversário de oitenta anos da *Folha*.[5] Frias sugeriu que a proposta seria mais do interesse de Montoro, que queria se afirmar nacionalmente como líder da campanha, do que do jornal. Receava que, ao se associar a um projeto articulado pelo governo estadual, a *Folha* acabasse colocando em dúvida sua independência ainda em construção.

Em novembro, quando as reivindicações por eleições diretas ganharam mais visibilidade no noticiário, Otavio Frias Filho, que não presenciara a bronca do pai em Russo, fez a mesma proposta. Com 26 anos e recém-formado advogado pela USP, Frias Filho trabalhava na *Folha* havia quase dez anos e desde 1978, com a criação do Conselho Editorial, atuava como secretário do órgão colegiado. "Naquela época eu ainda estava com o movimento estudantil na cabeça", contaria mais tarde, referindo-se à segunda metade dos anos 1970, quando militou nas arcadas do largo São Francisco nos grupos Argumento e Ação Comum. "Durante vários anos, participava de assembleias de manhã e ia para o jornal à tarde."[6]

Numa dessas tardes, Frias Filho se reuniu com o pai e Boris Casoy, diretor-responsável desde a crise de 1977. A secretária foi avisada para não interromper a conversa, sinal de que não se tratava de reunião de rotina. Sentados em torno da escrivaninha do seu Frias, em sua sala no nono andar do prédio da alameda Barão de Limeira, no centro de São Paulo, Frias Filho começou relatando que, a partir de seus contatos com empresários, acadêmicos, políticos, escritores e intelectuais em geral — que eram frequentes, dada a sua posição no jornal —, havia detectado uma efervescência com relação à ideia das Diretas. Seus sensores lhe diziam que a sociedade estava se entusiasmando com a perspectiva de votar para presidente. Tendo preparado o espírito dos dois, Frias Filho apoia as mãos na mesa e se inclina em direção a eles, como quem quer valorizar o que vai dizer, e sugere o engajamento total da *Folha*. O silêncio de surpresa dura vários segundos, de acordo com a lembrança de Casoy, até ser quebrado pela manifestação de apoio do dono do jornal.[7] Em sua avaliação, o cenário político, marcado por rápidas mudanças, não era mais o mesmo de meses antes, quando repelira idêntica proposta.

Os três combinaram que, por um hiato, a decisão deveria ser mantida em sigilo. Havia uma preocupação de ordem concorrencial. Se jornalistas, compreensivelmente, guardam segredo sobre pautas exclusivas, uma campanha a ser deslanchada exigiria ainda mais cuidado com a divulgação precipitada. Além disso, seria o tempo necessário para a direção projetar os passos seguintes e tentar antecipar a reação dos militares. A crise de 1977, quando o jornal esteve sob ameaça, havia ficado para trás, os tempos eram outros, mas a ditadura ainda vigorava e as águas da política continuavam turbulentas. Frias Filho foi designado operador do projeto; coube a Boris fazer a sondagem nos meios militares.[8]

As coisas estavam nesse pé quando Ricardo Kotscho, sem ter como saber do acerto prévio da direção, encaminhou a terceira proposta com o mesmo teor. Kotscho já era um dos mais respeitados repórteres do país. Fizera carreira no *Estadão* nos anos 1970, quando publicou uma série memorável sobre as mordomias dos políticos; atuara como correspondente na Alemanha pelo *JB*; de volta ao Brasil, cobrira as greves operárias na *Isto É*, quando se aproximou de Lula; integrara a equipe de prestígio do fugaz *Jornal da República*, dirigido por Mino Carta, e finalmente aportara na *Folha*, como repórter especial, com liberdade para tocar as próprias pautas.

Em suas andanças pelo país, em contato com movimentos sociais e líderes da sociedade civil, Kotscho acabaria captando a ressonância popular da ideia das Diretas. Confiante em sua intuição,

Ao centro e ao fundo, debruçado sobre a mesa, durante almoço de jornalistas da *Folha* com a direção do jornal, o repórter Ricardo Kotscho, chamado por Ulysses Guimarães de "o cronista das Diretas"

sentou-se diante da máquina de escrever — a informatização do jornal ainda era incipiente — e redigiu, em três laudas, um plano para a *Folha* empunhar de vez a bandeira das Diretas, "como fazia a imprensa, antigamente, quando se apaixonava por uma causa".[9] O documento foi entregue ao dono do jornal, que, já convencido do que deveria fazer, entendeu que aquele seria o momento de começar a agir. Em seu livro de memórias, Kotscho anota: "Seu Frias convocou imediatamente a cúpula da *Folha* à sala dele, leu o texto para todos os editores e mandou tocar o pau na máquina".[10]

Até aí — continuamos em novembro de 1983 — não existia propriamente uma campanha das Diretas Já. A emenda Dante de Oliveira completara nove meses, o primeiro comício de peso relativo tinha cinco meses e a reunião dos governadores de oposição havia ocorrido mais de trinta dias antes, mas todas essas andorinhas não faziam verão. A ideia estava no ar, sim, mas faltavam estratégia comum de ação e divulgação maciça. Nem nome a campanha tinha. Seus propositores não haviam aderido ao termo "Diretas Já", pronunciado aqui e ali, mas ainda não consagrado. O manifesto de Montoro, por exemplo, tentou batizar a campanha de "Fala Brasil", slogan que não emplacou.

Mais grave foi a disputa inicial pelo protagonismo do movimento. A festa-comício, no dia 27, na praça Charles Miller, em frente ao estádio do Pacaembu, escancarou a relação tensa entre PMDB e PT, manifestada desde a reintrodução do pluripartidarismo. Embora jogando no mesmo time, eram adversários. A rivalidade mal disfarçada começou antes da montagem do palanque. O evento, originalmente do PT, estava marcado havia cerca de um mês. Mais tarde, seria fundido com outro ato programado para o mesmo dia, da Comissão de Justiça e Paz (CJP) da Arquidiocese de São Paulo. No fim, os preparativos ficaram a cargo também de outras três entidades (a UNE e as centrais sindicais recém-criadas, CUT, ligada ao PT, e Conclat),* além de representantes do PDT e do PMDB.

Apesar de o comício ter sido agendado com grande antecedência, Montoro só foi convidado oficialmente dois dias antes. Outros governadores do PMDB, que estavam em São Paulo para participar do lançamento do manifesto no Palácio dos Bandeirantes, foram convidados a comparecer ao Pacaembu na véspera, mas, por determinação dos organizadores, só Montoro teria direito à palavra. Era como se dissessem: "Estão convidados, mas se não puderem aparecer, tudo bem".

---

* A Coordenação Nacional da Classe Trabalhadora (Conclat) foi criada no início de novembro, em oposição à CUT, fundada três meses antes. Em 1986 se transformaria na Central Geral dos Trabalhadores (CGT).

A má vontade foi recíproca. Montoro não dedicou uma única linha — nem no manifesto, nem no artigo na *Folha* — ao comício do Pacaembu, apesar da coincidência das datas. Para Lula, aliás, nem teria sido uma coincidência. Ele interpretou a realização da solenidade na sede do governo na véspera do comício como uma tentativa de esvaziar o evento que tinha o PT à frente. "Talvez ele estivesse certo", comentam os insuspeitos Dante e Leonelli, cuja perspectiva é a do PMDB.[11] Além disso, os governos estadual e municipal — o prefeito era Mário Covas, indicado por Montoro — praticamente não ajudaram na infraestrutura da festa-comício.

Ainda assim, a praça encheu. Não foi a maior concentração humana do dia em São Paulo. Os cerca de 15 mil participantes equivaliam a menos de um quarto do público que compareceu ao Morumbi para assistir ao jogo Santos e Corinthians, que com um morno zero a zero se garantiram na semifinal do Campeonato Paulista. Embora a mobilização tenha sido abaixo da expectativa dos organizadores, o evento político do Pacaembu teve quórum. Com o triplo de pessoas do comício de Goiânia e a adesão de setenta entidades da sociedade civil, a festa-comício se habilitou a reivindicar a posição de pedra fundamental do edifício das Diretas Já.

Antes dos discursos, o domingo ensolarado emprestava ao evento uma atmosfera de quermesse divertida e politizada, com dezenas de barraquinhas vendendo comida, bebida e ideologia. Numa delas, acima de uma pilha de latas onde se lia "SNI", "Maluf", "Figueiredo", "Delfim" etc., um cartaz anunciava: "Derrube o regime e ganhe brindes". O arremesso certeiro rendia uma garrafa de pinga ou de vinho de São Roque. "Às quatro da tarde, o cheiro de churrasquinho, cerveja e cachaça já impregnava o ar, num clima de beira-mar: rapaziada de calção e sem camisa, mocinhas de míni-míni, grupos de teatro mambembe, cachorros", conforme a descrição de Kotscho na *Folha* do dia seguinte.[12]

Festa-comício na praça Charles Miller, em frente ao estádio do Pacaembu, em São Paulo, marca a retomada da campanha das Diretas no dia 27 de novembro de 1983

A quermesse era divertida, politizada — e também vigiada. Dezenas de agentes da Polícia Federal, disfarçados com camisetas coloridas, fotografavam pessoas para em seguida, recolhidos em suas Veraneios com chapa fria, transmitirem informações por rádio a seus superiores. Como entreouvido por um repórter, um dos agentes, que se identificava como "Delta Bravo Uno", perguntou pelo circuito interno de comunicação: "Como está a situação na praça? Câmbio!". Ao que o colega "Delta Bravo Quatro" respondeu: "Muita gente, muitas bandeiras, mas o show ainda não começou. Câmbio!". A averiguação não deu em nada — era só um lembrete de que o Brasil ainda vivia sob a ditadura.[13]

Mesmo antes de os oradores subirem ao palanque — na verdade, a carroceria de dois caminhões alugados naquela noite pelo PT — estava evidente que a pauta, como anunciada em centenas de milhares de folhetos distribuídos nos dias anteriores, seria mesmo diversificada. Além da defesa das Diretas, o comício seria contra o arrocho salarial, o desemprego, o FMI e até, por iniciativa da CJP, da Igreja, "contra a agressão dos Estados Unidos aos povos da América Latina", uma referência à tentativa americana de intervir na revolução da Nicarágua, em curso desde que, no final dos anos 1970, a Frente Sandinista de Libertação Nacional tomara o poder, com a derrubada do ditador Anastasio Somoza. A revolução unira no país centro-americano grupos de orientação marxista e cristãos ligados à Teologia da Libertação, um feito inédito. Desde 1981, os sandinistas eram pressionados pelos Estados Unidos, que, sob a presidência do republicano Ronald Reagan, haviam imposto bloqueio econômico à Nicarágua e financiavam a contrarrevolução.

No Pacaembu, os sinais de solidariedade aos sandinistas estavam em toda parte: no cartaz colossal com o rosto de Sandino, o líder que combatera a presença americana no país no início do século 20, ou nas músicas do álbum *Guitarra armada*, dos irmãos Luis Henrique e Carlos Mejía que, tocadas no sistema de som, davam ao movimento pelas Diretas uma sonoridade latina e revolucionária.

Mas, mais do que músicas, o que se ouviria na praça seriam vaias. Foram vaiados o representante da Conclat, Antonio Rogério Magri, futuro ministro do Trabalho de Fernando Collor; o deputado federal Adhemar de Barros Filho, ex-governista recém-chegado ao PDT de Brizola; quem quer que mencionasse o PMDB; a TV Globo, pela identificação com o regime; e até os helicópteros da PF que sobrevoavam o estádio. Montoro acompanhava as notícias de longe, avaliando se deveria aparecer no evento, enquanto assistia a uma corrida de cavalos no Jockey Club. A cada quinze minutos um assessor atualizava a informação, só para dizer que as vaias continuavam. "Tudo o que não era espelho da CUT, PT ou Igreja Católica, parecia feio à plateia do Pacaembu", resumiram Dante e Leonelli.[14] No fim, Montoro acatou o conselho de não ir ao comício. Sem o governador, Lula dominou o palanque, sem precisar dividir o êxito da festa — um êxito limitado pelo fato de, na prática, aquilo ter se transformado em um comício petista.

O único peemedebista a escapar da vaia foi Fernando Henrique Cardoso. Não por eventual simpatia que suscitasse na militância petista, mas porque, ao cair da tarde, lhe coube anunciar a morte de Teotônio Vilela, aos 66 anos, de câncer. Emocionado, o senador pediu um minuto de silêncio e disse: "Todos haverão de lembrar que a campanha pelas eleições diretas ganhou as praças no dia em que Teotônio, que tanto lutou por elas, morreu".[15] A coincidência elevou à categoria de epitáfio um comentário do Menestrel das Alagoas ao seu biógrafo. Ao declarar que um dos heróis que mais admirava era o nobre guerreiro castelhano El Cid, explicou por quê: "Depois de morto amarraram ele no cavalo e, à frente do seu exército, ganhou uma última batalha".[16]

Sob o sol poente daquele domingo primaveril, a música com que Fernando Brant e Milton Nascimento o homenageavam ganhou aura de canção de gesta, como séculos antes um poema épico cantara as glórias do cavaleiro medieval.

Em sua reportagem, Kotscho descreveu as bandeiras vermelhas, a música triunfante, o momento de emoção, o suspense com o vai não vai de Montoro, tudo isso para concluir que "faltou o principal: a grande confraternização suprapartidária".[17] A observação deu o tom do editorial da *Folha* publicado no mesmo dia. O jornal enumerou o que viu como as falhas do evento: "O viés amadorista e por vezes ainda sectário que persiste no discurso do PT, o que dificulta o entendimento com outras forças oposicionistas; o caráter hesitante e reticente do apoio oferecido pelo PMDB ao evento, o que transforma sua adesão em mero respaldo formal e não em compromisso concreto com o trabalho de base; e o silêncio significativo de boa parte da imprensa, em especial setores do rádio e TV, que não se empenharam em dar a cobertura que a importância do ato merecia".[18]

Em texto publicado ao lado do editorial, a filósofa e então colunista Marilena Chaui concordou que o comício ficou aquém das expectativas e, expressando o ponto de vista do PT, fez um contraponto à posição do jornal. Para ela, o fracasso relativo da manifestação se deveu a três fatores: "O desencanto da população com os governos de oposição eleitos diretamente; o risco do caráter meramente formal que as eleições presidenciais podem assumir, não acarretando modificações substanciais na política e na economia; e o fato de que até agora as discussões não haviam ultrapassado o plano oficial e palaciano, exigindo algum tempo para que a sociedade passe da afirmação do desejo de eleições diretas à ação para conduzir o processo com diretrizes próprias".[19]

O engajamento da *Folha* na campanha das Diretas foi um movimento fluido. Não há uma data a partir da qual a decisão editorial tenha sido observada. Ao longo de dezembro, porém, era evidente, para os leitores mais atentos, que o comportamento do jornal estava além do que seria esperado de uma cobertura de grande porte. No dia 13, por exemplo, começou a ser publicado o "Roteiro da Diretas", uma seção diária que visava estimular as pessoas a comparecerem a eventos, comícios, festas, passeatas e manifestações em geral. "Hoje, às 20h30, em São José do Rio Preto, concentração suprapartidária pelas eleições diretas, diante da Câmara Municipal", anunciava a primeira das onze notas inaugurais.[20]

Na mesma semana, a *Folha* traz um editorial no alto da primeira página que cobra em termos duros o compromisso que as oposições assumiram com as Diretas. Intitulado "Chega de letargia", o texto dizia: "Difícil decidir qual o comportamento menos edificante em relação à tese das eleições diretas para a Presidência da República — se o das oposições ou o dos diferentes matizes do oficialismo. Na dúvida, a opinião pública tem todo o direito de voltar sua indignação sobretudo contra os oposicio-

Otavio Frias Filho, de gravata, entre Geraldo Tavares, gerente industrial (à esq.), e Oscar Pilagallo, redator, supervisiona a montagem de uma primeira página da *Folha* em 1985, quando o jornal desfrutava do capital editorial acumulado durante as Diretas

nistas". Perguntava: "Como explicar a letargia vergonhosa na qual afundam as oposições, paralisadas entre as ideias e as vantagens, incapazes de traduzir palavras em atos?". E exclamava: "Tamanha incapacidade de criar fatos políticos que expressem a irreversibilidade das Diretas deve ser apontada como uma verdadeira traição aos respectivos programas partidários e à vontade transparente da opinião pública". Por fim, uma estocada nos governadores: "Amesquinhados pelo prolongado exercício da retórica e agora amolecidos pelas fumaças do poder, os dirigentes oposicionistas estão dedicados a disputar terreno uns com os outros".[21]

Foi mais ou menos por esses dias que, marcando o início de um verão politicamente quente, a *Folha* começaria a tocar o pau na máquina.

Ensaio geral na Boca Maldita

O raiar de 1984 ensejou referências a *1984*, o livro. O cenário político, no entanto, só autorizaria comparações com sinal trocado entre realidade e ficção. Na obra, escrita quase quatro décadas antes, o inglês George Orwell imaginava que naquele ano estaríamos vivendo num mundo distópico, dominado pelo totalitarismo. No Brasil, ao contrário, o autoritarismo ditatorial — primo de segundo grau do sistema totalitário — cedia espaço para investidas rumo à democracia.

O primeiro mês do ano registra uma inflexão da campanha das Diretas. Do lado oposicionista, a partir de uma robusta manifestação em Curitiba, inaugura-se a fase dos megacomícios, como se verá em seguida. Do lado governista, o anúncio de Figueiredo, na noite de Réveillon, de que se afastaria do processo sucessório, encoraja governadores e parlamentares do PDS a tentar influir no jogo, em que muitos, confrontando a orientação do partido, vestiam a camisa das Diretas.

Cristal inteiriço nos tempos em que se chamava Arena, com políticos sempre obedientes às diretrizes do regime, o PDS trincou e ameaçou rachar com o crescimento da campanha. As pressões favoráveis ao voto direto para presidente se acumulavam nos dois sentidos: de cima para baixo, e de baixo para cima. No primeiro caso, partiam do próprio Figueiredo e do vice, Aureliano Chaves, embora os dois não tivessem exatamente a mesma posição sobre o tema. Figueiredo, uma semana antes do comício do Pacaembu, afirmara: "Eu sou pelas Diretas". Mas emendou: "No entanto, acho que no momento não há possibilidade [porque] meu partido não abre mão de eleger o futuro presidente". Apesar da ressalva, a declaração animou a ala do PDS que defendia as eleições diretas. Já a perspectiva de Aureliano era mais consistente. Mesmo sem subir nos palanques, ele defendia as diretas abertamente, do alto do cargo que ocupava e da popularidade de que desfrutava entre formadores de opinião, acreditando que poderia vir a ser um candidato competitivo em qualquer dos dois cenários.

De baixo para cima, as pressões partiam de parlamentares governistas não dispostos a arcar com o ônus eleitoral de ser contra uma iniciativa que contava com o apoio evidente da maioria da sociedade. Eles integravam o grupo Pró-Diretas, do PDS, que, articulado em setembro de 1983, intensificou a mobilização a partir do final do ano. Embora estivessem longe de formar a maioria da bancada, não eram uma força desprezível, com cerca de quarenta deputados federais, entre eles o paulista Herbert Levy, dono da *Gazeta Mercantil*, na qual despontavam lideranças empresariais favoráveis à redemocratização, e o alagoano Albérico Cordeiro, que chegou a apresentar um projeto de lei propondo um plebiscito sobre as diretas, nunca levado adiante. O Pró-Diretas contava também com dez senadores, entre eles Jorge Bornhausen, ex-governador de Santa Catarina.[1] E havia ainda vários governadores pedessistas que endossavam as Diretas, sobretudo no Nordeste, onde meia dúzia deles simpatizava com a campanha.* No Sul, onde a maioria dos governos estava na mão da oposição, Esperidião Amin, de Santa Catarina, era voz isolada, entre os pedessistas, a favor das diretas.

Enquanto os dissidentes governistas faziam penitência, os oposicionistas organizavam o Carnaval.

Por que iniciar a campanha por Curitiba? Não se tratava de escolha óbvia. Outros três estados governados pela oposição — São Paulo, Minas e Rio — tinham mais cacife eleitoral e projeção nacional do que o Paraná para sair na frente. Mas o estado do Sul também exibia suas credenciais. Em primeiro lugar, ocupava o Poder Executivo José Richa, que, além de ser um peemedebista de primeira hora, fora o anfitrião do encontro dos governadores de oposição de Foz do Iguaçu. Em segundo lugar, por sua composição social, Curitiba refletia o comportamento médio do consumidor brasileiro, e por isso era com frequência escolhida para pré-lançamento de produtos, em testes de aceitação. Embora as Diretas Já não fossem um produto, e o curitibano, naquela circunstância, estivesse mais para cidadão do que para consumidor, a lógica se aplicava.

O que selou a definição por Curitiba, no entanto, teria sido sobretudo o pé atrás dos outros governadores. A dúvida é tão criticável — como de fato foi criticada à época — quanto compreensível. Vista em retrospecto, a campanha das Diretas foi um sucesso estrondoso, mas na virada para 1984 era mais uma aposta, com algum risco embutido, do que um bilhete premiado. Se a imensa adesão popular podia ser um sonho, ainda não tinha

---

* São eles: Roberto Magalhães (PE), Luiz Rocha (MA), Hugo Napoleão (PI), Gonzaga da Mota (CE), Agripino Maia (RN) e Divaldo Suruagy (AL). Domingos Leonelli e Dante de Oliveira, op. cit., p. 286.

se tornado realidade. E o Brasil, embora não parecesse uma ditadura — devido às eleições recentes e à aparente liberdade de imprensa —, continuava governado por militares, entre os quais havia uma ala descontente com os rumos da redemocratização. Não estava escrito na pedra, portanto, que sobressaltos pudessem ser descartados.

Ponderando sobre esse cenário, outros governadores, mais cautelosos do que magnânimos, abriram mão da precedência. E foi assim que, certo dia, Ulysses Guimarães, presidente do PMDB, pegou o telefone, ligou para o Palácio Iguaçu, sede do governo do Paraná, e foi direto ao ponto: "Richa, ninguém quer ser o primeiro. Você não topa fazer aí?". Ele topou.[2]

Aos cinquenta anos incompletos naquele início de 1984, José Richa era o caçula dos três principais governadores peemedebistas. Embora houvesse entre eles diferença de uma geração (em comparação a Tancredo) ou quase isso (em relação a Montoro), a discrepância etária não se fazia notar nas trajetórias, que convergiram em 1965 para o MDB, legenda que ajudaram a fundar e na qual atravessaram as duas décadas de ditadura. Como Montoro, Richa dá os primeiros passos na política associado ao Partido Democrata Cristão. Nascido no Rio, muda-se com a família para o Paraná, onde se forma em odontologia antes de se eleger deputado federal em 1962. Reelege-se em 1966, torna-se prefeito de Londrina em 1972, e chega ao Senado em 1978. Como governador, vinha se dedicando desde a posse, em 1983, a projetos de natureza social, quando aquele que se consagraria como o Senhor Diretas lhe telefonou.

O comício de 12 de janeiro começa na véspera com uma passeata pelo centro da cidade, com participação do prefeito, Maurício Fruet, que, como todos os prefeitos das capitais, havia sido indicado pelo governador. O clima político é *mezzo* oposição (contra o governo federal), *mezzo* situação (a favor dos governos estadual e municipal), uma combinação que se repetiria nos megaeventos nos três meses seguintes. Nos dias anteriores, mais de cinquenta entidades de classe haviam apoiado publicamente o ato, convocando seus associados a sair às ruas. A população do interior e do litoral é avisada do comício por meio de folhetos lançados de avião. Milhares atendem ao chamado. Curitiba fervilha de gente com a chegada de cem ônibus levando delegações de cidades espalhadas pelo estado. No dia seguinte, mais ônibus despejariam na capital moradores de municípios da área metropolitana. Faixas indicam a origem dos grupos: "Pitanga exige diretas", "Cambé vai votar para presidente", "Umuarama quer eleições diretas" etc.[3]

Richa não economizou nos preparativos do primeiro comício das Diretas com repercussão nacional. O diretório regional do PMDB mandou confeccionar dezenas de milhares de cartazes e camisetas amarelas com a inscrição "Eu quero votar pra presidente". Montou-se um palco-palanque de onde 8 mil watts de som saíam para cerca de sessenta caixas acústicas. A estrutura precisava ser adequada para o uso polivalente que teria, com discursos políticos, números musicais e até uma apresentação da escola de samba Mocidade Azul, campeã recente do Carnaval de Curitiba.

O epicentro do agito cívico é a área histórica apelidada de Boca Maldita. Lá, nos cafés do calçadão da avenida Luiz Xavier, reuniam-se membros da confraria Os Cavaleiros da Boca Maldita para comentar o resultado do futebol, abordar mundanidades, folhear jornais, refletir indignações populares e discutir política. Entre seus integrantes, havia advogados, jornalistas, intelectuais, delegados, artistas, funcionários públicos, aposentados e quem mais tivesse tempo livre para jogar conversa fora. A confraria se situava naquela divisa nebulosa entre a tribuna livre e a sociedade fechada, em que "senhores de idade praticam a grande arte da maledicência".[4] Reduto masculino, a Boca Maldita atraía também tipos que circulavam no submundo curitibano, como o jornalista que inspirou Dalton Trevisan a compor um de seus mais conhecidos personagens, o Nelsinho, do conto *O vampiro de Curitiba*, que vagueia pela cidade atrás de vítimas sexuais.[5]

De qualquer maneira, a história oficial da Boca Maldita prefere enfatizar seu papel na redemocratização do país. Surgida em meados dos anos 1950, a confraria ganhou estatuto na década seguinte, quando, sob a ditadura, abrigou manifestações populares, estabelecendo uma tradição de luta democrática. Quase quarenta anos depois, uma placa comemorativa celebra o local como um dos "caminhos da resistência". "Nada vejo, nada ouço, nada falo", é o seu lema.

Naquela tarde ensolarada de quinta-feira de janeiro de 1984, porém, uma multidão calculada em 50 mil pessoas tudo viu, ouviu e falou. Ao cair da noite, começaram a falar os políticos. Ulysses: "Vamos tomar essa Bastilha nojenta e repugnante que é o Colégio Eleitoral". Richa: "O PDS está prestando um desserviço ao Brasil ao defender a legitimidade do Colégio Eleitoral". Montoro, se dirigindo a Richa: "Depois de hoje, você aumentou nossa responsabilidade". Falou o radialista Osmar Santos, que estreava na função de apresentador oficial das Diretas: "Começa aqui a grande arrancada do país". Falou também um argentino que ninguém conhecia, Juan Carlos Quintana, que seria, supostamente, representante do recém-empossado presidente Raul Alfonsín: "Escolhemos a democracia como forma de vida, e a democracia se produz com eleições diretas". Subiram ao palanque Tancredo Neves e representantes do PT e do PDT, embora Lula e Brizola tenham se ausentado. Quanto à população, falou depositando votos simbólicos numa imensa urna instalada na praça.

Em Curitiba, pela primeira vez, tudo parecia muito uniformizado e feito com alto grau de profissionalismo para ser resultado apenas da espontaneidade da população. Não havia dúvida de que o sentimento popular com relação às diretas era genuíno. A demanda por votar no presidente correspondia efetivamente ao desejo da grande maioria, como aferido em várias pesquisas. Mas o slogan simples e eficiente, a identidade e a padronização visual do material da campanha, a sofisticação do acabamento gráfico, a concepção e a produção de filmetes de estímulo ao engajamento, tudo isso apontava para a mão invisível da publicidade. Era a mão da Exclam.

Escolhida devido às suas conexões com o PMDB estadual, a Exclam crescera rapidamente nas quase duas décadas anteriores, passando de departamento de comunicação de uma empresa, a Prosdócimo, à posição de maior agência paranaense na época.[6] Seus donos tinham ligações com a oposição. Ernani Buchmann, diretor de criação, fazia campanhas para o MDB, e depois PMDB, desde as eleições de 1976. Antonio Freitas, diretor de operações, havia sido assessor de Affonso Camargo, que percorrera um caminho tortuoso até chegar ao partido. Como Richa e Montoro, Camargo começa a carreira no PDC, tendo optado pelo MDB com a instituição do bipartidarismo em 1965. Na década seguinte, porém, as circunstâncias da política estadual o levam a mudar de lado. Ele ocupa cargos no primeiro escalão do Paraná e, em 1978, é agraciado com um mandato de senador biônico pela Arena. Com o fim do bipartidarismo, Camargo vai para o Partido Popular de Tancredo, que acabaria se fundindo com o PMDB.

O elo entre a oposição e a Exclam se estreitou em 1982, quando a agência foi contratada para fazer a campanha de vinte candidatos, inclusive a de Richa. O convite de Camargo, então secretário-geral do PMDB, para que a Exclam assumisse a estratégia de comunicação do comício da Boca Maldita foi um desdobramento natural dessa aproximação gradativa. Uma dupla de criação — o redator Sérgio Mercer e o diretor de arte Bira Menezes — se debruçou sobre a prancheta. De lá saiu o slogan "Eu quero votar pra presidente", cuja informalidade é sublinhada tanto pela contração da preposição como pela letra cursiva da logomarca desenhada numa cédula estilizada. No início de janeiro, Camargo e os donos da Exclam pegaram um avião e se dirigiram a São Paulo, onde mostraram as lâminas com os layouts a Ulysses. Nascia ali a campanha nacional das Diretas, um *case* de sucesso de propaganda política que mais tarde contaria com a colaboração de outras quatro agências: Denison, CBP, DPZ e Adag.

Para animar o comício de Curitiba, a Exclam encomendou o que deveria ser o hino das Diretas. Já havia algumas canções candidatas ao posto, entre elas "Menestrel das Alagoas", "Coração de estudante", "Apesar de você" e "Inútil". Mas se tratava de músicas

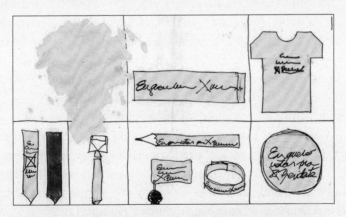

Esboços do material de campanha criado pela agência Exclam a pedido do PMDB; alguns itens icônicos, como a camiseta amarela com a inscrição "Eu quero votar pra presidente", saíram das pranchetas dos publicitários

que, embora se adaptassem bem à celebração cívica da campanha, haviam sido compostas em outras circunstâncias e não faziam referência explícita à eleição direta. Os publicitários queriam uma música com a empolgação carnavalesca e a força persuasiva de um jingle, enfatizando a única mensagem que interessava. A tarefa coube a Paulo Leminski e Moraes Moreira, que, com pouco mais de 35 anos, nunca tinham votado para presidente.

O curitibano Leminski havia despontado como expoente da nova geração de escritores. Oscilando entre a poesia marginal e a vanguarda, acabara de publicar *Caprichos & relaxos* pela badalada coleção Cantadas Literárias, da editora Brasiliense, obra que consolidara, entre os jovens, o prestígio obtido nos anos 1970 com *Catatau*, de prosa experimental. Também estabelecera vínculo com a música popular em várias parcerias de sucesso, inclusive uma até então recente, com Caetano Veloso, em "Verdura", do disco *Outras palavras*. Mas era o seu compadre Moraes Moreira que, com agenda de shows lotada e aparecendo com frequência em programas de TV, era a face mais popular da dupla. Nos anos 1970 integrara os Novos Baianos, que, misturando gêneros — do samba à bossa nova, do choro ao frevo, passando pelo ijexá —, legou boa parte da melhor trilha sonora da época, como "Preta pretinha" e "Acabou chorare". Mais tarde, em carreira solo, lançaria "Pombo-correio" e "Bloco do prazer", entre outros clássicos do cancioneiro contemporâneo.

Morando em cidades distantes uma da outra, Leminski, em Curitiba, e Moraes, no Rio, e tendo que lidar com variadas demandas, os dois tiveram que compor o tal hino em vários telefonemas.[7] Criadores tarimbados, ambos tinham experiência em produzir peças destinadas a enaltecer produtos e eventos. Leminski ainda trabalhava como redator publicitário. Quanto a Moreira, havia feito uma música, "Sangue, swing e cintura", para saudar o futebol-arte da seleção de 1982, em que homenageia, entre outros, um

O poeta Paulo Leminski, autor da letra do "Frevo das Diretas", composição de Moraes Moreira que deveria ter sido apresentada no comício da Boca Maldita, em Curitiba. Devido à lentidão da censura em liberar a música, a estreia só ocorreria no comício da Sé, em São Paulo

protagonista das Diretas: "Calcanhar de Sócrates/ gogó de cantor/ Só craque, só craque, só craque/ Só craque e doutor".

Apesar do prazo apertado e das condições precárias, a música "Quero votar pra presidente" ficou pronta a tempo para o comício. Embora conhecida como "Frevo das Diretas", está mais para uma marchinha contagiante. Mas o que interessava é que resumia no refrão o recado da campanha: "Em matéria de diretas/ todo mundo diz presente".* A estreia, no entanto, não

---

* Há duas versões da letra. A primeira, que seria apresentada em Curitiba, só ficou conhecida por ter sido impressa em folhetos distribuídos à população: "Em matéria de diretas/ agora sim este povo/ vai pra frente/ eu quero votar pra presidente/ eu quero gente/ o povo na rua/ o voto na urna/ tudo vai ser diferente/ em matéria de diretas/ todo mundo diz presente". A letra da segunda versão, cantada no comício em São Paulo, é a seguinte: "Se a meta é a democracia/ se a democracia é a meta/ eleição é direta/ eleição é direta/ eleição é direta// É o eleitorado novo/ e o povo já canta o que sente/ eu quero votar/ eu quero votar/ pra presidente// No próximo pleito eu quero/ o direito de participar/ de ser cidadão/ livre e feliz/ que tem opinião/ desde menino/ sobre o destino/ do seu país". Ver a harmonia no Apêndice 3.

aconteceu. "A música não foi cantada porque a censura federal está em recesso e nós, brasileiros, ainda temos que esperar por ela", disse Leminski. Sem saber se seria liberada para o comício em São Paulo, dali a duas semanas, os organizadores decidiram que, se não passasse pela censura, a música seria executada de qualquer maneira, como obra instrumental, sem a letra, e anunciada como "Frevo do silêncio". Mas não foi preciso, como se verá no próximo capítulo.

Não foi só o governo federal que trabalhou contra o êxito do comício da Boca Maldita. A TV Globo se mostrou afinada com a orientação, ou a pressão, vinda de Brasília.

Antes do evento, a emissora se recusou a veicular quinze inserções comerciais convocando o povo às ruas, como relatou o deputado peemedebista Hélio Duque,[8] que conhecia bem o setor, já que recentemente tentara passar uma emenda constitucional que daria ao Congresso o direito de ser ouvido sobre as concessões de televisão e rádio. Os anúncios pagos, produzidos a pedido do PMDB, acabaram sendo mostrados pela TV Iguaçu, do ex-governador Paulo Pimentel, uma das primeiras afiliadas do Sistema Brasileiro de Televisão (SBT), de Silvio Santos.

Depois do evento, a Globo o ignorou solenemente em seu principal noticiário. A *Folha*, cuja campanha a favor das Diretas incluía a pressão sobre outros veículos, não deixou passar em branco a decisão editorial da emissora. Numa notinha na coluna Painel do dia seguinte, cutucou: "Para os telespectadores da Rede Globo, que assistiram ao *Jornal Nacional*, às 20 horas, foi reservada grande surpresa: o grande comício de 50 mil pessoas em Curitiba, pró-eleições diretas, não existiu. Nenhuma palavra a respeito. Foi o não comício".[9]

Na página ao lado, reservada à opinião, Galeno de Freitas vai mais fundo e aproxima o caso ao universo de Orwell. "Estamos em 1984. E este tipo de manipulação primária do *big brother* apenas expressa o desejo autoritário dos detentores do poder em apagar um fato da memória nacional pela simples ausência de notícia", escreve o colunista. Ao denunciar "esse tipo de truque ou de fraude", conclui que seus defensores "caem no cabalístico raciocínio de *1984*: um fato não noticiado pela tevê é um fato inexistente".[10]

O governo recorreu ao mesmo truque ou fraude. "Que comício? Ninguém sabe onde é", reagiu o porta-voz do Palácio do Planalto, Carlos Átila, ao ser perguntado sobre a manifestação de Curitiba. Não, ele não tinha se informado sobre o comício pelo noticiário da Globo. Estava apenas sendo irônico. Na sequência, referindo-se ao evento, tentou ser didático: "Isso é como dança de índio para fazer chover. Pode acontecer e pode não acontecer". Ou seja, para ele, a mobilização dos partidos de oposição não seria o meio hábil para se chegar às eleições diretas. "Hábil é promover a reforma constitucional através do Congresso."[11] Manifestações de rua "só servem para tumultuar o processo sucessório", dissera um dia antes.

O PDS, em nome de quem Átila falava, podia estar isolado, mas, naquela altura, ainda não estava totalmente sozinho. O PTB lhe fazia companhia. A Comissão Executiva Regional do partido criticou o "sentido demagógico" da campanha. Declarou que o verdadeiro objetivo do PMDB seria "ludibriar a boa fé e explorar, em proveito exclusivo, o sentimento de patriotismo do nosso povo". E questionou: "Como acreditar na sinceridade do PMDB se estão entre os principais promotores da campanha no Paraná o senador biônico Affonso Camargo e o prefeito biônico de Curitiba, Maurício Fruet?".[12] A pergunta parece pertinente porque os dados biográficos correspondem à realidade.

Mas o raciocínio embaralha períodos distintos e desconsidera contextos históricos para justificar uma posição difícil de sustentar para um partido que se queria na oposição.

A acusação de demagogia voltaria à tona num ou noutro momento nos três meses seguintes, sempre na boca dos defensores do Colégio Eleitoral, mas não impediria o movimento de continuar irradiando uma onda de esperança, porque, embora o jogo político prometesse ser muito difícil, quase impossível de vencer, ainda não estava jogado. Na realidade, estava apenas começando. Ao chegar de volta à redação da *Folha*, vindo da Boca Maldita, o repórter Carlos Brickmann avisou a chefia e os colegas: "Preparem-se porque a coisa pegou".[13]

Parabéns, Sampa!

"Não rias de mim, Argentina."[1] A bem-humorada faixa estendida no megacomício da Sé, em São Paulo, meio perdida entre bandeiras vermelhas e cartazes repetindo variações do slogan oficial das Diretas, chamava atenção por lembrar que a comparação entre o Brasil e o país vizinho consistia na maior fonte de preocupação de setores do governo com relação aos rumos da campanha.

O estandarte da Banda do Pirandello parafraseava, claro, "Don't Cry for Me, Argentina", a canção mais conhecida de *Evita*, sucesso da Broadway desde o final dos anos 1970 e que acabara de ganhar uma versão brasileira.* O musical de Andrew Lloyd Webber retrata a carismática esposa de Juan Perón, líder populista tão execrado pelos conservadores de lá quanto seu contemporâneo Getúlio Vargas pela direita liberal por aqui. Idolatrada na Argentina, a atriz de origem humilde se destacara na defesa dos direitos dos trabalhadores e das mulheres, reforçando o apelo do peronismo, dramatizado por sua morte precoce havia três décadas em decorrência de um câncer. No

---

* "Não chores por mim, Argentina" foi gravada por Claudya em 1983.

Em megacomício das Diretas, uma faixa do PMDB, com uma ideia original da Banda do Pirandello, insinua que a Argentina resolveu com mais assertividade a transição da ditadura militar para a democracia

título da música melancólica, há a intenção dela de confortar o povo argentino. Na frase do cartaz brejeiro, há a sugestão de confrontar o governo brasileiro.

A situação na Argentina já estava no radar dos militares brasileiros desde que, após a derrota na Guerra das Malvinas, a sociedade passou a cobrar que os governantes fossem responsabilizados pelos crimes cometidos durante a ditadura. Mas a temperatura política subiu alguns graus na véspera da manifestação na praça da Sé. No dia 24 de janeiro, o *Estadão* informava que tinha começado, no Superior Tribunal Militar argentino, o julgamento dos integrantes de três governos desde o golpe de 1976 no país. Os alvos eram todos da cúpula. Entre os acusados de prisões em massa, tortura e assassinatos, estavam os generais e ex-presidentes Jorge Videla, Roberto Viola e Leopoldo Galtieri. Outro militar que comandou o país, Reynaldo Bignone, se encontrava preso havia duas semanas. O jornal ainda noticiava que o Conselho Superior das Forças Armadas havia anunciado, em edital, que qualquer pessoa poderia denunciar "perante o Ministério da Defesa e organismos militares violações contra os direitos humanos cometidas pelas forças governamentais".[2]

Nada disso era novidade. Um mês antes, logo após tomar posse, marcando a transição para a democracia, Raul Alfonsín havia enviado ao Congresso projeto de lei que revogava a autoanistia dos militares, abrindo caminho para as investigações. Mas agora, coincidindo com o início dos megacomícios das Diretas, o primeiro presidente eleito na Argentina após a ditadura começava a cumprir a promessa de campanha. O fantasma do revanchismo assustava ainda mais os militares brasileiros.

Dos líderes da campanha das Diretas, Brizola era visto como o mais propenso a explorar o exemplo argentino. Ao contrário de Ulysses, Tancredo e Montoro, ele tinha um histórico de radicalismo de esquerda e havia amargado longo exílio. Ciente da imagem que ainda projetava em setores militares — embora desde a volta ao Brasil tivesse adotado um discurso conciliador —, Brizola tentou tranquilizar os quartéis. "É improcedente temer as eleições diretas por causa de um suposto revanchismo", disse dias antes da manifestação da Sé. "O povo não está interessado em absorver sequelas do passado."[3]

Quem aparentemente estava interessado em manter o tema em pauta era a própria ala dura dos militares, que desde o início do projeto de distensão, dez anos antes, procurava minar avanços nessa direção. A insubordinação do ministro Frota, ao tentar se impor como sucessor de Geisel em 1977, e o episódio do Riocentro em 1981, quando a direita quis culpar a esquerda pelo atentado fracassado, são exemplos do método. No comício da Boca Maldita, a fórmula teria se repetido com a estranha presença no palanque de um argentino que, anunciado como parlamentar e representante de Alfonsín, era um desconhecido dos brasileiros. O ministro da Justiça, Ibrahim Abi-Ackel, reagiu com veemência. Classificou de insensatez a iniciativa do PMDB de convidá-lo. O *Estadão*, naquela altura mais focado em seguir o roteiro oficial da redemocratização, identificou em seu discurso "um nítido sentido provocativo" e lembrou que o argentino havia descumprido a Lei dos Estrangeiros, "que proíbe terminantemente a ação política por parte deles em nosso território".[4] Nos dias seguintes, a imprensa noticiou que o governo argentino não sabia de quem se tratava. Sem desdobramentos, o assunto morreu. Mas quem seria o misterioso parlamentar? "Ao que tudo indica, fora infiltrado pelo SNI para justamente associar o movimento das Diretas com a situação política da Argentina", escreve o jornalista Paulo Markun.[5]

De qualquer modo, é verdade que a Argentina tenha cruzado o caminho das Diretas, ainda que de maneira oblíqua. Esse encontro começa em 10 de dezembro de 1983, na posse de Alfonsín, à qual Montoro comparece com outros integrantes do PMDB. Em Buenos Aires, pelo menos 1 milhão de pessoas entusiasmadas saem às ruas em festa democrática. No hotel em que está hospedado, o Alvear, Montoro assiste à cena pela TV ao som da música-tema de *Evita*, de acordo com a lembrança de Mauro Motoryn, publicitário do partido. O governador está com os olhos marejados quando o jornalista Clóvis Rossi, que fazia a cobertura do evento para a *Folha*, provoca: "Por que não faz essa mobilização em São Paulo para as Diretas?".

O comício da Sé é planejado com a antecedência requerida pelos grandes eventos. No início de janeiro, uma semana antes do ato público em Curitiba, um comitê executivo com representantes de partidos e de dezenas de entidades da sociedade civil se reúne para viabilizar aquele que seria o primeiro comício-monstro — expressão cunhada pela imprensa na época para se referir às manifestações com mais de 100 mil pessoas. O amadorismo é deixado para trás. Por vocação política e necessidade logística, o comitê é regido pela pluralidade. Por meio de seus órgãos de classe, têm direito a voz profissionais liberais, artistas, estudantes, sindicalistas e religiosos, além dos parlamentares de oposição ao governo federal.

Pelo Poder Executivo paulista, entra em campo Jorge da Cunha Lima, secretário das Comunicações de Montoro. Como o governador, Cunha Lima é egresso do movimento católico progressista. Quando estudante de direito na USP, nos anos 1950, o jovem da alta classe média paulistana, herdeiro de uma empresa de construção civil, militava na Juventude Universitária Católica (JUC). Mais tarde, transitou entre a publicidade, a poesia e o jornalismo. Foi colunista e diretor do *Última Hora* paulista, jornal de Samuel Wainer empastelado no golpe de 1964, e nos anos 1970 dirigiu a revista *Senhor Vogue*.[6] Nessa trajetória, tornou-se conhecido no meio artístico e intelectual, um ativo pessoal que o ajudaria a coordenar o comício da Sé pelo PMDB.

O meticuloso planejamento teve a marca dos superlativos. Encomendaram-se 1 milhão de cartazes e 5 milhões de panfletos. Milhares de camisetas amarelas foram confeccionadas para serem vendidas, o dinheiro da venda seria revertido para a campanha. Seiscentos outdoors estavam espalhados pela cidade. Rádios e TVs veiculavam anúncios pagos convocando a população a comparecer à praça. Para facilitar o acesso ao local, o governo divulgou que no dia do comício as catracas do metrô estariam abertas. Veio muita gente de fora também: o secretário do Interior, Chopin Tavares de Lima, convocou pessoalmente os prefeitos.[7]

Tudo isso, claro, representava um alto custo para os cofres públicos do estado, com o agravante de que a longa e profunda crise econômica já havia limitado a capacidade do poder público de manter serviços e investir. Carlos Átila, porta-voz do Planalto, identificou aí um flanco vulnerável da oposição e veio a público para dizer que Montoro havia colocado a máquina da administração a serviço do partido, crítica encampada pelo *Estadão*.[8] Dante de Oliveira e Domingos Leonelli, no entanto, contra-argumentaram de modo convincente: "A força moral e política da reivindicação contida na campanha das Diretas cobria de legitimidade a evidente utilização de recursos que, direta ou indiretamente, eram provenientes do poder público".[9]

A importância decisiva do empenho dos governos estaduais na realização dos comícios a favor das diretas não pode ser superestimada. Nos estados governados pela oposição, os eventos foram em geral mais bem organizados e muito maiores. Três comícios anteriores ao da praça da Sé haviam demonstrado a diferença de mobilização nas grandes capitais. Depois do êxito da manifestação em Curitiba, os atos de Porto Alegre e Salvador foram relativamente acanhados. No Rio Grande do Sul, governado pelo pedessista Jair Soares, que havia sido ministro de Figueiredo, apenas 5 mil pessoas saíram às ruas da capital na passeata de 13 de janeiro, apesar da presença de Ulysses e Tancredo e da popular dupla Kleiton e Kledir, parceiros musicais do deputado peemedebista José Fogaça, coordenador da campanha no estado. Na Bahia, governada pelo também pedessista João Durval, sucessor de Antônio Carlos Magalhães, de quem fora secretário, cerca de 15 mil pessoas compareceram ao comício no dia 20 — menos de um terço do público da Boca Maldita.

O PMDB, no entanto, era apenas um dos vetores da mobilização. O PT, que fora sectário no Pacaembu e tivera envolvimento discreto em Curitiba, entrou de cabeça no esforço suprapartidário, delegando a José Dirceu, secretário do partido no estado, a responsabilidade de trabalhar em conjunto com Cunha Lima e os demais atores da cena política. Foram muitos os que colaboraram. O cardeal dom Paulo Evaristo Arns, com sólido histórico de luta pela democracia, pediu às paróquias que cancelassem os serviços no horário da manifestação. Os chefes das torcidas organizadas de Corinthians, Santos, São Paulo e Palmeiras convocaram seus milhares de membros. Os dirigentes da União Estadual dos Estudantes de São Paulo incumbiram universitários de distribuir material de propaganda.

A praça está cheia já de manhã, horas antes do início previsto do comício daquela quarta-feira, 25 de janeiro, aniversário da cidade. A partir do meio-dia, dezenas de milhares de pessoas começam a desembarcar na estação da Sé, o principal entron-

Jorge da Cunha Lima, do PMDB, à esquerda,
e o petista José Dirceu, que juntos organizaram
o primeiro megacomício das Diretas, o da
praça da Sé, em janeiro de 1984

camento das linhas do metrô paulistano. Mais de 200 mil pessoas teriam passado pelas catracas em pleno feriado — o dobro de um dia normal. A massa compacta do lado de fora dificulta a saída dos passageiros. A afluência supera a mais otimista expectativa. O sistema de som, por exemplo, não alcança a maioria dos que não conseguem se aproximar do palanque. O futuro biógrafo Ruy Castro, que fazia a cobertura para a *Folha* a 150 metros do palco, comentou que era como se falassem javanês — ninguém entendia nada.[10] O jornal crava em manchete a presença de 300 mil pessoas. O número, provavelmente, está superestimado.* O jornal ainda não usava métodos científicos para aferir aglomerações, o que só começaria a ser feito no ano seguinte, quando o departamento de pesquisa de opinião daria origem ao Instituto Datafolha. De qualquer maneira, as imagens mostram a praça e as ruas adjacentes apinhadas. A multidão não se dispersa nem com a forte chuvarada de verão, um estímulo inequívoco para o prosseguimento da campanha.

Osmar Santos, que estreara na função de apresentador oficial na Boca Maldita, comanda a festa, consolidando-se na posição. "Diretas quando?", pergunta à multidão. "Já!", ouve em resposta. Com essa dinâmica, inúmeras vezes, contribui para fixar o nome da campanha no imaginário popular. Aos 35 anos, estava no auge da carreira iniciada na adolescência. Líder de audiência, o locutor esportivo da Globo esbanjava um talento natural em comunicação com as massas. Mesmo quem não acompanhava futebol, conhecia seus bordões — "Por que pa-

---

* Há consenso, a que se chegou após a campanha, de que as estimativas de todos os comícios foram infladas, uma vez que a imprensa, sem meios de fazer sua própria medição e predisposta a apoiar o movimento, tendeu a endossar o cálculo dos organizadores, aplicando eventualmente algum desconto. Neste trabalho, de qualquer maneira, são usados os números divulgados na época, já que seria inócuo, se não impossível, refazer os cálculos a partir de fotos. Para efeitos da narrativa aqui proposta, esta ressalva deverá ser suficiente.

A partir da esquerda, Richa, Ulysses, Brizola, Lula e Montoro. Ao microfone, o locutor Osmar Santos, que empolgava a multidão com bordões futebolísticos aplicados à política

rou? Parou por quê?", "Ripa na chulipa e pimba na gorduchinha" — distribuídos ao longo das transmissões. No palanque, estabelecia uma lógica tão heterodoxa quanto eficiente ao inventar conexões entre futebol e política. "Ser contra a eleição direta para a Presidência é como ser contra a seleção brasileira de futebol."[11] Osmar Santos tinha proximidade com a oposição. Em 1982, havia participado da campanha de Montoro para governador, quando animou um jantar para 2 mil pessoas no clube Pinheiros, para arrecadação de fundos.[12] Mas nas Diretas Já garantiu o clima suprapartidário.

O comício abre com música. Moraes Moreira pega o violão e faz o aguardado "Frevo das Diretas", com nova letra de Leminski, diferente da que havia circulado impressa em panfletos em Curitiba, quando a marchinha não foi apresentada por problema com a censura. "Se a meta é a democracia/ se a democracia é a meta/ eleição é direta/ eleição é direta." Não é show, é ato político. Com potencial para hino das Diretas, a música só não emplacaria nacionalmente por não ter sido gravada em

Chico Buarque cantando "Apesar de você" sem acompanhamento musical durante o comício da Sé. Composta anos antes, a música se tornaria um dos hinos das Diretas

disco, devido à falta de acordo financeiro entre Moraes Moreira e o PMDB, como contam os publicitários da Exclam.[13]

Ao longo da tarde, os artistas se revezam em aparições breves, alguns cantando sem acompanhamento, como Chico Buarque, que cede aos pedidos do público e entoa "Apesar de você". Mais tarde, Jards Macalé pega o microfone e canta o Hino Nacional. No palanque, atores (como Fernanda Montenegro, Sônia Braga, Raul Cortez, Bruna Lombardi, Christiane Torloni) e compositores (Gilberto Gil, Milton Nascimento, Alceu Valença, Walter Franco, entre outros) emprestam a imagem pública à causa democrática. Fafá de Belém canta "Menestrel das Alagoas" e solta uma pomba branca, gesto que repetiria em outros megacomícios.

A história de Fafá com as Diretas tem origem na gravação da música em homenagem a Teotônio Vilela, em meados de 1983. Duas semanas antes do comício da Sé, ela fez um show de lançamento do disco em Olinda, Pernambuco. Na realidade, foi um showmício — uma manifestação pelas diretas, com aparência de show, artifício proposto por Fafá para que o evento fosse divulgado pela Globo local, uma vez que o LP tinha o selo da Som Livre, gravadora que produz e comercializa trilhas sonoras de programas da emissora. O cunho político estava evidente pela presença de bandeiras exigindo eleições e pelo fato de o evento ser realizado "sob as bênçãos de dom Hélder Câmara", como lembraria Fafá em artigo na *Folha* por ocasião dos trinta anos das Diretas. O arcebispo fora um intransigente defensor dos direitos humanos durante a ditadura.

Fafá não esteve na Boca Maldita. "O comando da campanha, que era do PMDB paulista, não me convidou", contou. "Na Sé o mesmo comando cortou meu nome, alegando que eu não fazia parte de nenhum grupo historicamente ligado a lutas

Depois de cantar "Menestrel das Alagoas", Fafá de Belém, ao lado de Lula e de Montoro, solta uma pomba branca, gesto sugerido por Henfil que ela repetiria em quase todos os comícios

democráticas." A cantora que se tornaria "musa das Diretas", como se dizia, acabou subindo ao palanque por insistência de Lula, "um querido amigo, que fazia algumas reuniões em meu apartamento, quando a sede do PT não era segura o suficiente para certos encontros políticos". Os dois seguiram juntos para a praça. "Em minha mão, a caixa com a pomba branca que voaria naquele dia levando a mensagem de esperança e construção de um novo país. Tudo ideia do genial Henfil."[14]

Quanto aos políticos, foram tão contundentes quanto breves. Três minutos para cada um. Entre os cinco governadores presentes, Richa e Brizola. Entre caciques de todos os partidos de oposição, o prefeito de São Paulo, Mário Covas, o senador peemedebista Fernando Henrique Cardoso e Rogê Ferreira, presidente do PDT em São Paulo, além de Lula, o mais ovacionado, que contribuiu decisivamente para garantir o caráter suprapartidário da festa cívica. Pressentindo a disposição da militância de vaiar o governador paulista, fez um apelo à unidade: "Se alguém tiver que ser vaiado, que seja eu".[15] Montoro discursou na sequência, sob o aplauso disciplinado dos petistas, o que ajudou a selar a natureza de frente ampla da campanha.

A cobertura jornalística do megacomício da Sé abriu um fosso entre os veículos de imprensa. De um lado, os reticentes; de outro, os entusiastas. Perceptível desde o tratamento dado aos dois comícios anteriores — o do Pacaembu e o de Curitiba —, o dissenso ganhou relevo devido à magnitude incontornável da manifestação. Tentar ignorá-la seria menos uma decisão editorial equivocada do que um alinhamento com o interesse governista.

O *Jornal Nacional*, da TV Globo, foi o alvo preferencial das críticas. Pela primeira vez, a emissora fez imagens de um comício. Mas o noticiário daquela noite informou na escalada —

os destaques do dia — que o evento da praça da Sé tinha sido um show musical por ocasião do aniversário da cidade. Não houve menção à natureza política do comício no jornal televisivo de maior audiência do país. Quanto à reportagem exibida na sequência, de pouco mais de dois minutos, só mencionava brevemente a reivindicação por eleição direta. A opção era circunscrever a pauta nos programas de alcance local. "Achamos que os comícios pró-Diretas poderiam representar um fator de inquietação nacional e, por isso, realizamos num primeiro momento apenas reportagens regionais", admitiria mais tarde Roberto Marinho, dono da Globo.[16] A decisão de abordar a campanha no principal jornal da emissora naquele dia, ainda que de maneira limitada, teria resultado de uma conversa entre Ulysses e Marinho durante um jantar na véspera do comício.[17]

Um livro produzido pela Globo e publicado vinte anos após as Diretas contesta as acusações ao *Jornal Nacional*, atribuindo-as apenas aos organizadores do evento, sem fazer menção à disseminação da palavra de ordem recorrente nas praças: "O povo não é bobo, abaixo a Rede Globo". A obra, de qualquer maneira, revela como funcionavam as relações entre a empresa e o governo: "A emissora vinha sendo pressionada pelos militares a simplesmente não cobrir os eventos". O então diretor dos telejornais da rede, Woile Guimarães, conta que "ministros e generais ligavam para Roberto Marinho, ameaçando até mesmo retirar a concessão para o funcionamento da emissora". E avalia: "Acho que foi a maior pressão que a Rede Globo já sofreu". A pressão se limitava ao jornalismo. Um contraponto nem sempre enfatizado pelos críticos é que artistas contratados e profissionais de outros setores — como o próprio Osmar Santos — nunca sofreram nenhum tipo de constrangimento ou restrição por parte da Globo por se engajarem no movimento.

Outras TVs, como a Cultura e a Bandeirantes, atuaram com mais desenvoltura. A Cultura fez cobertura ao vivo, mas não serve de exemplo, uma vez que, por mais que preze a independência editorial, está atrelada aos interesses do governo do estado de São Paulo. Já a Bandeirantes, por decisão de João Saad, dono da emissora, transmitiu ao vivo, a partir das dezenove horas, as imagens do comício no jornal de âmbito nacional. De acordo com o relato de José Augusto Ribeiro, chefe de redação, seu João, como era chamado, reuniu a cúpula do jornalismo e disse: "Olha, nós temos que pôr essas imagens no ar [...] sejam quais forem as consequências". Pois as consequências não tardaram. Na época, Saad tinha obtido todos os pareceres favoráveis para a Bandeirantes ter uma emissora em Brasília e estava só aguardando a assinatura de Figueiredo. O presidente, no entanto, chamou-o em seu gabinete e, fiel a seu estilo, disse: "Olhe, João, isso aqui é o decreto da tua televisão em Brasília. Olhe o que eu vou fazer com ela". E rasgou o documento.[18]

Dos jornais de São Paulo, o *Estadão* deu uma manchete discreta, em duas das seis colunas, abaixo da qual destacou uma declaração de Tancredo: "A radicalização já está nas ruas". Segundo o governador — que não apareceu no comício, pois recepcionava Figueiredo em Belo Horizonte —, só o consenso poderia evitar que esse processo de radicalização levasse a "consequências desastrosas". Na realidade, tratava-se da posição do próprio jornal na boca do governador de Minas.[19]

Quanto à *Folha*, afastou escrúpulos sobre a objetividade possível do jornalismo moderno e apostou numa narrativa apaixonada, típica das antigas campanhas políticas. Ricardo Kotscho, a quem Ulysses chamou de "o cronista das Diretas", no prefácio de *Explode um novo Brasil*, abre a reportagem principal citando o Hino Nacional: o brado retumbante do povo heroico estava preso na garganta havia vinte anos. Mais tarde, em seu livro de memórias, ele mesmo comenta o "tom de franco ufanismo", incomum na imprensa.[20] Mas Kotscho não estava sozinho. Com o encorajamento da direção, os jornalistas da *Folha* tinham lado claro e definido na cobertura das manifestações, que só naquele 25 de janeiro envolveu mais de setenta profissionais listados na edição. Entre eles, o colunista Tarso de Castro, um dos idealizadores do *Pasquim*, que captou o ânimo coletivo da redação ao se descrever voltando da praça: "Aqui estou, molhado e feliz".

Ao longo das semanas seguintes, e sobretudo na reta final da campanha, o tom da *Folha* iria contagiar grande parte da imprensa.

Multidão toma a praça da Sé em 1984, no dia do aniversário de São Paulo, 25 de janeiro. O megacomício foi um divisor de águas no rumo do movimento, forçando a cobertura da imprensa, que, depois da resistência inicial, aderiu à causa

Queremos votar, uai!

As Diretas Já foram a campanha política mais popular da história do Brasil. Mas não só. Foram também um intenso movimento cultural que, mais do que gravitar em torno da agenda suprapartidária, galvanizou a repercussão da mensagem, emprestou criatividade à narrativa e transformou palanques sisudos em palcos animados, amalgamando para sempre o melhor momento da memória coletiva da sociedade civil. A contribuição espontânea de atores, cartunistas, músicos, poetas, escritores, cordelistas, pintores e artistas em geral não obedecia a um comando que não fosse oriundo do que se chama de "a voz das ruas". Dispersos, eles engrossavam o coro cívico, afinando seu canto pelo diapasão oferecido por Milton Nascimento e Fernando Brant: "Todo artista tem de ir aonde o povo está". Por mais descentralizado que fosse o fenômeno, no entanto, havia polos de irradiação da inventividade engajada, de quadras de escola de samba a botecos vários. Um desses pontos de difusão, talvez o que melhor tenha encapsulado o espírito da época, era o Spazio Pirandello.

Localizado num trecho meio decadente da então chique rua Augusta, próximo ao centro, o espaço nasceu num contexto associado, ainda que remotamente, a uma das lutas marcantes da redemocratização — aquela por reposição das perdas salariais para a inflação. Em meados de 1979, Wladimir Soares, crítico de música do *Jornal da Tarde*, estava inconsolável com o fracasso da greve dos jornalistas em São Paulo, tão retumbante que não apenas os jornais não deixaram de circular como publicaram a notícia da greve. Numa conversa com o ator Antonio Maschio, Soares comentou que queria largar a profissão. O amigo ouviu o desabafo e propôs: "Vamos abrir um bar?".[1] Com a sociedade dos dois, o Pirandello seria inaugurado em janeiro do ano seguinte, contemporâneo da Anistia, dos novos partidos, da campanha para a primeira eleição para governador em duas décadas... E do movimento das Diretas.

Bar, restaurante, antiquário, galeria de arte e consultório psicoterapêutico — na descrição de um frequentador —, o Pirandello era uma espécie de quartel-general das esquerdas de todos os matizes, com abertura para qualquer um que fosse pró-Diretas: "Nem proletários, nem burgueses, somos todos fregueses", no slogan includente de Carlito Maia, o publicitário e frasista entusiasta do PT. Entre os fregueses, gente como Henfil e Teotônio, Lula e José Dirceu, Moraes Moreira e Caetano Veloso, o novato deputado Eduardo Suplicy e a veterana feminista Therezinha Zerbini, os cartunistas Jaguar, Paulo Caruso e Ziraldo e centenas de artistas, políticos e jornalistas que marcaram presença no espaço, sempre recebidos pelos donos, que "não são um casal, mas uma associação político-afetiva-esnobe-cultural de dois intelectuais cuja importância sobre o movimento das ideias, a cultura e a política no Brasil será avaliada com o tempo", nas palavras de um habitué.

Uma das iniciativas dessa associação foi organizar, em fins de 1981, uma "sociedade civil sem fins lucrativos denominada Grêmio Recreativo Banda do Pirandello, que acabou formalizada numa assembleia em que se lavrou ata". Era "uma cópia descarada da muito invejada Banda de Ipanema", reconhece Soares. Ainda assim, faria história. Depois de dois anos esquentando o Carnaval de rua de São Paulo, a banda convocou seus foliões para alegrar uma ocasião especial: o lançamento da campanha "Use amarelo pelas Diretas", idealizada pelo Comitê 25 de Janeiro, que surgira da união de artistas e intelectuais depois do comício da Sé. Entre os cerca de quinhentos presentes, celebridades dos palcos e da TV, como Tônia Carrero e Paulo Autran; o dramaturgo Plínio Marcos, conhecido pela participação na novela *Beto Rockfeller* e por perambular no centro da cidade vendendo seus livros; a atriz, deputada federal petista e ex-militante da luta armada Bete Mendes; o compositor com fama de maldito Walter Franco; e, representando Montoro, Jorge da Cunha Lima.

Da sacada do Piranda, como os mais íntimos o chamavam, Esther Góes, presidente do Sindicato dos Artistas de São Paulo, leu o manifesto. "O amarelo é o elo que nos une, todos juntos nesta grande viagem da cidadania soberana", começou a atriz. "Queremos usar o amarelo como bem nos aprouver. O amarelo símbolo, o amarelo gema, o amarelo das flores sem medo, o amarelo da oriental sabedoria, o girassol amarelo que nos guia, tinge e alimenta." E concluiu, aludindo a Oswald de Andrade, que, pelo que se dizia, teria morado no casarão que abrigava o espaço: "A alegria é a prova dos nove. O amarelo é a prova do novo".

A ideia de usar o amarelo como a cor da campanha das Diretas estava no ar. No fim de 1983, havia saltado das pranchetas dos publicitários da Exclam, em Curitiba, para as camisetas e os adereços com a inscrição "Eu quero votar pra presidente". A denominação "Diretas Já" circulava, mas ainda não estava disseminada. O documento dos artistas incita a população a "inundar o país com a cor da campanha". O amarelo, recomenda o texto, deve estar em todo lugar: nas roupas, nos adesivos dos carros, em lençóis esticados nas janelas, em bandeiras e bandeirolas. É a partir da resposta da população, aderindo maciçamente à estratégia, que a cor e o nome passam a formar um conjunto indissociável.

A proposta de cobrir o país de amarelo é de Caio Graco Prado, da editora Brasiliense, que costumava lançar no Pirandello os livros de seus autores mais antenados. Naquela altura, cogitavam-se outras cores, como verde. Em reunião com integrantes do Comitê 25 de Janeiro, no entanto, o editor foi mais persuasivo. "O amarelo chama mais a atenção, é menos comum e a gente pensa antes de usá-lo. Além do mais é a cor da sabedoria na filosofia oriental", disse.[2] O estalo de Caio Graco se deu em janeiro, quando ele assistia a um noticiário televisivo sobre protestos nas Filipinas contra o ditador Ferdinando Marcos.

As manifestações no país asiático tinham começado em agosto do ano anterior, quando o líder da oposição, Benigno Aquino Jr., foi assassinado no aeroporto de Manila no dia em que voltava de um longo exílio autoimposto. Ativistas pró-democracia o aguardavam vestindo roupas amarelas, inspirados pela música "Tie a Yellow Ribbon Round the Ole Oak Tree", sucesso internacional desde meados dos anos 1970, quando Ninoy, como o político era conhecido, esteve preso por sete anos. Gravada pela banda Tony Orlando and Dawn e por Frank Sinatra, a canção romântica narra a atitude de um prisioneiro que, pouco antes de ser solto, quer saber se sua mulher o aceitaria de volta. Se sim, que ela sinalizasse a decisão amarrando uma fita amarela no velho carvalho em frente à casa, conforme a instruíra numa carta. Em 1983, a sociedade filipina usaria o mesmo código visual para saudar o ex-prisioneiro político que voltava para casa. A comoção provocada pela sua execução ostensiva fez com que os filipinos recobrissem o país de amarelo. Camisas, vestidos, gravatas, bonés, sombrinhas, adesivos, estandartes, as fitas amarradas nos carvalhos — tudo era amarelo.

Caio Graco, dono da Brasiliense e da ideia de que o amarelo fosse a cor das Diretas. O estalo do intelectual se deu ao assistir na TV cenas da Revolução Amarela nas Filipinas, um movimento de resistência civil contra o ditador Ferdinando Marcos

Foi essa imagem que impactou Caio Graco — a da Revolução Amarela, como ficaria conhecido o movimento de resistência civil que em 1986 devolveria as Filipinas à democracia. "Fiquei encantado principalmente porque é uma forma de manifestação irreprimível e que não implica privilégios, pois não é preciso ter dinheiro para assumi-la, bastando apenas a criatividade", disse. "Essa proposta representa um plebiscito cromático permanente. Pelo uso do amarelo se pode ir medindo a vontade popular. E as pessoas se vendo de amarelo, se identificam, se irmanam. É uma coisa alegre, gostosa, bom astral, como essa campanha pelas Diretas."[3]

Dois dias antes da Festa do Amarelo, a *Folha*, que já havia antecipado as linhas gerais do conteúdo do manifesto dos artistas, endossa a proposta no editorial intitulado "Amarelo, sim". O jornal pondera que, embora estigmatizado como "extravagância cromática", o amarelo funciona. "Ele se opõe à morte, porque é a cor do Sol, e à miséria, porque é a cor do trigo e do ouro." É também a cor do futebol "canarinho". Além disso, argumenta, a opção teria a vantagem de ser "simbólica da necessidade de afastar corajosamente as nuances do espectro político para abraçar apenas uma delas, cristalina como a luz do dia que dispensa interpretações". E conclama: "Que seja o amarelo, portanto, a cor das Diretas".[4]

O êxito do comício da praça da Sé havia colocado a campanha das Diretas em outro patamar. Os organizadores sentem o peso da maior responsabilidade. Não basta mais lotar um espaço público. Nas grandes metrópoles, a conta passará a ser feita em centenas de milhares de pessoas, não mais em dezenas. O sarrafo sobe vários palmos. A partir de agora, um megacomício transbordante de gente não será descrito, necessariamente, como um sucesso — será preciso que o evento seja ainda maior do que o anterior.

Essa consideração ajuda a explicar por que, para Franco Montoro, o feito paulista já estava de ótimo tamanho. Se o megacomício tinha sido o auge do movimento, como o governador parecia acreditar, o que viria a seguir seria o declínio. Seria, portanto, hora de desacelerar o ritmo das ruas e colher os frutos da semeadura, que não eram poucos. Ter estado à frente de uma mobilização gigantesca lhe dava cacife para influenciar o jogo político no Congresso — onde a partida da sucessão presidencial seria disputada, caso a campanha das Diretas, como antecipavam os mais realistas, não resultasse na aprovação da emenda Dante de Oliveira.

O recuo de Montoro estava em linha com o raciocínio de Tancredo e Brizola. Se, na prática, a estratégia não era a mesma, isso se devia ao fato de estarem em momentos diferentes da campanha. Enquanto os governadores de São Paulo e Paraná já haviam comparecido, os chefes do Executivo de Minas e Rio estavam pressionados por suas bases, devendo megacomícios a mineiros e fluminenses. Mas os três entendiam que havia um risco implícito na tentativa de atender a essa demanda, pois o resultado, medido no tamanho das multidões na rua, estava longe de estar garantido de antemão. Além disso, eles acreditavam que continuar esticando a corda da eventual reação militar também era um risco que, dada a improbabilidade de vitória no Parlamento, talvez não valesse a pena correr.

Guiados por essa lógica, os dois governadores, a exemplo de Montoro, mediam cada novo passo. Brizola guardava uma equidistância calculada entre o Planalto e a rua. Cercava Figueiredo de atenções e mantinha em banho-maria a ideia de um mandato-tampão para o presidente, em troca de eleições diretas em 1986, ao mesmo tempo que se fazia presente em comícios das Diretas. Quanto a Tancredo, enquanto preparava o megacomício de Belo Horizonte, cultivava a irresolução, o que lhe deixava as portas abertas para qualquer cenário, sobretudo o de eleição indireta, em que teria grande chance de emergir como candidato de consenso. "A ambiguidade não lhe parecia um defeito moral, mas uma imposição de sua prática política", como observam Dante e Leonelli.[5]

A intenção do governador de São Paulo de colocar o pé no freio justamente no momento em que a campanha prometia deslanchar foi questionada em editorial da *Folha* duas semanas após o megacomício. "Franco Montoro não pode furtar-se ao papel de direção política do movimento, sobretudo após o sucesso alcançado na praça da Sé", opinou o jornal. "Não se trata de dormir sobre os louros da vitória; pelo contrário, longe de ter sido cumprida, a missão do Palácio dos Bandeirantes apenas iniciou-se a 25 de janeiro." Com essa cobrança, o jornal e o governador inverteram os papéis que desempenharam antes do lançamento da campanha. Como visto, pouco depois da reunião dos governadores de oposição em Foz do Iguaçu, em outubro de 1983, a direção do jornal rejeitou a proposta de encampar o movimento a favor das Diretas, por entender que apoiar uma pauta nascida no governo peemedebista de São Paulo se confundiria com jornalismo chapa-branca, de tom oficialesco e a reboque de interesses partidários. Naquela altura, Montoro procurava sensibilizar a *Folha*. Agora era o contrário: a *Folha* é que tentava empurrar o governo paulista de novo para as ruas.[6]

A campanha se encontrava numa encruzilhada. Podia se alastrar numa espiral crescente, como propugnava o PT, que ocuparia mais espaço com a radicalização, ou podia negociar com o governo, como gostariam os setores mais moderados do PMDB, apesar da retórica de defesa obstinada da eleição direta para presidente. Com relação a essa cautela, um ponto fora da curva foi registrado quando o secretário-geral do PMDB, senador Affonso Camargo, que tivera papel de relevo no comício da Boca Maldita, se encontrou com um representante do governo Figueiredo — o chefe do Gabinete Militar, Rubens Ludwig — e na sequência comentou com jornalistas que considerava difícil a aprovação da emenda das diretas. A transparência do peemedebista — que falou em público o que Tancredo, Montoro e outros moderados falavam em particular — rendeu-lhe duras críticas. Dante de Oliveira traduziu a indignação dos correligionários: "Não tenho nada contra negociações, mas não se deve capitular, como fez o senador, ao afirmar que a emenda das diretas está sepultada".[7]

Episódios como esse geravam a desconfiança generalizada de que a oposição moderada não estaria de fato empenhada na campanha. À medida que a população se animava, os governadores davam sinais de hesitação. Nessa interseção de diferentes expectativas, a *Folha*, mais uma vez, incorporaria o Grilo Falante, o personagem que faz as vezes da consciência de Pinóquio da história infantil. Referindo-se especialmente a Montoro, Tancredo e Brizola, o jornal afirma que os governadores não podem vacilar nem colocar interesses políticos e pessoais acima da mobilização. "Merece repúdio irrestrito da opinião pública qualquer rumor ou manobra que, seja acenando com 'negociações' tão obscuras quanto reprováveis, seja retirando seu apoio mais decidido às mobilizações populares, contribuam para o amortecimento da causa das Diretas Já", diz o editorial. E conclui: "Negociar o inegociável seria trair o anseio nacional".[8]

Negociar ou não negociar com o governo o trunfo da mobilização popular é uma questão que atravessa praticamente toda a campanha das Diretas. A abordagem maniqueísta, compreensível na época em que se travava a disputa, mostra-se especialmente redutora quando observada em retrospecto, pois ambos os lados tinham argumentos consistentes. A legitimidade da reivindicação popular estava acima de qualquer dúvida que o mais moderado oposicionista pudesse levantar. Por outro lado, o temor de um revés no processo de abertura não era fantasia de espíritos acovardados ou oportunistas, mas uma carta do baralho do autoritarismo que os militares poderiam tentar colocar na mesa a qualquer momento. Além disso, mesmo que nada mais fosse feito imediatamente, o fim da ditadura militar estava no horizonte — a questão era mais "quando" do que "se". "Claro que o movimento das Diretas ajudou, mas o caminho de abertura, e de eleição direta, e de redemocratização era inexorável", na avaliação de Alberto Goldman, deputado peemedebista e militante do PCB.[9]

O benefício da perspectiva histórica, porém, de pouco adianta sem que se leve em conta o grau de exaustão de uma sociedade submetida a uma ditadura de vinte anos, dos quais os últimos dois foram marcados por profunda crise econômica. O quesito urgência não pode ser minimizado. Apesar da racionalidade da análise a posteriori, o "quando" importava. Não à toa o advérbio "já" grudou no substantivo "diretas". Refletindo essa pressa, a posição da *Folha* na época acirrou a controvérsia. Dante e Leonelli, por exemplo, mesmo concordando que o apoio do jornal foi decisivo para a arrancada e o sucesso da mobilização, criticam "sua inflexibilidade, próxima do que se poderia chamar de moralismo pequeno-burguês", o que teria produzido o falso dilema entre negociar ou mobilizar. "A posição da *Folha* coincidia exatamente com a do PT, tanto na opinião quanto no papel que jogavam: ambos tinham muita influência na mobilização, e peso obviamente reduzido na negociação que seria operada principalmente pelo PMDB."[10]

O jornal, no entanto, também considerava haver "falso antagonismo" entre negociar e mobilizar. "É evidente que tais formas de luta, longe de se excluírem, complementam-se", escreveu em editorial.[11] O que a *Folha* criticava era a desmobilização como premissa da negociação. No fundo, o que estava em jogo era o timing da negociação. Ela teria que ser feita, sim, mas uma vez esgotadas as possibilidades da mobilização. Enquanto isso, o jornal dava corda aos seus jornalistas para que instigassem a campanha popular. Marcondes Sampaio, por exemplo, da sucursal de Brasília, usava seu espaço semanal na página de opinião para criticar iniciativas de negociação. Para ele, os governadores do PMDB seriam "pseudo-oposicionistas, figuras pragmáticas, débeis, assustadas" que faziam "o velho jogo das habilidades e dos conchavos de cúpula".[12] A ênfase entre negociar ou mobilizar não opunha apenas direita e esquerda. "A questão dividia a esquerda", escrevem Dante e Leonelli. "E o segmento mais intolerante em relação à negociação mantinha com o grande jornal de São Paulo uma simbiose de retroalimentação, em que, por exemplo, o repórter Marcondes Sampaio desempenhava importante papel."[13] Nascido no

Ceará, Sampaio havia chegado a Brasília em 1971 a convite do conterrâneo Paes de Andrade, um dos deputados do grupo Autêntico do então MDB. "Dei força aos políticos pró-Diretas, eu era engajado e havia uma pressão irresistível na época. Mas meu ídolo era o Teotônio. Ele era o verdadeiro Senhor Diretas. O Ulysses era bom palanqueiro."[14]

Esse atributo do presidente do PMDB seria exigido Brasil afora a partir do dia seguinte ao do comício da Sé, quando ele começa um périplo pelo país. Junto com Lula e Doutel de Andrade, líderes do PT e do PDT, Ulysses viajaria por várias cidades do Norte e Nordeste, transformando-se num dos "três mosqueteiros das Diretas", na caracterização de Ricardo Kotscho, que os acompanharia em boa parte do trajeto.

Quando descrita em rápidas pinceladas, que comprimem no tempo acontecimentos esparsos, a Caravana das Diretas remete ao ambiente do realismo mágico latino-americano. Tudo parece estranhamente fantástico: numa cidade, governistas aderem à causa da oposição; na outra, o governo peemedebista arruína a festa das Diretas; enquanto um cordelista dá uma aula de pensamento crítico, um jogo de futebol na TV tira gente de um comício; aqui, um jatinho batizado *Brasil Esperança* transporta o candidato identificado com o passado; ali, a trupe mambembe das Diretas arma o palanque num território dominado pela Marinha.

Em Olinda, numa das primeiras paradas, os representantes da campanha falam a 30 mil pessoas e colhem o apoio inesperado de metade dos 28 deputados estaduais do PDS pernambucano.[15] Embora os parlamentares não integrem o Congresso Nacional, o gesto é sinal de que boa parte dos governistas é sensível à demanda popular. Dias depois, em Teresina, Piauí, mais de 30 mil manifestantes ouvem o desabafo de Deusdete Nunes, vereador do PMDB local e cordelista mais conhecido como Garrincha: "Queremos um presidente/ que seja do nosso meio/ de general a general/ estamos de saco cheio// Viva a eleição direta/ vade retro 'Revolução'/ adeus vinte anos de força/ vinte anos de inflação/ vinte anos mais secos/ do que a sede do sertão".*

Em Macapá, a comitiva sentiria o peso da mão da burocracia estatal. Amapá ainda era um território relativamente recente. Fora criado durante o primeiro governo de Getúlio, a partir do desmembramento do Pará, e só ganharia status de estado com a Constituição de 1988. Em 1984, a falta de autonomia política se refletia na estrutura econômica. O território era "uma espécie de possessão da Marinha". Como o governo federal era praticamente o único empregador, as pessoas tinham receio de ir aos comícios da oposição. "Alguém poderia ver." Ainda assim, alguns mais aguerridos foram vistos diante do palanque.

Lá perto, em Belém, antes do comício que reuniu 60 mil pessoas, o que chamou a atenção foi a chegada do jatinho de Maluf, o possível candidato a presidente no cenário de eleição indireta, no horário em que deveria pousar a aeronave alugada pela equipe de Ulysses. Houve um mal-entendido e muitos correram para a pista do aeroporto achando que recepcionariam o presidente do PMDB. Quando se deram conta do equívoco, começaram a voltar, não sem antes Maluf cumprimentar os retardatários. O pedessista, que estava de passagem para outros compromissos, aproveitou a oportunidade para dar entrevista

---

* A partir de Teresina, as informações e as aspas sobre a Caravana das Diretas são de Ricardo Kotscho (em *Explode um novo Brasil: diário da campanha das Diretas*. São Paulo: Brasiliense, 1984, pp. 49-79), salvo quando outra fonte for indicada.

a jornalistas, que cumpriram o dever profissional sem tirar do peito o "crachá das Diretas".

Kotscho conta que, devido à projeção da *Folha*, acabou indo além de fazer a cobertura da viagem. "Passei a fazer parte da trupe, dar palpites nos discursos, sugerir caminhos para as etapas seguintes." Às vezes Ulysses anunciava a presença do jornalista no palanque. "Eu sabia que, em outras circunstâncias, essas coisas não pegariam bem para um repórter. Àquela altura, no entanto, não me importava mais com o limite entre as funções do profissional de imprensa e as do militante. Ficava até orgulhoso, para falar a verdade."[16]

Manaus, na escala seguinte, seria palco do único fracasso admitido da campanha das Diretas. O vilão tinha nome e sobrenome: Gilberto Mestrinho. Tinha partido também, o PMDB. Mas sua legenda não parecia ser a mesma de Ulysses. O governador do Amazonas tivera uma trajetória política flutuante. Começa no PTB dos tempos de Goulart e Brizola, e é cassado em 1964. Durante a ditadura, muda de lado e apoia um candidato da Arena ao Senado. Com o fim do bipartidarismo, entra para o novo PTB, que fazia linha auxiliar do partido governista. Logo se bandeia para o conservador PP, que se fundiria com o PMDB. Como governador, procura fazer alianças com líderes do governo. Kotscho o descreve como "uma espécie de general Alfredo Stroessner da Amazônia", em referência ao longevo ditador do Paraguai. "Mestrinho fecha com Tancredo se as eleições forem diretas, mas prefere mesmo Aureliano, se for mantido o Colégio Eleitoral." Em fevereiro de 1984, esse passado adesista se colocou entre o palanque e a população, causando refrega entre apoiadores e críticos do governador, num comício que atraiu "menos de 6 mil pessoas".

Em Rio Branco, Acre, os adversários das diretas foram um jogo de futebol e um grito de Carnaval. Na TV, a seleção brasileira enfrentava a do Equador, em uma disputa valendo a classificação para as Olimpíadas de Los Angeles. Embora o jogo tenha sido considerado fraco pelos comentaristas, mesmo assim muita gente preferiu ficar em casa assistindo à vitória do Brasil. Dos que foram às ruas, não poucos pararam a um quarteirão de onde o palanque estava armado, porque a batucada pré-carnavalesca estava animada. Ainda assim, 7 mil pessoas foram ouvir o que os três mosqueteiros tinham a dizer.

O último comício dessa etapa ocorre na Cuiabá de Dante de Oliveira. Dezesseis mil pessoas se juntam na "maior manifestação popular da história de Mato Grosso". Com isso, a Caravana das Diretas tinha percorrido 22 mil quilômetros em quinze estados, onde foi recepcionada por 1 milhão de pessoas.

A Caravana das Diretas termina a tempo de Ulysses, Lula e Doutel participarem do megacomício de Belo Horizonte, em 24 de fevereiro. Tancredo havia se esmerado para que fosse maior e melhor do que o de Montoro no mês anterior em São Paulo. Ele não era o candidato mais cotado numa eleição direta — esse posto estava reservado para Ulysses — mas a demonstração de afinco na campanha ajudaria a legitimá-lo no caso da inevitabilidade da eleição indireta. O esforço pessoal e o investimento público compensaram. Sem cálculos matemáticos rigorosos, os organizadores acharam por bem anunciar que a multidão superava a marca de 300 mil obtida em São Paulo. Osmar Santos olhou para o público e comentou: "Sou paulista, mas acho que vocês ganharam".[17] Se o tamanho dependia de uma conta política, a qualidade se traduzia em itens verificáveis, como um palanque gigantesco na praça Rio Branco — com altura equivalente à de um prédio de três andares — e um sistema de som que permitia aos quase cinquenta oradores serem ouvidos pela massa de manifestantes ao longo da avenida Afonso Pena e ruas adjacentes.

O que mais chamava a atenção, no entanto, não era o que havia no evento, mas o que *não* havia. Ao contrário das manifestações anteriores, a de Minas não estava pintada com o vermelho das bandeiras do PCdoB. Sem existência legal, a legenda contava com militantes dedicados que nos atos públicos marcavam uma presença inversamente proporcional à relevância de que desfrutavam no cenário político. Autodeclarados marxistas-leninistas de uma vertente maoísta e albanesa, tinham penetração residual mesmo no campo da esquerda brasileira. A impressão de que eram muitos se devia ao fato de que seus poucos adeptos costumavam se posicionar em frente aos palanques, de modo que a foice e o martelo dominavam as imagens feitas pela imprensa.

As autoridades tentaram usar o material iconográfico dos comícios para construir uma narrativa fictícia, segundo a qual o movimento das Diretas tinha inspiração comunista e teria sido aparelhado pelo PCdoB para fustigar o governo. Uma semana antes do comício de Belo Horizonte, Figueiredo se reunira com presidenciáveis do PDS e lhes entregara um relatório produzido por ministros militares, que identificavam risco de segurança nacional e exigiam providências. Num prognóstico delirante, eles também apontavam para uma vitória do PCdoB se a eleição fosse direta.[18] Presente no encontro, Maluf tentava reforçar o argumento, mostrando fotografias feitas no comício em São Paulo, quando foi interrompido por Aureliano: "Isso é um close, Maluf", disse o vice-presidente, que já havia se declarado favorável às diretas. "Se mostrasse a praça inteira, você veria que era o povo que estava lá."[19]

O discurso do "perigo vermelho", no entanto, foi mantido pelo governo. Tancredo temia que um descuido qualquer pudesse servir de pretexto para um revés no processo de redemocratização. A ameaça dos militares parecia mais retórica do

Tancredo Neves, governador de Minas Gerais, discursa no comício em Belo Horizonte após negociar com os dirigentes do PCdoB, que concordaram em baixar as bandeiras vermelhas para não atiçar os militares

que real, mas o governador, mineiro precavido, achou melhor não pagar para ver. Em vez disso, cercou-se de cuidados para evitar que as bandeiras vermelhas subissem em Belo Horizonte. Negociou diretamente com os dirigentes do PCdoB e obteve o compromisso de trocar as faixas pela presença no palanque de João Amazonas, secretário-geral do partido, que, no entanto, não teria direito a falar.[20] Acordo cumprido, o comício seguiu sem sobressaltos.

Na terra de Juscelino Kubitschek, claro que não poderiam faltar execuções de "Peixe vivo", canção folclórica preferida daquele que fora prefeito de Belo Horizonte, governador de Minas e presidente do Brasil. A música, que sempre tocava em aparições públicas de JK, ganhou paródias feitas especialmente para a ocasião por dois cartunistas. A de Ciça, que tinha uma tirinha na *Folha*, dizia: "Como pode o peixe vivo viver fora da água fria?/ Como pode o peixe vivo viver dentro da água quente?/ Como poderei viver/ como poderei viver/ sem votar/ sem votar pra presidente?".[21] A de Ziraldo, um dos fundadores do *Pasquim*, era assim: "Como pode um peixe vivo viver fora da água fria?/ Como pode um povo vivo viver sem democracia?".[22]

Os artistas, mais uma vez, compareceram em peso. Simone fez o público acompanhá-la em "Pra não dizer que não falei de flores", de Geraldo Vandré, um hit inescapável de qualquer ato de resistência à ditadura desde que concorreu no Festival Internacional da Canção da Globo, em 1968. Chico Buarque improvisou com a letra de "Vai levando": "Mesmo com todo emblema/ todo problema/ todo sistema/ toda Ipanema/ a gente vai levando/ a gente vai levando/ a gente vai levando as diretas". Não rimou como no original, mas o compositor foi muito aplaudido mesmo assim. Quem fez mais sucesso no palanque foi Reinaldo, ídolo atleticano. E nem precisou dizer nada. Bastou erguer o punho direito cerrado em sinal de luta, sua marca registrada, como fizera na Copa do Mundo de 1978, em plena ditadura, quando comemorou com o gesto, típico dos Panteras Negras dos Estados Unidos, o gol que garantiu o empate contra a Suécia.

Fora do palanque, a multidão também dava o seu recado, sobretudo em faixas que captavam o que Minas tinha de mais culto e de mais popular. "Diretas quae sera tamen", dizia uma delas, em latim misturado.* E a outra, em mineirês castiço: "Queremos eleger o presidente, uai!".[23]

---

* Referência ao dístico dos inconfidentes "*Libertas quae sera tamen*" (Liberdade ainda que tardia), incorporado à bandeira do estado.

Candelária, enfim

Em 10 de abril, terça-feira, logo após a TV Globo interromper o filme da *Sessão da Tarde* para começar a transmitir flashes ao vivo do comício-monstro da Candelária, um helicóptero de grande porte do Exército passou a circundar o prédio da emissora, no Rio, e pairou em frente à janela do décimo andar. É a sala de Roberto Marinho, dono das Organizações Globo. A distância é ameaçadoramente curta, não mais do que alguns poucos metros. Por trás da vidraça é possível discernir o vulto dos ocupantes da aeronave. Além do piloto e do copiloto, há alguns militares fardados com uma metralhadora apontada para os executivos reunidos no escritório de onde partem as ordens sobre as interrupções na programação normal. "Ali ficaram parados por infindáveis minutos e depois partiram", relata o empresário. "Nunca consegui saber de onde partiu a ordem para que o helicóptero viesse nos assombrar."[1]

Com essa ousada demonstração de força, o governo federal escalava o cerco à atividade jornalística televisiva. Passara da pressão velada para que certos conteúdos não fossem ao ar à ostensiva intimidação pessoal. A iniciativa demonstrava o temor dos militares de que a manifestação, pela magnitude inédita que ia adquirindo, pudesse exercer pressão insuportável sobre os congressistas às vésperas da votação da emenda das diretas.

E, no entanto, o evento custou a ser viabilizado. A enorme afluência de pessoas às ruas, a maioria com adereços amarelos, não resultara da obstinação do governador do Rio. Ao contrário, nas semanas anteriores, Leonel Brizola havia revelado hesitação em convocar o comício. Mas não era só ele que parecia inseguro sobre como se comportar diante do crescimento da campanha. Faziam-lhe companhia Montoro e Tancredo.

O chefe do Executivo paulista, desde que colhera os bons frutos do comício da praça da Sé, vinha dando sinais de que um recuo tático seria aconselhável. Reservadamente, apontava a preferência pelas conversas de bastidores, como meio de lidar com a sucessão presidencial, enquanto a sociedade civil mostrava estar disposta a manter o caminho das ruas. Em meados de março, por exemplo, o Governo de São Paulo nem ao menos se fez representar na reunião do Comitê Pró-Diretas, que decidiu realizar nova manifestação na capital uma semana antes da votação da emenda. Contrário ao ato, o governador saiu pela tangente, incumbindo um membro do secretariado de divulgar a alegação pouco convincente de que o poder público estadual não teria recursos materiais para bancar o evento. Dias depois, no entanto, acabou anuindo à proposta de uma nova manifestação, que deveria ser uma passeata pelo centro, e não um comício. Foi só quando percebeu que teria inevitável desgaste político se não tomasse novamente a dianteira do processo, que Montoro acabou concordando em levar adiante o comício do Anhangabaú.

Quanto a Tancredo, tinha ainda mais motivos que seu colega paulista para preferir as conversas de gabinete aos discursos em praça pública. Cada vez mais o mineiro se consolidava como o nome de consenso para vencer o eventual pleito no Colégio Eleitoral, no qual contaria com os votos das oposições e, provavelmente, da dissidência governista, que tenderia a ser tanto mais expressiva quanto menos palatável à bancada fosse o candidato do PDS. Firme na estratégia de explorar a ambiguidade a seu favor, Tancredo exaltava a campanha ao mesmo tempo que trabalhava para esfriar a marcha popular. Em março, por exemplo, enquanto Montoro se ausentava da reunião do Comitê Pró-Diretas, o governador de Minas adiava por uma semana um comício marcado em Uberlândia, para que não coincidisse com a visita de Figueiredo a uma exposição de gado na cidade, agendada posteriormente. A decisão, tomada com a concordância de Ulysses, visou evitar vaias previsíveis ao presidente, cujas reações intempestivas, com potencial para influenciar os rumos da redemocratização, eram sempre fonte de desassossego da oposição.

Naquela altura, fins de março, a um mês da votação da emenda, a alternativa de negociar com o governo estava definitivamente na mesa do PMDB. Os mais moderados do partido cogitavam segurar a mobilização popular para negociar, enquanto os mais à esquerda só admitiam um entendimento a portas fechadas sem interromper a campanha. Esta era a posição do próprio Dante de Oliveira. Em documento de 28 de março, o autor da emenda das diretas e um grupo de deputados peemedebistas, inclusive Domingos Leonelli, defendem que "negociação não é capitulação". Para eles, negociar não é reconhecer a derrota da emenda, "muito menos conchavo feito às escondidas". De acordo com o texto, "a negociação que propomos depende da intensificação da campanha". Os parlamentares argumentam, porém, que seria preciso "encarar os fatos", ou seja, levar em conta que a proposta das diretas precisaria de dois terços da Câmara e do Senado para ser aprovada. "Isso só será conseguido se concedermos a setores do governo e parte do PDS alguns pontos do seu interesse, como o não revanchismo."[2]

Apesar do palavreado cuidadoso e da ressalva expressa de que qualquer negociação não deveria implicar desmobilização, o grupo de Dante e Leonelli "quase foi massacrado por setores da imprensa e da esquerda", como os dois registram no livro que escreveram sobre as Diretas, referindo-se, sem citação nominal, à *Folha* e ao PT.[3] Mas eles não eram voz isolada. Além dos signatários, caciques do partido, como o senador Fernando Henrique Cardoso e Alberto Goldman, secretário-geral do PMDB em São Paulo, defendiam posições semelhantes. Sobre o binômio negociação e mobilização, escreveu Goldman no jornal *Voz da Unidade*, do Partidão, lançando mão de um conceito caro ao marxismo para a compreensão da história: "São caminhos paralelos que se integram dialeticamente". Em reflexão posterior, Dante e Leonelli consideraram que a proposta de negociar nesses termos equivalia talvez a "uma busca ingênua da posição política mais consequente". No caudaloso relato que fizeram sobre o movimento, anotaram: "Era colocar o realismo numa canoa romântica, desconhecer a força das margens e remar contra a maré".[4]

O comício da Candelária foi precedido de duas grandes passeatas às quais faltou o apoio comprometido do governo fluminense. Na primeira, realizada em 16 de fevereiro na Cinelândia e concebida como preparatória para a grande manifestação do mês seguinte, Brizola não apareceu. O evento, com organização do Comitê Pró--Diretas do Rio, reuniu 50 mil pessoas e acabou se transformando numa grande festa cívica, com a presença de muitos artistas populares, entre eles Fernanda Montenegro, Fernanda Torres, Maitê Proença, Lucélia Santos e Ney Latorraca.

Mais de um mês depois, em 21 de março, os cariocas voltaram às ruas. Esse era o dia em que o Rio deveria abrigar o comício nos moldes dos que haviam empolgado São Paulo e Belo Horizonte. Brizola, no entanto, se mostrava relutante em bancar o evento. Alegou razões econômicas, como fazia Montoro com relação ao comício do Anhangabaú; logísticas, argumentando que o Carnaval, no início do mês, havia atrapalhado a organização; e de oportunidade, pois dizia ser melhor uma data mais próxima da votação. Os argumentos não foram comprados pelo valor de face, mas Brizola foi salvo na última hora por uma súbita e conveniente cólica renal que o impossibilitaria de participar do comício. Diante do motivo de força maior — a pedra no rim que lhe causava fortes dores — os principais convidados (Ulysses, Lula, Tancredo e Montoro) concordaram em adiar o comício.

Transformada em passeata com pouco aviso prévio, a manifestação acabou não atraindo muitos artistas, que ficaram em dúvida sobre a natureza do ato público. Ainda assim a avenida Rio Branco, entre a igreja da Candelária e a Cinelândia, transbordou, com 200 mil pessoas, o que não deixou de ser uma resposta involuntária ao governo federal, que sugeria que a presença da massa humana nos eventos das Diretas se devia à presença de atores e cantores famosos. Foi a maior manifestação na cidade desde a Passeata dos Cem Mil, em 1968, contra a ditadura. Os manifestantes criticavam Brizola em coro sarcástico: "Cálculo renal/ agrada general".[5]

O general em questão, claro, era Figueiredo, de quem Brizola procurava se aproximar de várias maneiras desde o início do mandato. Em 1983 chegou a defender um pacto entre o seu PDT e o PDS na Assembleia Legislativa do Rio, com o argumento de que queria apenas criar um ambiente favorável ao diálogo com o partido governista, uma vez que o Rio necessitava do apoio do governo federal. O acordo na época foi criticado até pelo

PMDB local, considerado adesista.* O presidente do partido no Rio, Mário Martins, publicou uma nota invertendo o slogan de campanha de Brizola — "oposição sem cumplicidade" — para dizer que o pacto encerrava uma "cumplicidade sem oposição".[6] Mais tarde, como visto, o governador endossou a proposta de mandato-tampão para o presidente, e agora jogava contra a realização do comício.

Mas foi Figueiredo, e não Brizola, o alvo preferencial dos cariocas. A escola de samba Caprichosos de Pilares adaptou um verso do samba-enredo que apresentara dias antes no Carnaval, para tornar a crítica mais incisiva. No Sambódromo recém-inaugurado, a escola concorrera com um tema que homenageava Chico Anysio, focado na personagem Salomé, uma idosa gaúcha que falava ao telefone com Figueiredo, seu ex-aluno. João Baptista, o primeiro nome do "guri", como ela o chamava, era o mesmo do santo que, segundo o Novo Testamento, teve a cabeça cortada para agradar à dançarina Salomé. Ao final, vinha o bordão com duplo sentido: "Eu faço a cabeça do João Baptista ou não me chamo Salomé". No samba-enredo, cantava-se: "Salomé, Salomé/ Bate um fio pro João/ Que dureza não dá pé". Na manifestação, virou "Salomé, Salomé/ fora com o João/ só direta é que dá pé".[7]

O líder comunista Luís Carlos Prestes, um dos oradores mais aplaudidos, mirou não o indivíduo Figueiredo, mas a corporação de que ele fazia parte. Em nome dos "comunistas revolucionários" — pois desavenças ideológicas o haviam afastado da direção do PCB — Prestes falou o que as pessoas na rua queriam ouvir: "Não aceitamos negociações nem conciliações com a ditadura". Os organizadores só lhe cederam a palavra

* O PMDB do Rio era dominado pelo chaguismo, cujo representante perdera a eleição de 1982 para Brizola. A ala era assim denominada pela influência de Chagas Freitas, que durante o auge da ditadura fora o único governador do MDB, embora na prática tenha atuado como aliado regional dos militares.

por insistência do público. A recomendação de Brizola era a de não dar voz a representantes de partidos proscritos. O governador receava que Prestes, sem compromisso com os limites da redemocratização, avançasse o sinal. E foi o que o comunista acabou fazendo ao levar para o comício o tema-tabu do revanchismo: "O povo tem o direito de pedir que os torturadores e assassinos sejam punidos de acordo com a lei". Prestes respondia a um comentário que Lula acabara de fazer. "O povo não quer revanchismo", disse o petista. "Mas deverá haver uma grande sindicância para sabermos e punirmos quem se enriqueceu de forma ilícita, quem torturou e matou."

De todos os líderes envolvidos com a campanha das Diretas, o que menos queria ouvir falar em revanchismo era Brizola. Mas seus acenos frequentes ao governo federal, que buscavam o entendimento e pregavam o tom conciliatório, não surtiam efeito. Ele continuava sendo visto, sobretudo pelos militares da chamada linha dura, como o radical de vinte anos antes. No início de 1984, por exemplo, o comandante do I Exército,* general Heraldo Tavares, considerou "inquietante e arriscada" a realização de uma passeata no centro do Rio que o governador havia anunciado. "Pairava no ar a hipótese de intervenção no Estado."[8]

A pressão cerrada contra Brizola se estendeu à sua família. Um dia depois da passeata pela Rio Branco, o Conselho Superior de Censura vetou a execução pública da balada pop "Diretchas", de sua filha, a cantora e compositora Neusinha Brizola, que fazia sucesso com "Mintchura", um rock ligeiro.[9] A música, que descreve na primeira pessoa a trajetória de uma política ambiciosa, menciona que "o Brasil está falido". Canta Neusinha: "Eu só menti/ me corrompi/ eu me vendi/ Pro FMI". E encerra com uma espécie de convocação: "Vou acabar com esse teatro/ decre-

---

* Atual Comando Militar do Leste.

tando um grande ato/ pra nação, ai que emoção/ e a oposição/ eleição é diretchas", a última palavra repetida em coro ao fundo: "Diretas, diretas, diretas".

Finalmente, em 10 de abril, a duas semanas da votação da emenda Dante de Oliveira, acontece o tão aguardado comício-monstro da Candelária. Tinham se passado quase cinquenta dias do megacomício anterior, em Belo Horizonte. Não que nesse intervalo as ruas tivessem se calado. Houve manifestações relevantes em várias cidades, como Aracaju (SE), Juiz de Fora (MG), Anápolis (GO), Campinas (SP), Uberlândia (MG), Campo Grande (MS), Florianópolis (SC), Londrina (PR), Natal (RN) e Petrolina (PE). Em algumas delas, o comparecimento foi até maior, em termos relativos à população local, do que no evento promovido por Tancredo. Mas em números absolutos, o de Belo Horizonte e o de São Paulo continuavam imbatíveis. A manifestação da Candelária mudaria a escala de público, triplicando o tamanho da massa humana para mais de 1 milhão de pessoas. Consolida-se aí a diferença entre comício "mega" e "monstro".

O comício é iniciado literalmente com um monstro: na verdade, um dragão. É o "Dragão das Diretas", obra do artista plástico Alex Chacon que estreara no mês anterior durante a reabertura dos trabalhos do Congresso, como sátira ao Colégio Eleitoral. Sustentada por dez pessoas, a estrutura de bambu coberta de tecido e papel machê, com quase quinze metros de comprimento, era uma imagem conhecida do público. Com suas evoluções na praça dos Três Poderes registradas pela imprensa em atos pró-Diretas, havia se tornado um símbolo colorido e irreverente da campanha, sem nunca ter saído de Brasília. Levado para o Rio só para participar do comício, o dragão teve como madrinha Emilinha Borba, a imensamente popular rai-

O "Dragão das Diretas", criado por Alex Chacon, que circulou em alguns comícios e se tornou um símbolo da irreverência da campanha

nha do rádio dos anos 1950, que acompanhou a escultura perto do trio elétrico e longe da aglomeração maior, para preservar a integridade da delicada armação.[10] Embora boa parte do público não tenha visto a peça, todos ouviram a inédita marchinha "Turma do Dragão", composta de farra por um grupo que acompanhara seu traslado para o Rio e que Joyce Moreno cantou a cappella durante o comício. "Corre dragão, pega o ladrão/ que não quer saber de eleição/ Corre dragão, pega o ladrão/ que agora é hora de eleição/ Diretas Já! Diretas Já", entoou.[11]

Marchinhas, frevos, sambas — no início de 1984 várias músicas carnavalescas sobre as Diretas disputavam a atenção dos manifestantes. Não que o Carnaval tenha motivado os compositores a homenagear a campanha. Ao contrário, ainda que aquele tenha sido chamado, com boa dose de entusiasmo, de

"Carnaval das Diretas", a realidade é que as escolas do Rio e de São Paulo ignoraram o principal fato político do ano, com exceção da Caprichosos de Pilares, que ao fim do desfile usou trezentos balões a gás para subir uma faixa onde se lia "Diretas Já". Fora dos sambódromos, porém, alguns artistas se juntaram a Moraes Moreira, Leminski e Neusinha Brizola na produção musical sobre o cenário político.

O pioneirismo coube a Martinho da Vila, que, dois anos antes, gravara "Meu país", um samba premonitório feito em parceria com Rildo Hora. Após apontar maravilhas e problemas do Brasil, termina com a expressão de um desejo: "E pra melhorar/ só falta mesmo é votar pra presidente/ Sem participar/ Não vou ficar sempre assim/ sorridente". Em 1984, João Nogueira lançou "Vai tirando o seu da reta, queremos direta", cuja mensagem vai resumida no título. Noca da Portela e Ratinho de Pilares fizeram "Não me venha com indireta", samba também com sentido cristalino: "Tá na hora, minha gente/ De votar pra presidente/ Como era antigamente/ O nosso povo é que escolhia o dirigente". Em Salvador, o bloco Panela Vazia satirizou os presidenciáveis indiretos do PDS. Em Brasília, o Bloco do Pacotão, o mais tradicional da capital, deu seu recado: "Chega de conversa mole/ Ninguém engole/ o tal Colégio Eleitoral/ Cai na real, general".[12]

Na Candelária, entre os mais de cinquenta oradores, falaram cinco governadores de oposição: Montoro, Tancredo, Richa e Gerson Camata, além do próprio anfitrião. Brizola foi um dos mais aplaudidos, em reconhecimento pelo empenho, ainda que tardio, em patrocinar a festa cívica, inclusive providenciando transporte gratuito aos manifestantes. Falaram também Ulysses e Lula, ambos muito prestigiados pelo público, da mesma maneira que o deputado xavante Mário Juruna. O nome de todos eles era projetado por um canhão de laser nas laterais dos prédios, detalhe que demonstrava o esmero na organização do comício.

Uma ausência notada foi a de Prestes, muito ovacionado na manifestação anterior. Ao não aparecer, ele protestava contra Brizola, seu aliado circunstancial, devido à conotação anticomunista que, em sua leitura, o governador dera ao comício. Para compensar, o microfone foi franqueado a outro militante comunista, Taiguara, que era monitorado pelo SNI. A proximidade entre os dois comunistas era grande. O censurado cantor e compositor transformara sua casa em QG de Prestes, a quem apoiava também financeiramente.[13]

Ainda no campo da esquerda, quem causou na Candelária foi Francisco Julião, o líder das Ligas Camponesas, associação do PCB que, com uma proposta de reforma agrária, agitou o país durante o governo Jango, nos anos 1960. Com a redemocratização, o político e escritor pernambucano aliado de Brizola se engajou no movimento das Diretas, tendo até produzido um cordel, que o PDT imprimiu em milhares de folhetos: "O povo quer as diretas/ Pra eleger o presidente./ O povo diz o que sente,/ É dono do seu destino,/ Tem cabeça e muito tino,/ Decisão força e vontade.// O povo quer a verdade/ Que sai da boca das urnas./ Quer tapar todas as furnas/ E deixar as onças dentro./ Quer ser o dono do centro,/ Quer mandar no seu país". A dedicação às Diretas o levara a publicar uma carta aberta para tentar convencer um senador biônico, o paraibano Aderbal Jurema, a votar a favor da emenda Dante de Oliveira. "Salve-se, Aderbal. Ainda é tempo", escreveu Julião ao amigo governista. "Dom Hélder, o cristão, lhe perdoará. E eu, que gosto do marxismo, aqui estou, como a sombra de um pau-d'arco em flor, para lhe perdoar também. Venha banhar-se nas águas lustrais do voto popular. E empunhe a bandeira das eleições diretas. Redima-se com o povo."[14] Na Candelária, Julião usou essa retórica envolvente para atacar de maneira dura os militares.

Dos que subiram no palanque, o único que literalmente deu samba foi Sobral Pinto. Aos noventa anos, o advogado tinha uma longa e sólida trajetória de defesa dos direitos humanos, iniciada muito antes da ditadura militar. Católico fervoroso, o jurista não colocava a ideologia no caminho da justiça. Durante o Estado Novo, a ditadura de Getúlio Vargas, ele invocou a Lei de Proteção aos Animais para defender um dirigente comunista torturado na prisão,* petição que se tornou um clássico do estudo do direito. Desde o golpe de 1964 havia se tornado advogado de centenas de presos políticos, de quem não cobrava honorários. Foi do alto dessa história de combates que Sobral pediu silêncio à multidão na Candelária para exigir a volta da democracia à sua maneira: "Nós queremos que se restaure no Brasil o preceito do artigo primeiro, parágrafo primeiro da Constituição Federal: 'Todo poder emana do povo e em seu nome deve ser exercido'. Esta é a minha mensagem. Este é o meu desejo. Este é o meu propósito". A fala inspirou João Nogueira a fazer outro samba sobre as Diretas, dessa vez em parceria com Paulo César Pinheiro: "O Vovô Sobral falou/ que o voto direto é o anseio do trabalhador/ que isso é um direito que exige cada cidadão/ a escolha do novo chefe da nação".[15]

Na Globo, o dia 10 de abril tinha começado agitado, em antecipação ao que viria nas horas seguintes. Logo de manhã, um general chega à TV acompanhado de tropa armada em dois jipes. Queria saber se a emissora iria transmitir o comício em sua totalidade. Roberto Marinho lhe disse que seriam levados ao ar flashes e que

---

* Trata-se do alemão Arthur Ernest Ewert (1890-1959), também conhecido como Harry Berger, que em 1935, a mando de Moscou, participou da fracassada revolta comunista no Brasil. Preso, foi torturado a ponto de enlouquecer.

"não transmitiríamos os trechos que contivessem agressões às Forças Armadas, pois não achávamos construtivo".*

Da mesma maneira que a Globo, outras TVs também se preparavam para a cobertura especial, multiplicando pelo país a mensagem do palanque. O caso da Globo chama mais atenção porque, além de se tratar da maior emissora do país, pela primeira vez se rendia à evidência de que era inviável continuar escondendo o movimento no meio do noticiário. Embora já houvesse pautado o tema em manifestações anteriores, nunca havia investido tanto numa transmissão do gênero. A emissora montou uma estrutura com duas câmeras fixas e nove portáteis, e mobilizou vinte e cinco repórteres, além dos editores. A operação foi centralizada na sala de Marinho. "Em frente à mesa tínhamos um suporte de madeira com aparelhos de comunicação ligados ao caminhão de externas e ao controle de jornalismo e três telefones vermelhos diretos", relata o dono da Globo.

O resultado desse esforço começou a ir ao ar às quatro da tarde em flashes ao vivo de dois minutos, a cada dez minutos. Mais tarde, depois do voo rasante do helicóptero militar, o assunto ocupou nove minutos do *Jornal Nacional*. Na sequência, a Globo transmitiu o encerramento ao vivo, inclusive o pronunciamento de um de seus maiores antagonistas, o governador Brizola, interrompendo a novela *Champagne*, cujas principais atrizes — Irene Ravache, Marieta Severo, Lúcia Veríssimo e Carla Camurati — eram assíduas frequentadoras dos palanques das Diretas.

No total, a Globo dedicou quase uma hora de sua programação ao comício: o suficiente para colocar de vez as Diretas no topo da agenda nacional.

---

* As informações sobre a cobertura da Globo até o fim deste capítulo têm como fonte a edição da *Folha de S.Paulo* de 11 abr. 1984 e o livro *Jornal Nacional. A notícia faz história*, p. 160.

O vale e o planalto

A dez dias da votação da emenda Dante de Oliveira, as oposições e o governo intensificam suas apostas nas estratégias para definir as regras da sucessão presidencial. Em iniciativas concomitantes, os organizadores da campanha pelas Diretas Já promovem um comício apoteótico em São Paulo para fechar o empolgante ciclo de manifestações pelo país, enquanto o presidente Figueiredo convoca uma cadeia nacional de rádio e TV para tentar sensibilizar os congressistas indecisos com uma proposta de eleições diretas: se não "já", pelo menos dali a quatro anos, em 1988.

Desde o comício-monstro da Candelária, outros eventos de grande porte haviam repetido a fórmula que levava centenas de milhares de pessoas às ruas. Goiânia e Porto Alegre, que nos primórdios da campanha tinham realizado atos tímidos, se organizaram para não ficar atrás de outras capitais.

O evento de Goiânia teve um apelo extra. Dez meses antes, a cidade havia sido palco do marco inicial da campanha, quando nem se sonhava com os megacomícios. Agora, ao reunir 300 mil pessoas na praça Cívica, os goianienses se orgulhavam mais uma vez do papel que desempenharam no movimento — proporcionalmente, era o maior comício das Diretas. O acontecimento mais relevante daquele 12 de abril, no entanto, se deu a portas fechadas, no Palácio das Esmeraldas, sede do governo, onde os chefes dos Executivos estaduais do PMDB e Ulysses selaram o que seria chamado informalmente de Pacto de Goiânia: enquanto a emenda Dante de Oliveira não fosse votada, o discurso do partido seria unificado em torno da defesa de sua aprovação, sem espaço para propostas de negociação com o governo.

Quanto a Porto Alegre, a cidade se redimiu da fraca passeata de janeiro um dia depois do sucesso do primeiro megacomício, em Curitiba. Em 13 de abril, a capital gaúcha abrigou a primeira grande manifestação num estado governado pelo PDS. Surpreendentemente, o governador Jair Soares até liberou os funcionários públicos a partir do final da tarde para que pudessem comparecer ao evento embalado por Osmar Santos e pela música da dupla Kleiton e Kledir. Muitas empresas também abreviaram o expediente. O jornal *Zero Hora*, que dominava o mercado regional, passou a apoiar a campanha, ainda que timidamente. Na véspera, por exemplo, a manchete tinha um viés governista ao destacar uma declaração de Figueiredo, para quem o PDS deveria "liderar a luta pelas diretas".[1] Eram pequenas sinalizações de que a campanha havia extravasado os limites da oposição. Na praça Montevidéu, em frente à prefeitura ocupada por João Dib, pedessista que fizera carreira a serviço da ditadura, uma multidão calculada em 200 mil pessoas ouviu mais de sessenta discursos, entre eles os dos governadores do Pacto de Goiânia, além de Brizola, Lula e Ulysses.

Ao contrário dos anteriores, o comício-monstro do vale do Anhangabaú, no centro de São Paulo, saiu do controle dos organizadores, ainda que por um bom motivo: excesso de gente. O comércio havia fechado as portas ao meio-dia e os professores da rede estadual faziam greve — um exército de cidadãos estava disponível antes do início do ato público. Governadores, políticos em geral, assessores e artistas — o pessoal que ocupava os palanques — tinham dificuldade em chegar à passarela de pedestres sob o viaduto, ponto improvisado de onde se dirigiriam à multidão. As estimativas de público variam muito, de acordo com o interesse e o entusiasmo de cada fonte, mas um número superior a 1 milhão seria um patamar razoável de se supor, para efeitos comparativos e uma vez aplicada a ressalva de sempre — a de que os cálculos de todas as manifestações foram superestimados.

Naquela tarde de 16 de abril, uma segunda-feira meio chuvosa, três grandes passeatas partiram de pontos diferentes da cidade, confluindo para a aglomeração sem precedentes no vale e adjacências. Quem olhasse a partir do nível do chão, tinha como ponto de referência um boneco de três metros de Teotônio Vilela, com chapéu e bengala em referência à luta democrá-

Com três metros de altura, o boneco de Teotônio Vilela marca a presença do senador nos comícios. Ele morreu no dia em que a campanha foi lançada, 27 de novembro de 1983

tica do Menestrel das Alagoas. Quem olhasse do alto só via a cor das Diretas. Um piloto de helicóptero sobrevoando o local lembrou o cosmonauta soviético Iuri Gagarin — que dissera que a Terra era azul ao se tornar o primeiro homem a orbitá-la — para comentar que, naquela tarde, o planeta era amarelo.[2]

A manifestação começa com a Orquestra de Campinas, sob o comando do maestro Benito Juarez, que havia testado o formato concerto-comício semanas antes, na abertura da temporada oficial da sinfônica, no Teatro de Arena do Centro de Convivência Cultural da cidade do interior paulista. Em Campinas, as músicas contavam histórias da luta pela liberdade e pela democracia. No programa, canções populares de Milton Nascimento, como "Travessia" e "Maria, Maria" — além das obrigatórias "Coração de estudante" e "Menestrel das Alagoas" —, e peças clássicas, como a *Quinta sinfonia* de Beethoven. Embora fosse a primeira vez que uma orquestra se manifestava poli-

Sob o comando do maestro Benito Juarez, a Orquestra de Campinas toca no comício do Anhangabaú a "Sinfonia eleitoral nº 1", cujo único verso é "Diretas Já"

ticamente, Juarez considerou a iniciativa natural e inevitável, dado o seu histórico de levar música à comunidade em apresentações cívicas, para "avivar a consciência das pessoas".[3]

Uma das obras mais conhecidas do repertório erudito mundial, a *Quinta* de Beethoven é ideal para uma audiência contada em centenas de milhares de pessoas, como a do Anhangabaú. Mas não foi só por isso que o maestro a escolheu. A música está associada à ideia de vitória. Não pelo tema, que sugere uma reflexão sobre a mortalidade, mas porque suas notas iniciais — três curtas e uma longa — por acaso indicam a letra V no código Morse. É o V de "vitória" dos Aliados contra os nazistas, razão pela qual a BBC de Londres abria sua programação durante a Segunda Guerra Mundial com o famoso *tchan-tchan-tchan-tchaaaan*. Juarez achava que artistas tinham obrigação de participar de um evento como aquele, mas, fiel ao espírito da reivindicação popular, nada exigiu dos mais de cem músicos da orquestra, que, consultados, decidiram por unanimidade se apresentar. Juarez foi além. Compôs, para a ocasião, a "Sinfonia eleitoral nº 1", animando os presentes a formar um coro gigantesco e cantar as duas palavras do único verso: "Diretas Já". Fez por merecer o epíteto de "maestro das Diretas".

Como acontecia desde o início da campanha, a fronteira entre música e política se manteve indistinta no Anhangabaú. Mesmo artistas sem tradição de engajamento político fizeram questão de marcar presença. Foi o caso de Walter Franco, que, apesar de identificado com o campo progressista, era mais conhecido pelas experiências que o colocavam entre o espiritualismo zen e a vanguarda artística. Para o comício, no entanto, o músico abandonou o nicho em que a crítica o colocava e compôs a "Sinfonia das Diretas", previamente aprovada por uma comissão suprapartidária. "Eu me envolvi nessa odisseia com muito orgulho", diria mais tarde. Acompanhado só pelo violão acústico, ele cantou os

Apresentação de Walter Franco no Festival de Águas Claras, em 1983. No ano seguinte, o compositor cantaria a sua "Sinfonia das Diretas" no comício do Anhangabaú

versos que se repetiam como um mantra: "Seja feita a vontade do povo: liberdade/ nas urnas o voto popular/ Pra começar tudo de novo, liberdade/ pra poder dormir e acordar/ Pra começar tudo de novo, liberdade/ Pra poder dormir e acordar/ Com eleições diretas de verdade/ e nas urnas o voto popular".[4] Vinte anos depois, ele se lembraria daquele momento: "Comecei cantando baixinho, aquilo foi crescendo e de repente virou um canto coletivo".[5]

O que Walter Franco não sabia era que o SNI estava de olho nele, como conta Gonçalo Junior, que perfilaria o compositor trinta anos mais tarde. "Todos os seus passos durante a campanha das Diretas foram acompanhados, e suas atividades identificadas, assim como as de outros artistas envolvidos no movimento", diz o escritor.[6] Embora não houvesse muito o que investigar — porque tudo era feito às claras —, o serviço de informação continuava trabalhando. Ao longo do vale, agentes da Polícia Federal vigiavam as cores das bandeiras, as palavras dos discursos, as letras das músicas. E depois escreviam relatórios que ficavam entre o óbvio (como constatar que "a massa de pessoas ocupou um espaço físico muito grande") e o equívoco (como atribuir o êxito da mobilização ao PCdoB, cuja importância não era proporcional à grande quantidade de suas bandeiras). Romeu Tuma, superintendente do órgão, anotou no seu relatório: "O verde do vale do Anhangabaú foi coberto pelo vermelho das bandeiras dos partidos de esquerda".[7]

A ponte entre a música e a política foi feita também por Sócrates, que puxou um coro de "Caminhando", de Geraldo Vandré, cujo refrão se tornara uma marca registrada das Diretas: "Vem, vamos embora, que esperar não é saber/ quem sabe faz a hora, não espera acontecer". O líder da Democracia Corintiana fizera uma incursão pelo universo da música — em 1980 gravara *Casa de caboclo*, um álbum sertanejo —, mas não era esse o talento que mexia com o imaginário popular. O que o Brasil queria saber era qual o seu destino no futebol.

Aos trinta anos, Sócrates estava em evidência por ser insistentemente procurado por equipes italianas, como Roma e Juventus, que lhe ofereciam ganhos milionários. Era a única estrela do meio de campo da seleção brasileira de 1982 que ainda jogava no país. Zico atuava na Udinese, e Falcão e Toninho Cerezo, na Roma. Os brasileiros faziam de tudo para que Sócrates ficasse. Washington Olivetto chegou a criar uma campanha, a SOS Sócrates, a fim de levantar recursos com empresas para mantê-lo no país. Com o mesmo objetivo, Montoro prometeu se empenhar para obter um patrocínio das Centrais Elétricas do Estado de São Paulo.[8] As iniciativas, no entanto, não vingaram, e a expectativa era a de que ele em breve assinaria com a Fiorentina. O Magrão causou alguma comoção, portanto, quando pegou o microfone para, ao lado de Casagrande e Wladimir, seus companheiros corintianos, anunciar que ficaria no Brasil caso a emenda Dante de Oliveira fosse aprovada.

Acabou praticamente aí, com uma nota de esperança, a campanha cívica que nos três meses anteriores — contados a partir do primeiro megacomício, o da Boca Maldita — incendiara a imaginação do brasileiro. Havia no ar um clima de otimismo temperado pela desconfiança, algo entre a alegria de um acorde maior de um samba de Beth Carvalho, presença constante nos palcos das Diretas, e a apreensão evocada por uma sinfonia em tom menor, como a *Quinta*. De qualquer maneira, pela primeira vez, o cidadão comum, em geral mantido ao largo das decisões sobre os destinos da nação, se sentiu protagonista do processo histórico. A massa humana anônima, invertendo a equação de costume, se mostrou mais relevante do que a individualidade das personalidades públicas nos palanques. Sem a multidão, os mais inflamados discursos não teriam tido ressonância para além do alcance dos sistemas de som. Os quase 5 milhões que gritaram nas ruas atuaram como porta-vozes legítimos de uma parcela esmagadora da sociedade civil.

A campanha "acabou praticamente aí" porque haveria ainda, naquela mesma noite, mais dois dados a serem lançados: um do governo, outro da oposição.

A multidão no Anhangabaú ainda estava se dispersando quando, com timing calculado, Figueiredo interrompe a programação de rádio e TV para formar uma cadeia nacional em que anuncia uma nova proposta do governo para a sucessão presidencial — a última etapa do longo processo de redemocratização que, formalmente, colocaria um ponto final nas duas décadas de ditadura militar. A emenda constitucional previa eleição direta para prefeitos das capitais a partir de 1986 e redução do mandato presidencial de seis para quatro anos. No total, mudava cerca de quarenta itens da Constituição. A cereja do bolo governista, porém, era a eleição direta para presidente da República em 1988, com possibilidade de reeleição.

Da perspectiva da ditadura, era uma concessão e tanto. Inicialmente, o governo cogitava realizar um pleito direto só em 1990. O cronograma seria mais tarde encurtado para 1989 e, só na última hora, decidiu-se pela proposta de antecipação em mais um ano. Naquela mesma segunda-feira de manhã, antes do comício do Anhangabaú, o líder do governo na Câmara, Nelson Marchezan, havia ponderado com Figueiredo: "Eleições em 1989 serão um tiro de bacamarte com o cano torto. Eleições em 1988 terão no Congresso o impacto de um tiro de canhão".[9] O presidente resistiu, pois já havia prometido aos presidenciáveis do PDS que o mandato seguinte seria de cinco anos, o que jogaria a eleição para 1989, mas acabou aceitando a sugestão endossada pela cúpula do partido e optou pelo tiro de canhão.

Tendo cedido mais do que gostaria, Figueiredo procurou usar a nova proposta para encurralar a oposição. Reconheceu como legítimo o desejo de mudanças expresso pela população, mas argumentou que elas deveriam continuar sendo graduais, com "segurança e responsabilidade". Primeiro o presidente criticou a campanha das Diretas. "Não nos devemos precipitar levados pela emotividade e radicalismo de alguns que querem manipular a vontade do povo para atender objetivos pessoais imediatistas", discursou. Depois fez um apelo enfático ao diálogo: "O verdadeiro obstáculo à mudança está na recusa ao diálogo, na resistência sistemática à negociação, na fixação apriorística de condições inarredáveis para o entendimento".[10]

A iniciativa do governo embaralhou as cartas da sucessão. O jogo nas mãos da situação, de um lado, e da oposição, de outro, não era mais exatamente o mesmo. Por razões diferentes, os defensores das eleições diretas e das indiretas ganharam com a proposta de Figueiredo, mas as vitórias tiveram peso desigual. A tese das diretas ganhou porque houve um reconhecimento por parte do governo de que a mudança demandada pela sociedade era necessária. E não foi um reconhecimento apenas retórico, pois traduzido na antecipação do cronograma eleitoral. A tese das indiretas, contudo, ganhou ainda mais, uma vez que o governo conseguiu retomar a ofensiva para tentar impedir a aprovação da emenda Dante de Oliveira.

Até aquele momento, vinha crescendo o número de deputados governistas que anunciavam publicamente o voto a favor da emenda das Diretas Já. Embora os parlamentares estivessem sob o mesmo guarda-chuva — o Comitê Pró-Diretas do PDS —, suas motivações não eram necessariamente as mesmas. Enquanto alguns agiam por convicção, outros eram empurrados por suas bases eleitorais. Havia também, entre os pedessistas, quem visse na eleição direta um meio de inviabilizar o sonho presidencial de Maluf, via Colégio Eleitoral. Antes da proposta de Figueiredo, o Pró-Diretas tinha mais de sessenta deputados comprometidos com a aprovação da emenda Dante de Oliveira, e calculava que na reta final, dada a enorme pressão popular, o número aumentasse, o que alimentava a esperança de que as Diretas Já poderiam vir a ter o mínimo necessário de dois terços da Câmara. Depois da proposta, no entanto, o grupo perdeu cerca de dez votos. "A emenda Figueiredo, um recuo do regime, paradoxalmente, reverteu a tendência", escrevem Dante e Leonelli.[11]

A cobertura da imprensa se dividiu entre as duas grandes notícias do dia. À noite, os telejornais ficaram entre Brasília e São Paulo. Do Congresso e do Palácio do Planalto, falavam os políticos, sobretudo os governistas, já que a proposta de Figueiredo visava principalmente a bancada do PDS. Do Anhangabaú, falavam os governadores de oposição e demais líderes da campanha, com espaço para artistas e pessoas do público. No dia seguinte, os jornais deram manchetes que traduziam as linhas editoriais de cada um. Em São Paulo, a *Folha* optou por destacar o comício na manchete principal, deixando a parte de baixo da capa para a iniciativa de Figueiredo. O *Estadão* inverteu a ordem.

O editorial da *Folha*, sem surpresa, foi o mais crítico com relação à proposta de Figueiredo de realizar eleições diretas em 1988. "Se o projeto do governo constitui, sem dúvida, uma importante concessão parcial ao movimento pró-diretas, um reflexo claro das pressões irrecusáveis da sociedade civil, ele é também, ao mesmo tempo, um estratagema de última hora cujo objetivo principal é impedir a aprovação da emenda Dante de Oliveira." Para o jornal, foi sintomático o presidente ter lançado mão desse expediente justamente quando a mobilização popular atingiu patamares inéditos. Segundo a *Folha*, tratava-se mais de uma manobra para garantir o continuísmo cuja meta mais imediatista era "oferecer aos parlamentares do PDS um pretexto para irem contra a vontade maior dos cidadãos, uma espécie de álibi capaz de inocentá-los ante o juízo do eleitorado". Por fim, o editorial manda um recado à ala mais moderada do PMDB, que não é citada nominalmente: "As oposições, neste instante, não estão investidas de nenhuma autoridade para negociar em nome da sociedade civil".[12]

As redes de TV não chegaram a esconder o comício do Anhangabaú, como haviam feito com o da praça da Sé e tantos outros pelo Brasil, nem economizaram recursos de produção, tendo enviado numerosas equipes de reportagem para a rua. O resultado no vídeo, no entanto, ficou muito aquém do investimento editorial. Um balanço publicado na época pela *Folha* mostrou que apenas a TV Gazeta interrompeu sua programação para levar ao ar a íntegra do comício a partir do final da tarde, quando discursaram as principais lideranças.[13] Com recursos financeiros e técnicos limitados, a Gazeta, que usou imagens geradas pela TV Cultura, só teve sinal para alcançar a capital paulista. Para as outras seis emissoras de São Paulo, aquele foi mais um dia como outro qualquer. No auge do comício, Manchete e Bandeirantes exibiram desenhos animados; a Record passava um filme de aventura; a Cultura, um programa voltado para mulheres; e a TV Studio, do grupo Silvio Santos, e a Globo, novelas.

A Globo esteve longe do desempenho que tivera na cobertura do comício da Candelária. Levou a campo dez unidades de geração ao vivo, com vinte equipes de reportagem — estrutura compatível com o acompanhamento jornalístico de grandes eventos. A emissora ocupou pontos estratégicos do trajeto da passeata. Havia jornalistas no topo de prédios, em caminhões-elevadores da Eletropaulo e num helicóptero. Além disso, a direção do jornalismo, com sede no Rio, foi transferida para São Paulo. Mas o resultado prático foi um passo atrás se compararmos ao que havia feito no evento do Rio. Na cobertura do comício do Anhangabaú, a programação não foi alterada, a não ser com rápidos flashes e apenas para o estado de São Paulo. Assim, todo o esforço reunido acabou não resultando num trabalho digno da emissora, na avaliação da *Folha*. Com o grande aparato subutilizado, "a TV Globo fingiu redimir-se dos fracassos anteriores".

A própria Globo não investiu na defesa de sua posição editorial. Com relação à cobertura do comício-monstro da Candelária, a emissora se empenhou, no livro em que conta a história do *Jornal Nacional*, em contar com detalhes a pressão que sofrera por parte do governo, mostrando que as ameaças não a impediram de levar adiante uma extensa cobertura ao vivo do evento. No caso do Anhangabaú, porém, a obra apenas lista o esforço de produção e o nome dos profissionais envolvidos, sem entrar no mérito do aproveitamento do material.[14]

A sociedade civil reagiu à proposta do governo antes mesmo de seu anúncio em rede nacional. "Às 19h45 de ontem, exatamente 45 minutos antes de o presidente João Figueiredo anunciar a emenda que enviará ao Congresso, o povo paulista já a submetia a um sonoro plebiscito, no qual a intenção de realizar eleições diretas apenas em 1988 foi sepultada sob uma das maiores vaias já ouvidas em praças públicas brasileiras" — assim começava a reportagem do veterano Clóvis Rossi, na *Folha* do dia seguinte. O anúncio antecipado coube a Leonel Brizola, que teve que aguardar o fim dos demorados apupos para iniciar seu discurso. O público estava receptivo a críticas à proposta de Figueiredo. E elas vieram. Lula disse: "O povo brasileiro já não suportará mais quatro anos de governo biônico". Aplausos. E Ulysses: "Enquanto Figueiredo dirá que a eleição direta será em 1988, a República verdadeira está aqui, afirmando que queremos a eleição já". Mais aplausos.[15] O entusiasmo era tamanho que não se tomou como mau agouro o fato de a pomba solta no ar por Fafá de Belém fazer um voo curto e morrer em seguida.[16]

Encerrados os discursos, a Orquestra Sinfônica de Campinas regeu o Hino Nacional. Todos cantaram, muitos de mãos dadas, "fazendo correr algumas lágrimas entre a multidão", na observação de Rossi. No alto do prédio da Eletropaulo, onde hoje é a Prefeitura de São Paulo, uma equipe da Globo se abraçou e engrossou o coro.[17] Benito Juarez havia se voluntariado para tocar no evento depois de ler um artigo de Cláudio Abramo, na *Folha*, sobre o espírito de solidariedade do brasileiro, que seria movido pelo instinto de preservação diante do perigo iminente. Talvez devido à nossa formação "emprenhada de miscigenação e espírito tribal", argumentava o colunista, essa manifestação aflorasse por aqui na forma de uma festa, como as que os indígenas fazem antes do combate. Pois foi com esse espírito, imaginou o maestro, que os brasileiros promoveram a grande festa do Anhangabaú — antes da batalha final.[18]

Encarando os podres poderes

Na antevéspera da votação da emenda Dante de Oliveira, às sete da manhã, um Boeing da antiga companhia de aviação Vasp levanta voo do aeroporto de Congonhas, em São Paulo, com destino a Brasília, levando a bordo um pouco do clima dos palanques. Muito falatório, e um único assunto: as diretas. Animada com o discurso aos passageiros do deputado peemedebista João Herrmann Neto — que comparara a aprovação da emenda a uma segunda Independência do Brasil —, a petista Bete Mendes, sua colega no Parlamento, pega o microfone dos comissários e puxa o Hino Nacional num coro de 120 vozes, para fechar "o mais alto comício da história do Brasil".[1]

Bete era uma das milhares de mulheres de todo o país que haviam se organizado para pressionar os congressistas a votar "sim" pelas eleições diretas para presidente da República. Sem voto, ao contrário da deputada que integrava o Colégio Eleitoral, essas lideranças femininas e feministas tinham voz — e se fariam ouvir, como se verá. Não estavam sozinhas. Ao longo da campanha, representantes de movimentos sociais, étnicos, religiosos e estudantis também somaram suas vozes em defesa do objetivo comum. Juntos, todos eles — "índios e padres e bichas/ negros e mulheres/ e adolescentes" — faziam um Carnaval cívico, enquanto os homens exerciam seus "podres poderes", que aqui vão citados não obstante a redução semântica dos versos de Caetano Veloso em um de seus sucessos de 1984.

A que homens Caetano se referia? Certamente aos governistas, aos militares, aos defensores do establishment e aos reacionários em geral. Mas talvez não apenas a eles. Entre os homens ditos progressistas envolvidos na campanha das Diretas Já, havia também os que, tratando aqueles grupos como aliados circunstanciais diante da causa comum, manifestavam condescendência ou preconceito em relação a suas demandas específicas.

Os indígenas estavam representados, entre outros, pelo cacique Mário Juruna, deputado federal pelo PDT do Rio, e por Ailton Krenak, ativista dos direitos dos povos das florestas, que mais tarde seria escritor e figura proeminente do pensamento acerca do futuro da sociedade. Presente em vários comícios, Juruna figurava sempre entre os mais aplaudidos, um reconhecimento popular que contrastava com o tratamento dispensado por parte da imprensa, que o pintava com as cores do exotismo, e pelo governo, que durante a campanha ameaçava cassar seu mandato, por ele ter insinuado que os ministros seriam ladrões. Nos palanques, o xavante não se intimidava. "O Brasil já morreu bastante dentro da sua pátria", discursou Juruna no ato público de Goiânia, revestindo com um estranhamento poético a língua que aprendera já adulto.[2] Quanto a Krenak, que teria visibilidade como deputado constituinte na legislatura seguinte, participou da campanha das Diretas mobilizando indígenas Brasil afora. "Eu andava nas aldeias difundindo esse ideal", contou o líder crenaque.[3] Nascido na região do vale do Rio Doce, em Minas Gerais, Krenak enfrentava o projeto do governo Figueiredo de reduzir os direitos indígenas.[4]

Já os negros se fizeram representar por meio de entidades. No comício da praça da Sé, em São Paulo, manifestantes leram um documento em nome de várias organizações, expondo os fundamentos da posição afro-brasileira a favor das eleições diretas. "Superadas as divergências de enfoque, tática ou estratégia, que superficialmente separariam os vários grupos engajados no movimento, a unidade básica em torno do pleito popular, democrático e legítimo, ficou registrada em praça pública", escreveu na *Folha* Abdias Nascimento, intelectual, ativista dos direitos civis e então deputado federal (PDT-RJ).

Pouco depois, no início de fevereiro, foi criado no Rio de Janeiro o Movimento Negro Pró-Diretas, com a participação de militantes de quase todos os partidos e entidades negras atuantes no estado. Na sequência, uma delegação desse movimento

Abdias Nascimento, ativista dos direitos civis. Na época deputado federal pelo PDT-RJ, ele escreveu na imprensa em defesa das Diretas, mas com ressalvas ao "racismo tupiniquim" por parte de esquerdistas que não tratavam lideranças negras em pé de igualdade

compareceu à reunião da coordenação da passeata prevista para meados daquele mês na cidade — e foi aí que o preconceito emergiu. Ao exigir participação na mesa, para ficar em pé de igualdade em relação às demais entidades, o movimento negro foi contestado, sob a alegação de que isso constituiria racismo às avessas. "Já é conhecida essa velha balela do purismo 'esquerdista' que alega uma suposta divisão do povo decorrente da afirmação positiva da nossa identidade negra. Ora, o que divide o povo é o racismo euro-brasileiro das classes dominantes", argumentou Nascimento, denunciando o que chamou de "racismo tupiniquim".[5]

A Igreja Católica esteve presente na campanha por meio das comissões da Arquidiocese de São Paulo, sobretudo as de Justiça e Paz e dos Direitos Humanos, e da Pastoral Operária, vinculada à Conferência Nacional dos Bispos do Brasil (CNBB). Além dessas instâncias, representantes das Comunidades Eclesiais de Base, que desde os anos 1960 mesclavam evangelização e opção preferencial pelos pobres, também estiveram envolvidos na organização do movimento. E os padres, na ponta de um sistema de grande capilaridade, passavam recados claros nos sermões. Na véspera do comício do Anhangabaú, por exemplo, aproveitaram que as igrejas estavam lotadas nas missas em comemoração ao Domingo de Ramos para convocar os fiéis para participar do ato. No dia dessa última grande manifestação, frades da igreja de São Francisco subiram na torre para saudar a população que se dirigia ao vale. Perguntado sobre por que a Igreja não estava à frente da campanha, d. Luciano Mendes de Almeida, secretário-geral da CNBB, teria respondido: "Para que estar à frente, se estamos no meio?".[6]

Adolescentes e jovens, com seu entusiasmo e disponibilidade, ajudaram a divulgar e animar a campanha. As Diretas Já coincidiram com a reorganização do movimento estudantil, que desde meados dos anos 1970 vinha atuando como ponta de lança das muitas iniciativas que pipocavam, aqui e ali, contra a ditadura. Reprimidas pela polícia, as passeatas-relâmpago engrossaram o caldo de contestação que levaria à reconstrução da União Nacional dos Estudante em 1979. Nos primeiros anos, a UNE foi dirigida por quadros do PCdoB, como Aldo Rebelo e Acildon de Mattos Paes, presente nos palanques das Diretas. Mas militantes de todas as tendências — da Liberdade e Luta, mais conhecida como Libelu, à Refazendo — estavam nos comícios. Era "a rapaziada que segue em frente e segura o rojão", que Gonzaguinha cantava um ano depois da refundação da UNE.

Numa clivagem esquemática, os jovens se dividiam entre dois grupos. Dos que integravam o primeiro, quase todos se consideravam de esquerda — as diferenças ficavam por conta da filiação às diversas correntes ideológicas, que iam do comunismo ortodoxo ao trotskismo. O segundo grupo girava em torno da contracultura, na esteira do movimento hippie americano dos anos 1960. Alienados ou adeptos do desbunde, dependendo da perspectiva do observador, eles também contestavam, à sua moda, o regime identificado com o conservadorismo dos costumes. Nos comícios das Diretas, estavam na rua contra o governo, ainda que com pauta própria. Na passeata que antecedeu o comício da Candelária, fizeram circular um Manifesto da Maconha. "A inflação do bagulho ficou entre as maiores de 1983 e continua em alta", dizia o panfleto. "Só tem palha no mercado e a galera não tem como se defender."[7]

Quanto à comunidade homossexual, não teve participação digna de nota nas Diretas. Em 1978, duas das primeiras ações organizadas do movimento que hoje se conhece por LGBTQIA+ foram a criação do grupo Somos, em São Paulo, e o lançamento do jornal *Lampião da Esquina*, o primeiro para o público gay feito por gays. Mas a relação conflituosa da comunidade com a ditadura, em função da resistência às investidas moralistas das forças de repressão, não evoluiu para uma atuação conjunta na campanha política. Essa primeira onda do movimento terminaria em 1983, coincidindo com a disseminação da Aids no Brasil.[8] Com tal prioridade na agenda, a comunidade homossexual não se envolveu nas Diretas, a não ser por conta da expressão de individualidades. Ativista pioneiro desse movimento, o artista plástico Darcy Penteado foi uma das personalidades que — ao lado de Montoro e de sessenta intelectuais, artistas, políticos, professores e outros — representou a sociedade civil na fotografia publicada pela *Folha* na véspera da votação da emenda Dante de Oliveira.[9]

Dos grupos que fizeram o Carnaval cívico em 1984, as mulheres foram destaque, individualmente ou por meio de associações e coletivos.

Ao lado das principais lideranças de oposição e de Osmar Santos, a carismática Fafá de Belém é a pessoa mais identificada com o movimento. Sua legitimidade vinha direto da fonte, a ligação com Teotônio Vilela, estabelecida em meados de 1983, quando ela gravou a música que o homenageava. "A nossa gargalhada há de fazer o chão deste país tremer", disse-lhe na época o grande inspirador das Diretas.[10] Apelidada de "musa das Diretas", Fafá não apenas participou de quase todos os comícios, viajando pelo Brasil de norte a sul, como foi responsável pelos momentos mais empolgantes das manifestações, quando interpretava "Menestrel das Alagoas", num crescendo a partir do sussurro inicial, ou fechava os discursos cantando o Hino Nacional e soltando uma pomba branca que ela própria costumava comprar no mercado de Pinheiros, em São Paulo.[11] Com quase trinta anos, Fafá respirava política desde a infância, sob a influência do pai comunista e tão visceralmente avesso à ditadura que sofrera um infarto ao ver os tanques nas ruas após o golpe de 1964.[12] Tinha uma carreira de sucesso consolidada e, sim, uma gargalhada reconhecida, ambas colocadas a serviço da campanha.

Fafá dividia o título e os palanques com a igualmente jovem Christiane Torloni, a quem cabia puxar coros contra a ditadura e palmas a todos os partidos representados nos comícios — e ela enfatizava o "todos", zelando pela natureza suprapartidária dos eventos. Naquela altura, a atriz já atuara em filmes importantes, como *O beijo no asfalto*, baseado na peça de Nelson Rodrigues, e *O bom burguês*, que levou às telas uma visão crítica da repressão à luta armada. Era também conhecida do grande público por seus personagens em novelas da Globo, como *Baila comigo* e *Louco amor*. Nos comícios, quando alguém na multidão lhe dirigia um elogio, ela devolvia: "Vocês é que são lindos". Para ela, a função dos artistas era emprestar credibilidade ao movimento.[13]

Considerada uma das musas das Diretas, ao lado de Fafá de Belém, a atriz Christiane Torloni veste uma camiseta customizada do modelo oficial da campanha

Foi por meio da ação conjunta, no entanto, que as mulheres, organizadas em grupos de vários matizes ideológicos, mais influenciaram a campanha. A maioria integrava "departamentos femininos" de partidos de oposição, entidades independentes ou associações profissionais identificadas com o campo progressista, aquele situado entre a esquerda e o centro do espectro político. Mas o apoio à campanha chegou também dos setores mais conservadores, como o Movimento de Arregimentação Feminina. O MAF era uma das organizações formadas nos moldes da Campanha da Mulher pela Democracia (Camde), que saiu às ruas em 1964 contra o presidente João Goulart. Reunia mulheres em geral oriundas da elite que identificavam um perigo comunista nos rumos que o governo tomava. Eram chamadas de "marchadeiras" por terem organizado as Marchas com Deus pela Família e pela Liberdade em várias cidades, como a de São Paulo, que atraiu milhares de pessoas duas semanas antes do golpe. Duas décadas mais tarde, elas se sentiam traídas pelos militares, que não cumpriram a promessa de devolver o poder aos civis em dois anos. Por isso, defendiam as diretas, "mesmo com os riscos de vermos pessoas que ajudamos a banir do país receberem muitos votos, como o Brizola", como disse Julieta Nunes Pereira, primeira-secretária do MAF, por ocasião do primeiro grande comício, no Pacaembu.[14]

O movimento feminista, a essa altura focado em temas como a luta contra a violência sexual e por igualdade de direitos, encontrou espaço na agenda para apoiar as Diretas. A partir de meados dos anos 1970, o feminismo no mundo todo vivia uma nova fase, que se seguiu à conscientização dos anos 1950 e 1960, influenciado respectivamente pela francesa Simone de Beauvoir e pela americana Betty Friedan.[15] Em 1984, ia avançada a Década da Mulher, instituída pela ONU em 1975. No Brasil, essa onda do feminismo emerge num contexto marcado pelos acontecimentos no mundo nesse front e pelo ambiente de restrição das liberdades no plano interno. As mulheres se destacam na defesa de presos políticos e exilados, organizando em 1975 — quatro anos antes da assinatura da lei — o Movimento Feminino pela Anistia, que teve em Therezinha Zerbini uma de suas principais articuladoras. Surgiram em seguida os primeiros veículos feministas, muitos de existência fugaz e outros mais duradouros, como o *Mulherio*, que, lançado em 1981, circularia por cinco anos. As mulheres ocupariam maior espaço na política partidária a partir das eleições estaduais de 1982, quando propuseram a criação de um órgão responsável pela defesa da cidadania feminina. Em decorrência dessa reivindicação, surgiram no ano seguinte os primeiros Conselhos Estaduais da Condição Feminina nos dois principais estados em que o PMDB obteve vitória, São Paulo e Minas Gerais. Essas experiências desembocariam na criação do Conselho Nacional dos Direitos da Mulher, em 1985.

Nos primeiros meses de 1984, as mulheres ampliaram a pauta de sua luta para incluir, entre as demandas, a defesa das eleições diretas. Em janeiro, o Movimento de Mulheres Pró-Diretas, suprapartidário, realizou um ato público na antevéspera do comício da praça da Sé, em São Paulo. Presentes, entre outras, Bete Mendes; Ruth Escobar, atriz, produtora cultural e deputada estadual pelo PMDB; a advogada peemedebista Sílvia Pimentel; e a deputada federal Irma Passoni, do PT. Na ocasião, foi lida a Carta Aberta das Mulheres de São Paulo. "Nós, mulheres, repudiamos a política econômica e social imposta ao nosso país, que massacra a maioria dos brasileiros", diz um trecho do documento, que convocava as mulheres para participarem do primeiro megacomício.[16]

Em fevereiro, no mesmo dia em que Tancredo realizava o megacomício em Belo Horizonte, as feministas em São Paulo aproveitaram o aniversário de 52 anos do voto feminino no Brasil para sair em passeata pelas diretas. No centro, mais de 2 mil mulheres se vestiram predominantemente de amarelo e lilás (esta, a cor do feminismo), em evento organizado por vinte entidades sindicais e feministas. Donas de casa, operárias, artistas e professoras ouviriam a primeira-dama do estado, Lucy Montoro, pregar, dos degraus da escadaria do Theatro Municipal, a unidade entre militantes petistas e peemedebistas que ameaçavam se estranhar.[17]

Duas semanas depois, foi a vez de as feministas cariocas se manifestarem. Em 8 de março, Dia Internacional da Mulher, a Federação de Mulheres do Rio de Janeiro, o SOS Mulher, o Grupo de Mulheres Negras, o Centro da Mulher Brasileira e outras entidades promoveram uma animada passeata na avenida Rio Branco, até a Cinelândia, cantando paródias de marchinhas, ainda no clima do Carnaval que terminara na véspera. "Ó brasileira, por que estás tão triste?/ Mas o que foi que te aconteceu?/ Foi a panela que ficou vazia/ E o povo fraco, sem democracia// Vem, brasileira, vamos votar/ não se iluda com Maluf ou Andreazza/ só as eleições diretas podem nos salvar." A psicanalista e escritora Carmen da Silva — uma precursora do feminismo no Brasil, que havia vinte anos antecipava debates na sua coluna "A arte de ser mulher" na revista *Claudia* — saiu fantasiada de Estátua da Liberdade, com uma tocha em uma mão e uma tábua de cortar carne na outra, em alusão à carestia.

Outra intelectual que não deixou a data passar em branco foi Sílvia Pimentel. "A luta conjunta pelas diretas está demonstrando que as lutas específicas que temos que levar adiante têm que se inserir no contexto maior da grande luta do povo brasileiro pela democracia e pela superação do autoritarismo político que marca a trajetória histórica de nosso país", escreveu na *Folha*. Para a integrante do Movimento de Mulheres Pró-Diretas, a ação política conduzida a partir da realidade da mulher, em vez de debilitar, fortalecia o avanço da causa feminista. Ela argumentou: "Tal constatação, se prolongada em um programa de ação que a torne algo não episódico, talvez sirva como ponto de apoio para a superação de um falso dilema que ameaça por vezes a unidade e a força política das feministas brasileiras. Refiro-me à suposta antinomia entre o que é específico da mulher e o que, por ser politicamente abrangente, é visto por algumas como um elemento diluidor das teses e propostas que nós, mulheres, devemos levantar como bandeira".[18]

A intensa mobilização das mulheres desembocou numa das mais formidáveis ações da campanha das Diretas. Uma semana antes da votação da emenda Dante de Oliveira, dezenas de milhares de mulheres de várias partes do país se dirigiram a Brasília a fim de pressionar os parlamentares a votar a favor das diretas, sobretudo aqueles que se declaravam indecisos.[19] Só de São Paulo partiram dezenove ônibus lotados levando oitocentas representantes de sindicatos, associações, entidades e partidos. No dia 17 de abril, elas realizaram, durante quatro horas, o Ato Nacional de Mulheres pelas Diretas, juntando cerca de 6 mil pessoas em frente à rampa do Congresso. Entre elas, professoras, profissionais liberais, políticas, operárias, representantes de delegações femininas e personalidades como a escritora Lygia Fagundes Telles, a antropóloga Ruth Cardoso, a vereadora carioca Benedita da Silva, a dramaturga Leilah Assumpção, a sexóloga Marta Suplicy, a publicitária Clarice Herzog, a historiadora de arte Radha Abramo e atrizes populares como Maitê Proença, Bruna Lombardi, Dina Sfat, Vera Fischer, Lucélia Santos e Ruth Escobar — todas vigiadas de perto por agentes da Polícia Federal.

Enquanto a manifestação acontecia no Congresso, uma comissão de mulheres entrou no edifício para visitar os gabinetes de alguns parlamentares. Com Marchezan, líder do PDS na Câmara, o clima pesou. Lucélia criticou sua "postura de Hulk", o primitivo e selvagem personagem da história em quadrinhos. Clarice trouxe à tona a morte do marido, Vladimir, nas dependências dos órgãos de repressão. Maitê comentou contrariada ter ouvido de congressistas que elas estavam em Brasília para "seduzir os pedessistas". Lygia tomou a palavra para responder que as mulheres não aceitavam "sorrisos de ironia e sarcasmo". O governista retrucou que não estava lá para ser agredido, mas Ruth Escobar garantiu às mulheres a palavra final: "Vocês agrediram o povo brasileiro várias vezes". A temperatura política se manteve elevada em outra visita, quando Cristina Tavares (PMDB-PE) polemizou com Siqueira Campos (PDS-GO), que afirmara que as mulheres estavam fazendo o papel de "massa de manobra do PMDB e das esquerdas". Em outros pontos da capital, dez congressistas que se diziam indecisos foram visitados por delegações femininas em suas residências. Ao final da rodada, Lygia comentou que havia ficado impressionada com a "divisão familiar". Nos contatos com mulheres e filhos de parlamentares governistas, a maioria teria afirmado ser a favor das eleições diretas.

Quando teve início a sessão do dia, à tarde, as mulheres tomaram os 1300 lugares da galeria. A maioria vestia amarelo, inclusive as taquígrafas que anotavam os discursos. As lideranças dos partidos de oposição anunciaram que todo o tempo de que dispunham seria ocupado por suas cinco deputadas: as peemedebistas Mirthes Bevilacqua, Júnia Marise e Cristina Tavares, e as petistas Bete Mendes e Irma Passoni. Houve aplauso entusiasmado nas galerias, seguido de ameaça de esvaziamento do recinto. As mulheres passaram então a gesticular em silêncio, mas ainda assim a sessão foi suspensa para que elas fossem retiradas. Saíram cantando o Hino Nacional.

Nessa altura, o presidente Figueiredo já tinha decidido decretar medidas de emergência em Brasília, numa última tentativa de blindar aqueles parlamentares que, convencidos a votar contra as diretas, estavam expostos à pressão da sociedade. Faltava só um pretexto para baixar o pacote repressivo, que se apresentou com a blitz cívica das mulheres. O governo falou em coação, algo que não houve, e em invasão de gabinetes, o que também não houve. A uma semana da votação da emenda, no entanto, interessava mais aos militares viabilizar a derrota das diretas do que respeitar a verdade factual.

Capital sitiada

Fardado para uma batalha imaginária, com um reluzente capacete de aço e medalhas espetadas no peito estufado, o general Newton Cruz, responsável pelo Comando Militar do Planalto, sugeria uma caricatura marcial às vésperas da votação da emenda das diretas. Montado no imponente cavalo branco que Figueiredo lhe dera de presente, o comandante parecia Mussolini, na observação do próprio presidente da República.[1] A comparação com o líder fascista italiano, aparentemente sem intenção crítica, procedia. Agindo com autoritarismo teatral, o general aplicava as medidas de emergência anunciadas em 18 de abril. Empunhando com frequência uma espécie de chibata, elevou a tensão política em Brasília, que só ficou abaixo da vivida nos momentos de repressão mais explícita, como os que se seguiram ao golpe de 1964 e à decretação do AI-5, em 1968.

Por meio de um decreto, e com base na Constituição outorgada de 1967, o governo havia autorizado uma série de ações coercitivas, a exemplo do que fizera em outubro do ano anterior para impor a política de arrocho salarial. Entre as medidas, destacavam-se a busca e apreensão em domicílios, a suspensão da liberdade de reunião e associação, a intervenção em entida-

O comandante militar do Planalto, general Newton Cruz, conhecido como general Nini, que reprimiu com mão de ferro as manifestações em Brasília às vésperas da votação da emenda Dante de Oliveira

des representativas de classes ou categorias profissionais e a proibição de caravanas com fins políticos, além de uma novidade em relação ao pacote de seis meses antes: a censura das telecomunicações.

Válidas por sessenta dias, as medidas eram aplicáveis em Brasília e em outras dez cidades de Goiás, de onde partiam as principais conexões rodoviárias com o Distrito Federal. Nos dias anteriores à votação da emenda, chegar à capital, por ar ou terra, havia se tornado uma prova de obstáculos. As empresas aéreas foram obrigadas a enviar às autoridades as listas de passageiros dos voos que partiam de São Paulo. Na chegada à capital, todos eram revistados e obrigados a mostrar documentos, mesmo os parlamentares. Nas estradas, barreiras móveis montadas por dezenas de soldados paravam os carros, dificultando o acesso ao centro do poder.

Amigo de Figueiredo, o general Nini, como Newton Cruz era conhecido, havia feito carreira junto ao aparelho de informação dos militares. Em 1964, começa a atuar como adjunto do SNI, órgão para o qual retorna nos anos 1970, depois de desempenhar outras funções. Em 1975, após Figueiredo assumir a chefia do SNI, Newton Cruz é promovido a chefe de gabinete e dois anos mais tarde é guindado à chefia da Agência Central do órgão, onde fica até 1983, quando assume o comando militar do Planalto. Nesses anos como dirigente do SNI, envolve-se em várias controvérsias. É acusado de ser ligado a agentes do aparelho de repressão, inclusive àqueles que teriam jogado bombas em bancas de jornal e na OAB. Foi formalmente acusado por ter executado o atentado do Riocentro, mas não chegou a ser julgado em razão de um habeas corpus. Pesava também sobre Cruz a acusação de ser mandante do assassinato do jornalista Alexandre von Baumgarten. Se nada foi provado contra ele, também nada foi investigado a fundo.

Durante o cerco a Brasília, o general Nini demonstrou a força de que dispunha numa parada militar em que tomaram parte cerca de 6 mil homens e mais de cem veículos de combate, alguns batizados com o nome de serpentes venenosas, como Urutu e Cascavel. Foi uma espécie de passeata oficial contra as diretas. Em frente ao Ministério do Exército, confrontou motoristas que orquestravam um buzinaço. Numa cena que entrou para o anedotário da capital, o comandante militar cavalgou entre os carros, batendo com um rebenque naqueles que cruzavam seu caminho. "Buzina agora que eu quero ver, seu filho da puta!", gritava, como registrou a imprensa.

Nos dias que antecederam a votação das diretas, os homens do general — soldados do Exército e da Polícia Militar — não deram trégua aos manifestantes. Prenderam seis militantes do Movimento da Não Violência, que jejuavam pelas eleições em frente à catedral, e dois jornalistas que documentavam o protesto pacífico que o grupo fazia. Encarceraram dois deputados federais — Aldo Arantes (PMDB-GO) e Jacques D'Ornellas (PDT-RJ) — que participavam de uma passeata. Dispersaram com gás lacrimogêneo uma assembleia com mais de duzentos estudantes. Ordenaram que as universidades brasilienses entrassem em recesso. Expulsaram das dependências do Congresso cerca de oitocentos estudantes que lá haviam entrado para pressionar os parlamentares durante a votação da emenda. A sede da sucursal da *Hora do Povo*, jornal oficioso do MR-8, foi arrombada por oito homens que se identificaram como policiais.

A truculência se intensificava com o passar das horas. Um dia antes da votação, quando uma passeata gigante na Esplanada dos Ministérios passou em frente à sede do Comando Militar, "houve muita pancadaria, prisões e até tiros", conforme anotou o *Estadão* em primeira página, em reportagem que considerou "histérico" o comportamento do general Cruz. "O clima em Brasília piorou muito quando se anunciou que a Polícia Militar poderá intervir no Congresso Nacional a qualquer momento se o esquema montado para a votação não for suficiente", escreveu o jornal. No final da tarde, tropas de policiais se espalharam pelas rampas do edifício e começaram a formar um cordão de isolamento nos jardins que o circundam. O deputado Hélio Duque, que atuava como vice-líder do PMDB, foi chamado à sala do Comitê de Imprensa. "Das suas amplas janelas vejo a área verde em frente ao Congresso Nacional ocupada por militares em trajes de combate", relatou. "O território sagrado do Poder Legislativo estava sendo violado e invadido." O parlamentar se dirige ao general Newton Cruz exigindo que se retire do local "ou então invada o prédio do Congresso e assuma, de vez, a ditadura". Em resposta, é agredido por um policial.[2]

O dia 25 amanhece agitado. Milhares de manifestantes se dirigem ao Congresso. Com a entrada controlada, a grande maioria fica do lado de fora. Centenas de estudantes, deitados sobre o gramado em frente ao conjunto do Legislativo, desenham com seus corpos a expressão "Diretas Já". A cena se repete à noite com maior apelo visual — cada um segura uma tocha acesa.

Funcionários da Câmara se animam com a iniciativa e decidem reforçar a mensagem abrindo e fechando as persianas do prédio administrativo de tal maneira que, olhada de fora e a certa distância, a fachada formava letras que também diziam "Diretas Já".

O Dia D é marcado por intermináveis discursos no Congresso desde que, às nove horas da manhã, o presidente do Senado, o governista Moacyr Dalla, declara instalada a sessão conjunta. Àquela altura, não havia mais novidade nas falas dos dois lados — as posições eram bastante conhecidas. Parlamentares do PDS contrários à emenda evitavam defender o mérito da questão. A oposição dominava os apartes. O deputado João Cunha, do PMDB de São Paulo, pega o microfone para criticar o que chama de "hidrofobia" do general Cruz. José Eudes, do PT do Rio, lembra que naquele dia os portugueses comemoravam os dez anos da Revolução dos Cravos, que pôs fim à ditadura salazarista, e manifesta esperança de que os brasileiros também deixassem para trás sua própria ditadura. Ganhava-se tempo para que a votação ocorresse somente à noite, com o resultado sendo conhecido depois que as multidões em vários grandes centros urbanos já tivessem se dispersado. Líderes de todos os partidos haviam concordado em retardar o início da votação por temer que uma eventual derrota da emenda pudesse gerar tumultos pelo país.

Com a censura imposta ao rádio e à televisão, não era fácil acompanhar o que acontecia em Brasília. Para tornar a restrição ao fluxo das notícias ainda mais eficaz, os responsáveis pelo cerco a Brasília deram um jeito de emudecer a maioria dos telefones dos gabinetes dos parlamentares. A ação foi atribuída ao general Nini, que teria contado com a colaboração da empresa telefônica local e de agentes infiltrados no Congresso. A sabotagem foi denunciada da tribuna. O deputado Airton Soares, líder do PT na Câmara, ocupou o púlpito para informar que os telefones dos parlamentares haviam sido desligados. A comunicação precária alimentava boatos, inclusive o de que o estado de sítio estava prestes a ser decretado.

Enquanto os parlamentares discursavam, nas grandes cidades Brasil afora as pessoas se juntavam em vigílias cívicas para acompanhar a votação. Era uma maneira de pressionar o Congresso à distância. A estratégia havia sido definida no início do mês pelos líderes da campanha, divididos em relação à proposta de uma greve geral naquele 25 de abril. Sindicalistas e estudantes haviam defendido a paralisação, mas, após longa negociação, prevaleceu a posição dos governadores de oposição que, influenciados pelos comandos militares de seus estados, optaram por uma resposta não radical — a organização de vigílias. Seguindo essa orientação, a população se agrupava em locais públicos, universidades, bares, praças.

Em São Paulo, havia muita gente no prédio da PUC, no Spazio Pirandello, na Assembleia Estadual e na Câmara Municipal. Cerca de 20 mil pessoas se dirigiram à praça da Sé, onde fora montado um placar das diretas, com a indicação dos votos dos congressistas. Deputados estaduais de oposição haviam planejado transmitir a votação no telão instalado em um palanque. Com a censura à TV, a cobertura ao vivo foi inviabilizada. Fernando Morais, deputado pelo PMDB, atribui a José Dirceu, secretário-geral do PT paulista, a ideia salvadora de usar uma linha telefônica para informar a multidão. A pedido do governador Montoro, a Telesp instalou um telefone no palanque. Dirceu localizou no Congresso um companheiro de exílio e o encarregou de conseguir um telefone que funcionasse. Descoberto um ramal que havia escapado do bloqueio, o contato de Dirceu ligou a cobrar para a Sé, e Morais ficou na linha o dia inteiro repassando informações de Brasília.[3] Em outras localidades, como a Cinelândia, no Rio, soluções improvisadas com os poucos telefones disponíveis também fizeram a informação circular.

As medidas de emergência racharam o governo. Como em ocasiões anteriores, houve disputa ferrenha entre os defensores da ênfase na abertura política — com o ministro Leitão de Abreu, do Gabinete Civil, à frente — e a linha dura do regime, capitaneada pelo chefe do SNI, general Octávio Medeiros. Leitão de Abreu entendia que a emenda Figueiredo, prevendo eleições para 1988, seria suficiente para convencer deputados do grupo Pró-Diretas do PDS a votar contra a emenda Dante de Oliveira. Derrotado, ele se recusou a redigir o decreto com as medidas de emergência, tarefa que coube ao ministro da Justiça, Ibrahim Abi-Ackel. Quanto à censura prévia ao rádio e à TV, foi incluída no pacote por sugestão do presidente da Câmara, Flávio Marcílio, deputado malufista com extensa ficha de serviços prestados à ditadura.[4]

A proibição de transmitir qualquer notícia relativa à votação no Congresso entrou em vigor no dia 24 de abril. A medida só atingia a mídia eletrônica. Jornais e revistas não tiveram restrições para fazer a cobertura, e publicaram reportagens e editoriais sobre a censura. A preocupação da linha dura do governo não era tanto com o viés crítico do jornalismo impresso, voltado a um público com opinião formada, mas com o impacto do noticiário ao vivo, enquanto os parlamentares estivessem votando. Temia-se que, expostos em transmissões de alcance nacional, os hesitantes se dobrassem à pressão popular e acabassem contribuindo para a aprovação da emenda.

A Globo tinha montado um megaesquema para cobrir ao vivo a votação. Dezesseis equipes foram mobilizadas, com quase cinquenta repórteres e outros tantos funcionários para operar os caminhões de externas, além de sessenta pessoas na Redação, entre editores e técnicos. Roberto Marinho passou dezenove horas na sede da empresa negociando com o governo a liberação da transmissão ao vivo, e não obteve êxito.[5] As reportagens produzidas só poderiam ir ao ar depois de enviadas ao Departamento Nacional de Telecomunicações (Dentel), que quase nunca liberava o material. No primeiro dia de censura, a Globo fez dezesseis reportagens, das quais cinco foram devolvidas, e uma só aprovada para ser transmitida.[6]

A mídia eletrônica reagiu como pôde, denunciando a censura com alguma coragem — pois a punição à desobediência era o corte do sinal, o que acarretaria enorme prejuízo — e boa dose de criatividade. Na Globo, repórteres e apresentadores usavam gravatas ou blusas amarelas, em sinal de apoio a uma campanha que a emissora parece ter endossado só em seus últimos atos. A maior rede do país também driblou a proibição ao realizar entrevistas com partidários das diretas no Globo Esporte, cuja programação não estava sob a vigilância do Dentel.[7] Outra ousadia coube a Jô Soares, que fazia comentários num quadro do *Jornal da Globo*. Na véspera da votação, sério e em silêncio, ele encarou a câmera por um minuto cronometrado, num protesto que dispensava legenda.

Na mesma noite, no outro extremo do ranking de audiência, a modesta TV Gazeta de São Paulo enfrentou a censura com resistência "quixotesca", na expressão de Paulo Markun, um dos protagonistas da cena de rebeldia. Um dos âncoras do programa *São Paulo na TV* pega o telefone vermelho e liga para Orestes Quércia, aproveitando mais uma linha não cortada no Congresso, onde estava o vice-governador de São Paulo. Durante um minuto e meio, os dois conversam sobre o buzinaço em Brasília como se o barulho fosse resultado do trânsito pesado. Era uma abordagem cifrada para falar dos protestos sem mencioná-los explicitamente. Claro que todos entenderam a ironia, inclusive o Dentel, que no dia seguinte lacrou por quase dez horas o transmissor da Gazeta.[8]

As medidas de emergência tiveram o condão de colocar a favor das diretas mesmo os veículos que, até pouco tempo antes, tratavam com suspeição a iniciativa orquestrada pelos opositores do regime. Em editorial depois transcrito nos anais da Câmara dos Deputados, o *Estadão* chamou de "simplesmente deploráveis" os argumentos para justificar a violência do Executivo. O jornal ataca o presidente por supor, equivocadamente, que as massas humanas nas ruas, "jamais registradas na história deste país", resultariam da manipulação de esquerdistas radicais. "Esses comícios espelham o ideal de mudar", diz o texto. E conclui com contundência: "Essa ânsia de mudar não existiria se o Brasil tivesse um bom governo; ocorre que teve o pior desde que aqui se instalaram as Capitanias Hereditárias".[9]

Quanto à *Folha*, intensifica a campanha na reta final. Em 18 de abril, o jornal, então impresso em branco e preto, passa a estampar na primeira página, abaixo do logotipo, uma faixa amarela conclamando a população a usar essa cor pelas Diretas Já. Nos dias seguintes, publica uma série de editoriais críticos às medidas de emergência. No primeiro deles, escreve: "A decretação das medidas contribuirá para ampliar ainda mais o abismo que hoje separa a nação e o Estado".[10] "Tudo isso constitui um retrocesso democrático", insiste um dia depois.[11] Na sequência, compara: "Todos aqueles atos significam erguer em plena capital federal um verdadeiro 'muro da vergonha', à semelhança do Muro de Berlim, separando brasileiros de brasileiros, isolando o centro político do país dos sentimentos mais vivos da nacionalidade".[12] Volta ao assunto na antevéspera da votação: "Na solidão do Palácio do Planalto, um autoritarismo sem juízo nem futuro mostra-se incapaz de conviver com a opinião pública".[13] E encerra a série no dia 25 de abril: "Trata-se obviamente de um procedimento casuístico. Destinado a proteger do testemunho ocular da sociedade aqueles deputados e senadores que atuarem em desacordo com a vontade majoritária na Nação".[14]

Os deputados defensores das diretas passaram o Dia D fazendo as contas do número de votos a favor da emenda. O PMDB estava dividido em relação às expectativas. Entre os otimistas, Freitas Nobre acreditava que a pressão popular surtira efeito e que um número suficiente de parlamentares governistas votaria alinhado à oposição. Entre os pessimistas, Alberto Goldman não alimentava ilusões: "Pela lógica, não passa". A votação começa às 22h45. Os deputados são chamados um a um. Como previsto, o "sim" mantém larga vantagem sobre o "não". Há cenas emocionantes, como a protagonizada pelo pedessista Pedro Colin, de Santa Catarina, que, recém-operado, descumpriu ordens médicas e foi a Brasília só para votar a favor das diretas em uma cadeira de rodas, atitude recebida com aplausos efusivos. Outro governista ovacionado é o jovem José Sarney Filho, do Maranhão, que vota "sim", apesar de seu pai, presidente do PDS, ter trabalhado contra a votação da emenda.

Apesar das celebrações pontuais, a oposição não se anima. Sabe que uma emenda à Constituição requer a aprovação de dois terços da Câmara, antes de ser apreciada pelo Senado. A votação continua. Os que votam "sim" se dirigem ao microfone de apartes, querem visibilidade. Os que votam "não" o fazem de suas próprias bancadas, "em clima de acentuada vergonha", como observa a *Folha*. Os mais constrangidos nem aparecem para votar. Aos poucos fica claro que os pedessistas ausentes iam definindo o resultado. No início da madrugada do dia 26, estava evidente que a emenda seria derrotada. Às duas da manhã, a previsão é confirmada pelo resultado definitivo: apesar de ter contabilizado 298 votos a favor — inclusive de 55 parlamentares do PDS —, a emenda Dante de Oliveira não conseguiu a maioria qualificada. Votaram contra 65 deputados, e 113 se ausentaram. Houve ainda três abstenções. Ficaram faltando 22 votos.* Rejeitada pela Câmara, a emenda não precisou ser enviada ao Senado.

Da galeria do plenário, mais de mil pessoas entoaram um coro que se provaria profético: "O povo não esquece/ acabou o PDS".[15] No dia seguinte, a *Folha* reage com o editorial "Cai a emenda, não nós", publicado na primeira página e depois transcrito nos anais da Câmara. "Frustrou-se a esperança de milhões", começa o texto, que não perdoa os deputados que votaram contra: "São representantes de si próprios, espectros de parlamentares, fiapos de homens públicos, fósseis da ditadura".

O resultado representou o anticlímax da maior campanha cívica da história do Brasil. Foram cem dias que abalaram a ditadura, se computado o período compreendido entre o primeiro megaevento e o último comício — aquele que não houve. Em 12 de janeiro, como visto, a série teve início em Curitiba, no ensaio geral do que seria o movimento. O ato derradeiro teria lugar em Ouro Preto, em 21 de abril. Deveria ter sido uma manifestação cercada de simbolismo, o coroamento da campanha no dia do aniversário de morte de Tiradentes, herói da liberdade e dos ideais republicanos. O governador Tancredo Neves, no entanto, impediu a realização do comício, e usou a oportunidade para fazer um discurso na cidade, apelando à conciliação, em flagrante descumprimento ao Pacto de Goiânia. Criticada pelos setores mais comprometidos com as diretas, a iniciativa do moderado líder mineiro pode ser vista, em retrospecto,

* O resultado é detalhado no Apêndice 2.

como prenúncio da votação que decepcionou a grande maioria dos brasileiros, representados pelos quase 5 milhões de pessoas que foram às ruas em mais de trinta comícios.

Uma vez derrotada a emenda das diretas, Sócrates, que havia prometido ficar se ela passasse, desabafou: "Vou embora desta merda de país. Isso vai demorar muito para virar gente".[16] E começou a arrumar as malas para se mudar para a Itália, enquanto no Brasil que ele deixava para trás o jogo da política passava a ser disputado nos gabinetes de Brasília.

PARTE 3

**O outono dos generais
(1984-1985)**

A ressaca cívica

Às 8h35 de 26 de abril, quinta-feira, Tancredo Neves mal tivera tempo de ler nas manchetes a confirmação da derrota da emenda Dante de Oliveira quando recebeu uma ligação do jornalista Mauro Santayana, seu fiel escudeiro.

"Governador, agora tudo acabou."

"Claro que não. Agora é que tudo está começando."[1]

O ânimo do chefe do Executivo mineiro contrastava com a ressaca cívica expressa no sucinto enunciado na capa da *Folha*: "A NAÇÃO FRUSTRADA!" — assim mesmo, em letras maiúsculas e com um raro ponto de exclamação. Após meses querendo acreditar que as eleições diretas para presidente da República estavam prestes a passar no Congresso, a sociedade tinha que, da noite para o dia, aprender a lidar com a nova perspectiva.

A decepção generalizada veio acompanhada de violência pontual. Horas depois de Santayana e Tancredo desligarem o telefone, manifestações em São Paulo terminaram em quebra-quebra e repressão. Na praça da Sé — palco de atos pela redemocratização, onde continuava instalado o Placar das Diretas com o resultado adverso — um protesto pacífico de alunos da Faculdade de Belas-Artes degenerou em vandalismo promovi-

Primeira página da *Folha de S.Paulo* de 26 de abril de 1984, refletindo a decepção popular com o resultado da votação da emenda

do por pessoas alheias à ação política. Mais tarde, outros dois protestos pacíficos de estudantes foram dissolvidos pela polícia estadual. O primeiro dia do resto daquele ano acabou com um saldo de poucos cidadãos presos e feridos.[2]

Justapostas, as cenas — num aposento tranquilo do Palácio da Liberdade, em Belo Horizonte, e no centro nervoso de São Paulo — ajudam a esboçar o roteiro dos últimos capítulos da saga das Diretas Já: o da resistência quixotesca e o da articulação maquiavélica. As duas vertentes, a quimérica e a astuta, coexistiram por algumas semanas, enquanto o sonho cada vez mais impossível cedia lugar ao cálculo político.

No cenário ainda incerto do dia seguinte da votação, Leonel Brizola chegou a cogitar uma terceira saída. Retomou sua ideia de mandato-tampão, que meses antes despertara algum interesse entre peemedebistas, pois anteciparia o calendário das eleições diretas. Dessa vez, o beneficiário não seria o presidente, mas seu vice, Aureliano Chaves, que teria poderes reduzidos pelo parlamentarismo. A proposta do pedetista era tão mirabolante quanto aparentemente interesseira. Com duração de dois anos, o mandato presidencial terminaria junto com o dos governadores, o que colocaria Brizola, à frente do Executivo fluminense, em posição vantajosa para a primeira disputa eleitoral direta. Extemporânea, a sugestão não suscitou maior repercussão, tendo sido logo descartada com a ajuda de Ulysses, que a ridicularizou, chamando o mandato de transição de "mandato-tampinha".

Com Brizola isolado, os oposicionistas — uns com mais, outros com menos convicção — continuaram insistindo na tese de que, apesar de derrotada na Câmara, a emenda das Diretas Já tinha uma chance, ainda que remota. Se o texto de Dante de Oliveira havia sido barrado, uma nova possibilidade se apresentava, a partir de uma fonte improvável: a emenda Figueiredo. Engendrada para conter o apoio de deputados governistas às diretas, a emenda — idealizada pelo chefe da Casa Civil, Leitão de Abreu, e que levava o nome do presidente, que a endossara — ainda não havia sido votada. Poderia, portanto, ser alvo de alterações, através de subemendas de autoria de parlamentares.

Identificada a brecha, a oposição resolveu explorá-la. A manobra consistia em aprovar a votação em separado do artigo da emenda que propunha diretas em 1988. Para tanto, a oposição precisaria apenas de maioria simples, o que tinha de sobra. Feito isso, a situação se inverteria: o governo é que teria que obter maioria de dois terços para aprovar o artigo, uma tarefa impossível, pelo que se poderia deduzir a partir da votação da emenda Dante de Oliveira. E então, na ausência desse artigo, ficaria valendo o preâmbulo da emenda Figueiredo, que previa eleições diretas, mas sem menção a uma data específica — ou seja, seriam na prática as Diretas Já.[3]

A carona que a oposição pegou na emenda presidencial deu uma espécie de sobrevida à campanha. Os governadores de oposição e os moderados do PMDB mantiveram a retórica a favor das Diretas, embora introduzindo uma variável que produzia uma inflexão no curso da abertura democrática — a defesa de que a mobilização popular não mais se desse em detrimento da tentativa de conciliação com o governo. Quem continuava defendendo com mais afinco as diretas eram Ulysses e Lula. O presidente do PMDB e o líder petista tinham boas razões para não baixar o tom. Entre os mais ovacionados nos palanques, os dois candidatos em potencial numa eleição direta eram carta fora do baralho caso prevalecesse a escolha via Colégio Eleitoral.

Se a eleição fosse indireta, o candidato da oposição teria que ser alguém que, respeitado pela maioria em suas hostes, também tivesse trânsito em segmentos do governo — pois o PDS tinha a maior bancada no Colégio Eleitoral — e fosse considerado confiável pelas Forças Armadas, ou seja, não defendesse que militares fossem levados ao banco dos réus. Da esquerda à direita, todos sabiam que só havia um oposicionista que reunia os quesitos para ser esse candidato de consenso: Tancredo Neves. Não por outra razão o governador de Minas se transformou no alvo preferencial daqueles que, por cálculos políticos ou certezas ideológicas, descartavam qualquer solução de compromisso.

No próprio PMDB havia uma ala que reprovava a conciliação. Era o grupo Só Diretas, que trazia no nome sua única razão de ser. Formado logo após a derrota da emenda Dante de Oliveira, o grupo contava com seis senadores, incluindo Itamar Franco e o líder do partido na casa, Fábio Lucena, e mais de cinquenta deputados, entre eles Pimenta da Veiga, Flávio Bierrenbach, Cristina Tavares e Ibsen Pinheiro. Os parlamentares chegaram a assinar um documento rejeitando liminarmente a ida do partido ao Colégio Eleitoral.[4] Para eles, a melhor estratégia seria implodir o colégio por falta de quórum, o que seria obtido com a ausência dos representantes dos partidos de oposição e dos dissidentes do PDS.[5]

As críticas ferinas ao jogo de Tancredo vinham de setores mais à esquerda, como o PT, que em sua primeira infância precisava se firmar como um partido diferente, e Henfil, cuja voz era multiplicada pela grande exposição na imprensa. Para Lula, a iniciativa das oposições estava mais para transação do que transição. O petista acreditava que, ao alijar a população do processo de escolha do seu governante, a eleição indireta se assemelhava a um pacto entre elites, do qual estariam excluídas as classes subalternas. O resultado seria a manutenção das estruturas econômicas e sociais montadas durante a ditadura, só que sem os militares. Quanto a Henfil, carregou nas tintas ao se referir a Tancredo: "Ele é tão sem posições, sem convicções, sem alma, sem pulmão, espinha, rins, fígado, esôfago, enfim, um vampiro", escreveu numa das famosas cartas endereçadas à sua mãe, em que fustigava os poderosos.[6]

Por algum tempo após a derrota das diretas, a sociedade manteve acesa a tocha cívica. O fogo não era mais tão alto como antes de 25 de abril, mas em maio e junho de 1984 ainda não tinha se apagado. Se a grande oportunidade havia ficado para trás, os mais otimistas queriam acreditar que nem tudo estava perdido. Duas semanas depois do Dia D, mulheres, sob a liderança da ativista pelos direitos humanos Therezinha Zerbini, estavam de novo no Congresso, dessa vez distribuindo bombons embrulhados em papel amarelo com a inscrição "Diretas Já".[7] Em outra forma de protesto, grupos espalhados em grandes cidades simulavam o velório dos deputados que haviam votado contra as diretas ou se ausentado do plenário. Em São Paulo, o cortejo fúnebre saiu pelas ruas com quinze caixões — o número de parlamentares paulistas considerados traidores da causa popular.[8] A execração pública incluiu a outorga do Troféu Joaquim Silvério dos Reis, o colaboracionista que delatou Tiradentes e outros inconfidentes mineiros.

Apesar dessas iniciativas, havia um nítido refluxo da campanha das Diretas. Em fins de maio, Ulysses, depois de consultar lideranças peemedebistas, retirou sua candidatura à Presidência por meio de um comunicado em que afirmava que, mesmo continuando a favor do pleito direto, não seria obstáculo a entendimentos para a sucessão.[9] No dia seguinte, não chegaram a entusiasmar as manifestações convocadas por comitês pelas diretas em São Paulo, Rio, Brasília e Belo Horizonte. Poucas pessoas bateram panela, tocaram buzina ou soltaram rojões.[10]

A cobertura da imprensa refletia a mudança de tom registrada logo após a derrota da emenda das diretas. O *Estadão*, que só dera alguma importância à campanha em sua fase final, passou a defender o que chamou em editorial de "entendimento alto", a conciliação entre oposição e governo. "Ou se extraem do episódio da rejeição da emenda Dante de Oliveira as lições indispensáveis a um diálogo elevado, em nome do interesse público, traduzido em meios aptos a instalar no Brasil a democracia sem adjetivos pela qual o povo anseia, ou desse episódio surgirá, mais cedo do que muitos pensam, o fermento da crise definitiva que levará o país ao caos, em linha reta."[11] No mesmo dia, a *Folha* também ajustou sua posição. Com a derrota da emenda, advogou que o objetivo das diretas fosse perseguido nas ruas, através do reforço da mobilização, e no Congresso, mediante o fortalecimento da aliança das oposições com o grupo Pró-Diretas do PDS. "São modalidades de ação que não se excluem, mas se complementam."[12]

O mês de junho concentrou as derradeiras manifestações populares a favor das diretas. Não eram mais megacomícios, mas ainda assim atraíram milhares de pessoas. O calendário dos eventos não foi estabelecido por acaso. Os organizadores tinham em vista a votação da emenda Figueiredo, que deveria ocorrer no final daquele mês. A intenção era oferecer o respaldo das ruas ao movimento que os parlamentares de oposição e dissidentes governistas ensaiavam no Congresso.[13]

A campanha foi retomada em 1º de junho, sexta-feira, com uma manifestação que reuniu cerca de 15 mil pessoas na praça da Torre, a dois quilômetros do Palácio do Planalto. Embora modesto, se comparado aos comícios-monstros de abril, o evento foi a maior concentração política numa cidade cujo plano-piloto não é um convite a grandes aglomerações. Não apareceram artistas de projeção nacional, como os que haviam animado os cem dias de festa cívica, com exceção de Bruna Lombardi e Carlos Alberto Ricelli, que se encarregaram da abertura. Sem a presença dos governadores de oposição, Ulysses e Lula deram seus recados. "Vocês vieram aqui dizer que a luta continua", discursou um rouco peemedebista. A fala do líder petista esteve um tom acima do da oposição: "Se enganam os que acham que a solução está no Congresso Nacional. O poder a gente toma, conquista, não negocia".[14]

A manifestação teria sido apenas mais uma do gênero não fosse a execução da "Sinfonia das Diretas", também conhecida como "Sinfonia das buzinas" — um happening que, por quarenta minutos, transformou a burocrática capital federal em palco de uma ousada apresentação que usava linguagem de vanguarda para passar mensagem política. Um precedente justificava a iniciativa. Dois meses antes, motoristas de Brasília haviam se manifestado contra o governo com um buzinaço espontâneo, o que levou o general Nini, montado em seu cavalo branco, a chicotear alguns carros. Com a sinfonia, o que antes era ruído aleatório ganhava estrutura formal.*

O autor da façanha político-poética foi o maestro carioca Jorge Antunes, considerado o precursor da música eletroacústica no Brasil.[15] Eclético, ele tinha começado a vida como artista plástico e estudara física e filosofia, além de composição e regência. Militante de esquerda, engajado desde estudante em causas sociais, Antunes vivera exilado por cinco anos após a decretação do AI-5. Morou na Argentina, Holanda e França, obteve doutorado em estética musical e se aproximou das vanguardas mundiais dos anos 1960 e 1970. Com essa densa bagagem cultural, desembarcou no Brasil para lecionar na Universidade de Brasília e, anos mais tarde, transformar a cacofonia de motoristas desalentados em obra de arte futurista.

---

* A "Sinfonia das Diretas" pode ser ouvida na íntegra neste endereço: <https://www.youtube.com/watch?v=RfvI1hHo4cE>. Acesso em: 11 nov. 2022.

O maestro Jorge Antunes rege em Brasília a "Sinfonia das Diretas", também conhecida como "Sinfonia das buzinas", um happening que emprestou criatividade à campanha após a derrota das diretas no Congresso governista

Para viabilizar a execução da sinfonia, Antunes recrutou pela imprensa voluntários que tiveram as buzinas de seus carros catalogadas, a partir da frequência dos sons emitidos, em diferentes notas musicais. Mais de cem responderam à convocação. Com seus carros dispostos na carreata-comício como músicos de uma orquestra, eles buzinavam ao comando do maestro, que também contava com quinhentos universitários estrategicamente espalhados na multidão para puxar o coro. O arranjo tinha ainda sons eletrônicos e percussão, feita inclusive com panelas.

A dimensão política da sinfonia foi reforçada pela letra de Tetê Catalão, jornalista, poeta e agitador cultural de Brasília, desde que lá se instalara, em meados dos anos 1970, quando deixou o Rio de Janeiro para integrar uma banda de rock na capital. Inconformado com a proibição de um comício na véspera da votação da emenda Dante de Oliveira, instigara o buzinaço em sua coluna no *Correio Braziliense*. As buzinas, comparou, seriam o equivalente contemporâneo das milenares trombetas de Jericó que, de acordo com a narrativa bíblica, foram tocadas pelos israelitas para derrubar o muro da cidade.

Durante a sinfonia, um declamador intervém: "Atenção, atenção! Os atores principais, presentes aqui nesta praça, solicitam aos figurantes que até agora estiveram no poder que se retirem! Delicada e naturalmente, dizemos: é a vez da voz que vota, é a vez da voz que veta! Quem elege é quem derruba, não se iluda!". Para acompanhar o naipe de panelas, TT Catalão, como preferia assinar, escreveu: "Um dia é do caçador, o outro é da caçarola". E o coral insiste: "Quem nos tiraniza, abusa, arrasa, azucrina; a razão resolve, buzina, Brasília, buzina!".[16]

Os outros três comícios de junho não tiveram tanta criatividade, mas juntaram bem mais gente. No dia 25, Curitiba reeditou a manifestação da Boca Maldita com um público razoável, em torno de 40 mil pessoas. Inaugurou-se um monumento em homenagem a Teotônio Vilela. Taiguara cantou Vandré. Wanderléa deixou para trás a personagem "Ternurinha" dos tempos da Jovem Guarda e puxou o Hino da Independência. Ao final, Fafá de Belém e o cantor romântico-brega Wando fizeram pequenos shows. Com Osmar Santos de volta ao comando do espetáculo, governadores marcaram presença, entre eles Montoro e Brizola, além de Richa, o anfitrião. Tancredo, gripado, não apareceu.

No dia seguinte, São Paulo encheu de novo a praça da Sé, mas dessa vez com 100 mil pessoas, público bem menor que o do Anhangabaú. Não faltou animação. Sob a batuta do maestro Benito Juarez, a Orquestra Sinfônica de Campinas tocou "Ponteio", de Edu Lobo e Capinam, sucesso da MPB dos tempos dos festivais dos anos 1960, além das previsíveis "Caminhando" e "Apesar de você". A imprensa voltou a destacar o comício, mas sem o mesmo entusiasmo. Nas TVs, poucos flashes ao vivo. A Cultura interrompeu as transmissões no final da tarde após receber telex do diretor do Dentel em São Paulo avisando que a emissora poderia estar infringindo o Código Brasileiro de Telecomunicações. Entre os governadores, chamou a atenção, mas não surpreendeu, a ausência de Tancredo, que continuava gripado. A *Folha* o provocou ao publicar, em meio às fotos do evento, uma moldura sem imagem com a seguinte legenda: "Espaço reservado para a foto de Tancredo, que não veio ao comício".[17]

No terceiro dia seguido de manifestações, o Rio organizou uma passeata-comício com anunciadas 100 mil pessoas. Caminharam entre a Candelária e a Cinelândia sob uma chuva fina de início de inverno. O advogado liberal Sobral Pinto emprestou sobriedade ao evento. A sambista de esquerda Beth Carvalho, entre outros artistas, levou alegria à avenida. Políticos de oposição marcaram ponto mais uma vez. Com exceção de Tancredo, cada vez mais gripado.

Real ou não, a gripe foi conveniente para Tancredo Neves. Evitou as vaias dos militantes mais à esquerda, que desaprovavam sua movimentação nos bastidores, tentando se viabilizar como o nome de consenso no Colégio Eleitoral ao mesmo tempo que mantinha a retórica favorável às eleições diretas. De qualquer maneira, aquele canto do cisne da campanha foi tão lírico quanto inútil, porque, um dia depois do último ato público, o presidente Figueiredo retirou a emenda na qual a oposição pensava em pegar carona para aprovar as diretas.

A fragilidade da estratégia era tão evidente que foi prevista com mais de um mês de antecedência, na antevéspera da votação de 25 de abril. Na *Folha*, João Russo havia identificado com nitidez o roteiro do governo: depois da rejeição da emenda das diretas de Dante, seria a vez de rejeitar a emenda das diretas de Figueiredo, cujo objetivo precípuo tinha sido torpedear a emenda Dante. Uma vez alcançado o intento, não tinha mais por que existir. "Isso é o que está posto; armam novamente um passa-moleque na oposição, e principalmente, na população", escreveu o jornalista.[18] Ao retirar a emenda, Figueiredo justificou: "Os apologistas da eleição direta, ignorando os propósitos da emenda, dela se querem aproveitar para implantação imediata desse tipo de eleição".

No mesmo dia do anúncio de Figueiredo, o presidente do Senado, Moacyr Dalla, prometeu que a emenda Theodoro Mendes — anterior à de Dante de Oliveira — seria votada dali a uma semana. A proposta previa a eleição imediata para presidente da República, com votação em dois turnos, a mesma regra que valeria a partir da eleição de 1989. Escaldada, a oposição nem chegou a se animar. "Abre-se, assim, uma nova e derradeira oportunidade para que se concretizem os anseios nacionais pelo pleito direto imediato", anotou Clóvis Rossi na *Folha*. E completou: "Mas é forçoso admitir que as possibilidades de que a emenda seja aprovada são remotas".[19] Mesmo que passasse na Câmara, não obteria os dois terços dos votos necessários num Senado governista e biônico. Quando a emenda foi finalmente descartada, em setembro, por falta de acordo entre as lideranças partidárias, ninguém mais prestava atenção nela.

Sem um instrumento legal em que pudessem se agarrar para insistir nas diretas, os sonhadores perderam espaço para os pragmáticos. O grupo Só Diretas, do PMDB, dizimou-se rapidamente, e dele não se teve mais notícia. A militância petista passou a ser acusada de fazer o jogo de Maluf, ao continuar criticando Tancredo, o único oposicionista viável no Colégio Eleitoral. Por insistir na tese das diretas, o PT era cobrado pelas outras oposições, que viam na atitude a semente do divisionismo que, no limite, poderia levar ao retrocesso, uma vez que a ditadura, embora em seus estertores, ainda não havia acabado.

O empuxo de tais considerações fez com que o pêndulo do processo de abertura pendesse cada vez mais para o plano B das oposições para a sucessão presidencial.

O plano B

O desfecho do processo sucessório que pôs fim à ditadura militar teve dois grandes protagonistas: o conciliador Tancredo Neves, construtor de consensos improváveis, e seu antípoda Paulo Maluf, cabo eleitoral involuntário da oposição.

Passada a ressaca cívica, o governador de Minas admitiu finalmente a possibilidade de vir a ser candidato a presidente da República. "Tancredo aceita ser o ambivalente", anuncia a manchete da *Folha*, três semanas após a derrota da emenda Dante de Oliveira.[1] Abrindo o jogo que vinha fazendo com mais discrição desde o auge da campanha das Diretas, o peemedebista teve o cuidado de não descartar nenhum cenário: ele poderia ser candidato no pleito direto ou indireto. Mais importante, condicionou sua eventual candidatura a um amplo consenso dos partidos oposicionistas. Uma semana mais tarde, Roberto Gusmão, braço direito de Montoro, diz, em entrevista à *Veja*, que Tancredo poderia ser o nome das oposições no Colégio Eleitoral, deixando claro que o governador de São Paulo, pretendente natural ao cargo, se retirava da disputa.[2] Para Cláudio Abramo, em sua coluna na *Folha*, a noção de realpolitik havia se infiltrado na mente de vários dirigentes do PMDB.* Não sendo possível a eleição direta, "por mais desagradáveis que fossem os engulhos a tolerar, seria necessário aceitar a ideia da eleição indireta ou desistir de fazer política".[3]

A aritmética mais simples mostrava que o PDS poderia tranquilamente escolher o sucessor de Figueiredo numa eleição indireta. O partido governista tinha maioria de sobra no Colégio Eleitoral. Mas lhe faltava unidade, como ficara claro na votação da emenda Dante de Oliveira. Nenhum de seus líderes tinha força suficiente para se impor. O próprio presidente, sem conseguir coordenar o processo, abrira mão dessa incumbência em discurso à nação em fins de 1983, quando a campanha das Diretas ainda não havia tomado forma. "Como não antevejo a possibilidade de alcançar o consenso que almejava, restituo a coordenação ao meu partido", discursou na TV.[4] Anos mais tarde, comentaria sua aversão pela política: "Não sou político. Não entendo de política. Não sei conversar sobre isso".[5] Mesmo a contragosto, no entanto, Figueiredo continuou envolvido na sucessão pela força do próprio cargo. "A sucessão se fez a partir dele, apesar dele, com ele e contra ele", resumiram os jornalistas que contaram em livro os bastidores daquela eleição.[6]

A partir de junho de 1984 os desdobramentos decisivos do processo sucessório se precipitaram. Tudo começou com a decisão sobre o universo de eleitores que escolheriam o candidato do PDS. Sarney, presidente do partido, propôs a Figueiredo a realização de uma prévia, em que votariam cerca de 80 mil pedessistas de carteirinha. Era uma tentativa de unir a legenda em torno de um nome. O presidente concordou, a princípio, mas deixou

---

* O termo alemão *Realpolitik*, que significa política realista, faz referência, em geral pejorativa, ao pragmatismo que não leva em consideração o elemento ideológico.

de apoiar a iniciativa ao ser informado pelo SNI de que Aureliano provavelmente venceria a consulta às bases.[7] Figueiredo passara a implicar com seu vice desde que, em 1983, este ganhara visibilidade durante os mais de quarenta dias em que o presidente ficou de licença médica para uma operação cardíaca nos Estados Unidos. Como não podia alegar essa motivação, disse que concordaria com a prévia desde que todos os pré-candidatos estivessem de acordo — e era sabido que Maluf não estava.

As chances do deputado aumentavam à medida que diminuía o universo de eleitores. Por isso, em vez de uma prévia ampla, ele preferia uma convenção partidária restrita, com menos de mil eleitores, entre dirigentes nacionais, senadores e deputados federais e estaduais.[8] Nesse ambiente mais controlável, Maluf podia colocar em prática os métodos de aliciamento pelos quais era conhecido e que, no limite, incluíam a compra de votos. Agindo assim havia convencido a maioria dos membros da convenção da antiga Arena de São Paulo a elegê-lo governador do estado em 1978, impondo uma derrota inédita a um presidente militar, no caso Geisel, que apoiava Laudo Natel. Em 1984, Maluf acreditava que poderia repetir a dose em escala nacional.

A desintegração do partido governista se torna irreversível quando, em 11 de junho, em reunião da Comissão Executiva, Maluf consegue derrubar formalmente a opção das prévias. Em resposta à decisão esperada, Sarney renuncia com espalhafato à presidência do partido. A tensão é indisfarçável. O dirigente pedessista chega ao recinto com um revólver calibre 38, que não faz questão de esconder. É a sua maneira de reagir à informação que circulava na cidade, de que alguns deputados malufistas queriam tirá-lo do cargo "no tapa". Embora os ânimos estivessem exaltados, não houve necessidade de sacar a arma. "Eu confesso que estava até um pouco frustrado, por não a ter utilizado", comentaria Sarney dez anos mais tarde.[9] A tumultuada sessão, que entraria para o anedotário brasiliense, seria o primeiro movimento em direção ao racha do PDS que viabilizaria a candidatura de Tancredo.

A obstinação de Maluf em sentar-se na cadeira de presidente determinou, em grande parte, o curso da história. Sempre com essa meta em vista, nem chegou a terminar o mandato à frente do Executivo paulista, preferindo eleger-se em 1982 para a Câmara, onde ficaria mais próximo da maioria dos membros do Colégio Eleitoral. Sem ser popular entre seus pares, obteve apoios expressivos, como o de parlamentares mais identificados com a linha dura do regime e, no outro extremo, o do general Golbery, arquiteto do projeto de abertura. As principais lideranças do PDS, no entanto, lhe tinham ojeriza. "O turco não sentará no meu lugar de maneira nenhuma", repetia Figueiredo sobre o deputado, de origem libanesa.[10] Aureliano, que tinha o apoio dos que haviam integrado o grupo Pró-Diretas, e o senador Marco Maciel, que mais discretamente se alinhara às Diretas, também repudiavam a pretensão de Maluf. Cientes de que não teriam chance na convenção, desistiram das candidaturas no início de julho, para regozijo de Tancredo, estuário natural de qualquer insatisfação nas fileiras pedessistas.

Havia forte pressão dentro do PDS para que Maluf renunciasse à candidatura. Sabia-se que sua insistência provocaria a debandada de parte dos parlamentares do partido governista. Em meados de julho, ao receber a confirmação de que Maluf não desistiria, Aureliano telefona imediatamente para Tancredo, selando a aliança que vinha sendo articulada. O acordo era simples. Se o deputado paulista ganhasse na convenção, os dissidentes do PDS apoiariam o PMDB no Colégio Eleitoral. Como reciprocidade, o vice na chapa seria José Sarney, que ingressaria no PMDB para cumprir uma exigência legal, pois os

O deputado Paulo Maluf, cuja insistência em manter sua candidatura à Presidência pavimentou o caminho de Tancredo, e o vice-presidente Aureliano Chaves, seu rival no cenário de eleição indireta

dois nomes da chapa deveriam pertencer ao mesmo partido. Os parlamentares que deixavam o PDS confluíam para a recém-criada Frente Liberal, embrião do Partido da Frente Liberal (PFL), um grupo de centro-direita que, com mais de cem delegados no Colégio Eleitoral, transformava-se em fiel da balança. Desse acordo entre a Frente Liberal e o PMDB nascia a Aliança Democrática.

Filiado à Arena desde sua fundação, Sarney fizera carreira à sombra do regime. Ingressara na política em 1955, como deputado pelo Maranhão eleito pela conservadora UDN. Em 1965 elegeu-se governador do estado. No início dos anos 1970, obteve uma cadeira no Senado, onde ficaria até ser eleito na chapa de Tancredo. Nessas três décadas de vida pública estivera menos para protagonista do que para coadjuvante, mas sempre a serviço dos interesses dos conservadores e dos militares. Na campanha das Diretas, posicionou-se contra a emenda Dante de Oliveira. "Para quem combatera o regime, e mesmo para quem fora para a rua pelas Diretas, a dose era cavalar", comentaria o jornalista Elio Gaspari a propósito do representante da dissidência pedessista na chapa da oposição. "Tancredo colheria o vice no jardim da ditadura."[11]

Agosto foi um mês decisivo para a sucessão. No dia 11, como previsto, Maluf ganhou com folga de seu oponente, o ministro Mário Andreazza.* Foi uma vitória de Pirro. O paulista, efusivo, comemorou o resultado na convenção do PDS, mas o mineiro Tancredo, discretamente, comemorou ainda mais. Sabia que, em sua maioria, os votos em Andreazza migrariam para a aliança que ele encabeçava e fariam a diferença no Colégio Eleitoral dali a cinco meses, quando a disputa seria decidida. Na sequência, a chapa Tancredo-Sarney é homologada na convenção do PMDB e o governador de Minas deixa o cargo, na véspera do prazo exigido por lei, para se candidatar a presidente.

Depois dos principais lances da sucessão terem sido decididos a portas fechadas, estava na hora de a população voltar às ruas. As multidões não influenciariam o resultado do pleito, mas dariam lastro político ao novo governo ao sugerir que a eleição presidencial, mesmo indireta, era parte do mesmo processo que alvoroçara o país no primeiro semestre. Em 14 de setembro — um mês depois de ter se desincompatibilizado do cargo de governador — Tancredo deu início a uma série de comícios que se repetiriam até o final do ano.

Por recomendação do publicitário Mauro Salles, o primeiro destino da caravana foi Goiânia, não por coincidência a cidade onde, mais de um ano antes, fora realizado o primeiro comício das Diretas. Com 200 mil pessoas na praça Cívica, o PMDB tentava reeditar a animação popular com o mesmo Osmar Santos

---

* Maluf obteve 403 votos, contra 350 dados a Andreazza.

no comando da festa. Os oradores, entre os quais sete governadores peemedebistas, se sucederam no palanque com intervenções cronometradas para que o discurso de Tancredo pudesse ser transmitido ao vivo pelo *Jornal Nacional*. "O Colégio Eleitoral é espúrio, ilegítimo", afirmou o candidato. "Entretanto, não temos outra saída senão essa forma esdrúxula de seleção de governantes."[12] Sem a participação do PT, contrário à eleição indireta, haveria ainda grandes manifestações em Belém, Manaus, João Pessoa, Teresina, Cuiabá, Campo Grande, Rio Branco, Porto Velho, São Paulo, Aracaju e Recife. A última parada, uma semana antes do Natal, foi na praia da Boa Viagem, com a presença de Maitê Proença, Fafá de Belém, Paulinho da Viola, Beto Guedes e Luiz Gonzaga, o rei do baião.[13]

Enquanto a população se reunia nas praças, militares aventavam a possibilidade de golpe. "Estivemos a um passo de um retrocesso ou golpe de Estado, e o clímax aconteceu em outubro", escreveu no *Estadão* Carlos Chagas, conhecedor da caserna desde os tempos em que fora assessor de imprensa da Presidência durante o governo do general Costa e Silva. "Os donos do poder não queriam entregá-lo", continuou o jornalista. Havia o medo do revanchismo por parte de um novo governo, mas sobretudo "o desejo de manter os privilégios de duas décadas". Chagas não atribuía a manobra à instituição das Forças Armadas, mas a militares em posição de chefia e a alguns civis, tendo à frente a comunidade de informações. "Eles tramaram a continuação de Figueiredo no governo", afirmou.[14]

Intencionalmente ou não, Figueiredo emitia sinalização contraditória. Às vezes parecia querer permanecer no cargo, às vezes se mostrava ansioso para deixá-lo.[15] Também não esclarecia o que pensava sobre Tancredo. Num dia o considerava confiável para liderar a conciliação, em outro dizia que sua eleição poderia levar à esquerdização e estimular o revanchismo.[16] Chegou a se referir ao candidato de oposição como "Tancredo Never", fazendo trocadilho com a palavra "nunca" em inglês.[17]

As suspeitas de armação de golpe apontavam sempre para Newton Cruz, amigo de Figueiredo. Em setembro, o petista Airton Soares procurou Ulysses para denunciar a existência de um plano arquitetado pelo general.[18] Para os senadores Marco Maciel e Affonso Camargo, o que Tancredo temia era um putsch em Brasília, comandado por Cruz.[19] Entre agosto e novembro, o peemedebista esteve atento à possibilidade de golpe.[20] Sabia ser preciso apresentar uma saída para as Forças Armadas, porque, apesar de todo o desgaste, Exército, Marinha e Aeronáutica ainda tinham combustível para ir em frente por mais algum tempo, na avaliação do historiador Ronaldo Costa Couto.[21] Mas Tancredo também se fiava nas informações tranquilizadoras de Geisel, que chegavam a ele via Frente Liberal.[22] Como anotou Carlos Chagas, "felizmente, a ideia [de golpe] nasceu bichada, pois não contou com o apoio geral do Sistema".[23]

À medida que se aproximava o dia da votação no Colégio Eleitoral, a vitória de Tancredo parecia cada vez mais consolidada. Maluf, vendo escapar-lhe a oportunidade que antes se afigurava tão próxima, tentava diminuir a diferença entre eles de todas as maneiras, inclusive comprando votos. Embora a prática de suborno por parte do empresário fosse conhecida, nunca havia sido documentada até o deputado Mário Juruna acusá-lo de maneira irrefutável, pois admitiu ter recebido dinheiro em troca de apoio. O escândalo veio à tona em fins de outubro, quando o midiático cacique, instigado por amigos e assessores, se arrependeu e convocou a imprensa para registrar a devolução, na agência bancária da Câmara, de uma pilha de cédulas acomodadas numa caixa de papelão — imagem estampada nos jornais e na TV. Os detalhes do caso ajudam a entender o método de Maluf, que não aparecia em primeiro plano. O candidato se valeu do fato de Juruna ter apreço por Flávio Marcílio, vice na chapa pedessista, que o ajudara a se instalar em Brasília e promovera a criação da Comissão do Índio, presidida pelo cacique durante toda a legislatura. Além disso, terceirizou a entrega do monte de notas, que ficara a cargo de Calim Eid, notório operador do malufismo.[24]

Criado durante o arbítrio, o Colégio Eleitoral não atendia mais ao objetivo original, de apenas referendar a decisão presidencial sobre seu sucessor. Seu funcionamento pressupunha um consenso, ainda que imposto, e não uma disputa real, embora limitada. A história do colégio é relativamente curta. Embora constasse da Constituição de 1967, não chegou a ser acionado na eleição seguinte, a de Médici, devido à excepcionalidade do afastamento de seu antecessor, Costa e Silva, por motivo de saúde. A escolha de Médici se deu por força de um ato institucional ratificado pelo Congresso. Restaurado em 1969, por meio de emenda constitucional, o colégio seria acionado apenas três vezes, para eleger Geisel, Figueiredo e o seu sucessor. Sua composição mudou ao longo desses anos, ao sabor do interesse imediato de tentar garantir o resultado sem surpresa. A regra válida em 1984 — alterada por emenda constitucional dois anos antes — estabelecia que o colégio seria formado pelos senadores, deputados federais e seis delegados de cada assembleia estadual, indicados pelas bancadas dos partidos majoritários.[25] No total, 686 eleitores, para um país com quase 60 milhões de pessoas aptas a votar.

O Colégio Eleitoral tinha ainda o agravante de distorcer de forma crescente a representatividade de seus membros, de modo a favorecer aqueles oriundos das bancadas mais dóceis ao regime. À medida que artifícios eram introduzidos, os votos de estados menos populosos valiam relativamente cada vez mais. O voto de um delegado do Acre, por exemplo, que com as mudanças do Pacote de Abril de 1977 valia dezesseis vezes mais do que o de um representante de São Paulo, passou a valer 115 vezes mais com a composição de 1984, em flagrante violência ao princípio federativo da República brasileira.[26]

Essa desproporção, somada à figura do senador biônico, dava ampla vantagem ao PDS no Colégio Eleitoral. Com 361 delegados, os pedessistas tinham bem mais da metade dos votos necessários para fazer o sucessor de Figueiredo. Apesar de renegado por grande parte de seus próprios correligionários, Maluf alimentava um fio de esperança de se eleger. Bastaria o Tribunal Superior Eleitoral decidir que deveria ser observada a regra da fidelidade partidária. Nesse caso, os parlamentares do PDS seriam obrigados a votar no candidato do partido, sob pena de perderem os mandatos. O TSE, porém, entendeu que o voto infiel, proibido nas eleições para o Congresso, não valia para o Colégio Eleitoral. A decisão, anunciada em novembro e ratificada em dezembro, foi a pá de cal na candidatura de Maluf. A partir daí, a única dúvida sobre a vitória de Tancredo era o tamanho do placar final.

Maluf perdeu por ter escorado sua estratégia em quatro premissas equivocadas, na avaliação de Ronaldo Costa Couto: contar com o apoio de Figueiredo; imaginar que Tancredo, aos 74 anos, não renunciaria a quase três anos de mandato de governador; acreditar no automatismo do apoio dos andreazzistas; e menosprezar a influência da deterioração interna e externa do regime militar.[27] Quanto a Tancredo, ganhou por ter cumprido "à risca o papel de algodão entre cristais e de luz no fim do túnel".[28] O plano B das oposições — lançar mão do capital político acumulado em dezenas de comícios para chegar ao poder pela via indireta com a legitimidade possível — talvez tenha sido, desde a fase preliminar das Diretas Já, o plano A de Tancredo. Mais do que possível, é provável que assim tenha sido. Na falta de evidências e documentos que sustentem as repetidas declarações do mineiro — de que se empenhou pelas Diretas enquanto havia esperança —, é a lógica dos acontecimentos que dá a resposta mais consistente.

Em 15 de janeiro de 1985, o Colégio Eleitoral finalmente se reúne para votar. Dezessete integrantes se abstiveram e nove não compareceram, inclusive cinco deputados federais do PT, o único partido de oposição que fecha questão contra o pleito indireto. Na prática, a decisão petista nunca ameaçou impactar o resultado, uma vez que qualquer projeção dava larga vantagem a Tancredo. Dessa maneira, o PT pôde manter uma aura de pureza — ao não sujar as mãos numa eleição indireta — sem colocar em risco a vitória de um oposicionista que punha fim ao ciclo autoritário. Três petistas desobedeceram a ordem do partido: o líder Airton Soares, Bete Mendes e José Eudes. Votaram em Tancredo e foram expulsos do partido. Maluf amealhou um único voto na oposição, o do cantor Agnaldo Timóteo, do PDT do Rio. Às 11h34, o peemedebista João Cunha, o 344º a votar, assegurou a vitória de Tancredo. "Com o meu voto, damos um golpe final na ditadura fascista", disse ao microfone.

Terminava aí o processo iniciado havia quase dois anos, com a apresentação de uma emenda constitucional por um obscuro deputado de primeiro mandato. A vitória de um civil de oposição — por 480 a 180 votos — vinha com um travo de resignação, por ter resultado de um pleito que ficara aquém das expectativas. Ainda assim prevaleceu o clima de festa popular, que só não foi maior e mais animada que a dos cem dias que eletrizaram o país. Havia a percepção de que, sem as Diretas, o final dessa história teria sido outro. O próprio Dante de Oliveira celebrou o resultado: "A campanha foi vitoriosa, no sentido de que cumpriu a estratégia inicial de mobilizar a nação e impedir que a ditadura realizasse plenamente seu projeto de autorreforma", escreveu no livro sobre a campanha em coautoria com Domingos Leonelli.[29] Depois do verão das Diretas Já, o Brasil comemorava o outono dos generais. Em mais dois meses, na posse do novo presidente, em 15 de março, a longa ditadura militar seria deixada para trás, mesmo que a democracia ainda não fosse plena.

A MPB e o rock, responsáveis pela trilha sonora da campanha das Diretas, festejaram o resultado das indiretas. Não da mesma maneira, não com a mesma intensidade, não de forma consensual, mas festejaram. Enquanto o Colégio Eleitoral se reunia em Brasília, as principais bandas e os artistas de maior projeção se concentravam no Rio de Janeiro, onde ocorria a primeira edição do Rock in Rio — a maior maratona musical do Brasil, que reuniu 1,4 milhão de pessoas em dez dias de apresentações — e um show em homenagem ao futuro presidente.

Não longe do rockódromo, a nata da música brasileira compareceu em peso a uma festa no Circo Voador em que o entusiasmo com a eleição estava evidente no nome do show — "Tancredance". Saudava-se não apenas o fim do ciclo autoritário, mas a perspectiva de um futuro democrático — um voto de confiança no eleito. Num palco dominado por uma imensa faixa verde e amarela, com a inscrição "Muda Brasil", se apresentaram Chico Buarque, João Bosco, Jards Macalé, Caetano Veloso, Paulinho da Viola e Elba Ramalho, entre outros. James Taylor, que estava na cidade para participar do Rock in Rio, também apareceu. A nota dissonante ficou por conta de uma lata de cerveja atirada

João Bosco, um dos autores de "O bêbado e a equilibrista", hino da Anistia, e Jards Macalé, que cantou o hino nacional em comícios das Diretas, no Tancredance, show que celebrou a vitória de Tancredo com a presença de vários artistas

em direção ao músico americano por um gaiato que a plateia politizada não hesitou em chamar de malufista.[30]

No Rock in Rio, o viés pró-Tancredo não era tão nítido. O próprio mineiro, dias antes, ainda enquanto candidato, havia desgastado sua imagem perante aquele público ao responder a um repórter que lhe pedira para mandar uma mensagem aos jovens. "A minha juventude não é essa do rock", disparou, deixando de lado a mineirice escorregadia que marcara sua trajetória. E completou: "A minha juventude é a que trabalha, estuda, se sacrifica". A declaração, pela qual se desculpou posteriormente, foi um desastre. Paula Toller, do Kid Abelha e os Abóboras Selvagens, foi compreensiva: "Não poderia esperar que ele se identificasse com os roqueiros, porque ele está meio velhinho. Ainda assim continuo tancredista. Não é o ideal, mas é o jeito".[31] Horas depois do anúncio da eleição de Tancredo, o Kid Abelha subiu ao palco, no que foi anunciado como "o primeiro show da democracia brasileira". Os músicos carregavam uma enorme bandeira brasileira, igual às várias erguidas pelo público de 300 mil pessoas.[32]

Havia críticas a Tancredo na nova cena musical. À direita, o público metaleiro, que deu o tom na Cidade do Rock, se dividiu entre os dois candidatos — e não foram poucos os que se manifestavam a favor de Maluf, enquanto jogavam pedras, literalmente, nos grupos que tentavam algo diferente do heavy metal.[33] À esquerda, a pedrada, metafórica, ficou por conta de Lobão, que já havia integrado várias bandas de sucesso como compositor, cantor e baterista. Sem ter participado do Rock in Rio, Lobão havia se pronunciado com contundência sobre o processo sucessório, e suas palavras ainda reverberavam entre jovens roqueiros. "Eu quero que o Maluf seja eleito para presidente da República. Assim explode logo uma guerra civil e apressa as transformações do país", declarou meses antes da eleição indireta. Para o músico, que bem mais tarde daria uma guinada à direita, a vitória da oposição moderada seria politicamente inócua. "Com Tancredo isso vai continuar a mesma porcaria, todo mundo conversando em busca de consenso, contemporizando."[34]

A Cidade do Rock, no entanto, estava mais para um microcosmo do Brasil, onde as expressões de esperança se sobrepunham às de decepção por conta da ilegitimidade do Colégio Eleitoral. Naquele momento, importava mais o fim anunciado da ditadura do que as negociações de gabinete que haviam determinado tal desenlace. A sociedade não perdia de vista que a semente daquela redemocratização ainda embrionária havia sido plantada no chão da praça por milhões de pessoas. No Rock in Rio, quem melhor captou essa compreensão coletiva foi o Barão Vermelho. Na estrada havia quatro anos, a banda carioca fez um show antológico naquele 15 de janeiro, empolgando a plateia com uma sequência de sucessos que terminou, naturalmente, com "Pro dia nascer feliz", que o vocalista Cazuza transformou em recado claro de apoio ao que Tancredo chamava de Nova República. "Esse é um momento que a gente está

Herbert Vianna, da banda Os Paralamas do Sucesso, durante apresentação no primeiro Rock in Rio, em que criticou a eleição indireta e cantou "Inútil", do Ultraje a Rigor

feliz pra cacete", comentou o guitarrista Roberto Frejat,[35] que se apresentou de camisa amarela e calça verde.

Outros foram mais comedidos, acrescentando ao contentamento geral um grão de frustração. No dia seguinte, foi a vez do Paralamas do Sucesso ocupar o palco. "Ontem foi escolhido o novo presidente do Brasil. E a gente vai ver aquela careca na TV por um bom tempo", disse ao microfone Herbert Vianna. "A gente espera que alguma coisa de bom seja feita, já que não sabemos escolher presidente e escolheram pela gente", continuou, antes de engatar "Inútil", do Ultraje a Rigor.[36] A música, que durante a campanha das Diretas era recebida como uma provocação, uma defesa pelo avesso da eleição, agora soava também como uma melancólica constatação. Haviam decidido, afinal, que "a gente não sabemos escolher presidente".

Naquele verão, o brasileiro tinha um pouco de Barão e outro tanto de Paralamas, com as manifestações de entusiasmo temperadas por uma desconfortável sensação de anticlímax.

Epílogo

A eleição de Tancredo é parte da narrativa das Diretas Já. A conclusão da crônica política — o fim da ditadura naquele momento e naquelas circunstâncias — certamente teria sido outra se a campanha popular não tivesse sido o que foi, uma dama no xadrez da política, sacrificada para viabilizar o xeque-mate na ditadura. O que acontece a partir daí, embora seja um desdobramento do mesmo processo sucessório, é outra história.

A internação hospitalar de Tancredo horas antes do que seria a sua posse — submetendo o país a uma segunda quebra de expectativa em menos de um ano — é algo que tem a ver com o acaso, não com a política. Pode-se argumentar, no limite, que Tancredo sacrificara a saúde em nome da governabilidade. Após a eleição, já fisicamente debilitado, o presidente eleito fez uma desgastante viagem ao exterior, encontrando-se com sete líderes mundiais em duas semanas, supostamente para inibir qualquer tentativa dos militares de não honrarem o resultado do pleito. Além disso, dias antes da posse prevista, adiou uma necessária intervenção cirúrgica, com receio de que Figueiredo criasse uma crise institucional, recusando-se a passar a faixa presidencial a Sarney, seu desafeto desde que debandara do

Tancredo Neves enfermo com seus médicos, em fotografia cercada de polêmica, pois sugeria uma melhora em sua saúde que a equipe sabia não corresponder à realidade

PDS, viabilizando a vitória da oposição. Por fim, operado para a retirada de um tumor benigno do abdome, tentou demonstrar que se recuperava, agravando sua situação com o esforço para sinalizar uma volta que não aconteceria. Depois de sete cirurgias e 38 dias de agonia, Tancredo morreu em 21 de abril, dia de Tiradentes, o que reforçou a imagem de mártir da democracia, como registraram os necrológios.

Fosse um gênero literário, a história das Diretas seria um híbrido — um drama que terminou em tragédia. O drama se desenrolou enquanto a intervenção humana, capaz de mudar o curso dos acontecimentos, era uma possibilidade, ainda que remota. Por estarem ao alcance da ação do homem, a apresentação e a rejeição da emenda das diretas, assim como as articulações para eleger Tancredo, são elementos dramáticos. Dificuldades poderiam ter sido superadas, e, se não o foram, isso se

Ulysses Guimarães ao lado do caixão de Tancredo, que morreu em 21 de abril de 1985 sem ter assumido a Presidência da República

deveu apenas aos atores políticos, à ação humana. Já a morte de Tancredo pertence ao terreno da tragédia, pois submetida à vontade dos deuses, de acordo com a mitologia grega. Por mais que possa ter havido descuido por parte do paciente, aquela morte naquele dia foi uma fatalidade, uma decisão do destino que não obedece à lógica da política.

A política retomada na sequência parece mais distante do movimento das Diretas do que sugere o intervalo de apenas um ano em relação aos megacomícios. A frustração inicial com o resultado da emenda Dante de Oliveira é multiplicada pela morte do responsável pela transição democrática. O poder cai no colo de Sarney, até pouco tempo antes um representante do regime que começava a ficar para trás. Como vice, Sarney era um sapo que a oposição engolira, por supor que o cargo tivesse relevância limitada. Como presidente, no entanto, ameaçava provocar indigestão entre os que haviam apoiado Tancredo, como a segunda melhor opção depois das Diretas. A célebre frase de Lampedusa sobre a persistência do passado, no romance *O leopardo*, parecia adequada para descrever a situação: "Tudo deve mudar para que tudo fique como está". Ou, como diria mais tarde Paulo Leminski: o Brasil era "um país falido, um vice-país, vice-governado, vice-feliz, vice-versa".[1]

Estranho no ninho da oposição e presidente acidental, Sarney esteve inicialmente pouco à vontade no comando do governo. Se sua posse obedeceu à letra da lei, o mandato à frente carecia de legitimidade. Para mitigar o vício de origem, a saída foi honrar as alianças políticas de Tancredo e até suas escolhas para a formação do primeiro ministério. Com o passar do tempo, Sarney encaminhou respostas para duas questões dos tempos das Diretas: o combate à carestia e a convocação da Constituinte. Na frente econômica, implementou, no início de 1986, o Cruzado, o primeiro dos vários planos heterodoxos que tentaram extinguir, com o congelamento dos preços, a inflação herdada dos militares. O sucesso inicial lhe rendeu popularidade efêmera, o suficiente para garantir excelente desempenho do PMDB nas urnas no final daquele ano, quando a sociedade ainda não sabia que o plano havia naufragado. Depois de vários planos econômicos fracassados, o governo Sarney deixou um saldo de inflação e estagnação. Na frente política, convocou no ano seguinte a Assembleia Nacional Constituinte, cujos louros foram colhidos por Ulysses Guimarães, que batizou o resultado de "Constituição Cidadã".

Sete anos depois da apresentação da emenda Dante de Oliveira, o Brasil finalmente voltaria a ter, em 1989, uma eleição direta para presidente da República. Entre os mais de vinte candidatos, vários nomes associados à campanha das Diretas, como Brizola, Covas, Affonso Camargo e Ulysses, que foi especialmente punido nas urnas pela proximidade com o desgastado Sarney, de quem se tornara um primeiro-ministro informal ao transferir ao presidente o prestígio do Senhor Diretas. O segundo turno seria disputado pelos dois postulantes que mais bateram em Sarney: Lula, que trazia na bagagem o reconhecido desempenho nas Diretas, e Fernando Collor, que votara em Maluf no Colégio Eleitoral. Candidato construído em grande parte pela mídia como uma alternativa à direita para enfrentar Lula ou Brizola — que por pouco não vai ao segundo turno —, Collor venceria a primeira eleição do país em quase trinta anos.

Nas três décadas seguintes, a população voltaria às ruas em várias ocasiões em protestos cujos alvos foram, alternadamente, a esquerda e a direita no poder. Para citar algumas das mais recentes manifestações contra presidentes, depois do "Fora Dilma", em 2015, houve o "Fora Temer", em 2016 e 2017, além do "Ele não", em 2018, contra o candidato de extrema direita, Jair Bolsonaro. Tais atos, no entanto, não podem ser comparados à campanha pela redemocratização. Não tanto pela dimensão, que ficou aquém da marca das Diretas, mas porque remetiam à polarização da sociedade, enquanto em 1984 os comícios traduziam um consenso.

Mesmo as Jornadas de 2013, que pelo tamanho e potência rivalizam com a campanha das Diretas, apresentam, em comparação àquela, importantes diferenças de natureza e dinâmica. Com relação à natureza, enquanto os megacomícios foram pacíficos (salvo pela repressão pontual de representantes da ditadura), as manifestações de junho, três décadas mais tarde, são lembradas por episódios de violência. A atuação de *black blocs*, depredando patrimônio público e privado, foi duramente reprimida pela polícia, gerando cenas de conflito aberto escancaradas pela imprensa.

Quanto à dinâmica, as duas ondas de ação popular descrevem movimentos opostos. A campanha de 1984 foi, desde o nascedouro, verticalizada. Começou de cima para baixo, a partir do Congresso, e com o passar do tempo ganhou um impulso em sentido contrário, de baixo para cima, com a pressão crescente da sociedade. De um jeito ou de outro, a ação era sempre vertical. Já em 2013, as manifestações se inscrevem no modelo horizontal resultante da comunicação imediata das mídias sociais. Em vez de líderes, são os próprios manifestantes que, multiplicando posts e disparando convocações-relâmpago, improvisam, em meio ao caos aparente, algum tipo de organização. Nesse aspecto, as Jornadas são aparentadas de ações precursoras como a Primavera Árabe e o Occupy Wall Street, ambos no início daquela década. Se nas Diretas a população respondia a um estímulo inicial — a emenda Dante de Oliveira ou a ação coordenada dos governadores de oposição —, nas Jornadas foi a espontaneidade que prevaleceu.

Talvez a maior dessemelhança entre 1984 e 2013 seja o fato de que a primeira campanha foi focada e propositiva, enquanto a outra foi ambígua e reativa. O recado das Diretas era inequívoco: queria-se a volta das eleições, o que implicava o fim da ditadura. Nas Jornadas, a pauta, por assim dizer, era difusa: começou se opondo a um aumento nos preços das passagens nos transportes em São Paulo, avançou para a crítica à qualidade dos serviços públicos em geral, passou pelos protestos contra os gastos com a Copa do Mundo no Brasil e finalmente responsabilizou a presidente Dilma Rousseff pelo conjunto de tudo o que se considerava errado no país.

As diferenças se estenderam aos resultados. Em 1984, plantou-se a semente da redemocratização. Em 2013, chocou-se o ovo da serpente do protofascismo. Nos dois casos as consequências não foram imediatas. A democracia voltou aos poucos, com a eleição indireta de um civil de oposição em 1985, uma nova Constituição em 1988 e, por fim, a eleição direta para presidente, em 1989. Quanto ao caminho trilhado a partir das Jornadas, também exigiu vários passos. Para Rodrigo Nunes, estudioso da nova organização política, "a convulsão social progressista de junho de 2013 desestabilizou um governo petista que não soube dar-lhe resposta e levou a uma reorganização da direita que, em sintonia com a Lava Jato e os meios de comunicação, derrubaria Dilma Rousseff e abriria caminho para a eleição de Jair Bolsonaro e a formação de uma base social conservadora altamente radicalizada".[2] O jornalista e professor Eugênio Bucci, em *A forma bruta dos protestos*, também atribui papel central às Jornadas na queda de Dilma. Sem rejeitar as análises que mencionam o esfacelamento da base parlamentar, os efeitos desestruturantes de sua política econômica — criticada à direita e à esquerda — e sua inépcia para a arte de liderar, Bucci, que foi presidente da Radiobrás no primeiro governo Lula, argumenta que a raiz do afastamento da presidente remonta a junho de 2013.[3]

De todas as manifestações desde a redemocratização, aquelas que precederam o processo de impeachment do presidente Fernando Collor, em 1992, são as que guardam maior afinidade com a campanha das Diretas. Para começar, com um intervalo de apenas oito anos entre elas, pode-se supor que as mesmas pessoas, em grande parte, tenham estado nas ruas nas duas ocasiões. Provavelmente muitas crianças que foram com seus pais aos megacomícios pintaram a cara para depor Collor. A criatividade dos manifestantes, aliás, foi um traço comum a 1984 e 1992. Além disso, nos dois casos, os atos públicos responderam a um estímulo externo que veio ao encontro de um anseio geral. No Collorgate, o papel de fagulha foi desempenhado sobretudo pela imprensa, que ajudou a destruir o ícone da moralidade pública que havia construído dois anos antes. Por fim, tanto nas Diretas como no impeachment de Collor houve certo consenso — no primeiro caso, desde o início; no segundo, à medida que a trama de mentiras e corrupção enredava o presidente.

A longa cauda das Diretas Já se estende até os dias de hoje, quatro décadas mais tarde. Com exceção de Collor, que votou no candidato da ditadura no Colégio Eleitoral, e de Bolsonaro, que exalta a ditadura e seus torturadores, todos os outros presidentes desde Sarney estiveram associados à campanha, uns mais, outros menos. Alguns tiveram envolvimento superficial, devido sobretudo à posição em que se encontravam. É o caso de Dilma, que na época não tinha projeção na cena política nacional. Morando em Porto Alegre, assessorava a bancada do PDT brizolista na Assembleia Legislativa, formada por políticos que se engajaram na campanha por ocasião dos comícios realizados na capital gaúcha. É o caso também de Michel Temer, que em 1984 integrava o governo de Montoro, em São Paulo, um dos dínamos das Diretas. Quanto a Itamar Franco, senador peemedebista na época, embora não tenha sido figura de destaque nos palanques, presidiu a comissão mista, de deputados e senadores, que teve a incumbência de conversar com os governadores do partido e organizar o roteiro da campanha.[4]

Os dois presidentes mais longevos, o tucano Fernando Henrique Cardoso e o petista Lula, foram justamente os que tiveram mais importância para as Diretas. FHC, que governou o país por dois mandatos (1995-2002), não apenas subiu na maioria dos palanques como se movimentou nos bastidores para que a campanha pudesse colher algum resultado, ainda que não o pretendido inicialmente. Quanto a Lula, com frequência o mais aplaudido nos comícios, tornou-se o político mais dominante da redemocratização. Disputou seis das nove eleições presidenciais do período. Depois de perder em segundo turno para Collor, em 1989, perdeu duas seguidas, em 1994 e 1998, para FHC, que venceu em primeiro turno. A partir daí se tornou o principal líder do país. Venceu em 2002, reelegeu-se em 2006, e fez a sucessora em 2010, que se reelegeu em 2014. Em 2018, mesmo preso, num processo jurídico que posteriormente seria anulado, levou o candidato que o substituiu na última hora, Fernando Haddad, ao segundo turno. Em 2022, elegeu-se presidente pela terceira vez, agora em dobradinha com o ex-tucano Geraldo Alckmin. Quase quarenta anos depois das Diretas, o Brasil é, pela primeira vez, governado pelo mesmo arco de forças que lutou pela redemocratização.

Cronologia

1982

Junho
14: Termina a Guerra das Malvinas, depois de 74 dias, com a derrota da Argentina para a Grã-Bretanha. O revés precipita o fim da ditadura militar no país vizinho e influenciaria o cenário político no Brasil.

Outubro
10: Entrevista de Teotônio Vilela ao programa *Canal Livre*, da TV Bandeirantes. Em depoimento emocionado, o peemedebista pede o voto na oposição no pleito de novembro e menciona a luta seguinte, pela eleição direta para presidente.

Novembro
15: A oposição conquista o governo de nove estados. O PMDB ganha a eleição em São Paulo, Minas e Paraná. No Rio, o PDT é vitorioso. No Congresso e nas assembleias estaduais, o governo garante o controle do Colégio Eleitoral que escolherá o próximo presidente.

Dezembro
13: Presos 91 militantes comunistas que participavam do 7º Congresso do PCB, em São Paulo. São soltos após algumas horas. O pior da repressão havia ficado para trás, mas os órgãos de segurança continuavam atuantes.

14: A censura libera, depois de dez meses, o filme *Pra frente Brasil*, que tem uma visão crítica sobre o combate à guerrilha urbana e expõe o uso de tortura pela repressão nos anos 1970.

15: Concluídas as negociações com o FMI sobre a dívida externa brasileira. O acordo libera um crédito com a contrapartida da adoção de medidas de austeridade econômica.

1983

Janeiro
21: José Sarney, presidente do PDS, apresenta ao Diretório Nacional do partido moção de apoio para Figueiredo comandar o processo sucessório.

31: A revista *Veja* publica dossiê revelando que o jornalista Alexandre von Baumgarten, morto em outubro, não se afogara, como anunciado, mas fora assassinado a tiros. Segundo os documentos, a morte teria sido tramada pelo SNI.

Fevereiro
2: Tem início a 47ª legislatura da Câmara dos Deputados. Dante de Oliveira intensifica a colheita de assinaturas de parlamentares para a emenda das Diretas Já, o que já vinha fazendo mesmo antes da posse.

Março
2: A emenda de Dante de Oliveira obtém 199 assinaturas, o suficiente para ser apresentada ao Congresso.

9: Primeira reunião da comissão da bancada do PMDB na Câmara para tratar da emenda das diretas. Teotônio Vilela é operado para a retirada de tumor no cérebro.
Fafá de Belém recebe a música "Menestrel das Alagoas", em fita cassete enviada pelos compositores Milton Nascimento e Fernando Brant.

15: Tomam posse os governadores eleitos em novembro. O PMDB passa a administrar alguns dos maiores orçamentos estaduais.

27: A *Folha*, ainda distante da campanha que faria, publica o primeiro editorial em defesa das diretas.

31: O primeiro ato público a favor das diretas, em Abreu e Lima (PE), reúne cem pessoas.

Abril
4: Pesquisa Gallup indica que 74% dos brasileiros querem eleger o presidente. Desempregados provocam tumulto em São Paulo e derrubam parte da cerca do Palácio dos Bandeirantes.

5: Teotônio Vilela é indicado pela Executiva Nacional do PMDB primeiro vice-presidente do partido.
A Igreja Católica adere à campanha das diretas, com anúncio nos jornais publicado por d. Paulo Evaristo Arns, arcebispo de São Paulo, e d. Ivo Lorscheiter, presidente da CNBB.

7: O PCdoB, então abrigado no PMDB, propõe a realização de um plebiscito sobre as diretas. A ideia não prospera. O PT passa a apoiar o PMDB na luta pelas eleições diretas.

11: O Ultraje a Rigor apresenta a música "Inútil" em temporada no Lira Paulistana, que se estende até 17 de abril.

14: Resolução do Diretório Nacional do PMDB aprova proposta, apresentada pela esquerda do partido, que dá prioridade às diretas.

17: Lançamento nacional da campanha, na Convenção Estadual da Juventude do PMDB.

18: Constituída a Comissão Mista (Câmara e Senado) incumbida de dar parecer sobre a emenda das diretas. É presidida por Itamar Franco. Partidos representados: PMDB, PDS, PDT. A primeira reunião seria em 28 de abril.

Maio
11: A Executiva Nacional do PMDB assume oficialmente o Projeto Emergência, elaborado a partir de uma proposta de Teotônio Vilela para enfrentar a crise econômica.

27: Em reunião decisiva, Lula e Ulysses Guimarães acertam que PT e PMDB farão juntos uma campanha nacional em favor das diretas. Dezessete deputados federais vão a São Paulo para lançar a candidatura de Montoro à Presidência da República.

Junho
15: Comício pelas diretas em Goiânia (GO) reúne 5 mil pessoas. É o primeiro com articulação centralizada.

23: Realizado ato público em Teresina (PI) para articular a frente de oposição, com PT, PMDB, PTB e PDT.

28: Montoro (PMDB), Brizola (PDT) e Lula (PT) se reúnem no Rio para criar frente suprapartidária pela volta das eleições diretas.

Julho
14: O presidente Figueiredo viaja para os Estados Unidos, onde fará, em Cleveland, uma operação cardíaca. O vice Aureliano Chaves assume interinamente.

21: Dia Nacional do Protesto. Realizada a primeira greve geral da abertura política.

22: O deputado Fernando Lyra (PMDB) lança a candidatura de Tancredo a presidente.

Agosto
Fundação da CUT.
16: Ulysses, presidente do PMDB, afirma que aceita disputar a Presidência da República, se for esse o desejo do partido.

24: Ulysses defende o diálogo com o PDS, mas não com o governo diretamente, no discurso que ficaria conhecido como "Travessia".

26: Figueiredo reassume Presidência após retornar de Cleveland e passar um curto período em recuperação.

Setembro
Fafá de Belém lança "Menestrel das Alagoas", de Milton Nascimento e Fernando Brant.

21: Congresso rejeita decreto-lei do Executivo que limitava reajuste salarial até três mínimos. Outro decreto promoveria arrocho salarial.

Outubro
15: Realizada a reunião de governadores do PMDB em Foz do Iguaçu, onde os chefes dos Executivos alinharam o compromisso de dar apoio material à campanha das Diretas.

19: Figueiredo baixa Medidas de Emergência para a Salvaguarda das Instituições, dispositivo usado pela primeira vez desde que criado, no final do governo Geisel, em substituição ao AI-5. Brasília é ocupada militarmente.

20: Tropas policiais-militares cercam Brasília, invadem a sede da OAB e bloqueiam estradas. Liberdades públicas são suspensas. A operação é comandada pelo general Newton Cruz, responsável pelo Comando Militar do Planalto.

30: Na Argentina, Raúl Alfonsín é eleito presidente, o primeiro governante civil após a ditadura militar.

Novembro
Lançamento do compacto "Inútil", do Ultraje a Rigor.

14: Carro-bomba explode no estacionamento do jornal *O Estado de S. Paulo.*

16: Figueiredo, em Lagos, na Nigéria, faz uma declaração pró-diretas, mais tarde negada pelo porta-voz da Presidência.

24: A União Brasileira de Teatro promove manifestação pró-diretas nas escadarias do Theatro Municipal, em São Paulo, com a presença de artistas. Estão lá Raul Cortez, Dina Sfat, Ruth Escobar, Chico Buarque, Francisco Cuoco e Regina Duarte, entre outros.

26: PMDB lança campanha nacional pelas diretas, com Franco Montoro à frente. O documento "Fala, Brasil" é endossado pelos governadores de oposição.

27: Morre Teotônio Vilela.
É realizado o comício suprapartidário do Pacaembu, em São Paulo.
Montoro publica na *Folha* o manifesto "A nação tem o direito de ser ouvida".

Dezembro

10: Posse de Alfonsín na Argentina põe fim à ditadura militar no país.

14: Decretada no Brasil a Lei de Segurança Nacional.
O Corinthians vence o Campeonato Paulista, em jogo contra o São Paulo. O time entra no Morumbi com a faixa "Ganhar ou perder, mas sempre com democracia".

29: Figueiredo abre mão de conduzir a própria sucessão em pronunciamento em rede nacional de rádio e TV.

1984

Janeiro

4: Showmício em Olinda, pátio do Mosteiro de São Bento, com 15 mil pessoas.

12: Curitiba, na Boca Maldita, faz o primeiro megacomício nacional, com 50 mil pessoas, considerado um ensaio para os comícios-monstro.

13: Passeata pelas diretas em Porto Alegre (RS), com 5 mil pessoas.

15: Comício em Camboriú (SC), com 5 mil pessoas.

18: Lançado documento pró-diretas na sede da OAB no Rio, por onze entidades de classe, representando mais de 1 milhão de profissionais. Maluf lança o "Brasil Esperança", documento com seu programa para governar o país.

21: Comício em Campinas (SP), com 10 mil pessoas.

25: Na praça da Sé (SP), 300 mil pessoas realizam o primeiro comício-monstro pelas eleições diretas.

26: Comício em João Pessoa (PB), com 10 mil pessoas.

27: Novo comício em Olinda (PE), com 30 mil pessoas.

29: Comício na praia de Pajuçara, Maceió (AL), com 20 mil pessoas.

Fevereiro

3: Aureliano Chaves lança oficialmente sua candidatura à Presidência da República pela via indireta.

6: Antônio Carlos Magalhães (ACM) propõe eleição direta, mas só para o sucessor de Figueiredo.

8: Criado o Movimento Negro Pró-Diretas, no Rio de Janeiro.

10: Reunião de Figueiredo com ministros militares, em que se consolida a posição do governo, de que a Presidência da República deveria ser ocupada por um civil escolhido pelo Colégio Eleitoral.

13: Início da Caravana das Diretas, que vai até o dia 20. Ulysses, Lula e Doutel de Andrade, líder do PDT, fazem peregrinação por cidades do Norte, Nordeste e Centro-Oeste.

15: Figueiredo faz reunião com ministros e candidatos do PDS para tentar enquadrar o vice-presidente Aureliano Chaves, defensor das diretas. O presidente lê relatório do SNI, segundo o qual a campanha das Diretas era inspirada pelo PCdoB e que a "escalada esquerdista" ameaçava a "segurança nacional".

16: Realizada a primeira passeata no Rio, da Candelária à Cinelândia, com 60 mil pessoas.
Comício na praça da República, em Belém (PA), com 60 mil pessoas.

17: Passeata no Recife (PE), com 12 mil pessoas.

18: Em Manaus, o governador Gilberto Mestrinho (PMDB) reprime a manifestação pelas diretas, à qual comparecem apenas 6 mil pessoas.

19: Ato em Osasco (SP) reúne 25 mil pessoas.
Rio Branco (AC) tem evento com 7 mil pessoas.

20: Ato público em Cuiabá (MT), com 15 mil pessoas.

22: Lançamento do comitê suprapartidário nacional Pró--Diretas, uma iniciativa do PT, com reunião dos presidentes do PMDB, PDT, PTB e do próprio PT. Presentes representantes do grupo Pró-Diretas do PDS. Convidados: UNE, OAB, ABI, CUT, Conclat e Andes (Associação dos Docentes do Ensino Superior).

24: Comício-monstro em Belo Horizonte reúne 300 mil pessoas.

26: Manifestação pró-Diretas conjunta de trezentos municípios de São Paulo.
Aracaju (SE) reúne 30 mil em evento pró-diretas.

27: Leitão de Abreu, chefe da Casa Civil, reúne líderes do PDS para discutir antecipação da votação da emenda Dante de Oliveira (então marcada para 11 de abril), com o objetivo de evitar o crescimento da campanha das Diretas.

29: Juiz de Fora (MG) tem evento pró--diretas, com 30 mil pessoas.

Março

3: Tem início o Carnaval das Diretas, mas, salvo exceções, as escolas de samba, que se preparam com muita antecedência, não haviam tido tempo de compor e inscrever sambas-enredos sobre o tema, que é mais explorado por blocos de rua.

8: Comando político do governo opta pela data de 25 de abril para a votação da emenda Dante de Oliveira.
Manifestação em Anápolis (GO), com 20 mil pessoas.

15: Com um baile em prol das diretas, é inaugurado o Radio Clube, um misto de danceteria e bar que reflete a efervescência política da noite paulistana.

19: O ministro da Marinha, Maximiano da Fonseca, uma voz moderada no governo, é exonerado por Figueiredo após se declarar favorável às diretas.

21: Nova passeata no Rio, em substituição ao comício adiado para 10 de abril. Só o PT se empenha na organização do evento, que atrai 200 mil pessoas.

21: O senador biônico Affonso Camargo, secretário-executivo do PMDB e articulador do grupo Tancredo, se reúne com ministro do Gabinete Militar, Rubem Ludwig, para discutir eleição direta com parlamentarismo. Lula o acusa de traição.

22: Concerto pró-diretas em Campinas (SP), com 20 mil pessoas.

23: Comício em Uberlândia (MG), com 40 mil pessoas.

24: Comício em Campo Grande (MS), com 40 mil pessoas.

31: No aniversário de vinte anos do golpe, Figueiredo fala em rede nacional. Um filmete mostra inquietação social em 1964, traçando paralelo com 1984.

Abril
2: Comício em Londrina (PR), com 50 mil pessoas.

6: Comício em Natal (RN), com 50 mil pessoas.

7: Comício em Petrolina (PE), com 30 mil pessoas.

10: Comício-monstro reúne quase 1 milhão na Candelária, no Rio de Janeiro.

11: Em Fez, no Marrocos, Figueiredo diz que, se estivesse no Brasil, teria ido ao comício da Candelária.

12: Comício em Goiânia, com 300 mil pessoas.

13: Aureliano Chaves faz anúncio bombástico de apoio às diretas, um rompimento esperado com o governo. Comício em Porto Alegre (RS), com 200 mil pessoas.

14: Figueiredo se reúne com a cúpula do governo e o general Newton Cruz para discutir a aplicação das medidas de emergência em Brasília.

15: Figueiredo assiste a uma seleção de imagens dos comícios, com muitas bandeiras vermelhas.

16: No maior de todos os comícios, mais de 1 milhão de pessoas ocupam o vale do Anhangabaú, em São Paulo. Às 20h30, em rede nacional, Figueiredo propõe eleição direta para 1988, numa última tentativa de esvaziar a campanha.

17: Em Brasília, 6 mil mulheres se aglutinam no Congresso.

18: Figueiredo decreta medidas de emergência no Distrito Federal, Goiânia e mais nove municípios de Goiás, em função da votação da emenda Dante de Oliveira, que ocorrerá em uma semana. As TVs sofrem censura prévia.

21: No dia do aniversário de Tiradentes, Tancredo faz discurso em Ouro Preto, retomando o discurso da conciliação. É vaiado por ter impedido a realização de um comício naquela data na cidade.

24: Panelaço nas principais cidades pelas Diretas Já.

25: Vigília nacional a partir das 9h. É realizada a votação. Faltam 22 votos para a aprovação da emenda Dante de Oliveira.

Maio
2: Figueiredo revoga Medidas de Emergência em Brasília, agora não mais necessárias.

17: Manchete da *Folha*: "Tancredo aceita ser o ambivalente". O mineiro sinaliza que, sem descartar as diretas, é candidato à Presidência em pleito indireto também.

Junho

1º: Comício em Brasília retoma as manifestações de rua pelas diretas após a derrota da emenda. Execução da "Sinfonia das Diretas".

6: Sarney propõe a Figueiredo realização de prévia no PDS para definir o candidato do governo. Figueiredo concorda, desde que todos os presidenciáveis governistas estivessem de acordo. Mas Maluf não estava.

11: Sarney renuncia à presidência do PDS. Maluf derruba formalmente as prévias em reunião tensa da Comissão Executiva do PDS.

19: Reunião dos governadores de oposição no Palácio dos Bandeirantes, em São Paulo, em apoio a Tancredo. Mas o mineiro adia a formalização da candidatura. O ato funciona como uma espécie de pré-lançamento de Tancredo ao Colégio Eleitoral.

25: Primeiro dos três últimos grandes comícios a favor das diretas, na Boca Maldita, em Curitiba.

26: Comício pelas diretas na praça da Sé, em São Paulo.

27: Passeata-comício no Rio.

28: Figueiredo retira a emenda que previa eleições diretas em 1988, uma vez que seu objetivo, de derrotar as diretas, já havia sido alcançado.

Julho

3: Na convenção do PT, o partido defende, pela primeira vez publicamente, a convocação de uma Assembleia Nacional Constituinte, e condena o Colégio Eleitoral.

12: Tancredo se reúne com a facção Só-Diretas do PMDB, que se desintegra pouco depois.

18: Após decisão de Maluf de permanecer na disputa pela Presidência, Aureliano comunica a Tancredo que a aliança entre eles está selada, com Sarney de vice na chapa.

Agosto

7: Selada a Aliança Democrática entre o PMDB e a Frente Liberal.

11: Maluf vence Andreazza na convenção do PDS (493 × 350 votos) e se qualifica para se submeter ao Colégio Eleitoral.

12: Homologação da chapa Tancredo e Sarney na Convenção Nacional do PMDB.

14: Tancredo deixa o Governo de Minas, na véspera da data-limite para se candidatar à Presidência.

Setembro

4: O ex-presidente Geisel aconselha Tancredo a repelir apoios isolados ou cortejar generais. "Trate as Forças Armadas como instituição", disse.[1]

14: Primeiro comício da campanha de Tancredo, em Goiânia, com 200 mil pessoas. Haveria mais quinze comícios nas semanas seguintes, reunindo 1 milhão de pessoas, segundo o escritório eleitoral do candidato.

Outubro

22: A Mesa do Senado, por quatro votos a três, torna secreta a escolha dos delegados estaduais ao Colégio Eleitoral.

25: O deputado Mário Juruna (PDT-RJ) acusa Calim Eid, coordenador da campanha de Maluf, de tentar comprar o seu voto a favor do candidato do PDS no Colégio Eleitoral.

Novembro
6: O TSE determina que o voto infiel no Colégio Eleitoral é válido. A exigência da fidelidade partidária é confirmada mais duas vezes: em 27 de novembro e em 4 de dezembro.

10: George Shultz, secretário de Estado dos Estados Unidos, chega a Brasília com a missão de colher informações sobre a sucessão.

23: Figueiredo diz a Leitão de Abreu, da Casa Civil, que concorda com sua carta sugerindo a aceitação de Tancredo como irreversível.

Dezembro
16: Realização do último comício de Tancredo, na praia de Boa Viagem, no Recife.

1985

Janeiro
1º: Na madrugada do Réveillon, Tancredo sente-se mal, mas se recusa a ver um médico, argumentando que o SNI ficaria sabendo e tiraria proveito da situação.

11: Tem início o primeiro Rock in Rio, megaevento que refletirá o momento político do país.

15: Eleição no Colégio Eleitoral. Tancredo vence Maluf por 480 votos contra 180.

23: Tancredo embarca num périplo de duas semanas por vários países, com o objetivo de obter reconhecimento internacional para desestimular qualquer eventual tentativa dos militares de não lhe dar posse.

Fevereiro
28: Ulysses Guimarães é eleito presidente da Câmara dos Deputados.

Março
14: Doze horas antes da posse, Tancredo é hospitalizado e sofre a primeira das sete intervenções cirúrgicas em 38 dias.

15: O vice Sarney toma posse no lugar do presidente. Termina, formalmente, a ditadura militar.

Abril
21: Tancredo morre no Dia de Tiradentes, após prolongada agonia. Sarney assume a Presidência da República em caráter definitivo.

Apêndices

APÊNDICE 1

O peso eleitoral do "não" às diretas

Mais de dois terços dos deputados federais que votaram pela rejeição da emenda Dante de Oliveira não conseguiram se reeleger para o mandato seguinte. Na eleição de 1986, a renovação da Câmara — impulsionada em grande parte pela punição dos eleitores aos responsáveis pela derrota das diretas — foi a mais elevada do período da redemocratização. Dos 479 deputados, mais da metade (56,6%) não se reelegeu. O índice foi maior entre os que votaram "não" (67,4%) do que entre os que votaram "sim" (50%).

Essa conta não leva em consideração parlamentares que tenham sido eleitos suplentes, independentemente de terem ou não assumido mandatos. A exclusão se justifica na medida em que tende a refletir com maior nitidez o humor dos eleitores. O critério é diferente do adotado pela Secretaria-Geral da Câmara dos Deputados, que computa no cálculo de renovação os suplentes que efetivamente ocuparam suas cadeiras. Incluídos os parlamentares com esse perfil, o índice de renovação cai para 48%, ainda assim o mais elevado desde então. Na eleição de 2018, atingiu 47%, depois de passar duas décadas abaixo dos 40%.[1]

Há fatores não associados às diretas que também impactaram o resultado do pleito em 1986. O mais relevante foi a influência do Plano Cruzado, que turbinou a popularidade do governo de Sarney, do PMDB, favorecendo candidatos da legenda. Lançado em fevereiro, o plano anti-inflacionário deu sinais de que fracassaria já em meados do ano. O governo, no entanto, usou artifícios para maquiar o resultado, esticando o sucesso aparente das medidas econômicas até depois da eleição. Há ainda fatores que, embora não resultem da política, se refletem no cálculo de renovação do Parlamento, como a desistência da carreira política ou a morte de deputados.

Nada disso, porém, invalida a conclusão de que o desempenho nas urnas dos que votaram contra a emenda foi substancialmente pior do que o daqueles que votaram a favor.

As tabelas nas próximas páginas partem do mesmo princípio usado pela imprensa no dia da divulgação do resultado da votação, 26 de abril de 1984. Para visualização mais fácil do efeito dos votos, os deputados foram divididos apenas entre "sim" e "não", uma vez que, na prática, os que se abstiveram ou se ausentaram jogaram contra a aprovação.

A tabela "sim" tem 298 nomes. Desses, a metade exata se reelegeu, incluídos aí os políticos que, antes do final do mandato, se elegeram prefeitos em 1985, como o próprio Dante de Oliveira, que assumiria a chefia do Executivo de Cuiabá. Entre os que não se reelegeram, 26 nem chegaram a concorrer.

A tabela "não" tem 181 nomes. Desses, 122 não se reelegeram (67,4%), sendo que 43 não concorreram. Dos 113 ausentes, 63,7% não se reelegeram em 1986 (21 não concorreram). Entre os 65 que assumiram o voto contra, a proporção dos que perderam nas urnas foi ainda maior: 73,8% (48 deputados, dos quais 21 nem se candidataram). Por fim, dos três que se abstiveram, só um se elegeu.

Na última coluna das tabelas, estão indicados os principais cargos ocupados pelos deputados desde as Diretas Já.

LEGENDA

* Inclui aqueles que foram eleitos suplentes.

** Quando aparece apenas "deputado", trata-se de deputado federal.

*** Não concorreu.

**** Eleito prefeito em 1985.

***** Inclui ausências e abstenções. Todos eram do PDS em 1984, com exceção de Mendonça Falcão (PTB-SP).

Obs.: A não ser quando informado, as cidades são sempre do estado natal do prefeito, como consta da primeira coluna.

SIM

NOME	PARTIDO EM 1984	ELEITO(A) EM 1986	CARREIRA PÓS-1984
Abdias Nascimento (RJ)	PDT	Não*	Suplente na Câmara em 1986 e 1998. Suplente no Senado em 1990. Morre em 2011.
Ademir Andrade (PA)	PMDB	Sim	Deputado** em 1986 e suplente em 2006. Senador em 1994. Vereador por Belém em 2008.
Aécio Cunha (MG)	PDS	Não	Não se elege vice-governador em 1986 e não volta a se candidatar. Morre em 2010.
Agenor Maria (RN)	PMDB	Não	Suplente na Câmara em 1986, não volta a se candidatar. Morre em 1997.
Agnaldo Timóteo (RJ)	PDT	Não***	Não se elege governador em 1990 e deputado em 1994 e 2010. Vereador em 1997 e 2004. Morre em 2021.
Airton Sandoval (SP)	PMDB	Sim	Deputado em 1986 e suplente em 1990, 1994, 1998 e 2002. Suplente no Senado em 2010.
Airton Soares (SP)	PT	Não	Suplente na Câmara em 1986 e 1990. Não se elege vice-prefeito (São Paulo) em 1992.
Albérico Cordeiro (AL)	PDS	Sim	Deputado em 1986, 1994 e 1998. Prefeito (Palmeira dos Índios) em 2000 e 2004. Morre em 2010.

Nome	Partido		Observações
Alberto Goldman (SP)	PMDB	Não	Deputado em 1990, 1994, 1998 e 2002. Ministro de Itamar. Vice-governador em 2006. Morre em 2019.
Albino Coimbra (MS)	PDS	Não	Suplente na Câmara em 1986 e 1990, não volta a se candidatar. Morre em 2004.
Alceni Guerra (PR)	PDS	Sim	Deputado em 1986 e 2006. Ministro de Collor. Prefeito (Pato Branco) em 1996.
Aldo Arantes (GO)	PMDB	Sim	Deputado em 1986 e 1994 e suplente em 1998. Vereador por Goiânia em 1992.
Aldo Pinto (RS)	PDT	Não	Não se elege governador em 1986 e senador em 1994. Deputado em 1990.
Alencar Furtado (PR)	PMDB	Não	Não se elege governador em 1986 e deputado em 1994. Morre em 2021.
Aloysio Teixeira (RJ)	PMDB	Sim	Deputado em 1986, não volta a se candidatar.
Aluízio Bezerra (AC)	PMDB	Sim	Senador em 1986 e prefeito (Cruzeiro do Sul) em 1996. Não foi reeleito nos dois casos.
Aluízio Campos (PB)	PMDB	Sim	Deputado em 1986, não volta a se candidatar. Morre em 2002.
Álvaro Valle (RJ)	PDS	Sim	Deputado em 1986, 1990 e 1994. Não se elege prefeito (Rio) em 1988. Morre em 2000.
Amadeu Geara (PR)	PMDB	Não	Não se elege senador em 1986 e vereador em 2008. Suplente na Câmara em 1990.
Amaury Muller (RS)	PDT	Sim	Deputado em 1986 e 1990 e suplente em 1994. Morre em 2001.
Aníbal Teixeira (MG)	PMDB	Não***	Ministro de Sarney. Não se elege à prefeitura de BH em 1988. Suplente na Câmara em 1990.
Anselmo Peraro (PR)	PMDB	Não	Suplente na Câmara em 1986, não volta a se candidatar.
Antônio Câmara (RN)	PMDB	Sim	Deputado em 1986, não volta a se candidatar. Morre em 2021.
Antônio Dias (MG)	PDS	Não	Prefeito (Francisco Sá) em 1996, reeleito em 2000.
Antônio Mazurek (PR)	PDS	Não	Não se elege deputado em 1986 e não volta a se candidatar.

Antônio Morais (CE)	PMDB	Não	Não se elege deputado em 1986 e não volta a se candidatar.
Arildo Teles (RJ)	PDT	Não	Suplente na Câmara em 1986, 1990 e 1994.
Arlindo Porto (AM)	PMDB	Não***	Suplente na Assembleia Legislativa (BA) em 1990.
Arnaldo Maciel (PE)	PMDB	Não	Suplente na Câmara em 1986, não volta a se candidatar. Morre em 2015.
Aroldo Moletta (PR)	PMDB	Não***	Não se candidata após 1982. Morre em 2007.
Arthur Virgílio Neto (AM)	PMDB	Não	Não se elege governador (1986). Prefeito (Manaus, 1988/2012/2016), deputado (1994/1998), ministro de FHC e senador (2002).
Augusto Trein (RS)	PDS	Não	Suplente da Câmara em 1986, não volta a se candidatar.
Aurélio Peres (SP)	PMDB	Não	Não se elege deputado em 1986 e não volta a se candidatar.
Bete Mendes (SP)	PT	Sim	Deputada em 1986 e suplente em 1990.
Bocaiuva Cunha (RJ)	PDT	Sim	Deputado em 1986 e 1990. Morre em 1993.
Borges da Silveira (PR)	PMDB	Sim	Deputado em 1986. Ministro de Sarney. Não se elege senador em 1994 e à Câmara em 1998.
Brabo de Carvalho (PA)	PMDB	Não***	Não se candidata após 1982.
Brandão Monteiro (RJ)	PDT	Sim	Deputado em 1986 e 1990. Morre em 1991.
Cardoso Alves (SP)	PMDB	Sim	Deputado em 1986 e 1990 e suplente em 1994. Ministro de Sarney. Morre em 1996.
Carlos Mosconi (MG)	PMDB	Sim	Deputado em 1986, 1994 e 1998. Não se elege senador em 1990. Deputado estadual em 2006 e 2010.
Carlos Peçanha (RJ)	PMDB	Não	Suplente na Câmara em 1986, não volta a se candidatar.
Carlos Sant'Anna (BA)	PMDB	Sim	Deputado em 1986 e suplente em 1990. Ministro de Sarney. Morre em 2003.

Nome	Partido	Voto	Observações
Carlos Vinagre (PA)	PMDB	Sim	Deputado em 1986 e suplente em 1990 e 1994. Morre em 2006.
Carlos Wilson (PE)	PMDB	Sim	Vice-governador em 1986, senador em 1994 e deputado em 2006. Morre em 2009.
Carneiro Arnaud (PB)	PMDB	Sim****	Prefeito (João Pessoa) em 1985. Suplente na Câmara em 1990.
Casildo Maldaner (SC)	PMDB	Sim	Vice-governador em 1986. Senador em 1994 e suplente em 2006. Morre em 2021.
Cássio Gonçalves (MG)	PMDB	Não	Suplente na Câmara em 1986, não volta a se candidatar.
Celso Amaral (SP)	PTB	Não	Suplente na Câmara em 1986. Morre em 1991.
Celso Peçanha (RJ)	PTB	Não	Suplente na Câmara em 1986 e 1994. Morre em 2016.
Celso Saboia (PR)	PMDB	Não***	Não se candidata após 1982. Morre em 2003.
Chagas Vasconcelos (CE)	PMDB	Não	Suplente na Câmara em 1986. Vereador por Santana do Acaraú em 1992. Morre em 2003.
Cid Carvalho (MA)	PMDB	Sim	Deputado em 1986 e 1990. Morre em 2004.
Ciro Nogueira Lima (PI)	PMDB	Não	Não se elege senador em 1986 e vice-governador em 2006. Deputado em 1990. Morre em 2013.
Clemir Ramos (RJ)	PDT	Não	Suplente na Câmara em 1986, 1990, 1994, 1998 e 2010.
Coutinho Jorge (PA)	PMDB	Sim****	Prefeito (Belém) em 1985. Senador em 1990. Ministro de Itamar. Morre em 2019.
Cristina Tavares (PE)	PMDB	Sim	Deputada em 1986 e suplente em 1990. Morre em 1992.
Dante de Oliveira (MT)	PMDB	Sim****	Prefeito (Cuiabá) em 1985 e 1992. Ministro de Sarney. Governador em 1994 e 1998. Morre em 2006.
Darcy Passos (SP)	PMDB	Não	Suplente na Câmara em 1986. Morre em 2019.
Daso Coimbra (RJ)	PMDB	Sim	Deputado em 1986 e suplente em 1990. Morre em 2007.
Del Bosco Amaral (SP)	PMDB	Sim	Deputado em 1986 e suplente em 1990 e 1994.

Délio dos Santos (RJ)	PDT	Não	Suplente na Câmara em 1986, não volta a se candidatar. Morre em 2020.
Denisar Arneiro (RJ)	PMDB	Sim	Deputado em 1986 e suplente em 1998. Morre em 2017.
Dilson Fanchin (PR)	PMDB	Não	Suplente na Câmara em 1986 e 1990. Morre em 2001.
Dionísio Hage (PA)	PMDB	Sim	Deputado em 1986 e suplente em 1990. Morre em 2006.
Dirceu Carneiro (SC)	PMDB	Sim	Senador em 1986. Não se elege governador em 1990.
Djalma Bom (SP)	PT	Não	Suplente na Câmara em 1986. Deputado estadual em 1994 e 1998.
Djalma Falcão (AL)	PMDB	Sim****	Prefeito (Maceió) em 1985. Suplente no Senado em 1998. Morre em 2017.
Domingos Juvenil (PA)	PMDB	Sim	Deputado em 1986 e 1990. Prefeito (Altamira) em 2000, 2012 e 2016. Deputado estadual em 2006.
Domingos Leonelli (BA)	PMDB	Sim	Deputado em 1986 e 1994 e suplente em 1990, 1998, 2010 e 2014. Não se elege em 2002.
Doreto Campanari (SP)	PMDB	Sim	Deputado em 1986 e suplente em 1990. Morre em 2021.
Eduardo Suplicy (SP)	PT	Não	Não se elege prefeito (1985/1992) e governador (1986). Vereador (1988/2016/2020). Senador (1990/1998/2006). Deputado estadual (2023).
Egídio Ferreira Lima (PE)	PMDB	Sim	Deputado em 1986, não volta a se candidatar. Morre em 2022.
Elquisson Soares (BA)	PMDB	Não	Suplente na Câmara em 1990 e 1994. Não se elege prefeito em 2012.
Emílio Gallo (MG)	PDS	Não***	Não se candidata após 1982.
Epitácio Cafeteira (MA)	PMDB	Sim	Governador em 1986 e senador em 1990 e 2006. Morre em 2018.
Evaldo Amaral (SC)	PDS	Não	Não se elege senador em 1986. Morre em 2016.
Farabulini Júnior (SP)	PMDB	Sim	Deputado em 1986 e suplente em 1990. Morre em 2013.

Felipe Cheidde (SP)	PMDB	Sim	Deputado em 1986 e suplente em 2002, não se elege em 1990. Morre em 2019.
Fernando Bastos (SC)	PDS	Não	Suplente na Câmara em 1986, não volta a se candidatar. Morre em 2018.
Fernando Carvalho (RJ)	PTB	Não	Suplente na Câmara em 1986, não volta a se candidatar.
Fernando Collor (AL)	PDS	Sim	Governador em 1986, não se elege em 2002. Presidente em 1989. Senador em 2006 e 2014.
Fernando Cunha (GO)	PMDB	Sim	Deputado em 1986 e suplente em 1990. Não se elege senador em 1998. Morre em 2011.
Fernando Gomes (BA)	PMDB	Sim	Deputado em 1986 e 1994. Prefeito (Itabuna) em 1988, 1996, 2004 e 2016.
Fernando Lyra (PE)	PMDB	Sim	Ministro de Sarney. Deputado (1986/1994). Não se elege vice-presidente (Brizola, 1989). Morre em 2013.
Fernando Santanna (BA)	PMDB	Sim	Deputado em 1986 e suplente em 1990 e 1994. Morre em 2012.
Flávio Bierrenbach (SP)	PMDB	Não	Suplente na Câmara em 1986 e 1990. Ministro do STM entre 2000 e 2009.
Floriceno Paixão (RS)	PDT	Sim	Deputado em 1986, não volta a se candidatar. Morre em 2011.
França Teixeira (BA)	PDS	Sim	Deputado em 1986, não volta a se candidatar. Morre em 2013.
Francisco Amaral (SP)	PMDB	Sim	Deputado em 1986 e suplente em 1990 e 1994. Prefeito (Campinas) em 1996. Morre em 2016.
Francisco Dias (SP)	PMDB	Não	Suplente na Câmara em 1986. Vice-prefeito (Guarulhos) em 1988. Morre em 2022.
Francisco Chiquilito Erse (RO)	PDS	Não	Não se elege senador em 1986 e governador em 1994. Prefeito (Porto Velho) em 1988 e 1996. Morre em 2001.
Francisco Pinto (BA)	PMDB	Sim	Deputado em 1986, não volta a se candidatar. Morre em 2008.
Francisco Studart (RJ)	PTB	Não	Suplente na Câmara em 1986, não volta a se candidatar. Morre em 2000.
Freitas Nobre (SP)	PTB	Não	Suplente em 1986. Morre em 1990.

Nome	Partido	Assinou	Observações
Fued Dib (MG)	PTB	Não	Suplente na Câmara em 1986. Prefeito (Ituiutaba) em 2004 e 2016.
Gastone Righi (SP)	PTB	Sim	Deputado em 1986 e 1990 e suplente em 1998. Morre em 2019.
Genebaldo Correia (BA)	PMDB	Sim	Deputado em 1986 e 1990. Prefeito (Santo Amaro) em 2000.
Genésio de Barros (GO)	PMDB	Não	Suplente na Câmara em 1986 e 1990.
Geraldo Bulhões (AL)	PDS	Sim	Deputado em 1986 e governador em 1990. Não se elege senador em 2002. Morre em 2019.
Geraldo Fleming (AC)	PMDB	Sim	Deputado em 1986 e suplente em 1990. Morre em 1991.
Geraldo Melo (PE)	PDS	Sim	Deputado em 1986. Prefeito (Jaboatão) em 1988. Deputado estadual em 1994 e 1998. Morre em 2010.
Gerardo Renault (MG)	PDS	Não	Não se elege vice-governador em 1986 e não volta a se candidatar.
Gilson de Barros (MT)	PMDB	Não	Não se elege governador em 1986. Suplente na Câmara em 1990. Morre em 2008.
Gilton Garcia (SE)	PDS	Não***	Não se elege senador em 1994.
Gioia Júnior (SP)	PDS	Não	Suplente na Câmara em 1986 e 1990. Morre em 1996.
Gustavo Faria (RJ)	PMDB	Sim	Deputado em 1986 e suplente em 1990.
Haroldo Lima (BA)	PMDB	Sim	Deputado em 1986, 1990, 1994 e 1998. Não se elege para o Senado em 2002. Morre em 2021.
Harry Amorim (MS)	PMDB	Não	Suplente na Câmara em 1986. Morre em 1988.
Herbert Levy (SP)	PDS	Não	Suplente na Câmara em 1986 e 1994. Morre em 2002.
Hélio Duque (PR)	PMDB	Sim	Deputado em 1986. Não se elege senador em 1994. Suplente no Senado em 2006.
Helio Manhães (ES)	PMDB	Sim	Deputado em 1986, não se elege em 1990. Morre em 2006.
Henrique Eduardo Alves (RN)	PMDB	Sim	Eleito deputado entre 1986 e 2010. Não se elege governador em 2014. Ministro de Temer.

Heráclito Fortes (PI)	PMDB	Sim	Deputado em 1986, 1994, 1998 e 2014. Prefeito (Teresina) em 1988. Senador em 2002.
Hermes Zaneti (RS)	PMDB	Sim	Deputado em 1986 e suplente em 1994 e 2006.
Humberto Souto (MG)	PDS	Sim	Deputado em 1986, 1990 e 2006. Prefeito (Montes Claros) em 2016, reeleito em 2020.
Ibsen Pinheiro (RS)	PMDB	Sim	Deputado em 1986, 1990 e 2006 e suplente em 2002. Vereador (Porto Alegre) em 2004. Morre em 2020.
Inocêncio Oliveira (PE)	PDS	Sim	Deputado em 1986, 1990, 1994, 1998, 2002, 2006 e 2010.
Irajá Rodrigues (RS)	PMDB	Sim	Deputado em 1986. Prefeito (Pelotas) em 1992.
Iram Saraiva (GO)	PMDB	Sim	Senador em 1986. Não se elege governador em 1990. Vereador em 2008. Morre em 2020.
Irapuan Costa Júnior (GO)	PMDB	Sim	Senador em 1986. Não se elege deputado em 1994.
Irma Passoni (SP)	PT	Sim	Deputada em 1986 e 1990 e suplente em 1994.
Israel Dias Novaes (SP)	PMDB	Não	Suplente na Câmara em 1986, não volta a se candidatar. Morre em 2009.
Israel Pinheiro Filho (MG)	PDS	Não	Suplente na Câmara em 1986. Deputado em 1990 e 1994. Não se elege senador em 2002. Morre em 2020.
Iturival Nascimento (GO)	PMDB	Não	Suplente na Câmara em 1986. Morre em 2000.
Ivo Vanderlinde (SC)	PMDB	Sim	Deputado em 1986. Não se elege vice-governador em 1990 e prefeito (Rio do Sul) em 1992.
Jackson Barreto (SE)	PMDB	Sim****	Prefeito (Aracaju, 1985/1992). Deputado (2002/2006). Vice-governador (2010) e governador (2014).
Jacques D'Ornellas (RJ)	PDT	Não	Suplente na Câmara em 1986, 1990, 1994 e 2006.
Jayme Santana (MA)	PDS	Sim	Deputado em 1986, 1990 e 1994.

Jarbas Vasconcelos (PE)	PMDB	Sim****	Prefeito (Recife) em 1985 e 1992. Governador em 1998 e 2002. Senador em 2006 e 2018.
João Agripino (PB)	PMDB	Não***	Não se candidata após 1982. Morre em 1988.
João Alberto de Souza (MA)	PDS	Sim	Vice-governador em 1986. Deputado em 1994. Senador em 1998 e 2010.
João Bastos (SP)	PMDB	Sim	Deputado estadual em 1986 e prefeito (Cruzeiro) em 1992. Morre em 2007.
João Cunha (SP)	PMDB	Sim	Deputado em 1986 e suplente em 1994 e 1998. Não se elege senador em 1990. Morre em 2020.
João Divino (GO)	PMDB	Não	Suplente na Câmara em 1986, não volta a se candidatar. Morre em 1993.
João Faustino (RN)	PDS	Não	Não se elege governador (1986) e prefeito (1996). Deputado (1990) e suplente no Senado (2002/2010). Morre em 2014.
João Gilberto (RS)	PMDB	Não	Não se elege senador em 1986. Vice--governador em 1990.
João Herculino (MG)	PMDB	Não***	Não se candidata após 1982. Morre em 2003.
João Herrmann (SP)	PMDB	Sim	Deputado (1986/1998/2002). Não se elege prefeito (1988/1896), vice-governador (1990) e senador (1994). Morre em 2009.
João Rebelo (MA)	PDS	Não***	Não se candidata após 1982.
Joaquim Roriz (GO)	PMDB	Sim	Vice-governador (GO) em 1986. Governador (DF) em 1990, 1998 e 2002. Senador em 2006. Morre em 2018.
Jônathas Nunes (PI)	PDS	Não	Suplente na Câmara em 1986, 1990 e 1994. Não se elege governador em 2002 e deputado estadual em 2006.
Jorge Carone (MG)	PMDB	Não	Suplente na Câmara em 1986, 1990, 2002 e 2006 e na Assembleia Legislativa em 1994 e 1998. Morre em 2010.
Jorge Cury (RJ)	PTB	Não	Suplente na Câmara em 1986, não volta a se candidatar. Morre em 2005.
José Guilherme de Araújo Jorge (RJ)	PDT	Não	Suplente na Câmara em 1986. Morre em 1987.

Jorge Leite (RJ)	PMDB	Sim	Deputado em 1986. Deputado estadual em 1990. Vereador pelo Rio em 1996. Morre em 2014.
Jorge Medauar (BA)	PMDB	Não	Suplente na Câmara em 1986 e 1990. Suplente na Assembleia Legislativa em 1998. Morre em 2003.
Jorge Uequed (RS)	PMDB	Sim	Deputado em 1986 e suplente em 1990 e 1994. Suplente na Assembleia Legislativa em 1998.
Jorge Vargas (MG)	PMDB	Não***	Não se candidata após 1982. Morre em 1988.
Jorge Vianna (BA)	PMDB	Sim	Deputado em 1986 e suplente em 1990, não volta a se candidatar.
José C. Vasconcelos (PE)	PMDB	Sim	Deputado em 1986, 1990 e 1994 e suplente em 1998.
José Carlos Fagundes (MG)	PDS	Não	Suplente na Câmara em 1986 e 1990, não volta a se candidatar.
José Carlos Teixeira (SE)	PMDB	Não	Não se elege governador em 1986 e senador em 1994. Vice-governador em 1990. Morre em 2018.
José Colagrossi (RJ)	PDT	Não	Suplente no Senado em 1986 e na Câmara em 1990 e 1994. Não se elege prefeito (Rio) em 1988. Morre em 1998.
José Eudes (RJ)	PT	Não	Suplente na Câmara em 1986 e 1990, não volta a se candidatar.
José Fogaça (RS)	PMDB	Sim	Senador em 1986 e 1994. Prefeito (Porto Alegre) em 2004 e 2008. Não se elege governador em 2010.
José Frejat (RJ)	PDT	Não	Não se elege senador em 1986. Suplente na Câmara em 1990.
José Genoino (SP)	PT	Sim	Deputado em 1986, 1990, 1994, 1998 e 2006. Não se elege governador em 2002.
José Jorge (PE)	PDS	Sim	Deputado (1986/1990/1994). Senador (1998). Ministro de FHC. Não se elege vice-presidente (2006).
José Lourenço (BA)	PDS	Sim	Deputado em 1986, 1990 e 1998 e suplente em 1994 e 2002. Morre em 2018.

Nome	Partido		Descrição
José Mendonça de Morais (MG)	PMDB	Não	Suplente na Câmara em 1986 e 1990.
José Machado (MG)	PDS	Não***	Não se candidata após 1982. Morre em 2010.
José Maranhão (PB)	PMDB	Sim	Deputado (1986/1990), vice-governador (1994), governador (1998/2008) e senador (2002/2014). Morre em 2021.
José Maria Magalhães (MG)	PMDB	Não	Suplente em 1986, não volta a se candidatar. Morre em 2007.
José Melo (AC)	PMDB	Sim	Deputado em 1986, não volta a se candidatar. Morre em 2012.
José Tavares (PR)	PMDB	Sim	Deputado em 1986. Suplente na Assembleia Legislativa em 1990 e deputado estadual em 1994. Morre em 2021.
José Thomaz Nonô (AL)	PDS	Sim	Eleito deputado entre 1986 e 2002. Não se elege senador em 2006. Vice-governador em 2010.
José Ulisses (MG)	PMDB	Sim	Deputado em 1986 e suplente 1990.
Juarez Batista (MG)	PMDB	Não	Suplente na Câmara em 1986 e na Assembleia Legislativa em 1994.
Juarez Bernardes (GO)	PMDB	Não	Suplente na Câmara em 1986. Não se elege senador em 1994. Morre em 2002.
Júlio Costamilan (RS)	PMDB	Sim	Deputado em 1986, não volta a se candidatar.
Júnia Marise (MG)	PMDB	Sim	Vice-governadora em 1986. Senadora em 1990. Não se elege prefeita de BH em 1996.
Jutahy Junior (BA)	PDS	Sim	Deputado (1986/1990/1998/2002/2006/2010/2014). Ministro de Collor. Não se elege governador (1994) e senador (2018).
Lélio Souza (RS)	PMDB	Sim	Deputado em 1986 e suplente em 1990, não volta a se candidatar.
Leônidas Sampaio (RJ)	PMDB	Não***	Não se candidata após 1982. Morre em 1993.

Lúcia Viveiros (PA)	PDS	Não	Suplente na Câmara em 1986 e na Assembleia Legislativa em 1990.
Lúcio Alcântara (CE)	PDS	Sim	Deputado em 1986. Vice-governador em 1990 e governador em 2002. Senador em 1994.
Luiz Antônio Fayet (PR)	PDS	Não	Suplente na Câmara em 1986, não volta a se candidatar.
Luiz Baccarini (MG)	PMDB	Não***	Não se candidata após 1982. Morre em 2011.
Luiz Dulci (MG)	PT	Não	Suplente na Câmara em 1986, não volta a se candidatar. Ministro de Lula.
Luiz Guedes (MG)	PMDB	Não	Prefeito (Juiz de Fora) em 1988. Deputado estadual em 1998.
Luiz Henrique (SC)	PMDB	Sim	Deputado (1986/1990/1994), ministro de Sarney, prefeito (Joinville, 1996/2000), governador (2002/2006) e senador (2010). Morre em 2015.
Luiz Leal (MG)	PMDB	Sim	Deputado em 1986, não volta a se candidatar. Morre em 2017.
Luiz Sefair (MG)	PMDB	Não	Suplente na Câmara em 1986, 1994, 1998 e 2010.
Manoel Affonso (AL)	PMDB	Não	Suplente na Câmara em 1986. Não se elege prefeito (São Miguel dos Milagres) em 2008.
Manoel Costa Júnior (MG)	PMDB	Não	Suplente na Câmara em 1986 e na Assembleia Legislativa em 1990.
Manoel Gonçalves (CE)	PDS	Não	Suplente na Câmara em 1986. Morre em 1987.
Mansueto de Lavor (PE)	PMDB	Sim	Senador em 1986, não volta a se candidatar. Morre em 1998.
Marcelo Cordeiro (BA)	PMDB	Sim	Deputado em 1986 e suplente em 1990.
Marcelo Medeiros (RJ)	PMDB	Não***	Não se candidata após 1982.
Márcio Braga (RJ)	PMDB	Sim	Deputado em 1986 e suplente em 1990, não volta a se candidatar.
Márcio Lacerda (MT)	PMDB	Sim	Senador em 1986. Vice-governador em 1994. Suplente na Câmara em 1998.

Márcio Macedo (RJ)	PMDB	Não	Suplente na Câmara em 1986, não volta a se candidatar.
Márcio Santilli (SP)	PMDB	Não	Suplente na Câmara em 1986, não volta a se candidatar.
Marcondes Pereira (SP)	PMDB	Não	Não se elege deputado estadual (1986), vice--prefeito (1988), deputado (1990) e vereador (1992/1996). Morre em 2007.
Marcos Lima (MG)	PMDB	Sim	Deputado em 1986, 1990 e 1994 e suplente em 1998, 2002, 2006 e 2010. Morre em 2021.
Mário Assad (MG)	PDS	Sim	Deputado em 1986 e 1990. Prefeito (Manhuaçu) em 2000.
Mário de Oliveira (MG)	PMDB	Sim	Deputado em 1986, 1990, 1994, 1998, 2006 e 2010.
Mário Frota (AM)	PMDB	Não	Não se elege senador (1986). Vereador (1988/2008). Deputado estadual (1998/2002). Vice-prefeito (Manaus, 2004).
Mario Hato (SP)	PMDB	Não	Suplente na Câmara em 1986, 1990 e 1994 e na Assembleia Legislativa em 2002.
Mário Juruna (RJ)	PDT	Não	Suplente na Câmara em 1986, não se elege em 1990 e 1994. Morre em 2002.
Matheus Schmidt (RS)	PDT	Não	Suplente na Câmara (1986). Senador (1990). Deputado (1994). Vice-governador (1998). Morre em 2010.
Mattos Leão (PR)	PMDB	Sim	Deputado em 1986. Deputado estadual em 1990. Morre em 1999.
Maurício Campos (MG)	PDS	Sim	Deputado em 1986, 1990 e 1994. Não se elege prefeito (Belo Horizonte) em 1992. Morre em 2020.
Max Mauro (ES)	PMDB	Sim	Governador (1986) e deputado (1998). Não se elege governador (1994/2002), senador (2006) e deputado (2010).
Melo Freire (MG)	PMDB	Sim	Deputado em 1986 e suplente em 1994. Não se elege senador em 1990.
Mendes Botelho (SP)	PTB	Sim	Deputado em 1986 e 1990 e suplente na Assembleia Legislativa em 1994. Morre em 2001.

Nome	Partido	Assinou	Observações
Miguel Arraes (PE)	PMDB	Sim	Governador em 1986 e 1994, não se reelege em 1998. Deputado em 1990 e 2002. Morre em 2005.
Milton Figueiredo (MT)	PMDB	Não***	Não se candidata após 1982. Morre em 1993.
Milton Reis (MG)	PMDB	Sim	Deputado em 1986 e suplente em 1990, 1994, 1998 e 2002. Morre em 2016.
Moacyr Franco (SP)	PTB	Não	Suplente na Câmara em 1986 e senador em 2010.
Moysés Pimentel (CE)	PMDB	Sim	Deputado em 1986, não volta a se candidatar. Morre em 2000.
Múcio Athayde (RO)	PMDB	Não***	Não se candidata após 1982. Morre em 2010.
Myrthes Bevilacqua (ES)	PMDB	Não	Suplente na Câmara em 1986 e 1990, não se elege em 1994.
Nadir Rossetti (RS)	PDT	Não	Suplente na Câmara em 1986 e prefeito (Caxias do Sul) em 1988. Morre em 1997.
Navarro Vieira Filho (MG)	PDS	Não	Suplente na Câmara (1986). Prefeito (Poços de Caldas, 1988/2004). Deputado estadual (1994/1998/2002). Morre em 2017.
Nelson Aguiar (ES)	PMDB	Sim	Deputado em 1986. Não se elege deputado em 1990, deputado estadual em 1994 e 2006 e senador em 1998.
Nelson do Carmo (SP)	PTB	Não***	Suplente na Câmara em 1986 e 1990. Morre em 2020.
Nelson Wedekin (SC)	PMDB	Sim	Senador em 1986. Não se elege governador em 1990 e 1994.
Nilton Alves (RS)	PDT	Não	Suplente na Câmara em 1986, 1990 e 1994.
Norton Macedo (PR)	PDS	Não	Suplente na Câmara em 1986, não volta a se candidatar. Morre em 2010.
Nyder Barbosa (ES)	PMDB	Sim	Deputado em 1986, não volta a se candidatar. Morre em 2011.
Octacílio de Almeida (SP)	PMDB	Não	Suplente na Câmara em 1986, não volta a se candidatar. Morre em 1994.

Nome	Partido		Observações
Odilon Salmoria (SC)	PMDB	Não***	Não se candidata após 1982.
Olavo Pires (RO)	PMDB	Sim	Senador em 1986. Morre em 1990.
Olivir Gabardo (PR)	PMDB	Não***	Suplente na Câmara em 1990 e no Senado em 1998.
Orestes Muniz (RO)	PMDB	Sim	Vice-governador em 1986, não se elege governador em 1990.
Oscar Corrêa (MG)	PDS	Sim	Deputado em 1986. Não se elege governador em 1990.
Osvaldo Murta (MG)	PMDB	Não	Suplente na Câmara em 1986, 1990 e 1998.
Osvaldo Nascimento (RS)	PDT	Não***	Prefeito (Santa Maria) em 1996. Não se elege deputado estadual em 2002 e vereador em 2004.
Osvaldo Lima Filho (PE)	PMDB	Não	Suplente na Câmara em 1986 e 1990. Morre em 1994.
Oswaldo Trevisan (PR)	PMDB	Não	Suplente na Câmara em 1986 e na Assembleia Legislativa em 1990.
Pacheco Chaves (SP)	PMDB	Não	Suplente na Câmara em 1986, não volta a se candidatar. Morre em 1995.
Paes de Andrade (CE)	PMDB	Sim	Deputado em 1986 e 1994 e suplente em 2002. Não se elege senador em 1990 e 1998. Morre em 2015.
Paulino Cícero (MG)	PDS	Não	Não se elege senador em 1986 e prefeito (BH) em 1996. Deputado em 1990. Ministro de Itamar.
Paulo Borges (GO)	PMDB	Não	Suplente na Câmara em 1986 e na Assembleia Legislativa em 1994. Morre em 1996.
Paulo Lustosa (CE)	PDS	Não	Não se elege senador em 1986 e 2002 e governador em 1990. Suplente na Câmara em 1994 e 1998.
Paulo Melro (SC)	PDS	Não	Suplente na Câmara em 1986, não volta a se candidatar. Morre em 2011.
Paulo Marques (PR)	PMDB	Não	Suplente na Câmara em 1986 e 1990. Morre em 2018.
Paulo Mincarone (RS)	PMDB	Sim	Deputado em 1986 e suplente em 1994, não se elege em 1990. Morre em 1997.

Paulo Zarzur (SP)	PMDB	Sim	Deputado em 1986 e suplente em 1990.
Pedro Colin (SC)	PDS	Não	Não se elege senador em 1986. Suplente na Câmara em 1990. Morre em 2008.
Pedro Sampaio (PR)	PMDB	Não***	Não se candidata após 1982.
Pimenta da Veiga (MG)	PMDB	Sim	Deputado em 1986 e 1998. Prefeito (BH) em 1988. Não se elege governador em 1990 e 2014. Ministro de FHC.
Plínio Martins (MS)	PMDB	Sim	Deputado em 1986, não volta a se candidatar. Morre em 1998.
Raimundo Leite (SP)	PMDB	Não	Suplente na Câmara em 1986, não volta a se candidatar. Morre em 2017.
Raymundo Asfora (PB)	PMDB	Sim	Vice-governador em 1986. Morre em 1987.
Raymundo Urbano (BA)	PMDB	Não	Suplente na Câmara em 1986, não volta a se candidatar.
Ralph Biasi (SP)	PMDB	Sim	Deputado em 1986 e suplente em 1994. Ministro de Sarney. Morre em 2017.
Randolfo Bittencourt (AM)	PMDB	Não	Suplente na Câmara em 1986, não volta a se candidatar.
Raul Belém (MG)	PMDB	Sim	Deputado em 1986, 1990 e 1994 e suplente em 1998. Morre em 2001.
Raul Ferraz (BA)	PMDB	Sim	Deputado em 1986 e suplente em 1990 e 1994.
Renato Bernardi (PR)	PMDB	Sim	Deputado em 1986 e suplente em 1990. Morre em 1996.
Renato Bueno (PR)	PMDB	Não	Suplente na Câmara em 1986 e na Assembleia Legislativa em 1990. Morre em 2002.
Renato Vianna (SC)	PMDB	Sim	Deputado em 1986, 1990 e 1998 e suplente em 2002 e 2006. Prefeito (Blumenau) em 1992.
Ricardo Ribeiro (SP)	PTB	Não	Suplente na Câmara em 1986 e prefeito (Ribeirão Preto) em 2004. Morre em 2020.
Roberto Freire (PE)	PMDB	Sim	Deputado em 1986, 1990, 2002 e 2010. Senador em 1994. Ministro de Temer.
Roberto Jefferson (RJ)	PTB	Sim	Deputado em 1986, 1990, 1994, 1998 e 2002. Não se elege prefeito (Rio) em 1988.

Roberto Rollemberg (SP)	PMDB	Sim	Deputado em 1986 e suplente em 1990. Morre em 1995.
Ronaldo Campos (PA)	PMDB	Sim****	Prefeito (Santarém) em 1985, não volta a se candidatar. Morre em 2017.
Rosa Flores (RS)	PMDB	Não***	Não se candidata após 1982.
Rosemburgo Romano (MG)	PMDB	Não	Suplente na Câmara em 1986. Prefeito (Itajubá) em 1988, não se elege em 2008. Morre em 2019.
Ruben Figueiró (MG)	PMDB	Sim	Deputado em 1986. Suplente no Senado em 2006.
Ruy Bacelar (BA)	PDS	Sim	Senador em 1986. Suplente na Câmara em 1994.
Ruy Codo (SP)	PMDB	Não	Suplente na Câmara em 1986 e 1990. Morre em 2022.
Ruy Lino (AC)	PMDB	Não	Não se elege senador em 1986. Morre em 1987.
Samir Achôa (SP)	PMDB	Sim	Deputado em 1986 e suplente em 1990 e 1994. Suplente na Câmara dos Vereadores em 1996. Morre em 2008.
Santinho Furtado (PR)	PMDB	Sim	Deputado em 1986 e suplente em 1994 e 1998. Vereador em 2012. Morre em 2015.
Sarney Filho (MA)	PDS	Sim	Deputado em 1986, 1990, 1994, 1998, 2002, 2006, 2010 e 2014. Ministro de FHC e Temer.
Saulo Queiroz (MS)	PDS	Sim	Deputado (1986/1994) e suplente (1990/2002). Não se elege prefeito (Campo Grande, 1988) e senador (1998).
Sebastião Ataíde (RJ)	PDT	Não	Suplente na Câmara em 1986, não volta a se candidatar. Morre em 2011.
Sebastião Nery (RJ)	PDT	Não	Suplente na Câmara em 1986 e 1994.
Sebastião Rodrigues Jr. (PR)	PMDB	Não	Suplente na Câmara em 1990. Morre em 1992.
Sérgio Cruz (MS)	PMDB	Não	Não se elege deputado em 1986. Suplente em 1990, 1994 e 1998.
Sérgio Ferrara (MG)	PMDB	Sim****	Prefeito (BH) em 1985. Suplente na Câmara em 1990. Não se elege senador em 1994. Morre em 2020.

Nome	Partido	Assinou	Observações
Sérgio Lomba (RJ)	PDT	Não	Suplente na Câmara em 1986 e 1994. Morre em 2011.
Sérgio Moreira (AL)	PMDB	Não	Suplente na Câmara em 1986 e na Assembleia Legislativa em 1990.
Sérgio Murilo (PE)	PMDB	Não	Suplente na Câmara em 1986, não volta a se candidatar. Morre em 2010.
Siegfried Heuser (RS)	PMDB	Não***	Morre em 1986.
Sinval Guazzelli (RS)	PMDB	Sim	Vice-governador em 1986. Ministro de Itamar. Deputado em 1998. Morre em 2001.
Stélio Dias (ES)	PDS	Sim	Deputado em 1986 e suplente em 1994 e 1998, não se elege em 1990.
Tarcísio Burity (PB)	PDS	Sim	Governador em 1986. Não se elege senador em 1998 e 2002. Morre em 2003.
Theodorico Ferraço (ES)	PDS	Não	Deputado em 1994. Prefeito (Cachoeiro do Itapemirim) em 1996 e 2000. Deputado estadual em 2006.
Theodoro Mendes (SP)	PMDB	Sim	Deputado em 1986 e suplente em 1990, 1994 e 1998. Não se elege prefeito em 1996. Morre em 2020.
Thomaz Coelho (CE)	PMDB	Não	Suplente na Câmara em 1986. Morre em 1987.
Tidei de Lima (SP)	PMDB	Sim	Deputado em 1986 e 1990 e suplente em 1998 e 2006. Prefeito (Bauru) em 1992.
Tobias Alves (GO)	PMDB	Não	Suplente na Câmara em 1986, não volta a se candidatar. Morre em 2014.
Ulysses Guimarães (SP)	PMDB	Sim	Deputado em 1986 e 1990. Não se elege presidente em 1989. Morre em 1992.
Valmor Giavarina (PR)	PMDB	Não	Suplente na Câmara em 1986 e 1990. Morre em 2005.
Vicente Queiroz (PA)	PMDB	Não	Suplente no Senado em 1986, não volta a se candidatar. Morre em 2009.
Virgildásio de Senna (BA)	PMDB	Sim	Deputado em 1986 e suplente em 1990. Não se elege prefeito (Salvador) em 1988.
Wagner Lago (MA)	PMDB	Sim	Deputado em 1986 e 2002 e suplente em 2006. Não se elege senador em 1990 e 1994.

Walber Guimarães (PR)	PMDB	Não	Suplente na Câmara em 1986, não volta a se candidatar.
Wall Ferraz (PI)	PMDB	Sim****	Prefeito (Teresina) em 1985 e 1992. Não se elege governador em 1990. Morre em 1995.
Walmor de Luca (SC)	PMDB	Sim	Deputado em 1986 e suplente em 1990. Morre em 2019.
Walter Casanova (RJ)	PDT	Não	Não se elege deputado em 1986. Suplente na Assembleia Legislativa em 1998.
Wildy Vianna (AC)	PDS	Não***	Não se candidata após 1982. Morre em 2017.
Wilmar Palis (RJ)	PDS	Não	Suplente na Câmara em 1986 e na Assembleia Legislativa em 1990 e 1994. Vereador pelo Rio em 1988.
Wilson Vaz (MG)	PMDB	Não	Suplente na Câmara em 1986 e 1990.

NÃO*****

NOME	COMO VOTOU	ELEITO(A) EM 1986	CARREIRA PÓS-1984
Adail Vetorazzo (SP)	Ausente	Não	Suplente na Câmara em 1986 e 1990.
Adauto Pereira (PB)	Ausente	Sim	Deputado em 1986, 1990, 1994, 1998 e 2002. Morre em 2003.
Adhemar Ghisi (SC)	Não	Não***	Não se candidata após 1982. Morre em 2008.
Adroaldo Campos (SE)	Ausente	Não	Não se candidata após 1982. Morre em 1996.
Aécio de Borba (CE)	Ausente	Sim	Deputado em 1986 e 1990 e suplente em 1994. Morre em 2021.
Afrísio Vieira Lima (BA)	Não	Não	Suplente na Câmara em 1986. Morre em 2016.
Alair Ferreira (RJ)	Ausente	Sim	Deputado em 1986. Morre em 1987.
Alcides Franciscato (SP)	Ausente	Não	Suplente na Câmara em 1986, não volta a se candidatar.

Nome			
Alcides Lima (RR)	Ausente	Não	Suplente na Câmara em 1986 e na Assembleia Legislativa em 1994. Não se elege senador em 1990.
Alércio Dias (AC)	Ausente	Sim	Deputado (1986) e deputado estadual (1994). Não se elege deputado (1990) e governador (1998). Morre em 2020.
Álvaro Gaudêncio (PB)	Ausente	Não***	Suplente na Câmara em 1990. Morre em 2004.
Amaral Netto (RJ)	Não	Sim	Deputado em 1986, 1990 e 1994. Não se elege à Prefeitura do Rio em 1992. Morre em 1995.
Amilcar de Queiroz (AC)	Não	Não	Suplente na Câmara em 1986 e na Assembleia Legislativa em 1998.
Ângelo Magalhães (BA)	Não	Sim	Deputado em 1986 e 1990 e suplente em 1994. Morre em 2005.
Antônio Amaral (PA)	Ausente	Não	Suplente na Câmara em 1986, não volta a se candidatar.
Antônio Farias (PE)	Não	Sim	Senador em 1986. Morre em 1988.
Antônio Florêncio (RN)	Ausente	Não	Não se elege vice-governador em 1986. Morre em 1991.
Antônio Gomes (PB)	Ausente	Não***	Não se candidata após 1982. Morre em 2000.
Antônio Osório (BA)	Ausente	Não	Suplente na Câmara em 1986, 1990, 1994 e 1998 e na Assembleia Legislativa em 2002.
Antônio Pontes (AP)	Ausente	Não	Suplente na Câmara em 1986 e na Assembleia Legislativa em 1990. Morre em 2001.
Antônio Ueno (PR)	Ausente	Sim	Deputado em 1986, 1990 e 1994 e suplente em 1998. Morre em 2011.
Ary Kffuri (PR)	Não	Não***	Não se candidata após 1982. Morre em 1990.
Armando Pinheiro (SP)	Não	Não	Suplente na Câmara em 1986, 1990 e 1994.
Assis Canuto (RO)	Ausente	Sim	Deputado em 1986 e suplente em 1994, 1998 e 2002. Vice-governador em 1990.
Augusto Franco (SE)	Ausente	Não***	Não se candidata após 1982. Morre em 2003.
Baltazar de Bem e Canto (RS)	Não	Não***	Não se candidata após 1982. Morre em 2013.

Bayma Júnior (MA)	Ausente	Não	Suplente na Câmara em 1986, não volta a se candidatar.
Bento Porto (MT)	Ausente	Não	Não se elege senador (1986) e governador (2006). Morre em 2010.
Bonifácio de Andrada (MG)	Ausente	Sim	Deputado (1986/1990/1994/2002/2006/2014). Não se elege vice-presidente (Maluf, 1989). Morre em 2021.
Brasílio Caiado (GO)	Não	Não***	Não se candidata após 1982. Morre em 2006.
Carlos Eloy (MG)	Ausente	Não	Suplente na Câmara em 1986, não volta a se candidatar.
Carlos Virgílio (CE)	Ausente	Sim	Deputado em 1986 e 1990 e suplente em 1994 e 1998. Morre em 2000.
Castejon Branco (MG)	Ausente	Não***	Morre em 1985.
Celso Barros (PI)	Ausente	Não	Suplente na Câmara em 1986, 1990 e 2006. Não se elege senador em 1994.
Celso Carvalho (SE)	Ausente	Não***	Não se candidata após 1982. Morre em 2009.
Christovam Chiaradia (MG)	Ausente	Sim	Deputado em 1986 e 1990. Morre em 1991.
Clarck Platon (AP)	Ausente	Não	Suplente na Câmara em 1986. Não se elege senador em 1990.
Cláudio Philomeno (CE)	Ausente	Não	Não se elege deputado estadual em 1986 e não volta a se candidatar.
Cristino Côrtes (MT)	Ausente	Não***	Não se candidata após 1982. Morre em 2001.
Cunha Bueno (SP)	Ausente	Sim	Deputado em 1986, 1990, 1994 e 1998. Não se elege senador em 2002.
Darcílio Alves (RJ)	Não	Não***	Morre em 1986.
Darcy Pozza (RS)	Não	Sim	Deputado em 1986. Prefeito (Bento Gonçalves) em 1996 e 2000. Morre em 2017.
Diogo Nomura (SP)	Ausente	Não	Suplente na Câmara em 1986, 1994 e 1998 e deputado em 1990. Morre em 2005.
Djalma Bessa (BA)	Não	Não	Suplente na Câmara em 1986 e no Senado em 1994. Morre em 2013.

Edison Lobão (MA)	Ausente	Sim	Senador em 1986, 1994, 2002 e 2010, não se elege em 2018. Governador em 1990. Ministro de Lula e Dilma.
Edme Tavares (PB)	Ausente	Sim	Deputado em 1986 e suplente em 1990. Morre em 2015.
Eduardo Galil (RJ)	Não	Não***	Prefeito (Trajano de Moraes, 1988/1996), não se elege em 2008. Suplente na Assembleia Legislativa (1994).
Emídio Perondi (RS)	Não	Não***	Não se candidata após 1982. Morre em 2020.
Emílio Haddad (MG)	Ausente	Não	Suplente na Câmara (1986) e na Assembleia Legislativa (1994). Prefeito (Oliveira, 1988). Morre em 2009.
Enoc Vieira (MA)	Ausente	Sim	Deputado em 1986, não volta a se candidatar.
Epitácio Bittencourt (SC)	Ausente	Não***	Não se candidata após 1982. Morre em 1995.
Eraldo Tinoco (BA)	Ausente	Sim	Deputado em 1986, 1990, 1994 e 1998. Ministro de Collor. Vice-governador em 2002. Morre em 2008.
Ernani Satyro (PB)	Ausente	Não***	Morre em 1986.
Estevam Galvão (SP)	Ausente	Não***	Prefeito (Suzano) em 1988, 1996 e 2000. Eleito deputado estadual em 1994 e entre 2006 e 2018.
Etelvir Dantas (BA)	Ausente	Não	Suplente na Câmara em 1986, não volta a se candidatar.
Eurico Ribeiro (MA)	Não	Não	Suplente na Câmara em 1986, 1990 e 1994. Morre em 1996.
Evandro Ayres de Moura (CE)	Ausente	Não	Suplente na Câmara em 1986, não volta a se candidatar. Morre em 2004.
Fabiano Braga Cortes (PR)	Não	Não	Não se elege senador em 1986. Suplente na Câmara em 1990.
Félix Mendonça (BA)	Não	Não	Não se elege senador em 1986. Deputado em 1990, 1994, 1998, 2002 e 2006. Morre em 2020.
Fernando Magalhães (BA)	Não	Não***	Não se candidata após 1982. Morre em 2012.
Ferreira Martins (SP)	Não	Não***	Não se candidata após 1982. Morre em 2021.

Figueiredo Filho (RJ)	Ausente	Não***	Não se candidata após 1982. Morre em 2006.
Flávio Marcílio (CE)	Ausente	Não	Suplente na Câmara em 1986 e 1990. Morre em 1992.
Francisco Benjamim (BA)	Ausente	Sim	Deputado em 1986. Suplente no Senado em 1990. Morre em 2014.
Francisco Rollemberg (SE)	Ausente	Sim	Senador em 1986. Não se elege governador em 2002.
Francisco Sales (RO)	Ausente	Sim	Deputado em 1986, não se elege em 1990. Deputado estadual em 1994. Prefeito (Ariquemes) em 1996.
Furtado Leite (CE)	Não	Sim	Deputado em 1986. Morre em 1991.
Geovani Borges (AP)	Ausente	Sim	Deputado em 1986. Não se elege senador em 1990 e prefeito em 2008. Prefeito (Santana) em 1992.
Gerson Peres (PA)	Ausente	Sim	Deputado em 1986, 1990, 1994, 1998 e 2006. Não se elege senador em 2002. Morre em 2020.
Gomes da Silva (CE)	Ausente	Não	Suplente na Câmara em 1986. Morre em 2008.
Gonzaga Vasconcelos (PE)	Ausente	Não	Suplente na Câmara em 1986 e na Assembleia Legislativa em 1990 e 1994. Morre em 2012.
Gorgônio Neto (BA)	Não	Não***	Não se candidata após 1982.
Guido Moesch (RS)	Não	Não***	Não se candidata após 1982.
Hamilton Xavier (RJ)	Não	Não***	Não se candidata após 1982. Morre em 2006.
Haroldo Sanford (CE)	Ausente	Não	Suplente na Câmara em 1986, 1990, 1994 e 1998.
Helio Correia (BA)	Não	Não	Suplente na Câmara em 1986 e no Senado em 1994 e 2002.
Helio Dantas (SE)	Ausente	Não	Não se candidata após 1982. Morre em 2013.
Homero Santos (MG)	Ausente	Sim	Deputado em 1986. Morre em 2008.
Horácio Matos (BA)	Ausente	Não***	Não se candidata após 1982.

Hugo Mardini (RS)	Não	Não	Suplente na Câmara em 1986 e 1994. Não se elege senador em 2002. Morre em 2004.
Ibsen de Castro (GO)	Ausente	Não***	Deputado estadual em 1994 e suplente em 1998. Não se elege prefeito (Jussara) em 2004. Morre em 2020.
Irineu Colato (RS)	Não	Não	Suplente na Câmara em 1986. Prefeito (Horizontina) em 2000 e 2008, não se elege em 2004.
Ítalo Conti (PR)	Não	Não***	Não se candidata após 1982. Morre em 2012.
Jaime Câmara (GO)	Ausente	Não***	Não se candidata após 1982. Morre em 1989.
Jairo Azi (BA)	Ausente	Sim	Deputado em 1986, 1990, 1994 e 1998. Morre em 2000.
Jairo Magalhães (MG)	Ausente	Não	Suplente na Câmara em 1986, não volta a se candidatar.
Jessé Freire (RN)	Ausente	Sim	Deputado em 1986. Morre em 1988.
Joacil Pereira (PB)	Não	Não	Suplente na Câmara em 1986. Não se elege senador em 1990. Morre em 2012.
João Alves (BA)	Ausente	Sim	Deputado em 1986 e 1990. Morre em 2004.
João Batista Fagundes (RR)	Ausente	Não***	Deputado em 1990 e suplente em 1994.
João Carlos de Carli (PE)	Não	Não***	Não se candidata após 1982. Morre em 2002.
João Paganella (SC)	Ausente	Não	Suplente na Câmara em 1986, não volta a se candidatar.
Jonas Pinheiro (MT)	Ausente	Sim	Deputado em 1986 e 1990. Senador em 1994, reeleito em 2002. Morre em 2008.
Jorge Arbage (PA)	Não	Sim	Deputado em 1986 e suplente em 1994 e 1998. Não se elege senador em 1990. Morre em 2020.
José Burnett (MA)	Não	Não	Não se elege senador em 1986. Deputado em 1990.
José Camargo (SP)	Ausente	Sim	Deputado em 1986 e suplente em 1990. Não se elege prefeito (Cotia) em 1992. Morre em 2020.

José Carlos Fonseca (ES)	Ausente	Não	Suplente na Câmara em 1986, não volta a se candidatar. Morre em 2007.
José Carlos Martinez (PR)	Não	Sim	Deputado em 1986, 1998 e 2002 e suplente em 1994. Não se elege governador em 1990. Morre em 2003.
José Fernandes (AM)	Ausente	Sim	Deputado em 1986, não se reelege em 1990. Morre em 2020.
José Lins de Albuquerque (AM)	Não	Não***	Não se candidata após 1982. Morre em 1996.
José Luiz Maia (PI)	Ausente	Sim	Deputado em 1986 e 1990 e suplente em 1998.
José Mendonça Bezerra (PE)	Ausente	Sim	Deputado em 1986, 1990, 1994, 1998, 2002 e 2006. Morre em 2011.
José Moura (PE)	Ausente	Sim	Deputado em 1986 e suplente em 1990.
José Penedo (BA)	Ausente	Não	Não se elege vice-governador em 1986. Suplente na Câmara em 1990 e 1994. Morre em 2010.
José Ribamar Machado (MA)	Ausente	Não	Suplente na Câmara em 1986, não volta a se candidatar. Morre em 2016.
Josias Leite (PE)	Ausente	Não	Suplente na Câmara em 1986. Morre em 2003.
Josué de Souza (AM)	Ausente	Não***	Não se candidata após 1982. Morre em 1992.
Júlio Martins (RR)	Ausente	Não	Suplente na Câmara (1986/2002/2006/2010). Não se elege senador (1994/2018) e prefeito (2004).
Lázaro de Carvalho (RJ)	Ausente	Não	Suplente na Câmara em 1986, não volta a se candidatar. Morre em 2000.
Léo Simões (RJ)	Ausente	Não***	Não se candidata após 1982. Morre em 2011.
Leônidas Rachid (RO)	Ausente	Não	Suplente na Câmara em 1986. Não se elege vice-governador em 1990. Morre em 2014.
Leorne Belém (CE)	Ausente	Não	Suplente na Câmara em 1986, não volta a se candidatar.
Leur Lomanto (BA)	Ausente	Sim	Deputado em 1986, 1990, 1994 e 1998.
Levy Dias (MS)	Ausente	Sim	Deputado (1986) e suplente (1998/2002). Senador (1990). Não se elege governador (1994) e prefeito (1996).

Ludgero Raulino (PI)	Ausente	Não	Suplente na Câmara em 1986, não volta a se candidatar.
Maçao Tadano (MT)	Não	Não	Suplente na Câmara em 1986, não volta a se candidatar.
Magalhães Pinto (MG)	Ausente	Não***	Não se candidata após 1982. Morre em 1996.
Magno Bacelar (MA)	Não	Não	Suplente no Senado (1986). Vice-prefeito (São Luís, 1988). Deputado (1994). Prefeito (Coelho Neto, 2004). Morre em 2021.
Maluly Netto (SP)	Ausente	Sim	Deputado em 1986, 1990, 1994 e 1998. Prefeito (Araçatuba) em 2000 e 2004. Morre em 2012.
Manoel Novaes (BA)	Ausente	Não	Suplente na Câmara em 1986, não volta a se candidatar. Morre em 1992.
Manuel Ribeiro (PA)	Não	Sim	Deputado em 1986 e 1990. Morre em 2021.
Marcelo Linhares (CE)	Não	Não***	Não se candidata após 1982. Morre em 2007.
Mauro Sampaio (CE)	Ausente	Sim	Deputado em 1986 e 1990 e suplente em 1994. Prefeito (Juazeiro do Norte) em 1996. Morre em 2015.
Mendonça Falcão (SP)	Ausente	Não***	Não se candidata após 1982. Morre em 1997.
Milton Brandão (PI)	Não	Não***	Morre em 1985.
Mozarildo Cavalcanti (RR)	Ausente	Sim	Deputado em 1986 e suplente em 1994. Senador em 1998 e 2006. Não se elege senador em 1990 e 2014.
Nagib Haickel (MA)	Ausente	Não	Suplente na Assembleia Legislativa em 1986 e deputado estadual em 1990. Morre em 1993.
Natal Gale (SP)	Ausente	Não	Suplente na Câmara em 1986, não volta a se candidatar. Morre em 2010.
Nelson Costa (AL)	Ausente	Não	Não se elege vice-governador em 1986 e não volta a se candidatar. Morre em 2012.
Nelson Marchezan (RS)	Não	Não	Não se elege senador em 1986 e governador em 1990. Deputado em 1994 e 1998. Morre em 2002.
Nelson Morro (SC)	Ausente	Não***	Deputado em 1990, não volta a se candidatar.

Ney Ferreira (BA)	Não	Não	Suplente na Câmara em 1986, não volta a se candidatar. Morre em 2011.
Nilson Gibson (PE)	Não	Sim	Deputado em 1986, 1990 e 1994 e suplente em 1998 e 2002. Morre em 2018.
Nylton Velloso (MG)	Ausente	Não	Suplente na Câmara em 1986, não volta a se candidatar. Morre em 1994.
Nosser Almeida (AC)	Não	Não	Suplente na Câmara em 1986, 1990 e 1994. Morre em 2011.
Oly Fachin (RS)	Não	Não	Suplente na Câmara em 1986, não volta a se candidatar. Morre em 2018.
Orlando Bezerra (CE)	Não	Sim	Deputado em 1986 e 1990. Morre em 2000.
Oscar Alves (PR)	Abstenção	Não***	Não se candidata após 1982.
Osmar Leitão (RJ)	Ausente	Sim	Deputado em 1986 e suplente entre 1990 e 2006. Não se elege prefeito em 1996 e vereador em 2000.
Ossian Araripe (CE)	Ausente	Não	Não se candidata após 1982. Morre em 2007.
Osvaldo Coelho (PE)	Não	Sim	Deputado (1986-2002) e suplente (2006/2010). Não se elege prefeito (2004). Morre em 2015.
Osvaldo Melo (PA)	Não	Não	Suplente na Câmara em 1986, 1994 e 1998 e deputado em 1990. Morre em 2004.
Octávio Cesário (PR)	Não	Não	Suplente na Câmara em 1986, não volta a se candidatar. Morre em 2003.
Paulo Guerra (AP)	Ausente	Não	Suplente na Câmara em 1986, no Senado em 1990 e na Assembleia Legislativa em 1998.
Paulo Maluf (SP)	Ausente	Não	Não se elege presidente em 1989. Perde quatro eleições para prefeito e quatro para governador de SP. Prefeito em 1992 e deputado três vezes a partir de 2006.
Pedro Ceolin (ES)	Ausente	Sim	Deputado em 1986, não volta a se candidatar. Morre em 2021.
Pedro Corrêa (PE)	Ausente	Não	Suplente na Câmara em 1986 e 1998 e deputado em 1990, 1994 e 2002.
Pedro Germano (RS)	Não	Não***	Não se candidata após 1982. Morre em 2006.

Nome			
Pratini de Moraes (RS)	Não	Não	Suplente na Câmara em 1986 e 1990. Ministro de Collor e FHC.
Prisco Viana (BA)	Ausente	Sim	Deputado em 1986, 1990 e 1994. Ministro de Sarney. Não se elege governador em 2002. Morre em 2015.
Raul Bernardo (MG)	Ausente	Não	Suplente na Câmara em 1986, não volta a se candidatar. Morre em 2013.
Reinhold Stephanes (PR)	Abstenção	Não	Deputado (1990/1994/2006/2010) e suplente (1986/1998/2002/2014). Ministro de Collor, FHC e Lula.
Renato Cordeiro (SP)	Não	Não	Suplente na Câmara em 1986, 1990 e 1994. Morre em 2007.
Renato Johnsson (PR)	Abstenção	Sim	Deputado em 1986, 1990 e 1994.
Ricardo Fiúza (PE)	Não	Sim	Deputado em 1986, 1990, 1998 e 2002. Ministro de Collor. Morre em 2005.
Rita Furtado (RO)	Ausente	Sim	Deputada em 1986, não se reelege em 1990. Morre em 2011.
Rômulo Galvão (BA)	Ausente	Não	Suplente na Câmara em 1986, não volta a se candidatar. Morre em 1998.
Ronaldo Canedo (MG)	Ausente	Não	Suplente na Câmara em 1986, não volta a se candidatar. Morre em 2006.
Rondon Pacheco (MG)	Ausente	Não	Não se elege senador em 1986 e não volta a se candidatar. Morre em 2016.
Rubem Medina (RJ)	Ausente	Sim	Deputado em 1986, 1990, 1994 e 1998 e suplente em 2002.
Rubens Ardenghi (RS)	Não	Não	Suplente na Câmara em 1986, 1990 e 1998.
Sales Leite (SP)	Não	Não	Suplente na Câmara em 1986, não volta a se candidatar. Morre em 2007.
Salvador Julianelli (SP)	Ausente	Não***	Não se candidata após 1982. Morre em 1990.
Santos Filho (PR)	Não	Não***	Deputado em 1998. Morre em 2013.
Saramago Pinheiro (RJ)	Não	Não	Suplente na Câmara em 1986, não volta a se candidatar.

Nome			
Sebastião Curió (PA)	Não	Não***	Suplente na Câmara em 1990. Prefeito (Curionópolis) em 2000 e 2004.
Sérgio Philomeno (CE)	Ausente	Não	Não se elege deputado em 1986. Morre em 1987.
Simão Sessim (RJ)	Ausente	Sim	Deputado entre 1986 e 2014. Não se elege prefeito (Nilópolis) em 1996. Morre em 2021.
Siqueira Campos (GO)	Não	Sim	Deputado em 1986. Governador (TO) em 1988, 1994, 1998 e 2010. Suplente no Senado em 2018.
Tapety Júnior (PI)	Não	Não	Suplente na Câmara em 1986, não se elege em 2006.
Thales Ramalho (PE)	Ausente	Não***	Não se candidata após 1982. Morre em 2004.
Ubaldo Barém (MS)	Não	Não***	Não se candidata após 1982. Morre em 1992.
Vicente Guabiroba (MG)	Ausente	Não	Suplente na Câmara em 1986, não volta a se candidatar. Morre em 2011.
Victor Faccioni (RS)	Não	Sim	Deputado em 1986 e 1990 e suplente em 1994.
Vieira da Silva (MA)	Não	Sim	Deputado em 1986, não volta a se candidatar. Morre em 2007.
Vingt Rosado (RN)	Ausente	Sim	Deputado em 1986, não volta a se candidatar. Morre em 1995.
Vitor Trovão (MA)	Não	Sim	Deputado em 1986, não volta a se candidatar. Morre em 2011.
Vivaldo Frota (AM)	Não	Sim	Vice-governador em 1986. Suplente na Câmara em 1994 e na Assembleia Legislativa em 1998. Morre em 2015.
Wanderley Mariz (RN)	Ausente	Não	Não se elege senador em 1986 e prefeito (Caicó) em 2008. Morre em 2020.
Wilson Falcão (BA)	Não	Não	Suplente na Câmara em 1986, não volta a se candidatar. Morre em 2007.
Wolney Siqueira (GO)	Ausente	Não	Não se elege senador em 1986. Suplente na Câmara em 1998.

FONTES

CPDOC-FGV (http://www.fgv.br/cpdoc/acervo/arquivo)

Câmara dos Deputados (https://www.camara.leg.br/deputados/)

Tribunal Superior Eleitoral (https://www.tse.jus.br/eleicoes/eleicoes-anteriores)

Tribunais Regionais Eleitorais

Senado Federal (https://www25.senado.leg.br/web/senadores/)

Assembleias Legislativas

APÊNDICE 2

Retratos atualizados

Os protagonistas da campanha das Diretas Já desceram dos palanques (ou deixaram seus gabinetes) e, depois da morte de Tancredo Neves, quando o movimento fechou um ciclo, seguiram trajetórias tão distintas quanto suas vocações profissionais e convicções políticas. Da mesma maneira, vários entre os que se destacaram no combate ao movimento também se mantiveram na vida púbica.

A seguir, de A a Z, os principais personagens dessa história, e o que fariam depois de 1985.

Abdias Nascimento (1914-2011) é nomeado por Brizola secretário de Defesa e Promoção das Populações Afro-Brasileiras do Rio, função que desempenha até 1994. Eleito segundo suplente de senador pelo PDT do Rio, assume a vaga em 1997, com a morte de Darcy Ribeiro. Em 1999, se torna o primeiro titular da Secretaria de Direitos Humanos do Rio. Em 2006, é um dos principais atores no processo de criação do Dia da Consciência Negra, 20 de novembro. É indicado ao Prêmio Nobel da Paz em 2010.

Adilson Monteiro Alves (1946) se elege deputado estadual em São Paulo pelo PMDB nas legislaturas iniciadas em 1987 e 1991. O ex-
-dirigente do Corinthians preside a Comissão de Esporte e Turismo e ocupa a vice-presidência da Comissão de Cultura, Ciência e

Tecnologia. É secretário de Cultura entre 1991 e 1993, no governo do peemedebista Luiz Antônio Fleury Filho. Deixa a política e, no início dos anos 2000, era dono de uma casa que reunia bingo, restaurante e espaço para shows.

Affonso Camargo (1929-2011) se reelege senador em 1986. Ministro dos Transportes de José Sarney (1985-1986), cria o vale-transporte. Deixa o PMDB e se candidata a presidente da República em 1989. Apoia Fernando Collor no segundo turno e assume duas pastas em seu governo: Transportes e Comunicações. É deputado federal por quatro legislaturas consecutivas a partir de 1995, até o fim da vida. Nesse período esteve filiado ao PPR e ao PFL, antes de ingressar no PSDB em 2001.

Aldir Blanc (1946-2020) continua escrevendo centenas de letras e crônicas até o fim da vida. Interrompe a parceria com João Bosco em 1986 para retomá-la duas décadas depois. Como cantor, grava dois álbuns: *Aldir Blanc e Maurício Tapajós* (1984) e *Vida noturna* (2005). Em 2013, lança uma biografia autorizada assinada pelo jornalista Luiz Fernando Vianna. Publica, entre outros, os livros *Brasil passado a sujo* (1993) e *Ruas dos artistas e transversais* (2006). Morre aos 73 anos, em decorrência da Covid-19.

Antonio Maschio (1947-2013) mantém o Spazio Pirandello junto com o sócio, Wladimir Soares, até 1989, quando eles vendem o espaço e Maschio abandona o ramo gastronômico. De 1990 a 2000, é diretor de atividades culturais da Fundação Memorial da América Latina e assessor especial da Secretaria de Cultura do Estado de São Paulo. Em 2015, o Museu da Casa Brasileira publica o livro póstumo *Antonio Maschio fugiu de seu destino*, de Margarida Cintra Gordinho, em que ele conta sua vida em primeira pessoa.

Aureliano Chaves (1929-2003) deixa a Vice-Presidência para assumir a pasta das Minas e Energia de Sarney, entre 1985 e 1988. Concorre à Presidência da República em 1989, obtendo menos de 1% dos votos. Afasta-se da vida pública, mas se mantém na posição de consultor de políticos ligados ao PSDB e participa de debates públicos. Nacionalista, critica o programa de privatizações. Em 2002, apoia a candidatura de Lula à Presidência da República, inclusive ajudando o petista a se aproximar dos militares.

Benito Juarez (1933-2020) comanda a Orquestra Sinfônica de Campinas até o ano 2000. O "maestro das Diretas" grava várias obras de compositores brasileiros, como *Sinfonia dos orixás*, de Almeida Prado (1985), *Sinfonia em sol menor*, de Alberto Nepomuceno (1993), *Tributo a Portinari*, de Guerra-Peixe (1998) e *Congada*, de Francisco Mignone (1998). Em 2002, funda a Banda Sinfônica do Exército, que seis anos depois conquista o Prêmio APCA (Associação Paulista de Críticos de Arte) de Melhor Projeto Musical Erudito.

Bete Mendes (1949) identifica seu torturador, Brilhante Ustra, como adido militar da embaixada brasileira no Uruguai. Ela integrava a comitiva presidencial em viagem a Montevidéu em 1985. O coronel é demitido. Bete se reelege deputada em 1986, mas pelo PMDB, ao qual se filiara após ser expulsa do PT, por desobedecer ao partido, que proibira seus parlamentares de votar no Colégio Eleitoral. Licencia-se para assumir a Secretaria de Cultura de São Paulo, até 1988. Segue atuando na TV e no cinema.

Caio Graco Prado (1931-1992), filho do sociólogo Caio Prado Júnior, fundador da Brasiliense, continua à frente da editora, como diretor-presidente, até a sua morte, aos 61 anos, em um acidente de motocicleta. Depois dos sucessos com as coleções voltadas ao público mais jovem, investe em obras mais densas, como *Cineastas e imagens do povo*, de Jean-Claude Bernardet (1985).

Chico Buarque (1944) grava vários álbuns, entre eles, *Francisco* (1987), *Paratodos* (1993), *Uma palavra* (1995), *As cidades* (1998), *Carioca* (2006) e *Caravanas* (2017). Também consolida a carreira de escritor, com *Estorvo* (1991), *Benjamin* (1995), *Budapeste* (2003), *Leite derramado* (2009), *O irmão alemão* (2014), *Essa gente* (2019) e *Anos de chumbo* (2021), aliando reconhecimento da crítica e sucesso comercial. Na política, se mantém na esquerda, apoia as candidaturas de Lula, mas não se envolve com partidos.

Christiane Torloni (1957) mantém a carreira de atriz na TV, no cinema e no teatro. Em 2002 recebe o Prêmio APCA de Melhor Atriz em Televisão por *Um anjo caiu do céu*. No ano seguinte atua com destaque na novela *Mulheres apaixonadas*. Em 2011 interpreta, em *Fina estampa*, a vilã Tereza Cristina, um dos mais populares papéis de sua carreira. No teatro, é protagonista do musical *Master Class* (2015-2019), no papel de Maria Callas. É codiretora do documentário *Amazônia, o despertar da florestania* (2019).

Clovis Rossi (1943-2019) continua até o fim da vida atuando na *Folha de S.Paulo* como repórter, com dedicação a coberturas internacionais, e como colunista de política nacional, desde 1987. Recebe os dois mais importantes prêmios para jornalistas na América Latina: o Maria Moors Cabot, concedido em 2001 pela Universidade Columbia dos Estados Unidos, e o da Fundação para um Novo Jornalismo, em 2004, pelo conjunto da obra. Reúne parte da sua produção no livro *Enviado especial: 25 anos ao redor do mundo* (1999).

Esther Góes (1946) continua atuando na TV, no teatro e no cinema. Destaca-se nos palcos em trabalhos como *Não tenha medo de Virginia Wolf* (1990), que assina como coautora, e *Abajur lilás* (2000), de Plínio Marcos. No cinema, dá vida a Tarsila do Amaral em *Eternamente Pagu* (1987) e recebe o Kikito de Melhor Atriz no Festival de Gramado por seu papel em *Stelinha* (1990). A partir de 2004 inicia parceria de textos e direção com o filho Ariel Borghi. Na TV, participa da novela *Explode coração* (1995).

Dante de Oliveira (1952-2006) é eleito prefeito de Cuiabá em 1985, cargo que exerce até maio de 1986, quando assume o Ministério da Reforma Agrária, do presidente José Sarney. Troca o PMDB pelo PDT, e não se elege deputado em 1990. Em 1992 volta a ser prefeito de Cuiabá e em 1995 assume como governador do Mato Grosso, cargo a que é reeleito em 1998, dessa vez pelo PSDB. Não se elege senador em 2002. Em 2006 tentava mais um mandato de deputado, quando morre aos 54 anos, vítima de pneumonia.

Domingos Leonelli (1946) é reeleito deputado pela Bahia em 1986, pelo PMDB. Em 1992, ingressa no PSDB. Entre 1993 e 1994, é secretário de Comunicação da prefeita de Salvador Lídice da Mata. Em 1995 inicia novo mandato na Câmara. Em 1997 se filia ao Partido Socialista Brasileiro (PSB), que preside de 2003 a 2004. Em 2005, integra o secretariado do prefeito João Henrique Carneiro, do PDT. A partir de 2007, durante o primeiro mandato do governador petista Jacques Wagner, é nomeado secretário de Turismo da Bahia.

Fafá de Belém (1956) participa em 1985 da campanha do socialista Mário Soares à Presidência de Portugal, cantando em comícios pelo país. Em 1987, se envolve no projeto Nordeste Já, que procura angariar recursos para a população atingida por enchentes. Enquanto isso, continua a fazer sucesso. Muitos de seus trabalhos, sobretudo nos anos 1980, têm boa recepção crítica. Entre os discos lançados, destacam-se: *Aprendizes da esperança* (1985), *Atrevida* (1986), *Grandes amores* (1987) e *Sozinha* (1988).

Fernando Brant (1946-2015) continua compondo, sobretudo com o parceiro Milton Nascimento, com quem assinaria cerca de duzentas obras. Entre as músicas, "Canções e momentos" (1986) e "Bola de meia, bola de gude" (1988). Dedica-se à União Brasileira dos Compositores, que preside desde os anos 1980, e aos interesses da classe, defendendo uma lei de direitos autorais. Entre 2001 e 2014, além do trabalho musical, mantém uma coluna sobre cultura no jornal *Estado de Minas*. Morre aos 68 anos, por complicações decorrentes de uma cirurgia para transplante de fígado.

Fernando Henrique Cardoso (1931) é derrotado por Jânio Quadros na disputa pela Prefeitura de São Paulo em 1985, ainda pelo PMDB. Um dos fundadores do PSDB em 1988, é ministro da Fazenda de Itamar Franco em 1994, quando lança o Plano Real, que acaba com a hiperinflação. Elege-se presidente no mesmo ano. Durante o primeiro mandato aprova uma emenda que permite a reeleição. Reelege-se em 1998. Após deixar o cargo, em 2002, continua influente no partido, mantendo-se ativo no debate público.

Fernando Morais (1946) termina o mandato de deputado estadual sem ter sido eleito deputado federal em 1986. Na sequência, assume em São Paulo as secretarias de Cultura (1988-1991) e de Educação (1991-1993), durante governos do PMDB, de Orestes Quércia e Luiz Antônio Fleury Filho, respectivamente. Firma-se como um dos maiores biógrafos brasileiros, tendo publicado *Olga* (1985), *Chatô, o rei do Brasil* (1994), sobre Assis Chateaubriand; *O mago* (2008), sobre Paulo Coelho; e *Lula – Biografia* (v. 1, 2021).

Francisco Julião (1915-1999) é derrotado nas eleições de

1986, quando tenta um mandato de deputado federal pelo PDT de Pernambuco, com o apoio de Leonel Brizola e do PT. Durante a campanha, no entanto, se aproxima do conservador PFL, associando-se a usineiros que combatera nos anos 1960. Depois da eleição, volta para o México, onde havia passado a maior parte do tempo de exílio e onde viria a morrer. Em 2014, é objeto de uma extensa biografia assinada por seu amigo Cláudio Aguiar.

Franco Montoro (1916-1999) começa a perder influência no PMDB a partir de 1985, quando o ex-presidente Jânio Quadros derrota o seu candidato, Fernando Henrique Cardoso, na disputa pela Prefeitura de São Paulo. Dois anos depois da vitória de Orestes Quércia na eleição para governador paulista, em 1986, Montoro está entre os fundadores do PSDB, partido que vem a presidir em nível nacional. Derrotado no pleito para senador em 1990, elege-se deputado federal em 1994 e 1998.

Golbery do Couto e Silva (1911-1987) se afasta da política depois de apoiar a candidatura de Maluf no Colégio Eleitoral, em 1985. Acompanha o início dos trabalhos da Constituinte e afirma que Sarney era necessário para a transição democrática. Passa a integrar o Conselho de Administração do Banco Cidade de São Paulo. Seus arquivos sobre os anos em que serviu ao governo militar são utilizados pelo jornalista Elio Gaspari nos cinco volumes que escreveria sobre a história da ditadura brasileira.

Gonzaguinha (1945-1991) lança, no mesmo ano dos comícios das Diretas, o álbum *Grávido*, o 12º de sua carreira, em que associa a vida pessoal (sua mulher estava grávida) ao momento do país, grávido de esperança, mas sem poder dar à luz. Nos anos seguintes, grava *Geral* (1987), *Corações marginais* (1988) e *Luizinho de Gonzaga* (1990). Morre em um acidente de carro no auge da carreira, aos 45 anos. Sua biografia, escrita por Regina Echeverria em 2006, dá origem ao filme *Gonzaga: de pai para filho* (2012).

Henfil (1944-1988) faz campanha para Fernando Gabeira, então no Partido Verde, candidato ao governo do Rio em 1986, com o apoio do PT, mas vota útil em Darcy Ribeiro, do PDT. Dirige o filme *Tanga (Deu no New York Times?)* (1987). Não vive o suficiente para votar para presidente. Morre aos 43 anos, vítima de Aids, contraída em uma transfusão de sangue a que se submetia por ser hemofílico. Em 1996, ganha uma biografia, assinada por Dênis de Moraes, e em 2017, um documentário de Angela Zoé.

Itamar Franco (1930-2011) mantém a cadeira no Senado até 1990, quando toma posse como vice-presidente da República. Com o impeachment de Collor, assume a Presidência em 1992. Nomeia para o Ministério da Fazenda Fernando Henrique Cardoso, que coordena o Plano Real, responsável por extinguir, em 1994, o processo de hiperinflação que tivera início no final da ditadura militar e já durava uma década. Elege-se governador de Minas em 1998. Volta ao Senado em 2011, pouco antes de morrer.

João Baptista Figueiredo (1918-1999) se afasta da vida pública após deixar a Presidência da República, resistindo à iniciativa de colaboradores e amigos que estimulavam sua candidatura a cargos. Numa entrevista à imprensa ainda em 1985, pede para ser esquecido pela população. Em outra, em 1991, reconhece que o atentado do Riocentro foi obra de militares, como apontado no inquérito arquivado pelo Supremo Tribunal Militar, e diz que não interveio em nome da independência dos poderes.

João Bosco (1946) alcança o auge da carreira nos anos 1980 com o lançamento de quatro LPs: *Gagabiró* (1984), *Cabeça de nego* (1986), *Ai, ai, ai de mim* (1987) e *Bosco* (1989). Em 1991, lança *Zona de fronteira*, em parceria com os poetas Waly Salomão e Antônio Cícero. Em 1995, grava *Dá licença meu senhor*, só com canções de outros compositores, como Ary Barroso e Noel Rosa. Em 1997, estreia parceria com o filho Francisco Bosco, autor das letras de *As mil e uma aldeias*.

João Russo (1947) deixa a *Folha de S.Paulo* em 1985 e pouco tempo depois assume a secretaria de imprensa do Governo de São Paulo, cargo que ocupa até 1987. Fora do Palácio dos Bandeirantes, continua assessorando Franco Montoro até 1991, tendo participado das reuniões prévias para a fundação do PSDB em 1988. Nos anos 1990, assessora a direção da Fiesp e a partir dos anos 2000 assume o cargo de diretor-executivo da Abepra (Associação Brasileira de Portos Secos).

Jorge Antunes (1942) continua compondo música orquestral, eletroacústica e politicamente engajada. Em 1993, sua obra *Idiosynchronie* recebe um prêmio da Unesco. Em 1994, é eleito presidente da Sociedade Brasileira de Música Eletroacústica. Da vasta produção lírica, se destaca a ópera *Olga*, que estreia no Theatro Municipal de São Paulo em 2006. Suas "óperas de rua", como *O exfakeado*, sobre a eleição de 2018, exploram a abordagem satírica da política contemporânea. Em 2005 se filia ao PSOL.

Jorge da Cunha Lima (1931-2022) divide o tempo entre o trabalho como executivo de televisão e escritor. Preside a TV Gazeta, entre 1987 e 1989, e a Fundação Padre Anchieta, mantenedora da TV Cultura, de 1995 a 2004. Em 1996, no governo FHC, recebe a Ordem do Mérito Cultural. Em 1992, publica o romance *O jovem K*. Cinco anos mais tarde, sai *Véspera de Aquarius*, livro de poesia. Na não ficção, escreve *Cultura Pública: A organização política do sonho* (2001) e *Uma história da TV Cultura* (2008).

José Dirceu (1946) se elege deputado estadual em 1986. Nas primeiras quatro eleições em que Lula é candidato, coordena as campanhas. Em 1990 chega à Câmara (reeleito em 1998 e 2002). É presidente nacional do PT. Em 2003, assume a Casa Civil. Em 2005 deixa o governo, acusado de corrupção, tem o mandato cassado e anos depois é preso. Em 2018 publica o primeiro volume de suas memórias. Solto em 2019, recorre em liberdade das acusações. Em 2022, articulava discretamente a volta de Lula ao poder.

José Richa (1934-2003) se elege senador em 1986 e tem atuação de destaque na Assembleia Nacional Constituinte. Em 1988 deixa o PMDB e se torna um dos fundadores do PSDB.

Em 1990 se candidata ao governo do Paraná, mas não chega ao segundo turno. Mantém a cadeira de senador até o fim do mandato, em 1995, e depois não quer mais se candidatar a cargos eletivos. Volta a se dedicar a atividades empresariais e atua no conselho de administração de várias companhias, como a Itaipu Binacional.

José Sarney (1930) deixa a Presidência da República em 15 de março de 1990. Seu governo é marcado pela Assembleia Nacional Constituinte e pelo fracasso do Plano Cruzado. Embora chegue ao fim do mandato com baixa popularidade, ainda em 1990 é eleito senador pelo recém-criado estado do Amapá, para onde transferira seu domicílio eleitoral. Cumpre mandato até 2015. Entre 2009 e 2013, preside o Senado. Publica vários livros de crônica, poesia e ficção, como o romance *Saraminda* (2000).

Laerte (1951) continua a publicar desenhos na imprensa, onde faz sucesso sua galeria de personagens, como os "Piratas do Tietê". Na década de 1980, publica tiras nas revistas *Chiclete com Banana*, *Geraldão* e *Circo*. Em 1985, lança seu primeiro livro, *O tamanho da coisa*. Em 2010 passa a se identificar transgênero e se consolida como uma das mais importantes cartunistas do país. Também faz trabalhos para a TV como roteirista. Em 2012 é protagonista do curta-metragem *Vestido de Laerte*.

Leonel Brizola (1922-2004) disputa a eleição presidencial de 1989, mas não chega ao segundo turno. Na eleição para governador do ano seguinte, obtém novo mandato à frente do Executivo fluminense. Em 1994, deixa o cargo com alto índice de desaprovação para concorrer de novo à Presidência, mas obtém menos de 5% dos votos no pleito vencido por FHC, que lançara o Plano Real. É o fim do brizolismo. Em 2000 é derrotado na eleição para a Prefeitura do Rio e na sequência não chega ao Senado.

Luís Inácio Lula da Silva (1945) se elege deputado constituinte em 1986. É protagonista de todas as eleições presidenciais desde então. Perde em 1989 (para Collor), em 1994 e 1998 (para FHC). Torna-se presidente em 2003 e se reelege. Faz a sucessora, Dilma Rousseff. Condenado por corrupção, é preso em 2018 e permanece em cela da PF por 580 dias, antes que o STF anule a condenação. Sem poder disputar a eleição, transfere os votos para Haddad, que vai ao segundo turno. Em 2022, se elege presidente mais uma vez.

Luís Carlos Prestes (1898-1990) não tem mais atividade partidária após deixar a direção do PCB, mas se mantém como referência dos comunistas revolucionários. É retratado em documentários, como *Prestes, o Cavaleiro da Esperança* e *O Velho: A história de Luiz Carlos Prestes*, ambos de 1997. É também objeto de biografias, como *Luiz Carlos Prestes: Um comunista brasileiro* (2006), de Anita Leocadia Prestes, sua filha, e *Um revolucionário entre dois mundos* (2014), de Daniel Aarão Reis.

Mário Juruna (1942-2002), desgastado pela tentativa de compra do seu voto por Paulo Maluf no Colégio Eleitoral em 1984, não consegue se reeleger deputado em 1986, obtendo apenas uma suplência. Em 1990, queixando-se da falta de apoio no PDT, deixa o partido e ingressa no Partido Liberal Humanista, pelo qual tenta voltar à Câmara, sem sucesso — novamente obtém apenas uma suplência. É assessor da Funai até 1994. De volta ao PDT, tenta mais uma vez se eleger deputado, sem êxito.

Milton Nascimento (1942) mantém o engajamento do movimento das Diretas ao participar, em 1985, do disco coletivo *Nordeste Já*, parte da campanha que visava arrecadar fundos para a população carente da região. Lança uma série de álbuns autorais, entre eles *Yauretê* (1987) e *Miltons* (1988). Parte da renda obtida com *Txai* (1990) é destinada a entidades indígenas. Por sua atividade em prol do ambiente, recebe em 1996 o World Rainforest Award. Em 2022, realiza sua última turnê e se aposenta dos palcos.

Miguel Arraes (1916-2005) se elege governador de Pernambuco duas vezes: em 1986, pelo PMDB, e 1994, já filiado ao Partido Socialista Brasileiro (PSB). Em 1990 e 2002 é eleito deputado federal. Dá origem a uma linhagem de políticos de projeção, entre os quais se destacam Eduardo Campos, morto em acidente aéreo durante sua campanha à Presidência da República em 2014, João Henrique Campos, eleito prefeito de Recife em 2020, e a deputada federal Marília Arraes, que nasceu no auge da campanha das Diretas.

Moraes Moreira (1947-2020) grava nos anos 1990 *O Brasil tem concerto* e *Moraes Moreira Acústico*, que impulsionam sua carreira solo. Mantém a parceria com Paulo Leminski, na música "Leda", incluída em *Terreiro do mundo* (1993). Em 1997, em comemoração aos seus cinquenta anos, lança *50 carnavais*. Em 2008, publica o livro *A história dos Novos Baianos e outros versos*, em que narra a trajetória do grupo em linguagem de cordel. Grava ainda *A revolta dos ritmos* (2012) e *Ser Tão* (2018).

Newton Cruz (1924-2022), um símbolo da repressão, experimenta o ostracismo político com a redemocratização. Passa à reserva em março de 1985, ao não constar da lista de generais a serem promovidos a general do Exército. Em 1994 se candidata pelo PSD ao governo do Rio, obtendo 14% dos votos. Em 1997 ingressa no Partido Progressista Brasileiro e, no ano seguinte, concorre a uma vaga na Câmara dos Deputados, outra vez sem êxito. Recebe homenagem póstuma do presidente Bolsonaro.

Octavio Frias de Oliveira (1912--2007), após a campanha das Diretas, começa a transferir a gestão da *Folha* a seus filhos, Otavio, que assume como diretor editorial, e Luiz, que passa a ser presidente. É responsável pelo furo de reportagem que desmente a versão oficial de que a situação de saúde de Tancredo não seria grave. Vê a *Folha* se transformar no maior jornal do país. Em 1995, inaugura o parque gráfico do jornal. Continua envolvido com a estratégia empresarial e editorial do jornal até o fim da vida.

Osmar Santos (1949) continua trabalhando como locutor esportivo até que, em dezembro de 1994, sofre um acidente de carro, do qual escapa com sequelas devido aos danos cerebrais. Com a fala afetada, é impedido de atuar como narrador. Passa então a se dedicar à pintura. Em sua homenagem foi criado o Troféu Osmar Santos, concedido todo ano ao time que termina o primeiro turno do Brasileirão em primeiro lugar. Em 2017, o centro de imprensa do Allianz Parque recebe o seu nome.

Otavio Frias Filho (1957-2018) assume o cargo de diretor de Redação da *Folha de S.Paulo* após a derrota da emenda das diretas. Implanta o Projeto Folha, que, ao defender uma imprensa crítica, apartidária e pluralista, se torna o documento mais influente do jornalismo brasileiro contemporâneo. Como dramaturgo, escreve *Típico romântico* (1992) e *O terceiro sinal* (2018), entre outras peças. Publica livros de ensaios, como *Queda livre* (2003) e *Seleção natural* (2009). Morre aos 61 anos, de câncer no pâncreas.

Paulo Leminski (1944-1989) continua produzindo literatura. Termina a tradução de *Pergunte ao pó*, de John Fante, que começara durante as Diretas e escreve o romance *Agora é que são elas* (1984). Publica *Caprichos e relaxos* e *Distraídos venceremos* (1987). Traduz de James Joyce (*Giacomo Joyce*) a John Lennon (*Um atrapalho no trabalho*), passando por Samuel Beckett (*Malone morre*). Na TV, participa entre 1987 e 1989 do *Jornal de Vanguarda*, da Bandeirantes. Morre aos 44 anos, de cirrose hepática.

Paulo Maluf (1931) perde para Luiza Erundina a eleição para prefeito de São Paulo, em 1988. No ano seguinte, fica em quinto lugar no pleito presidencial. Em 1990, 1998 e 2002 é derrotado para o governo paulista. Elege-se prefeito de São Paulo, em 1992, mas perde em 2000 (para Marta Suplicy), em 2004 (para José Serra) e em 2008 (sem chegar ao segundo turno). Em 2006 volta à Câmara, reelegendo-se mais duas vezes. Tendo personificado a corrupção, é cassado, condenado pelo STF e passa dias na prisão.

Ricardo Kotscho (1948) deixa a *Folha de S.Paulo* em meados de 1986, após cobrir a Copa do México, e vai para o *Jornal do Brasil*. Mais tarde trabalha em vários veículos, inclusive na própria *Folha*. Recebe quatro vezes o prêmio Esso, o mais importante da categoria. Em 2003 e 2004, é secretário de Imprensa e Divulgação do presidente Lula. Publica alguns livros, entre os quais *Serra Pelada: uma ferida aberta na selva* (1984) e o autobiográfico *Do golpe ao Planalto* (2006). Mantém o blog "Balaio do Kotscho".

Roberto Marinho (1904-2003), depois de apoiar Tancredo em 1985, tem grande influência sobre o presidente Sarney, obtendo concessões públicas de canais de TV e indicando ministros, como Antônio Carlos Magalhães, das Comunicações. Em 1989, leva a Globo a contribuir para a eleição de Collor, quando a edição do último debate com Lula favorece o candidato da direita. Publica *Uma trajetória liberal* (1992). Nos pleitos de 1994 e 1998, o empresário apoia FHC. Em 1991, lança a Globosat, com quatro canais.

Roger Moreira (1956) se mantém à frente do Ultraje a Rigor, que em 1985 lança o disco *Nós vamos invadir sua praia*, um dos maiores sucessos do rock brasileiro. Na sequência, a banda grava os álbuns *Sexo!!* (1987), *Crescendo* (1989), *Por que Ultraje a Rigor?* e *Ó* (1993). Único remanescente da formação original do grupo, Roger trabalha nos programas *Agora é tarde* e *The noite*, de Danilo Gentili. Alinhado cada vez mais à direita, passa de crítico de Lula a apoiador de Bolsonaro.

Sócrates (1954-2011) joga na Fiorentina, da Itália, entre 1984 e 1985. Volta ao Brasil, para o Flamengo, e atua na Copa de 1986. Antes de encerrar a carreira, em 1989, passa pelo Santos e pelo Botafogo de Ribeirão Preto, onde iniciara a carreira. Em 2002 publica, com o jornalista Ricardo Gozzi, o livro *Democracia corinthiana: a utopia em jogo*. Com a saúde debilitada pelo alcoolismo, morre aos 57 anos. Em 2015, o jornal britânico *The Guardian* o elege um dos seis esportistas mais inteligentes da história.

Tetê Catalão (1949-2020) atua como chefe de gabinete da Secretaria de Educação e Cultura do Distrito Federal a partir de 1985. Em 1997 cria o Espaço Cultural Renato Russo, em Brasília. Entre 1997 e 2003 trabalha como editor de Pesquisa e Informação do *Correio Braziliense*. A partir de 2003, vai para o Ministério da Cultura dos governos Lula e Dilma, assessorando Gilberto Gil e Juca Ferreira, em cuja gestão atua como secretário de Cidadania Cultural e diretor do Departamento de Patrimônio Imaterial do Iphan.

Therezinha Zerbini (1928-2015) passa a integrar o diretório nacional do PDT e é vice-presidente da Confederação de Mulheres do Brasil. Em 2000, funda o Instituto Aberto de Redenção das Águas (Iara), uma ONG ambientalista. Em 2010, pouco antes da eleição de Dilma Rousseff, é uma das primeiras pessoas a assinar o "Manifesto pela Defesa da Democracia", lançado por intelectuais e políticos críticos ao PT. O documento visava apoiar a candidatura de José Serra, do PSDB.

Ulysses Guimarães (1916-1992) torna-se o fiador do governo Sarney, atuando como uma espécie de primeiro-ministro informal. Tem protagonismo nos debates que resultaram na Constituição de 1988, a "Constituição Cidadã". O fracasso do governo Sarney, sobretudo na área econômica, sepulta sua candidatura à Presidência da República em 1989, quando fica com menos de 5% dos votos. Morre num acidente de helicóptero, no mar de Angra dos Reis. Seu corpo nunca seria encontrado.

Walter Franco (1945-2019) lança mais um álbum, *Tutano*, em 2001, que se soma aos cinco anteriores, em que se destacam *Ou não* (1973) e *Revolver* (1975). Não volta a fazer o mesmo sucesso dos anos 1970, quando animava vanguardas e chocava plateias de festivais com suas experimentações, mas, em meio século de carreira, se firma como um dos mais revolucionários compositores da música popular brasileira.

Washington Olivetto (1951) deixa a DPZ em 1986 para se associar à agência suíça GGK, que passa a se chamar W/GGK e depois W/Brasil, uma das mais premiadas do mundo.

É responsável pela criação de filmes memoráveis, como "Primeiro sutiã", para a Valisère, em 1987, e "Hitler", para a *Folha*, em 1989. Em 2005, Fernando Morais conta a história da sua empresa em *Na toca dos leões*, livro que também aborda o sequestro do publicitário em 2001, quando ele passa três meses no cativeiro.

Wladimir Soares (1945) mantém o Spazio Pirandello com o sócio Antonio Maschio até 1989, quando eles se desfazem do espaço. Em 1986 é jurado, pela revista *Visão*, do prêmio MPB da Associação Paulista de Crítico de Arte (APCA). Em 2007 publica o livro *Spazio Pirandello: Assim era, se lhe parece*, em que o bar e restaurante é transformado em protagonista e narrador da história.

Ziraldo (1932) continua seu trabalho como chargista, pintor, caricaturista, com amplo reconhecimento da crítica. O seu personagem mais conhecido, o Menino Maluquinho, ganha as telas em três adaptações entre 1995 e 2010. Na política, se mantém na esquerda, primeiro associado ao Partido Popular Socialista, que herda a estrutura do PCB, e depois ao PSOL, partido ao qual se filia em 2005. É dele o desenho do logotipo do partido. Desde então tem declarado apoio a candidatos do PT no segundo turno.

APÊNDICE 3

A harmonia do frevo

Cantada no auge da campanha, a música "Frevo das Diretas", de Moraes Moreira e Paulo Leminski, acabaria relegada ao esquecimento. Nunca chegou a ter uma gravação comercial e o registro hoje disponível se resume a um trecho da apresentação do compositor no comício da praça da Sé, em São Paulo, em 25 de janeiro de 1984, só voz e violão.[1] Também não se encontra, nos sites dirigidos a instrumentistas amadores, a indicação da harmonia da canção em cifras, como é comum na música popular.

A seguir, a versão mais conhecida da letra, em sol maior, tom original de Moraes Moreira.

FREVO DAS DIRETAS

```
G
    Se a meta é a democracia
                    A      (A A# B C)
se a democracia é a meta
    Cm    G
eleição é direta
```

   E7   A7
eleição é direta
   D7   G   D7
eleição é direta

       G
Se a meta é a democracia
                A   (A A# B C)
se a democracia é a meta
  Cm   G
eleição é direta
   E7   A7
eleição é direta
   D7   G   D7
eleição é direta

 G
É o eleitorado novo
                  A   (A A# B C)
e o povo já canta o que sente
  Cm   G
eu quero votar
   E7   A7
eu quero votar
   D7   G
pra presidente

Segunda parte:

      B7
No próximo pleito eu quero
          C
o direito de participar
  Cm
de ser cidadão
G
livre e feliz
  E7
que tem opinião
   A7
desde menino
     D7   **G**   (para voltar ao início: **D7**)
sobre o destino do seu país

Agradecimentos

Este livro nasceu de uma proposta da *Folha* para eu escrever um texto a ser publicado por ocasião dos quarenta anos do início da campanha das Diretas Já, movimento que teve no jornal um de seus motores. Agradeço em primeiro lugar a Roberto Dias, portador do convite, e a Sérgio Dávila, diretor de Redação, que compraram a ideia de que a efeméride valeria mais do que um registro jornalístico e se empenharam para viabilizar o projeto.

Agradeço também a Fernanda Diamant e aos editores da Fósforo, que acolheram o livro com entusiasmo antes que a primeira linha tivesse sido escrita. Com intervenções cirúrgicas, Eloah Pina, Luís Francisco Carvalho Filho e Rita Mattar me ajudaram a amarrar pontos soltos da narrativa e a esclarecer passagens que talvez soassem cifradas às novas gerações de leitores.

Minha gratidão ao historiador Miguel Breyton Silva, pela pesquisa nos jornais e revistas da época, pela elaboração da lista que aponta o destino político dos parlamentares de acordo com o voto na emenda das Diretas, e pela leitura crítica do livro.

Agradeço ainda a Fernando de Barros e Silva, Oswaldo Bosbah, Paulo de Tarso Siqueira Abrão e Pietro Sant'Anna, pelos comentários e correções, e a Carlos Tranjan, pela esmerada revisão.

É sempre preciso dizer que eventuais erros remanescentes correm por conta do autor. A Oswaldo, músico e compositor, devo ainda a harmonia do "Frevo das Diretas".

Embora *O girassol que nos tinge* não tenha sido baseado em entrevistas, alguns depoimentos, colhidos por telefone ou por escrito, foram importantes para esclarecer passagens até então recobertas pelo pó da história. Agradeço aos que compartilharam comigo suas memórias: Boris Casoy, Domingos Leonelli, João Russo, Marcondes Sampaio e Roger Moreira. E a Eduardo Scolese, que me passou vários contatos.

O livro também se beneficiou da interlocução, direta ou indireta, com Dirceu Franco Ferreira, Luciano Suassuna e Marcos Napolitano, observadores da cena política brasileira.

Meu muito obrigado a Guilherme Barros, CEO da GBR Comunicação, que, sobretudo na reta final, me permitiu dispor do tempo necessário para concluir o trabalho.

Por fim, agradeço a Beatriz Alessi, minha mulher, por tanta coisa. Por ter acompanhado de perto o livro — mais do que isso, por ter participado de sua confecção, à medida que ele ia tomando forma na tela do computador, com sugestões que sempre melhoravam a legibilidade. Por ter me ouvido enquanto eu, pensando em voz alta, tentava desenvolver um argumento ou achar o melhor encadeamento para uma sequência de fatos. E por ter sido, mais uma vez, a maior incentivadora de um mergulho meu na história do Brasil.

Notas

APRESENTAÇÃO [PP. 11-8]

1. Dênis de Moraes, *O rebelde do traço: a vida de Henfil*. 2ª ed. Rio de Janeiro: José Olympio, 1997, p. 462.

2. São eles: Gilberto Dimenstein, José Negreiros, Ricardo Noblat, Roberto Lopes e Roberto Fernandes, que mais tarde adotaria a assinatura de Bob Fernandes.

3. *Folha de S.Paulo*, 26 jan. 1984, p. 8. Quadro com crédito aos 74 jornalistas de várias editorias que integraram a equipe de cobertura do comício da praça da Sé.

4. Laurentino Gomes, *1889*. São Paulo: Globo, 2013, p. 380.

PARTE 1: A COSTURA DA CONVERGÊNCIA (1982-1983)

O SANTO E OS FRADINHOS [PP. 21-33]

1. Dênis de Moraes, *O rebelde do traço*, op. cit., p. 425.

2. Ibid., p. 53.

3. Ibid., p. 219.

4. Ibid., p. 136.

5. Ibid., p. 479.

6. Márcio Moreira Alves, *Teotônio, guerreiro da paz*. Petrópolis: Editora Vozes, 1983, p. 115.

7. Ibid., p. 117.

8. Ibid., p. 127.

9. Ibid., p. 164.

10. Ibid., p. 175.

11. Ibid., p. 212.

12. A fala final de Teotônio pode ser conferida em: <https://www.youtube.com/watch?v=scuw105d2so>. Acesso em: 17 nov. 2022.

13. Márcio Moreira Alves, op. cit., p. 238.

14. Dênis de Moraes, op. cit., p. 426.

15. Ibid., p. 433.

16. Ibid., p. 432.

UMA EMENDA IGNORADA [PP. 34-45]

1. *Folha de S.Paulo*, 2 fev. 1983, p. 4.

2. Seção "Painel", *Folha de S.Paulo*, 2 fev. 1983, p. 3.

3. *Folha de S.Paulo*, 3 fev. 1983, p. 2.

4. Osvaldo Coggiola, *A guerra do fim do mundo: a batalha pelas Malvinas e a América do Sul*. São Paulo: Ateliê Editorial, 2014, p. 173.

5. Luis Alberto Romero, *História contemporânea da Argentina*. Rio de Janeiro: Zahar, 2006, p. 224.

6. Conferência de Osvaldo Coggiola, professor de história contemporânea da Universidade de São Paulo (USP), em evento da Seção Sindical dos Docentes da Universidade Federal de Santa Maria (UFMS), no Rio Grande do Sul, em 28 de março de 2012. Disponível em: <https://www.sedufsm.org.br/sedufsm/historia>. Acesso em: 11 nov. 2022.

7. Paulo Kramer, *Dante de Oliveira*. Série Perfis Parlamentares. Livro digital. Brasília: Câmara dos Deputados/Edições Câmara, 2012, p. 36.

8. Ibid., p. 38.

9. Domingos Leonelli e Dante de Oliveira, *Diretas Já: 15 meses que abalaram a ditadura*. Rio de Janeiro: Record, 2004, p. 78.

10. Ibid., p. 79.

11. Ibid., p. 78.

12. Alberto Tosi Rodrigues, *Diretas Já: o grito preso na garganta*. São Paulo: Editora Fundação Perseu Abramo, 1996, p. 42.

13. *Folha de S.Paulo*, 9 jul. 2006, p. 2.

14. *Folha de S.Paulo*, 19 abr. 1999, p. 11.

15. Domingos Leonelli e Dante de Oliveira, op. cit., p. 79.

16. *O Globo*, 3 mar. 1983, apud ibid., p. 100.

17. Ibid., p. 83.

18. Ibid., p. 86.

19. Ibid., p. 84.

20. Ibid., p. 89.

DEMOCRACIA EM CAMPO [PP. 46-58]

1. Tom Cardoso, *Sócrates: a história e as histórias do jogador mais original do futebol brasileiro*. Rio de Janeiro: Objetiva, 2014, p. 71.

2. Ibid., p. 72.

3. José Miguel Wisnik, *Veneno remédio: o futebol e o Brasil*. São Paulo: Companhia das Letras, 2008, pp. 206-7.

4. Juca Kfouri na apresentação de *Democracia corintiana* (São Paulo: Boitempo, 2002), de Sócrates e Ricardo Gozzi, pp. 11-2.

5. Fernando Morais, *Na toca dos leões: a história da W/Brasil, uma das agências de propaganda mais premiadas do mundo*. São Paulo: Planeta, 2005, p. 221.

6. Sócrates e Ricardo Gozzi, op. cit., p. 85.

7. Juca Kfouri, apresentação de *Democracia corintiana*, ibid., p. 11.

8. Sócrates e Ricardo Gozzi, ibid., p. 86.

9. Quique Peinado, *Futebol à esquerda*. São Paulo: Mundaréu, 2017, p. 139.

10. Gilberto Freyre, *Sobrados e mucambos*. 15ª ed. São Paulo: Global, 2004, p. 739.

11. José Miguel Wisnik, op. cit., p. 333. A música "Sócrates Brasileiro", em homenagem ao jogador, foi gravada em 1988 por Ná Ozzetti.

12. Tom Cardoso, op. cit., p. 94.

13. Fernando Morais, *Na toca dos leões*, op. cit., p. 222.

14. *Folha de S.Paulo*, 3 out. 1982, p. 10.

15. Tom Cardoso, op. cit., p. 95.

16. Quique Peinado, op. cit., p. 139.

17. Caio Sartori, reportagem publicada em 24 maio 2017, no blog Puntero Izquierdo, de onde foram tiradas as informações sobre o Flamengo. Disponível em: <https://medium.com/puntero-izquierdo/democracia-rubro-negra-quando-a-torcida-do-flamengo-gritou-diretas-j%C3%A1-9c4c94cf64cd>. Acesso em: 5 jan. 2023.

18. Disponível em: <https://extra.globo.com/esporte/quando-grito-foi-por-anistia-documentos-da-ditadura-revelam-torcida-do-fla-que-lutou-por-perdao-de-presos-exilados-politicos-15661914.html>. Acesso em: 11 nov. 2022.

19. Publicado em <https://medium.com/puntero-izquierdo/democracia-rubro-negra-quando-a-torcida-do-flamengo-gritou-diretas-j%C3%A1-9c4c94cf64cd>. Acesso em: 5 jan. 2023.

OS OPERÁRIOS DO ABC [PP. 59-71]

1. Fernando Morais, *Lula: biografia*, v. 1. São Paulo: Companhia das Letras, 2021, p. 225.

2. Ibid., p. 269.

3. Denise Paraná, *Lula, o filho do Brasil*. 3ª ed. São Paulo: Fundação Perseu Abramo, 2002, p. 119.

4. Ibid., p. 129.

5. Thomas Skidmore, *Brasil: de Castelo a Tancredo*, trad. Mário Salviano Silva. 2ª ed. Rio de Janeiro: Paz e Terra, 1988, p. 400.

6. Fernando Morais, *Lula: biografia*, op. cit., p. 252.

7. Thomas Skidmore, op. cit., p. 401.

8. Domingos Leonelli e Dante de Oliveira, op. cit., p. 230. A interpretação é atribuída a Mauro Santayana, que se tornaria assessor de Tancredo Neves.

9. Ibid., p. 225.

10. Thomas Skidmore, op. cit., p. 431.

11. Fernando Morais, *Lula: biografia,* op. cit., p. 415.

12. Artigo de Lula incluído no livro *Mário Pedrosa e o Brasil*. São Paulo: Fundação Perseu Abramo, 2001, pp. 23-4.

13. Fernando Morais, *Lula: biografia*, op. cit., pp. 355-6.

14. *Folha de S.Paulo*, 27 jun. 1978, em detalhada cobertura, que começa com a manchete "Empresários pedem democracia" e inclui a íntegra do documento.

15. Ibid., p. 20.

16. *Gazeta Mercantil*, 12 ago. 1983.

A FOLHA DA JUVENTUDE [PP. 72-83]

1. Arthur Dapieve, *Brock: o rock brasileiro dos anos 80*. 3ª ed. São Paulo: Editora 34, 2000, p. 107.

2. *Folha de S.Paulo*, 4 ago. 1985, na reportagem "Os passatempos de um ultrajante", de José Roberto de Alencar, na capa da "Ilustrada".

3. *Folha de S.Paulo*, 4 ago. 1985.

4. Entrevista ao autor, em 19 dez. 2021.

5. Arthur Dapieve, op. cit., p. 107.

6. Ricardo Alexandre, *Dias de luta: o rock e o Brasil dos anos 80*. São Paulo: DBA, 2002, p. 164.

7. Entrevista de Roger Moreira ao autor.

8. Paulo Markun, *Farol alto sobre as diretas (1969-1984)*. São Paulo: Benvirá, 2014, p. 357.

9. Arthur Dapieve, op. cit., p. 107.

10. Jairo Severiano e Zuza Homem de Mello, *A canção no tempo: 85 anos de músicas brasileiras (1958-1985)*, v. 2. São Paulo: Editora 34, 1998, p. 316.

11. Fernando de Barros e Silva, *Chico Buarque*. Col. Folha Explica. São Paulo: Publifolha, 2004, p. 27.

12. Depoimento a Regina Zappa, biógrafa do compositor. Apud Fernando de Barros e Silva, op. cit., p. 38.

13. Wagner Homem, *Histórias de canções: Chico Buarque*. São Paulo: Leya, 2009, p. 228. A fonte primária é uma entrevista de Chico à *Folha* em 1994. As aspas no parágrafo são do compositor.

14. Jairo Severiano, *Uma história da música popular brasileira: das origens à modernidade*. São Paulo: Editora 34, 2008, p. 370.

15. Ibid., p. 372.

16. Jairo Severiano e Zuza Homem de Mello, op. cit., p. 304.

PAS DE DEUX NO PALANQUE [PP. 84-95]

1. Luiz Gutemberg, *Moisés, codinome: Ulysses Guimarães, uma biografia*. São Paulo: Companhia das Letras, 1994, p. 238.

2. Plínio Fraga, *Tancredo Neves, o príncipe civil*. Rio de Janeiro: Objetiva, 2017, p. 144.

3. Maria Victoria de Mesquita Benevides, *O governo Kubitschek: desenvolvimento econômico e estabilidade política*. 3ª ed. São Paulo: Paz e Terra, 1979, p. 126.

4. Plínio Fraga, op. cit., p. 172.

5. Ibid., pp. 199-202.

6. Luiz Gutemberg, op. cit., p. 116.

7. Ibid., p. 123.

8. Ibid., p. 132.

O CRISTÃO E O LOBISOMEN [PP. 96-106]

1. Alceu Amoroso Lima, *Cartas do pai: de Alceu Amoroso Lima para a filha madre Maria Teresa*. São Paulo: Instituto Moreira Salles, 2003, p. 645.

2. Kenny Braga et al. (Orgs.), *Perfis parlamentares: Leonel Brizola*. Porto Alegre: Assembleia Legislativa do Rio Grande do Sul, 2014, p. 51.

3. Ensaio de Gabriel da Fonseca Onofre. In: *A razão indignada: Leonel Brizola em dois tempos (1961-1964 e 1979-2004)*. Rio de Janeiro: Civilização Brasileira, 2016, p. 165.

RETICÊNCIAS À ESQUERDA [PP. 107-18]

1. Ana Beatriz Nader, *Autênticos do MDB: semeadores da democracia (História oral de vida pública)*. São Paulo: Paz e Terra, 1998, p. 76.

2. Ibid., p. 49.

3. Ibid., pp. 392-3.

4. Ibid., p. 343.

5. Ibid., p. 174.

6. *Folha de S.Paulo*, p. 3.

7. Domingos Leonelli e Dante de Oliveira, op. cit., p. 121.

8. Ibid., p. 122.

9. Ibid., p. 118.

10. Ibid., p. 119.

11. Ibid., p. 120.

12. Anita Leocadia Prestes, *Prestes: um comunista brasileiro*. São Paulo: Boitempo, 2015, p. 521.

13. Ibid., pp. 523-4.

14. Daniel Aarão Reis, *Prestes: um revolucionário entre dois mundos*. São Paulo: Companhia das Letras, 2014, pp. 442-4.

15. José Dirceu, *Zé Dirceu: memórias*, v. 1. São Paulo: Geração Editorial, 2018, pp. 190-1.

16. Ibid., p. 192.

17. Discurso de Lula em 4 ago. 1984 em seminário da CUT no ABC paulista. Trecho reproduzido em: Domingos Leonelli e Dante de Oliveira, op. cit., p. 237.

18. *Folha de S.Paulo*, 16 jul. 1983, p. 3.

19. Daniel Aarão Reis, op. cit., p. 460.

20. Domingos Leonelli e Dante de Oliveira, op. cit., p. 192.

21. Ibid., p. 169.

22. Ibid.

O PLANO DOS MILITARES [PP. 119-31]

1. Entrevista a Getúlio Bittencourt e Haroldo Cerqueira Lima, da *Folha de S.Paulo*, 5 abr. 1978.

2. Bernardo Kucinski, *Jornalistas e revolucionários nos tempos da imprensa alternativa*. 2ª ed. São Paulo: Edusp, 2003, pp. 175-6 e 197.

3. Paulo Markun, *Farol alto sobre as diretas (1969-1984)*. São Paulo: Benvirá, 2014, p. 286.

4. Elio Gaspari, *A ditadura acabada*. Rio de Janeiro: Intrínseca, 2016, p. 198.

5. Ibid., pp. 208-9.

6. Boris Fausto e Fernando J. Devoto, *Brasil e Argentina: um ensaio de história comparada (1850-2002)*. São Paulo: Editora 34, 2004, p. 454.

7. O dado do Brasil consta do relatório final da Comissão Nacional da Verdade. O dado da Argentina é uma estimativa de entidades de defesa dos direitos humanos.

8. *O Estado de S. Paulo*, 14 jan. 1984, p. 4.

9. Ronaldo Costa Couto, *História indiscreta da ditadura e da abertura. Brasil: 1964-1985*. 2ª ed. Rio de Janeiro: Record, 1999, p. 256.

10. Domingos Leonelli e Dante de Oliveira, op. cit., p. 148.

11. Ibid., p. 146.

12. Elio Gaspari, op. cit., pp. 215-23.

O PAPEL DA IMPRENSA [PP. 132-43]

1. Edição de 30 nov. 1983.

2. O texto da *Veja* foi publicado na edição com data de 9 nov. 1983.

3. Carolina Matos, *Jornalismo e política democrática no Brasil*. São Paulo: Publifolha, 2008, pp. 78-9.

4. Em 1988, a *Senhor* e a *Isto É* se fundiriam, dando origem à *Isto É/Senhor*.

5. Edison Bertoncelo, *A campanha das Diretas e a democratização*. São Paulo: Humanitas/Fapesp, 2007, p. 131.

6. Cezar Motta, *Até a última página: uma história do* Jornal do Brasil. Rio de Janeiro: Objetiva, 2018, p. 424.

7. O editorial "Riscos latentes" foi publicado em 27 jan. 1984. Apud Carolina Matos, op. cit., p. 83.

8. O editorial "Chamado à razão" foi publicado em 16 fev. 1984. Apud Carolina Matos, op. cit., p. 83.

9. Cezar Motta, op. cit., pp. 418-29.

10. Editorial "O comício da Sé", publicado em *O Globo*, 27 jan. 1983.

11. Editorial intitulado "Não há boa prata da casa?", publicado por *O Estado de S. Paulo*, em 15 jan. 1984.

12. Editorial intitulado "Eleições diretas", publicado por *O Estado de S. Paulo*, em 26 jan. 1984

13. *O Estado de S. Paulo*, 24 jan. 1984.

14. Ibid., p.2.

15. Ibid., p. 4.

16. As informações sobre os dez anos seguintes da história da *Folha*, até o final deste capítulo, são baseadas em: Oscar Pilagallo, *História da imprensa paulista: jornalismo e poder de d. Pedro I a Dilma*. São Paulo: Três Estrelas, 2012, pp. 216-32.

PREPARANDO O TERRENO [PP. 144-56]

1. Domingos Leonelli e Dante de Oliveira, op. cit., p. 165.

2. *Folha de S.Paulo*, 16 jun. 1983, p. 7.

3. *Jornal do Brasil*, 12 jun. 1983. Apud Domingos Leonelli e Dante de Oliveira, op. cit., p. 167.

4. Márcio Moreira Alves, op. cit., p. 249.

5. Ibid., p. 254.

6. Trecho do Projeto Emergência reproduzido em: ibid., pp. 256-7.

7. Ibid., p. 250.

8. Domingos Leonelli e Dante de Oliveira, op. cit., p. 135.

9. *Folha de S.Paulo*, 22 jul. 1983, p. 16.

10. Domingos Leonelli e Dante de Oliveira, op. cit., p. 255.

11. Ibid., p. 255.

12. Reportagem de Ricardo Gontijo na *Folha de S.Paulo*, 29 jun. 1983, pp. 1 e 5.

13. Domingos Leonelli e Dante de Oliveira, op. cit., p. 213.

14. A *Folha de S.Paulo* publicou a íntegra do discurso em 25 ago. 1983. As demais aspas no parágrafo são baseadas na mesma fonte. Para a informação sobre a intenção literária de Ulysses, ver: Jorge Bastos Moreno, *A história de Mora: a saga de Ulysses Guimarães*. Rio de Janeiro: Rocco, 2013, p. 47.

15. Domingos Leonelli e Dante de Oliveira, op. cit., p. 266.

16. Ibid., p. 271.

17. Ronaldo Costa Couto, op. cit., p. 325.

18. Domingos Leonelli e Dante de Oliveira, op. cit., p. 269.

PARTE 2: O GIRASSOL QUE NOS TINGE (1983-1984)
PONTAPÉ INICIAL NO PACAEMBU [PP. 159-71]

1. *Folha de S.Paulo*, 29 dez. 1992, pp. 1-13.

2. Domingos Leonelli e Dante de Oliveira, op. cit., p. 302.

3. *Folha de S.Paulo*, seção "Tendências/Debates", 27 nov. 1983, pp. 1-3.

4. Salvo quando outra fonte estiver indicada, as informações sobre a cobertura da *Folha* nas Diretas Já estão baseadas em: Oscar Pilagallo, op. cit., pp. 232-5.

5. Reportagem de André Singer na *Folha de S.Paulo*, 18 fev. 2001.

6. Ibid.

7. Entrevista de Boris Casoy ao autor em 2 abr. 2022.

8. Ibid.

9. Ricardo Kotscho, *Do golpe ao Planalto: uma vida de repórter*. São Paulo: Companhia das Letras, 2006, p. 116.

10. Ibid., p. 116.

11. Domingos Leonelli e Dante de Oliveira, op. cit., p. 306.

12. Ricardo Kotscho, *Explode um novo Brasil: diário da campanha das Diretas*. São Paulo: Brasiliense, 1984, p. 29.

13. O diálogo está reproduzido na *Folha de S.Paulo*, 28 nov. 1983.

14. Domingos Leonelli e Dante de Oliveira, op. cit., p. 309.

15. Ricardo Kotscho, *Explode um novo Brasil*, op. cit., p. 30.

16. Márcio Moreira Alves, op. cit., p. 260.

17. Ricardo Kotscho, *Explode um novo Brasil*, op. cit., pp. 26-7.

18. *Folha de S.Paulo*, 28 nov. 1983, p. 2.

19. Ibid., p. 2.

20. *Folha de S.Paulo*, 13 dez. 1983, p. 6.

21. *Folha de S.Paulo*, 18 dez. 1983.

ENSAIO GERAL NA BOCA MALDITA [PP. 172-84]

1. Domingos Leonelli e Dante de Oliveira, op. cit., p. 293.

2. Disponível em: <https://paranaportal.uol.com.br/memoria-paranaense/a-carreira-politica-do-ex-governador-jose-richa>. Acesso em: 11 nov. 2022.

3. Salvo quando indicadas outras fontes, as informações sobre o comício, neste parágrafo e nos seguintes, são baseadas em reportagens da *Folha de S.Paulo*, publicadas nos dias 8, 12 e 13 de janeiro de 1984 e em: Domingos Leonelli e Dante de Oliveira, op. cit., pp. 342-8.

4. José Carlos Fernandes, "A boca banguela da Rua XV". Disponível em: <https://www.gazetadopovo.com.br/vida-e-cidadania/colunistas/jose-carlos-fernandes/a-boca-banguela-da-rua-xv-bnaurjtodb1nx3mvi46oc6jbi/>. Acesso em: 11 nov. 2022.

5. Luiz Rebinski Junior, *A gênese do Vampiro*. Disponível em: <https://www.bpp.pr.gov.br/Candido/Pagina/Memoria-literaria>. Acesso em: 11 nov. 2022.

6. Hilton Castelo; Marcos Dias Araújo; Sérgio Menezes. *Os publicitários das diretas*. Curitiba: Universidade Positivo, 2004, p. 77.

7. Aramis Millarch, "Carnaval da abertura". Artigo publicado no *Estado do Paraná*, 19 jan. 1984. Disponível em: <http://www.elsonfroes.com.br/kamiquase/poema32.htm>. Acesso em: 11 nov. 2022.

8. Domingos Leonelli e Dante de Oliveira, op. cit., p. 343.

9. *Folha de S.Paulo*, 13 jan. 1984, p. 3.

10. Ibid., p. 2.

11. *Folha de S.Paulo* e *O Estado de S. Paulo*, 13 jan. 1984.

12. *Folha de S.Paulo*, 12 jan. 1984, p. 5.

13. Reportagem de André Singer na *Folha de S.Paulo*, 18 fev. 2001.

PARABÉNS, SAMPA! [PP. 185-99]

1. Ricardo Kotscho, *Explode um novo Brasil*, op. cit., p. 36.

2. *O Estado de S. Paulo*, 24 jan. 1984, p. 6.

3. Paulo Markun, op. cit., p. 355.

4. *O Estado de S. Paulo*, 15 jan. 1984 e 17 jan. 1984.

5. Paulo Markun, op. cit., p. 356.

6. Carla Monteiro, *Samuel Wainer, o homem que estava lá*. São Paulo: Companhia das Letras, 2020, pp. 331 e 449.

7. Alberto Tosi Rodrigues, op. cit., p. 45.

8. Como visto no capítulo "O papel da imprensa".

9. Domingos Leonelli e Dante de Oliveira, op. cit., p. 352.

10. *Folha de S.Paulo*, 26 jan. 1984.

11. Domingos Leonelli e Dante de Oliveira, op. cit., p. 378.

12. *Folha de S.Paulo*, 3 out. 1982, p. 10.

13. Hilton Castelo et al., op. cit., p. 143.

14. *Folha de S.Paulo*, 19 jan. 2014 (caderno Ilustríssima).

15. Ricardo Kotscho, *Explode um novo Brasil*, op. cit., p. 39.

16. Memória Globo. *Jornal Nacional: a notícia faz história*. Rio de Janeiro: Zahar, 2004, p. 156.

17. O jantar é mencionado sem detalhes em dois livros: Domingos Leonelli e Dante de Oliveira, op. cit., p. 349; e Alberto Tosi Rodrigues, op. cit., p. 45.

18. Alberto Dines, Florestan Fernandes Jr. e Nelma Salomão, *Histórias do poder: 100 anos de política no Brasil*, v. 1. São Paulo: Editora 34, 2000, pp. 270-1.

19. *O Estado de S. Paulo*, 26 jan. 1984.

20. Ricardo Kotscho, *Do golpe ao Planalto*, op. cit., p. 122.

QUEREMOS VOTAR, UAI! [PP. 200-16]

1. Wladimir Soares, *Spazio Pirandello: assim era, se lhe parece*. São Paulo: Jaboticaba, 2007, p. 10. As informações e as aspas sobre o Pirandello neste capítulo estão baseadas nessa obra, salvo quando outra fonte for indicada.

2. *Folha de S.Paulo*, 19 abr. 1984.

3. Ibid.

4. *Folha de S.Paulo*, 12 fev. 1984.

5. Domingos Leonelli e Dante de Oliveira, op. cit., p. 94.

6. *Folha de S.Paulo*, 9 fev. 1984. Editorial "Diretas não podem parar".

7. Domingos Leonelli e Dante de Oliveira, op. cit., p. 448.

8. *Folha de S.Paulo*, 15 mar. 1984. Editorial "Manobras suspeitas".

9. Paulo Markun, op. cit., p. 328.

10. Domingos Leonelli e Dante de Oliveira, op. cit., p. 452.

11. *Folha de S.Paulo*, 9 fev. 1984.

12. *Folha de S.Paulo*, 23 jan. 1984.

13. Domingos Leonelli e Dante de Oliveira, op. cit., p. 454.

14. Depoimento ao autor em 29 set. 2021.

15. *Folha de S.Paulo*, 28 jan. 1984.

16. Ricardo Kotscho, *Do golpe ao Planalto...*, op. cit., p. 120.

17. Paulo Markun, op. cit., p. 379.

18. Ricardo Kotscho, *Explode um novo Brasil*, op. cit., p. 86.

19. Domingos Leonelli e Dante de Oliveira, op. cit., p. 395.

20. Paulo Markun, op. cit., p. 378.

21. *Folha de S.Paulo*, 25 fev. 1984.

22. Paulo Markun, op. cit., p. 378.

23. Foto da agência O Globo na capa do livro *Farol alto sobre as diretas*, de Paulo Markun.

CANDELÁRIA, ENFIM [PP. 217-29]

1. Memória Globo, op. cit. Rio de Janeiro: Zahar, 2004, p. 161.

2. Domingos Leonelli e Dante de Oliveira, op. cit., pp. 457-9.

3. Ibid., p. 457.

4. Ibid., p. 459.

5. Alberto Tosi Rodrigues, op. cit., p. 64.

6. Domingos Leonelli e Dante de Oliveira, op. cit., p. 170.

7. As informações a seguir sobre o comício têm como fonte a edição de 22 mar. 1984 da *Folha*, p. 4, a não ser quando houver outra indicação.

8. Domingos Leonelli e Dante de Oliveira, op. cit., p. 338.

9. *Jornal do Brasil*, 23 mar. 1984, p. 7. São coautores Graça Mota e Franco Bruni.

10. *Folha de S.Paulo*, 11 abr. 1984. As informações sobre o comício da Candelária nos parágrafos seguintes são baseadas nessa edição, salvo quando houver outra indicação de fonte.

11. Depoimento de Joyce em: <http://outras-bossas.blogspot.com/2013/09/no-comicio-das-diretas.html>. Acesso em: 11 nov. 2022.

12. Martinho da Vila, Noca da Portela e o Bloco do Pacotão são citados em: Franklin Martins, *Quem foi que inventou o Brasil: a música popular conta a*

história da República, v. 2. Rio de Janeiro: Nova Fronteira, 2015, pp. 336, 376 e 379. Para João Nogueira e Panela Vazia, ver *O Estado de S. Paulo*, 21 abr. 1984, p. 8.

13. Janes Rocha, *Os outubros de Taiguara: um artista contra a ditadura: música, censura e exílio*. São Paulo: Kuarup, 2014, pp. 131-5.

14. Cláudio Aguiar, *Francisco Julião, uma biografia*. Rio de Janeiro: Civilização Brasileira, 2014, pp. 765-67.

15. Franklin Martins, op. cit., pp. 375-6.

O VALE E O PLANALTO [PP. 230-42]

1. Poliana Lopes, *O movimento Diretas Já e a cobertura do jornal Zero Hora: uma análise a partir da Agenda-Setting*. Monografia de conclusão de curso de especialização em história, comunicação e memória do Brasil contemporâneo. Universidade Feevale, 2007, pp. 27 e 44. Jornal *Zero Hora*, 12 abr. 1984.

2. *Folha de S.Paulo*, 17 abr. 1984, p. 8. O comentário é do comandante Dirceu da Costa Azevedo, que tinha a bordo a reportagem do jornal.

3. *O Estado de S. Paulo*, 16 mar. 1984, p. 7.

4. Gonçalo Junior, revista *Brasileiros*, 8 jul. 2013.

5. *Folha de S.Paulo*, 16 abr. 2004.

6. Gonçalo Junior, revista *Brasileiros*, 8 jul. 2013.

7. *Folha de S.Paulo*, 17 out. 1984, p. 10.

8. Tom Cardoso, op. cit., pp. 109-11.

9. Domingos Leonelli e Dante de Oliveira, op. cit., p. 506.

10. *Folha de S.Paulo*, 17 abr. 1984, p. 4.

11. Segundo o pedessista mineiro Israel Pinheiro, o Pró-Diretas chegou a ter 64 deputados, mas apenas 55 honrariam o compromisso na votação. Domingos Leonelli e Dante de Oliveira, op. cit., pp. 507-8.

12. *Folha de S.Paulo*. Editorial "A um passo das Diretas-Já", 17 abr. 1984, p. 2.

13. *Folha de S.Paulo*, 17 abr. 1984, p. 10. A reportagem "Televisão não transmite ao país toda a grandeza da manifestação" é a fonte das informações a seguir sobre a cobertura das TVs, salvo quando outra fonte é indicada.

14. Memória Globo, op. cit., p. 161.

15. *Folha de S.Paulo*, 17 abr. 1984, p. 6.

16. Plínio Fraga, op. cit., p. 375.

17. Memória Globo, op. cit., p. 162.

18. João Marcos Coelho, *Folha de S.Paulo*. Caderno "Ilustrada", 22 abr. 1984, p. 1.

ENCARANDO OS PODRES PODERES [PP. 243-55]

1. Domingos Leonelli e Dante de Oliveira, op. cit., p. 528.

2. Ibid., p. 498.

3. Entrevista ao *Correio Braziliense*, consultada na versão on-line: <https://www.correiobraziliense.com.br/cidades-df/2022/05/5008199-primeiro-indigena-a-receber-titulo-doutor-honoris-causa-da-unb.html>. Acesso em: 11 nov. 2022.

4. *Folha de S.Paulo*, 22 jul. 2022, p. B10.

5. *Folha de S.Paulo*, 2 mar. 1984, p. 3. Seção "Tendências/Debates".

6. *Folha de S.Paulo*, 17 abr. 1984, p. 8.

7. *Folha de S.Paulo*, 22 mar. 1984, p. 4.

8. Cleyton Feitosa, "A participação social nos 40 anos no Movimento LGBT brasileiro", em *História do Movimento LGBT no Brasil*. São Paulo: Alameda, 2018, p. 437.

9. *Folha de S.Paulo*, 24 abr. 1984.

10. Domingos Leonelli e Dante de Oliveira, op. cit., p. 54.

11. Plínio Fraga, op. cit., p. 374.

12. André Barcinski, *Pavões misteriosos: a explosão da música pop no Brasil (1974-1983)*. Paraty: Ed. do Autor, 2022, p. 342.

13. Disponível em: <http://www.sociologia.seed.pr.gov.br/modules/video/showVideo.php?video=4776>. Acesso em: 11 nov. 2022.

14. *Folha de S.Paulo*, 27 nov. 1983, p. 7.

15. Schuma Schumaher e Érico Vital Brazil, *Dicionário Mulheres do Brasil*. Rio de Janeiro: Zahar, 2000, pp. 229-39. As informações nesse parágrafo, sobre feminismo no Brasil, são baseadas nessa obra.

16. *Folha de S.Paulo*, 24 jan. 1984.

17. *Folha de S.Paulo*, 25 fev. 1984, p.6.

18. *Folha de S.Paulo*, 8 mar. 1984, p. 3.

19. As informações sobre a manifestação das mulheres em Brasília são baseadas no noticiário da *Folha de S.Paulo* e de *O Estado de S. Paulo* de 18 abr. 1984.

CAPITAL SITIADA [PP. 256-67]

1. *Folha de S.Paulo*, 23 abr. 1984, Primeira Página. As informações sobre o cerco a Brasília são baseadas no noticiário da *Folha* e do *Estadão* dos dias 23 a 25 de abril, salvo quando outra fonte for indicada.

2. Domingos Leonelli e Dante de Oliveira, op. cit., p. 538.

3. Depoimentos de Fernando Morais e Abelardo Blanco a Paulo Markun, em *Farol alto sobre as diretas*, op. cit., p. 407.

4. Domingos Leonelli e Dante de Oliveira, op. cit., pp. 516-7.

5. Ibid., p. 550.

6. Memória Globo, op. cit., p. 162.

7. Domingos Leonelli e Dante de Oliveira, op. cit., p. 549.

8. Paulo Markun, op. cit., pp. 404-5.

9. *O Estado de S. Paulo*, 20 abr. 1984, p. 3.

10. *Folha de S.Paulo*, 19 abr. 1984.

11. *Folha de S.Paulo*, 20 abr. 1984.

12. *Folha de S.Paulo*, 21 abr. 1984.

13. *Folha de S.Paulo*, 23 abr. 1984.

14. *Folha de S.Paulo*, 25 abr. 1984.

15. Domingos Leonelli e Dante de Oliveira, op. cit., p. 591.

16. Fernando Morais, *Na toca dos leões*, p. 228.

PARTE 3: O OUTONO DOS GENERAIS (1984-1985)

A RESSACA CÍVICA [PP. 271-82]

1. Plínio Fraga, op. cit., p. 377.

2. *Folha de S.Paulo*, 26 abr. 1984.

3. Alberto Tosi Rodrigues, op. cit., p. 96.

4. Domingos Leonelli e Dante de Oliveira, op. cit., p. 69 (para os nomes dos parlamentares); e Paulo Markun, op. cit., p. 416 (para a informação sobre o documento).

5. *Folha de S.Paulo*, 2 jun. 1984, p. 4.

6. Dênis de Moraes, op. cit., p. 463.

7. *O Estado de S. Paulo*, 9 maio 1984, p. 5.

8. *O Estado de S. Paulo*, 3 maio 1984, p. 7. O voto dos deputados está detalhado no Apêndice 1.

9. *O Estado de S. Paulo*, 25 maio 1984.

10. *O Estado de S. Paulo*, 26 maio 1984.

11. *O Estado de S. Paulo*, 27 abr. 1984, p. 3. Editorial intitulado "Entendimento alto ou caos".

12. *Folha de S.Paulo*, 27 abr. 1984, p. 2.

13. Alberto Tosi Rodrigues, op. cit., pp. 96-97.

14. *Folha de S.Paulo*, 2 jun. 1984.

15. Revista *Concerto*, jun. 2012, pp. 20-1.

16. *Correio Braziliense*, versão on-line, 2 jan. 2020.

17. *Folha de S.Paulo*, 27 jun. 1984.

18. *Folha de S.Paulo*, 23 abr. 1984, p. 2.

19. *Folha de S.Paulo*, 29 jun. 1984, p. 5.

O PLANO B [PP. 283-97]

1. *Folha de S.Paulo*, 17 maio 1984.

2. Plínio Fraga, op. cit., pp. 379-80.

3. *Folha de S.Paulo*, 17 maio 1984, p. 2.

4. Pronunciamento em rede nacional de rádio e TV em 29 de dezembro de 1983.

5. Ronaldo Costa Couto, op. cit., p. 349.

6. Gilberto Dimenstein; José Negreiros; Ricardo Noblat; Roberto Lopes; Roberto Fernandes, *O complô que elegeu Tancredo*. Rio de Janeiro: Editora JB, 1985, p. 20.

7. Elio Gaspari, op. cit., pp. 279-80.

8. Eliane Cantanhêde, *O PFL*. Col. Folha Explica. São Paulo: Publifolha, 2001, p. 17.

9. Ronaldo Costa Couto, op. cit., pp. 350-2.

10. Gilberto Dimenstein et al., op. cit., p. 15.

11. Elio Gaspari, op. cit., pp. 285-6.

12. Plínio Fraga, op. cit., p. 394.

13. Paulo Markun, op. cit., p. 422.

14. *O Estado de S. Paulo*, 13 jan. 1985, p. 13.

15. Ronaldo Costa Couto, op. cit., p. 356.

16. Gilberto Dimenstein et al., op. cit., p. 22.

17. Ronaldo Costa Couto, op. cit., p. 355.

18. Gilberto Dimenstein et al., op. cit., p. 171.

19. Ibid., p. 174.

20. Ronaldo Costa Couto, op. cit., p. 374.

21. Domingos Leonelli e Dante de Oliveira, op. cit., p. 59

22. Gilberto Dimenstein et al., op. cit., p. 174.

23. *O Estado de S. Paulo*, 13 jan. 1985, p. 13.

24. Disponível em: <https://site-antigo.socioambiental.org/pt-br/noticias-socioambientais/juruna-devolveu-a-grana-do-maluf>. Acesso em: 11 nov. 2022.

25. Walter Costa Porto, *Dicionário do voto*. Brasília/São Paulo: Editora Universidade de Brasília/Imprensa Oficial do Estado, 2000, pp. 137-9.

26. Ibid., p. 139; Alberto Tosi Rodrigues, op. cit., p. 16. Rodrigues cita o mesmo exemplo, mas fala em 114 vezes.

27. Ronaldo Costa Couto, op. cit., p. 361.

28. Ibid., p. 345.

29. Domingos Leonelli e Dante de Oliveira, op. cit., p. 156.

30. *O Estado de S. Paulo*, 17 jan. 1985, p. 10.

31. Plínio Fraga, op. cit., p. 400.

32. Disponível em: <http://memorialdademocracia.com.br/card/rock-faz-a-festa-da-redemocratizacao>. Acesso em: 11 nov. 2022.

33. *Folha de S.Paulo*, 17 jan. 1985, capa do caderno "Ilustrada".

34. Lobão, com Claudio Tognolli. *50 anos a mil*, p. 268. Transcrição parcial de entrevista ao *Jornal do Brasil*, publicada em 29 jul. 1984.

35. Guilherme Bryan, *Quem tem um sonho não dança: cultura jovem brasileira nos anos 80*. São Paulo: Record, 2004, p. 262.

36. Marcos Augusto Gonçalves, *Pós-tudo: 50 anos de cultura na Ilustrada*, p. 112.

EPÍLOGO [PP. 298-306]

1. Trecho do texto usado como press release para o disco dos Titãs *Jesus não tem dentes no país dos banguelas*, de 1987. Toninho Vaz, *Paulo Leminski: o bandido que sabia latim*. 3ª ed. Rio de Janeiro: Record, 2009, p. 273.

2. Rodrigo Nunes, em texto na *Folha de S.Paulo*, 19 set. 2021, p. C10. O artigo é baseado no livro *Nem vertical nem horizontal: uma teoria da organização política*, que em 2022 estava no prelo.

3. Eugênio Bucci, *A forma bruta dos protestos: das manifestações de junho de 2013 à queda de Dilma Rousseff em 2016*. São Paulo: Companhia das Letras, 2016, pp. 15-6.

4. Domingos Leonelli e Dante de Oliveira, op. cit., p. 149.

CRONOLOGIA [PP. 307-14]

1. Gilberto Dimenstein et al., op. cit., p. 168.

2. Ibid., p. 171.

APÊNDICE 1 [PP. 317-48]

1. Disponível em: <https://www.camara.leg.br/noticias/545896-camara-tem-243-deputados-novos-e-renovacao-de-473/>. Acesso em: 11 nov. 2022.

APÊNDICE 3 [PP. 360-2]

1. Disponível em: <https://www.youtube.com/watch?v=CAxACfw7U2s>. O "Frevo das Diretas" tem início aos 4'50". Acesso em: 11 nov. 2022.

Referências bibliográficas

AARÃO REIS, Daniel. *Ditadura e democracia no Brasil: do golpe de 1964 à Constituição de 1988*. Rio de Janeiro: Zahar, 2014.

_____. *Luís Carlos Prestes: um revolucionário entre dois mundos*. São Paulo: Companhia das Letras, 2014.

_____ (Org.). *Modernização, ditadura e democracia (1964-2010)*. Rio de Janeiro/Madrid: Objetiva/Fundación Mapfre, 2014.

ABRAMO, Cláudio Weber (Org.). *A regra do jogo: o jornalismo e a ética do marceneiro*. São Paulo: Companhia das Letras, 1989.

ABREU, Alzira Alves de; LATTMAN-WELTMAN, Fernando; ROCHA, Dora (Orgs.). *Eles mudaram a imprensa: depoimentos ao CPDOC*. Rio de Janeiro: Editora FGV, 2003.

_____ et al. (Orgs.). *Dicionário histórico-biográfico brasileiro pós-1930*. Rio de Janeiro: Editora FGV, 1984 (1ª ed.) e 2001 (2ª ed.).

AGUIAR, Cláudio. *Francisco Julião, uma biografia*. Rio de Janeiro: Civilização Brasileira, 2014.

ALEXANDRE, Ricardo. *Dias de luta: o rock e o Brasil dos anos 80*. São Paulo: DBA, 2002.

ALZER, Luiz André; e CLAUDINO, Mariana. *Almanaque anos 80*. Rio de Janeiro: Ediouro, 2004.

AMOROSO LIMA, Alceu. *Cartas do pai: de Alceu Amoroso Lima para a filha madre Maria Teresa*. São Paulo: Instituto Moreira Salles, 2003.

BARCINSKI, André. *Pavões misteriosos: a explosão da música pop no Brasil (1974--1983)*. Paraty: Ed. do Autor, 2022.

BENEVIDES, Maria Victoria de Mesquita. *O governo Kubitschek: desenvolvimento econômico e estabilidade política*. 3ª ed. São Paulo: Paz e Terra, 1979.

BERTONCELO, Edison. *A campanha das Diretas e a democratização*. São Paulo: Humanitas/Fapesp, 2007.

BRYAN, Guilherme. *Quem tem um sonho não dança: cultura jovem brasileira nos anos 80*. Rio de Janeiro: Record, 2004.

BUCCI, Eugênio. *A forma bruta dos protestos: das manifestações de junho de 2013 à queda de Dilma Rousseff em 2016*. São Paulo: Companhia das Letras, 2016.

_____. *A imprensa e o poder da liberdade*. São Paulo: Contexto, 2009.

CANTANHÊDE, Eliane. *O PFL*. Col. Folha Explica. São Paulo: Publifolha, 2001.

CARDOSO, Fernando Henrique. *A arte da política: a história que vivi*. Rio de Janeiro: Civilização Brasileira, 2006.

CARDOSO, Tom. *Sócrates: a história e as histórias do jogador mais original do futebol brasileiro*. Rio de Janeiro: Objetiva, 2014.

_____. *75 kg de músculos e fúria: Tarso de Castro, a vida de um dos mais polêmicos jornalistas brasileiros*. São Paulo: Planeta, 2005.

CASTELO, Hilton; ARAÚJO, Marcos Dias; MENEZES, Sérgio. *Os publicitários das diretas*. Curitiba: Universidade Positivo, 2004.

CASTRO, Celso; D'ARAÚJO, Maria Celina. *Militares e política na Nova República*. Rio de Janeiro: Editora FGV, 2001.

CHINEM, Rivaldo. *1984 — Almanaque das diretas: o primeiro movimento de massa da história republicana*. São Paulo: Discovery Publicações.

COGGIOLA, Osvaldo. *A outra guerra do fim do mundo: a batalha pelas Malvinas e a América do Sul*. São Paulo: Ateliê Editorial, 2014.

CONTI, Mario Sergio. *Notícias do Planalto: a imprensa e Fernando Collor*. São Paulo: Companhia das Letras, 1999.

COUTO, Ronaldo Costa. *História indiscreta da ditadura e da abertura. Brasil: 1964-1985*. 2ª ed. Rio de Janeiro: Record, 1999.

DAPIEVE, Arthur. *Brock: o rock brasileiro dos anos 80*. 3ª ed. São Paulo: Editora 34, 2000.

D'ARAUJO, Maria Celina; CASTRO, Celso. *Ernesto Geisel*. Rio de Janeiro: Editora FGV, 1997.

_____; FERNANDES JR., Florestan; SALOMÃO, Nelma (Orgs.). *Histórias do poder: 100 anos de política no Brasil*. 3 v. São Paulo: Editora 34, 2000.

DIMENSTEIN, Gilberto; NEGREIROS, José; NOBLAT, Ricardo; LOPES, Roberto; FERNANDES, Roberto. *O complô que elegeu Tancredo*. Rio de Janeiro: Editora JB, 1985.

DINES, Alberto; FERNANDES JR., Florestan; e SALOMÃO, Nelma (Orgs). *Histórias do poder: 100 anos de política no Brasil. Militares, Igreja e sociedade civil* (v. 1) e *Ecos do Parlamento* (v. 2). São Paulo: Editora 34, 2000.

DIRCEU, José. *Zé Dirceu: memórias*, v. 1. São Paulo: Geração Editorial, 2018.

ECHEVERRIA, Regina. *Gonzaguinha e Gonzagão: uma história brasileira*. São Paulo: Ediouro, 2006.

ENCARNAÇÃO, Paulo Gustavo da. *Brasil mostra a tua cara: rock nacional, mídia e redemocratização política (1982-1989)*. Dissertação de mestrado em história apresentada à Unesp (Universidade Estadual Paulista), 2009.

FAUSTO, Boris. *História do Brasil*. 2ª ed. São Paulo: Editora da Universidade de São Paulo, 1995.

_____; DEVOTO, Fernando J. *Brasil e Argentina: um ensaio de história comparada (1850-2002)*. São Paulo: Editora 34, 2004.

FOLHA DE S.PAULO. *Manual da Redação*. São Paulo: Publifolha, 2001.

_____. *Primeira página: uma viagem pela história do Brasil e do mundo nas 215 mais importantes capas da Folha de 1921 a 1998*. São Paulo: Publifolha, 1999.

FRAGA, Plínio. *Tancredo Neves, o príncipe civil*. Rio de Janeiro: Objetiva, 2017.

FREYRE, Gilberto. *Sobrados e mucambos*. 15ª ed. São Paulo: Global, 2004.

GASPARI, Elio. *As ilusões armadas. A ditadura envergonhada* (v. 1); *A ditadura escancarada* (v. 2); *A ditadura encurralada* (v. 3); *A ditadura derrotada* (v. 4). São Paulo: Companhia das Letras, 2002 e 2003.

_____. *A ditadura acabada*. Rio de Janeiro: Intrínseca, 2016.

_____; HOLLANDA, Heloisa Buarque de; VENTURA, Zuenir. *Cultura em trânsito: da repressão à abertura*. Rio de Janeiro: Aeroplano, 2000.

GOMES, Laurentino. *1889*. São Paulo: Globo, 2013.

GONÇALVES, Marcos Augusto. *Pós-tudo: 50 anos de cultura na Ilustrada*. São Paulo: Publifolha, 2008.

GREEN, James N.; QUINALHA, Renan; CAETANO, Marcio; FERNANDES, Marisa (Orgs.). *História do movimento LGBT no Brasil*. São Paulo: Alameda, 2018.

GUTEMBERG, Luiz. *Moisés, codinome. Ulysses Guimarães, uma biografia*. São Paulo: Companhia das Letras, 1994.

HENFIL. *Diretas Já!*. Rio de Janeiro: Record, 1984.

HOLLANDA, Chico Buarque de. *Chico Buarque, letra e música*. São Paulo: Companhia das Letras, 1989.

HOMEM, Wagner. *Chico Buarque: histórias de canções*. São Paulo: Leya, 2009.

KOTSCHO, Ricardo. *Do golpe ao Planalto: uma vida de repórter*. São Paulo: Companhia das Letras, 2006.

_____. *Explode um novo Brasil: diário da campanha das Diretas*. São Paulo: Brasiliense, 1984.

KRAMER, Paulo. *Dante de Oliveira*. Série Perfis Parlamentares. Livro digital. Brasília: Câmara dos Deputados/Edições Câmara, 2012.

KUCINSKI, Bernardo. *Abertura, a história de uma crise*. São Paulo: Brasil Debates, 1982.

_____. *Jornalistas e revolucionários nos tempos da imprensa alternativa*. 2ª ed. revista e ampliada. São Paulo: Edusp, 2003.

LEONELLI, Domingos; OLIVEIRA, Dante de. *Diretas Já: 15 meses que abalaram a ditadura*. Rio de Janeiro: Record, 2004.

LIMA, Jorge da Cunha. *Franco Montoro: ensaio introdutório e seleção de textos*. Livro digital. Brasília: Câmara dos Deputados/Edições Câmara, 2009.

LOBÃO; TOGNOLLI, Claudio. *50 anos a mil*. Rio de Janeiro: Nova Fronteira, 2010.

LOPES, Poliana. *O movimento Diretas Já e a cobertura do jornal Zero Hora: uma análise a partir da Agenda-Setting*. Monografia de conclusão de curso de especialização em história, comunicação e memória do Brasil contemporâneo. Universidade Feevale, 2007.

LUNARDI, Rafaela. *Preparando a tinta, enfeitando a praça: o papel da MPB na abertura política brasileira (1977-1984)*. Tese de doutorado apresentada à Faculdade de Filosofia, Letras e Ciências Humanas da USP. São Paulo, 2016.

MARCONDES, Marcos Antônio (Org.). *Enciclopédia da música brasileira*. 2ª ed. São Paulo: Art Editora/Publifolha, 1998.

MARKUN, Paulo. *Farol alto sobre as diretas (1969-1984)*. São Paulo: Benvirá, 2014.

MARQUES NETO, José Castilho. *Mário Pedrosa e o Brasil*. Livro digital. São Paulo: Fundação Perseu Abramo. São Paulo: 2001.

MARTINS, Franklin. *Quem foi que inventou o Brasil? A música brasileira conta a história da República. De 1964 a 1985* (v. 2) e *De 1985 a 2002* (v. 3). Rio de Janeiro: Nova Fronteira, 2015.

MARTINS, Julio Cesar Monteiro. *O livro das diretas*. Rio de Janeiro: Anima, 1984.

MATOS, Carolina. *Jornalismo e política democrática no Brasil*. São Paulo: Publifolha, 2008.

MELHEM, Celia Soibelmann; RUSSO, Sonia Morgenstern (Orgs.). *Dr. Ulysses: o homem que pensou o Brasil: 39 depoimentos sobre a trajetória do sr. Diretas*. São Paulo: Prêmio/Artemeios, 2004.

MELLO, Zuza Homem de. *A era dos festivais: uma parábola*. São Paulo Editora 34, 2003.

MEMÓRIA GLOBO. *Jornal Nacional: a notícia faz história*. Rio de Janeiro: Zahar, 2004.

MENEZES, Rogério. *Bete Mendes: o cão e a rosa*. Livro digital. São Paulo: Imprensa Oficial do Estado de São Paulo/Fundação Padre Anchieta, 2004.

MONTEIRO, Karla. *Samuel Wainer: o homem que estava lá*. São Paulo: Companhia das Letras, 2020.

MORAES, Dênis de. *O rebelde do traço: a vida de Henfil*. 2ª ed. Rio de Janeiro: José Olympio, 1997.

MORAIS, Fernando. *Lula: biografia*. v. 1. São Paulo: Companhia das Letras, 2021.

_____. *Na toca dos leões: a história da W/Brasil, uma das agências de propaganda mais premiadas do mundo*. São Paulo: Planeta, 2005.

MOREIRA ALVES, Márcio. *Teotônio, guerreiro da paz*. Petrópolis: Vozes, 1983.

MORENO, Jorge Bastos. *A história de Mora: a saga de Ulysses Guimarães*. Rio de Janeiro: Rocco, 2013.

MOTTA, Cezar. *Até a última página: uma história do* Jornal do Brasil. Rio de Janeiro: Objetiva, 2018.

NADER, Ana Beatriz. *Autênticos do MDB: semeadores da democracia (História oral de vida pública)*. São Paulo: Paz e Terra, 1998.

NAVES, Santuza Cambraia. *A canção brasileira: leituras do Brasil através da música*. Rio de Janeiro: Zahar, 2015.

PALACIOS, Ariel. *Os argentinos*. São Paulo: Contexto, 2013.

PARANÁ, Denise. *Lula, o filho do Brasil*. 3ª ed. São Paulo: Fundação Perseu Abramo, 2002.

PASCHOAL, Engel. *A trajetória de Octavio Frias de Oliveira*. São Paulo: Mega Brasil, 2006.

PEINADO, Quique. *Futebol à esquerda*. São Paulo: Mundaréu, 2017.

PEREIRA, Moacir. *O golpe do silêncio: imprensa, censura e medidas de emergência*. São Paulo: Global, 1984.

PILAGALLO, Oscar. *A história do Brasil no século 20*. 2ª ed. Col. Folha Explica. São Paulo: Publifolha, 2009.

_____. *História da imprensa paulista: jornalismo e poder de d. Pedro I a Dilma*. São Paulo: Três Estrelas, 2011.

_____. *O Brasil em sobressalto: 80 anos de história contados pela Folha*. São Paulo: Publifolha, 2002.

PORTO, Walter Costa. *Dicionário do voto*. Brasília/São Paulo: Editora Universidade de Brasília/Imprensa Oficial do Estado, 2000.

PRESTES, Anita Leocadia. *Luiz Carlos Prestes: um comunista brasileiro*. São Paulo: Boitempo, 2015.

PULS, Mauricio. *O malufismo*. Col. Folha Explica. São Paulo: Publifolha, 2000.

ROCHA, Janes. *Os outubros de Taiguara: um artista contra a ditadura. Música, censura e exílio*. São Paulo: Kuarup, 2014.

RODRIGUES, Alberto Tosi. *Diretas Já: o grito preso na garganta*. São Paulo: Editora Fundação Perseu Abramo, 1996.

ROMERO, Luis Alberto. *História contemporânea da Argentina*. Rio de Janeiro: Zahar, 2006.

SCHWARCZ, Lilia M.; STARLING, Heloisa M. *Brasil: uma biografia*. São Paulo: Companhia das Letras, 2015.

SEVERIANO, Jairo. *Uma história da música popular brasileira: das origens à modernidade*. São Paulo: Editora 34, 2008.

_____; MELLO, Zuza Homem de. *A canção no tempo: 85 anos de músicas brasileiras (1958-1985)*. v. 2. 5ª ed. São Paulo: Editora 34, 1998.

SEVILLANO, Daniel Cantinelli. *Pro dia nascer feliz? Utopia, distopia e juventude no rock brasileiro da década de 1980*. Tese de pós-graduação em história apresentada à Faculdade de Filosofia, Letras e Ciências Humanas da USP. São Paulo, 2016.

SINGER, André. *O PT*. Col. Folha Explica. São Paulo: Publifolha, 2001.

SILVA, Fernando de Barros e. *Chico Buarque*. Col. Folha Explica. São Paulo. Publifolha, 2004.

SKIDMORE, Thomas. *Brasil: de Castelo a Tancredo*. Trad. de Mário Salviano Silva. 2ª ed. Rio de Janeiro: Paz e Terra, 1988.

SOARES, Gláucio Ary Dillon; D'ARAÚJO, Maria Celina; CASTRO, Celso (introdução e organização). *A volta aos quartéis: a memória militar sobre a abertura*. Rio de Janeiro: Relume-Dumará, 1995.

SOARES, Wladimir. *Spazio Pirandello: assim era, se lhe parece*. São Paulo: Jaboticaba, 2007.

SÓCRATES; GOZZI, Ricardo. *Democracia Corintiana: a utopia em jogo.* São Paulo: Boitempo, 2002.

STEPAN, Alfred. *Os militares: da abertura à Nova República.* Trad. de Adriana Lopez e Ana Luíza Amendola. 4ª ed. Rio de Janeiro: Paz e Terra, 1986.

VAZ, Toninho. *Paulo Leminski: o bandido que sabia latim.* 3ª ed. Rio de Janeiro: Record, 2009.

VIANNA, Luiz Fernando. *Aldir Blanc: resposta ao tempo (vida e letras).* Rio de Janeiro: Casa de Palavra, 2013.

WERNECK, Humberto (Org.). *Vultos da República: os melhores perfis políticos da revista* piauí. São Paulo: Companhia das Letras, 2010.

WISNIK, José Miguel. *Veneno remédio: o futebol e o Brasil.* São Paulo: Companhia das Letras, 2008.

YAZBECK, Ivanir. *O real Itamar: uma biografia.* Belo Horizonte: Gutenberg, 2011.

ZAPPA, Regina. *Para seguir minha jornada: Chico Buarque.* Rio de Janeiro: Nova Fronteira, 2011.

Crédito das imagens

p. 26 Coordenação de Informação da Secretaria de Gestão de Informação e Documentação do Senado Federal.

p. 32 São Paulo, 1984. Foto: Avani Stein/ Folhapress.

p. 36 Arquivo Câmara dos Deputados.

p. 40 Infantes da Marinha argentina durante operação em Rosario na Guerra das Malvinas, 1982. Wikimedia Commons.

p. 43 Arquivo Câmara dos Deputados.

p. 48 Terceiro Tempo, *Uol*. Disponível em: https://terceirotempo.uol.com.br/que-fim-levou/adilson-monteiro-alves-5009. Acesso em: 3 jan. 2023.

p. 51 Foto: J.B. Scalco/ Reprodução.

p. 52 Agência Estado, 14 jan. 1983. Foto: Antonio Lúcio.

p. 57 Abril Comunicações S.A. Foto: Ignacio Ferreira.

p. 59 Felix Nunes/ Reprodução.

p. 67 Luís Inácio Lula da Silva. Foto: Fernando Pereira.

p. 68 Instituto Lula/ Fundo Deops.

p. 78 Foto: Derly Marques/ Folhapress.

p. 83 Foto: Walter Ennes/ Folhapress.

p. 87 Wikimedia Commons. Arquivo Nacional. Fundo Correio da Manhã.

p. 103 Wikimedia Commons.

p. 126 Protesto das Mães de Maio, 1977. Wikimedia Commons.

p. 128 Raul Alfonsín, assumindo como presidente da Argentina em 1983. Wikimedia Commons/ Presidência da Nação Argentina.

p. 140 Foto: Jorge Araújo/ Folhapress.

p. 146 Comício por eleições diretas em Goiânia, na Praça Cívica, em 15 de junho de 1983. Foto: Hélio Nunes de Oliveira.

p. 164 Almoço mensal dos editores do jornal *Folha de S.Paulo*, 3 mar. 1986. Foto: Jorge Araújo/ Folhapress.

p. 167 Projeto Memória Palestina no Brasil/ Federação Árabe Palestina no Brasil.

p. 171 Foto: Paulo Leite/ Folhapress.

p. 179 Exclam/ Acervo Memória da Publicidade, Universidade Positivo.

p. 181 Foto: Ovidio Vieira/ Folhapress.

p. 186 Foto: Toninho Cury. Disponível em: www.toninhocury.com.br.

p. 191 Arquivo José Dirceu.

p. 193 Foto: Fernando Santos/ Folhapress.

p. 194 Agência O Globo.

p. 195 Foto: Renato dos Anjos/ Folhapress.

p. 199 Foto: Fernando Santos/ Folhapress.

p. 204 Folhapress.

p. 215 Foto: Alberto Escalda/ EM/ D.A Press. (EMPFOT260220100372).

p. 225 Blog Outras Bossas. Disponível em: http://outras-bossas.blogspot.com/2013/09/no-comicio-das-diretas.html. Acesso em: 30 jan. 2023.

p. 232 Foto: Juca Martins/ Tyba.

p. 233 Foto: Luiz Granzotto. Arquivo Prefeitura Municipal de Campinas.

p. 235 Apresentação de Walter Franco no Festival de Águas Claras em 1983. Foto: Calil Neto.

p. 245 Senador Abdias Nascimento discursando. Data: 14 nov. 1991. Coordenação de Informação da Secretaria de Gestão de Informação e Documentação. Senado Federal.

p. 249 Foto: Cristina Granato.

p. 257 Wikimedia Commons.

p. 272 Acervo Digital *Folha de S.Paulo*.

p. 279 Maestro Jorge Antunes em 1984. *Correio Braziliense.*

p. 287 CPDOC Fundação Getulio Vargas.

p. 295 Site "Caetano Veloso en detalle" de Evangelina Maffei. Buenos Aires, Argentina. Disponível em: https://caetanoendetalle.blogspot.com/2016/03/1985-trancredance-circo-voador.html. Acesso em: 30 jan. 2023.

p. 297 Show da banda Paralamas do Sucesso no Rock in Rio, 1985. Disponível em: https://www.midiorama.com/desacreditados-sera-idolos-dos-anos-80-a-menizam-discursos-politicos. Acesso em: 30 jan. 2023.

p. 299 Arquivo Empresa Brasileira de Notícias. Foto: Gervásio Baptista.

p. 300 CPDOC Fundação Getulio Vargas.

Índice remissivo

Os números de página em itálico referem-se a imagens.

1889 (Laurentino Gomes), 17
1984 (George Orwell), 172, 183

Abi-Ackel, Ibrahim, 125, 188, 262
Aborto Elétrico (grupo), 76
Abramo, Cláudio, 140-2, 283; na *Folha de S.Paulo*, 242
Abramo, Lélia, 66
Abramo, Radha, 253
Abreu e Lima (PE): primeiro ato público a favor das diretas, 308
Abreu, Leitão de, 131
"Acabou chorare" (Novos Baianos), 180
Ação Católica Brasileira, 99
Ação Comum, grupo, 162
Adag, agência, 179
agitação social, 150; saques em supermercados e tentativa de derrubada da cerca do Palácio dos Bandeirantes, 150; *ver também black blocs*
Aguiar, Cláudio, 353
AI-2, 34, 91
AI-5, 25, 28, 61, 71, 79, 92, 110, 123, 135, 152, 256, 278, 309

Aids, disseminação no Brasil, 248
Alckmin, Geraldo, 306
"Alegria, alegria" (Caetano Veloso), 22, 75
Alfonsín, Raúl, 127, *128*, 177, 188; posse de, 310; primeiro governante civil após a ditadura da Argentina, 309; revoga autoanistia dos militares, 187
Aliança Democrática, 287, 313
Aliança Renovadora Nacional, 91
Alterosa, revista, 22
Amaral Peixoto, 89n
amarelo, uso na campanha das Diretas, 7, 16, 202-5, 233, 252, 254, 276; proposta de Caio Graco, 203
Amazonas, João, 215
Amin, Espiridião, 174
"Amor à vista" (Língua de Trapo), 77
Amoroso Lima, Alceu, 97, 99
Anápolis (GO), manifestações em, 224, 311
Andrade, Doutel de, 210
Andrade, Oswald de, 202
Andreazza, Mário, 131, 252, 288, 313
Anhangabaú, manifestações no vale do, 218, 221, 231, *233*, 234, *235*, 236-42, 246, 280, 312
Anistia, 30, 46, 71, 82, 94, 126

"anos de chumbo", 11, 22, 37, 61, 67, 79, 120, 133
Antônio Cícero, 354
Antunes, Jorge, maestro, 278; retrato atualizado, 354; "Sinfonia das buzinas", 279
"Apesar de você" (Chico Buarque), 79-80, 179, 194, 280
"Aquarela do Brasil" (Ari Barroso), 75
Aquino Jr., Benigno (Ninoy), assassinato de, 203
Aquino, São Tomás de, 98
Aracaju (SE), manifestações em, 224, 289, 311
Araguaia, guerrilha rural do, 35
Arantes, Aldo, 258
Arena, 21, 26, 29, 34, 91-2, 94, 100, 172, 178, 212, 285, 287
Argentina, 38-40, 185-8; eleito Raúl Alfonsín, 128, 187, 309-10; julgamento dos militares no Superior Tribunal, 186; Guerra das Malvinas, 40, 307, paralelo com a situação do Brasil, 125-7, 188
"argonautas, Os" (Caetano Veloso), 93
Argumento, grupo, 162
Arns, Paulo Evaristo, dom, 191, 308
Arraes, Marília, 356
Arraes, Miguel, 94, 111-2, 114, 123, 332; retrato atualizado, 356
Assembleia Nacional Constituinte, 36, 44, 107, 109-10, 114, 145, 313
Associação Brasileira de Imprensa (ABI), 125
Associação Scholem Aleichem (ASA), 56
Assunção, Leilah, 253
Átila, Carlos, 74, 190; sobre a manifestação de Curitiba, 183
Autran, Paulo, 202
Azeredo Coutinho, Júnia Marise, 254

Baila comigo (telenovela), 249
Balancê, programa da rádio Excelsior, 74
Barão Vermelho (banda), 296
Barbalho, Jader, 155n

Barros e Silva, Fernando de, 78
Barros Filho, Adhemar de, 168
Barros, Reynaldo, 55
Barroso, Ary, 75
Bastos, Jerônimo, brigadeiro, 52
Batismo de sangue (Frei Betto), 24
Batista, Wilson, 84
Baumgarten, Alexandre von, 130, 258, 308
Beauvoir, Simone de, 250
"bêbado e a equilibrista, O" (Aldir Blanc/João Bosco), 22, 24, 295
beijo no asfalto, O, filme (Bruno Barreto), 249
Belém (PA), manifestações em, 211, 289, 311
Belo Horizonte (MG), manifestações em, 135, 206, 213-5, 221, 224, 251, 311
Benario Prestes, Olga, 113
Bernardet, Jean-Claude, 351
Bertoncelo, Edson, 16
Besserman, Sérgio, 57
Betinho, ver Souza, Herbert José de
Beto Rockfeller (telenovela), 202
Betto, Frei, 24
Bevilacqua, Mirthes, 254, 332
Bierrenbach, Flávio, 44, 324; grupo Só Diretas, 275
Bignone, Reynaldo, 186
bipartidarismo, 26, 30, 34, 46, 64, 105, 153, 178, 212
black blocs, 302
Blanc, Aldir, 22; retrato atualizado, 350
Bloco do Pacotão (Brasília), 226
"Bloco do prazer" (Moraes Moreira), 180
Boca Maldita (Curitiba), 172, 176; Cavaleiros da Boca Maldita, confraria, 176-7; comícios, 74, 172, 177-9, 181-2, 184, 187, 190, 195, 207, 237, 280, 310, 313; estreia de Osmar Santos na, 192
"Boca no Trombone", projeto, 74
Bolsonaro, Jair Messias, 73, 302, 304-5, 356, 358

bom burguês, O (Oswaldo Caldeira), 249
Borba, Emilinha (cantora), 224
Borghi, Ariel, 351
Bornhausen, Jorge, 173
Bosco, Francisco, 354
bossa nova, 75, 81, 180
Braga, Fernanda, 194
Braga, Márcio, 58
Brandão, Henrique, 57
Brant, Fernando, 81-2, 169, 200, 308-9; retrato atualizado, 352
Brasil Esperança (jatinho), 210
"Brasil Esperança", documento com o programa de Maluf, 310
Brasileiro, Sócrates, *ver* Sócrates
Brasília (DF), 87-8, 243, 265, 278, 290-1, 294, 312, 314; buzinas em, 258, 263, 278-80; manifestações em: 224, 226, 259-60, 263, 276, 278-80, 313; encontro de mulheres em, 253-5, 312; execução da "Sinfonia das Diretas", 313; intervenções em, 76, 151-2, 255-63, 309
Brasiliense, editora, 180, 203
"Brejo da Cruz" (Chico Buarque), 79
Brickmann, Carlos, 184
Brizola, Leonel, 14, 33, 89, 89n, 91, 96, 101-5, 102, 116-8, 123, 125, 130, 135, 138, 147, 152, 155n, 160, 168, 177, 187, 193, 196, 205-6, 208, 212, 218, 220-3, 222n, 226-7, 229, 231, 250, 273, 280, 301-2, 309, 324, 349, 353; anuncia a emenda de João Figueiredo durante o comício do Anhangabaú, 242; armado, *103*; "Cálculo renal/ agrada general", 221; casamento com Neusa Goulart, 101; defesa da Constituição, 102; eleito deputado federal, 101; eleito governador do Rio de Janeiro (1982), 106; exílio, 105; formação da "cadeia da legalidade", 102; Frente de Mobilização Popular, 104; Grupos dos Onze, 104; "nacionalista de esquerda", 103; reação de cordialidade com Figueiredo, 117; resistência ao Golpe, 105; retoma a ideia do mandato-tampão pós--votação da emenda, 273; retrato atualizado, 355; simpatizante de Getúlio, 101
Brizola, Neusinha, 226; "Diretcha", 223; "Mintchura", 223
Buarque de Holanda, Francisco, 16, 37, 68, 78, 80-1, 80, 194, 216, 294, 310; "Apesar de você", *194*; retrato atualizado, 351
Buarque de Holanda, Sérgio, 66
Bucci, Eugênio, 304
Buchmann, Ernani, 178
Bussunda (humorista), 57

Cabral, Sérgio, 24
"cadeia da legalidade", movimento de resistência, 102, *103*
Caetano, Marcelo, 37
Calo Graco, 28, 203-4, *204*; retrato atualizado, 351
"Cálice" (Chico Buarque/Gilberto Gil), 79
Callado, Antonio, 159
Cals, César, 130
Câmara, Helder, dom, 195, 227
Camargo, Affonso, 178-9, 183, 207, 290, 301, 312; retrato atualizado, 350
Camargo, Hebe, 23
Camargo, José, 117
Camata, Gerson, 155n, 226
"Caminhando", *ver* "Pra não dizer que não falei de flores" (Geraldo Vandré)
Camões, Luís de, 137
Campanha da Mulher pela Democracia (Camde), 250
campanha das Diretas e a democratização, A (E. Bertoncelo), 16
Campinas (SP), 224, 310; concerto pró-diretas, 312; Orquestra Sinfônica de, *233*
Campo Grande (MS), 224, 289, 312
Campos, Eduardo, 356
Campos, João Henrique, 356

Campos, Roberto, 120
Camurati, Carla, 229
"Canção do sal" (Milton Nascimento), 81
Candelária, Rio de Janeiro, comício da, 217, 229; passeata até a Cinelândia, 311
Candido, Antonio, 66
Cantanhêde, Eliane, 44
Capanema, Gustavo, 90
Caprichos & relaxos (P. Leminski), 180
Caprichosos de Pilares, escola de samba, 222; faixa "Diretas Já", 226
Caravana das Diretas, 210, 211n, 213, 311
Cardoso, Fernando Henrique (FHC), 15, 25, 31, 110-1, 169, 196, 220, 305-6, 321, 328, 334-5, 346, 353, 357; retrato atualizado, 352; suplente do senador Franco Montoro, 101
Cardoso, Ruth, 253
Cardoso, Tom, 48, 55
Carnaval cívico, 244, 248
Carnaval das Diretas, 226, 311
Carneiro, João Henrique, 352
Carrero, Tônia, 202
Carta Aberta das Mulheres de São Paulo, 251
"Carta aos Brasileiros" (assinada por advogados), 110
Carta, Mino, 133-4, 163
Carter, Jimmy, 105
Caruso, Paulo, 201
Carvalho Pinto, 89n
Carvalho, Apolônio de, 66
Carvalho, Beth, 237, 281
Casa de Caboclo, álbum sertanejo (Sócrates), 236
Casagrande, Walter, 53, 236; faixa pela democracia, 52
Casoy, Boris, 142, 162-3
Casseta e Planeta, grupo, 57
Castello Branco, Carlos (Castellinho), 159
Castello Branco, Humberto, 34, 100, 120; criação do Banco Central, 119
Castro, Fidel, 103
Castro, Ruy, 192

Castro, Tarso de, 199
Catalão, Tetê, 279-80; retrato atualizado, 358
Catatau (Leminski), 180
catolicismo, 96-8
Cavaleiros da Boca Maldita, 176
CBP, agência, 179
Central Geral dos Trabalhadores (CGT), 104, 165n
Central Única dos Trabalhadores (CUT), 115, 165, 165n, 168, 309, 311
Centro Brasileiro Democrático (Cebrade), 124
Centro da Mulher Brasileira, 252
Cerezo, Toninho, 236
CGT, *ver* Central Geral dos Trabalhadores
Chacon, Alex, 224
Chagas Freitas, 222n
Chagas, Carlos, 127, 290; sobre tentativa de golpe, 289
Champagne (telenovela), 229
Charf, Clara, 54
Chaui, Marilena, análise do comício- -festa na *Folha de S.Paulo*, 170
Chaves, Aureliano, 131, 173, 212, 214, 273, 285-6, *287*, 309, 311-3; candidatura à Presidência da República, 310; retrato atualizado, 350
Chico Anysio, 222
Chico Buarque, *ver* Buarque de Holanda, Francisco
Ciça, cartunista, 215
Cidade do Rock, Rio de Janeiro, 296
Cinelândia, Rio de Janeiro, manifestações na, 220-1, 252, 261, 281, 311
Circo Voador, Rio de Janeiro, 150; Tancredance (show), 294
Civilização Brasileira (editora), 159
Clark, Walter, 54
Claudia (revista), 252
Cláudio Manoel, 57
CNBB, *ver* Conferência Nacional dos Bispos do Brasil
Código Brasileiro de Telecomunicações, 280

Colégio Eleitoral, 35, 92-3, 95, 119, 129, 135-6, 177, 184, 212, 219, 224, 226, 239, 243, 274-5, 281-4, 286, 288-91, 293-4, 296, 302, 305, 307, 311, 313-4; pré-lançamento de Tancredo ao, 313; vantagem do PDS no, 292
Colégio Sion, manifesto de lançamento do PT no, 66
coligações partidárias, proibição das, 95
Colin, Pedro, 265
Collor, Fernando, 168, 302, 304-5, 324; impeachment de, 11, 75, 304
"Collorgate", papel da imprensa no, 304
Coluna Prestes, 113
Comando Geral dos Trabalhadores (CGT), 104
Comando Militar do Planalto, 256
Comissão de Justiça e Paz (CJP), 165, 167, 246
Comissão da Pastoral Operária, 246
Comissão de Constituição e Justiça, Ulysses Guimarães na, 86
Comissão de Transportes e Obras Públicas, Tancredo Neves na, 86
Comissão Estadual da Verdade, 56
Comissão Parlamentar de Inquérito, 86
Comitê 25 de Janeiro, 202-3
Comitê Pró-Diretas, 218, 220, 239
Companhia Brasileira de Publicidade, 155
complô que elegeu Tancredo, O (Dimenstein, Negreiros, Fernandes, Lopes, Noblat), 16
Comunidades Eclesiais de Base, 66, 246
comunismo/comunistas, 39, 58, 61-2, 64-5, 88, 104, 108, 112, 116, 227, 247, 307
Conclat (Coordenação Nacional da Classe Trabalhadora), 165, 165n, 168, 311
Confederação Nacional da Indústria (CNI), 70
Conferência Nacional dos Bispos do Brasil (CNBB), 246

Conselho Nacional de Desportos (CND), 50
Conselho Nacional dos Direitos da Mulher, 251
Conselhos Estaduais da Condição Feminina, 251
"Constituição Cidadã", 301, 358
Conti, Mario Sergio, 133
Convenção Americana dos Direitos Humanos, 82
Convenção Estadual da Juventude do PMDB, 308
Convergência Socialista, 115
Coordenação Nacional da Classe Trabalhadora, *ver* Conclat
Copa da Espanha (1982), 72
Copa do Chile (1962), 90
"Coração civil" (Milton Nascimento/ Fernando Brant), 82
"Coração de estudante" (Milton Nascimento), 83, 179, 233
coração-de-estudante (planta), 83
"Corcovado" (Tom Jobim), 75
Cordeiro, Alberto, 173
Corinthians, 46-53, 55-6, 191; faixa da Democracia Corintiana, 310; festa para angariar fundos para o PT, 54; marcando posição na agenda nacional, 51; *ver também* Democracia Corintiana
Correio Braziliense, 279
Cortez, Raul, 194, 310
Costa Couto, Ronaldo, 155, 290, 292
Costa e Silva, Artur da, 35, 120, 127, 150, 289, 291
Couto e Silva, Golbery do, 64, 121-2, 130, 141, 286; demissão de, 125; retrato atualizado, 353
Covas, Mário, 166, 196, 301
Cruz, Newton, 259, 309, 312; acusações contra, 258; comparado a Mussolini, 256; confronto com motoristas que participavam de buzinaço, 258; general Nini, 257-8, 257, 278; parada militar contra as diretas, 258; retrato atualizado, 356; sabotagem dos telefones dos

gabinetes de parlamentares, 260; suspeita de armação de golpe, 290; truculência, 259-60
Cruzado, Plano, 301
Cruzeiro, O, revista, 130
Cuiabá (MT), manifestações em, 213, 289, 311
Cunha Lima, Jorge da, 189, 191, 191, 202; retrato atualizado, 354
Cunha, João, 260, 293
Cuoco, Francisco, 310
Curitiba (PR), 74, 144, 172, 174, 176, 178-83, 181n, 188, 190, 193, 196, 202, 231, 266, 280, 310, 313; Carlos Átila sobre o comício de, 183; início da campanha em, 174; *ver também* Boca Maldita
CUT, *ver* Central Única dos Trabalhadores

D'Ornellas, Jacques, 258
Dalla, Moacyr, 260, 282
Dantas, San Tiago: Frente Progressista de Apoio às reformas de base, 104
Dante de Oliveira, emenda, 15, 76, 80, 115, 143, 151-2, 155, 161, 205, 207, 227, 239-40, 265, 273-4, 276, 300-1, 303, 308, 317; abstenções e ausências na votação, 266; aprovação é condição para Sócrates ficar no Brasil, 236; censura das reportagens sobre, 263; censura no Dia D, 260; comportamento "histérico" de Newton Cruz, 259; decreto autorizando ações coercitivas, 256; derrota da, 271; esquema da Globo para cobertura da votação, 262; ofensiva do governo para tentar impedir a aprovação, 239; repressão feita pelos homens de Newton Cruz antes da votação, 258; tabelas de votos dos deputados, 318-47; Tancredo Neves aceita ser candidato após derrota da, 283; vigílias cívicas durante a votação, 261; votação da, 76, 151-2, 218-9, 224, 230, 243, 248, 253, 255-7, 259, 265, 277, 279, 284, 311-2
Década da Mulher, 250
Democracia Corintiana, 47, 49-52, 55, 74, 236
democracia cristã, 97-8
Denison, agência, 179
Dentel, 263-4, 280
Departamento de Ordem Política e Social (Dops), 54
Departamento Nacional de Telecomunicações, *ver* Dentel
Dia Nacional do Protesto, 150-1, 309
Diaféria, Lourenço, crônica de, 142
"Diário das Diretas" (*Folha de S.Paulo*), 132
Dias, Giocondo, 116
Dias, José Carlos, 54n
Dib, João, 231
Diegues, Cacá, 24
Dines, Alberto, 135, 141
Dirceu, José, 115, 201, 261; retrato atualizado, 354
Diretas Já: 15 meses que abalaram a ditadura (Oliveira e Leonelli), 15
Diretas Já: o grito preso na garganta (Rodrigues), 16
ditadura militar, fim da, 208; *ver também* "anos de chumbo"
dívida externa, 69, 115, 150, 307; moratória, 148; petrodólares, 148
dívida interna, 148
Djavan, 54
DOI-Codi (Destacamento de Operações de Informações – Centro de Operações de Defesa Interna), 124-5
"Don't Cry for Me, Argentina" (Weber/Rice), 185
Dops (Departamento de Ordem Política e Social), 54, 55n; prisão de Lula e demais dirigentes sindicais, 67, *68*
Dostoiévski, Fiódor, 84
Doutel de Andrade, 210, 213, 311
DPZ, agência, 179

"Dragão das Diretas" (Alex Chacon), 224, 225
Drummond de Andrade, Carlos, 108
Drummond, Roberto, 22
Duarte, Regina, 310
Duque, Hélio, 182; agredido ao se dirigir a Newton Cruz, 259
Durval, João, 190

Echeverria, Regina, 353
Editora Abril, 133
Editora Três, 133
Edson Luís (estudante), 83
Eid, Calim, 291; acusado por Juruna, 313
Elbrick, Charles, embaixador americano, 41
"Ele não", manifestação, 302
"eleições contra a derrocada, As" (Conti), 133
Elis Regina, 24, 81
Em Tempo (periódico), 124
emenda das Diretas, *ver* Dante de Oliveira, emenda
Erundina, Luiza, 357
Escobar, Ruth, 251, 253-4, 310
Espanha, 38; Copa da, 72
Estado de S. Paulo, O (*Estadão*), 44, 67, 128, 137-40, 163, 188, 190, 198, 240, 259, 264, 289; explosão de carro-bomba no estacionamento do, 309; notícia sobre o julgamento dos integrantes dos últimos governos na Argentina, 186; repercussão após votação da emenda, 276
Estado Novo, 37, 75, 85, 98, 110, 113, 228
"Eu quero votar pra presidente", 202
Eudes, José, 260, 293
Evita (musical), 185
Ewert, Arthur Ernest (Harry Berger), 228n
Excelsior, rádio, 74
Exclam (agência), 178-9, 194, 202; "Eu quero votar pra presidente", 178; estratégia de comunicação do comício de Curitiba, 178-9

Explode um novo Brasil (Ricardo Kotscho), 15, 198, 211n
Extra, jornal, 56

Faculdade de Belas-Artes, repressão em protesto pacífico de alunos na praça da Sé, 271
Fafá de Belém, 58, 82, 194, 242, 249, 280, 289; "Menestrel das Alagoas", 248, 308-9; "musa das Diretas", 248; pomba branca nos showmícios, 195, 242, 248; showmícios, 194-5; retrato atualizado, 352
Fagner, Raimundo, 54
Fagundes Telles, Lygia, 253-4
"Fala Brasil", slogan que não emplacou, 165
Falcão, Paulo Roberto, 236
Farroupilha, rádio, 102, 105
Federação das Indústrias do Estado de São Paulo (Fiesp), 70
Federação de Mulheres do Rio de Janeiro, 252
feministas, passeata das, em São Paulo, 251; no Rio de Janeiro, 252; *ver também* mulheres
Fernandes, Millôr, 49
Ferreira, Juca, 358
Ferreira, Rogê, 196
Festa do Amarelo, *ver* Spazio Pirandello
festa-comício, 165-7
festivais, 24, 81, 280; Festival Internacional da Canção, 81, 216
FHC, *ver* Cardoso, Fernando Henrique
fidelidade partidária, regra da, 292, 314
Fiel Filho, Manuel, 121
Fiesp, *ver* Federação das Indústrias do Estado de São Paulo
Fifa (Federação Internacional de Futebol), 90
Figueiredo, João Baptista, 35, 57, 71, 74, 95, 117, 122, 125, 128-30, 141, 146, 152, 154, 172-3, 190, 198, 206-7, 214, 219, 221-2, 230-1,

238-40, 238, 256-7, 281, 284, 286, 289-92, 298, 308-14; abre mão de conduzir a própria sucessão, 310; anuncia proposta para a sucessão presidencial, 237; assina a Anistia, 123; declaração pró--diretas, 310; emenda, 242, 273-4; emenda prevendo eleições para 1988, 262; justificativa após retirar sua emenda, 282; medidas de emergência no Distrito Federal, 312; medidas de emergência em Brasília, 255; "pérolas grotescas", 129; projeto de governo de redução de direitos indígenas, 245; propõe eleição direta para 1988 em rede nacional, 312; rasga o decreto que permitiria uma emissora da TV Bandeirantes em Brasília, 198; retira sua emenda, 281; retrato atualizado, 353; revoga medidas de emergência em Brasília, 312; "Tancredo Never", 289; votação da emenda, 277
Figueiredo Diz, Cláudio, 58
Filipinas, Revolução Amarela nas, 203-4
Fischer, Vera, 253
Flamengo (time de futebol), bandeira "Fla Diretas" no Maracanã, 56; Fla Diretas, 56-8, 56, 57; Flanistia, 56, 57; Raça Rubro-Negra, 58
Fleury Filho, Luiz Antônio, 350, 352
"Fora Dilma", manifestação, 302
Florianópolis (SC), manifestações em, 224
FMI, 116, 150, 153, 167, 223, 307; acordo com, 69
Fogaça, José, 190
Folha de S.Paulo, 15, 17, 31, 36, 54, 116, 132, 139-41, 143, 145, 153, 161-4, 166, 169-71, 184, 188, 192, 195, 198-9, 204, 206-7, 209, 212, 215, 220, 240-1, 248, 252, 265-6, 281-2; Abdias Nascimento sobre apoio às eleições diretas, 245; ameaçada pela Lei de Segurança Nacional, 142; carros usados pelo aparelho de repressão, 140; charge de Angeli, 142; Cláudio Abramo sobre a noção de *realpolitik*, 283; conclama a população a usar amarelo, 264; editoriais críticos às medidas de emergência, 264; engajamento na campanha das Diretas, 170-1; manchete após derrota da emenda, 271, 272; pressão sobre outros veículos, 182; primeiro editorial em defesa das Diretas, 308; publica manifesto de Montoro, 310; renascimento, 141; repercussão após votação da emenda, 277; reportagem de Clóvis Rossi sobre anúncio de João Figueiredo, 242; "Roteiro das Diretas", 170; "Tancredo aceita ser ambivalente", 312; Tendências/Debates, 141
Fonseca, Maximiano da, 130; exonerado por Figueiredo, 311
Fontoura, Walter, 135
"Fora Temer", manifestação, 302
Forbes, Geraldo, 139
forma bruta dos protestos, A (Eugênio Bucci), 304
Fórum Gazeta Mercantil, 70
Foz do Iguaçu (PR), encontro de governadores de oposição em, 154, 159, 174, 206, 309
Francis, Paulo, 141
Franco, Francisco, general, 38
Franco, Itamar, 305, 308, 352; grupo Só Diretas, 275; retrato atualizado, 353
Franco, Walter, 194, 202, 235, 235; no Festival de Águas Claras, 235; retrato atualizado, 358; "Sinfonia das Diretas", 234
Frei Chico, sequestro e tortura, 62
Freire, Marcos, 43
Freire, Roberto, 44, 116
Freitas, Antonio, 178
Freitas, Galeno de, 183
Freitas, Janio de, 31-2, 135
Freitas Nobre, 36, 44, 265

Frejat, Roberto, 297
Frente Liberal, 287, 290, 313
Frente Progressista de Apoio às reformas de base, 104
Frente Sandinista de Libertação Nacional, 168
frente suprapartidária, 153, 309
"Frevo das Diretas" (Moraes Moreira e Paulo Leminski), 181, 193, 360-2
Freyre, Gilberto, 23, 53
Frias de Oliveira, Octavio, 140, 140, 161-4; retrato atualizado, 356
Frias Filho, Otavio, 162-3, 171, 356; retrato atualizado, 357
Friedan, Betty, 250
Frota, Sylvio, 122, 142, 187
Fruet, Maurício, 175, 183
Fundação Perseu Abramo, 16
Fundo Monetário Internacional, ver FMI
Furtado, Alencar, 108
Furtado, Celso, 148

Gabeira, Fernando, 123, 353
Gagarin, Iuri, 233
Galasso, Leonardo (Leospa), 72
Gallup, pesquisa, 308
Galtieri, Leopoldo, 39, 186
Garotos Podres, banda, 76
Garrincha, Mané, 90
Gaspari, Elio, 288
Gazeta Mercantil, 173
Geisel, Ernesto, 25, 27-8, 35, 62, 64, 70-1, 92, 119-22, 128-30, 141, 142, 187, 285, 290-1, 309, 313
Geisel, Orlando, 120
Gentili, Danilo, 358
Gil, Gilberto, 54, 79, 194, 358
Globo, O, jornal, 44, 136-7
Góes, Esther, 7, 202; retrato atualizado, 351
Goiânia (GO), 230, 312; manifestações em, 144-5, 146, 152, 166, 230, 288, 309, 312-3; discurso de Mário Juruna no ato público, 244; Pacto de Goiânia, 231, 266
Goldman, Alberto, 116, 208, 220, 265

golpe militar (1964), 11, 18, 22, 26, 60, 91, 100, 104, 111, 113, 189, 228, 249, 256; apoio da imprensa, 135; apoio do empresariado ao, 69; "movimento", 141; *ver também* "anos de chumbo"; ditadura
Gomes, Laurentino, 17
Gomes, Mário, 54
Gomes, Severo, 70
Gonzaga da Mota, 174n
Gonzaga, Luiz, 289
Gonzaguinha, 54; retrato atualizado, 353; sobre a refundação da UNE, 247
Gordinho, Margarida Cintra, 350
Goulart, João, 86-91, 100,102, 103, 104, 148, 212, 227; Camde saiu às ruas contra, 250; deixa o Brasil, 105
Goulart, Neusa, 101
Gouvêa de Bulhões, Octavio, 120
Gozzi, Ricardo, 358
Grande sertão: veredas (Guimarães Rosa), 154
greves, 30, 63, 67-8, 77, 109, 115, 150, 163, 201, 232, 261
Grupo de Mulheres Negras, 252
Grupo Pró-Diretas (PDS), 173, 218-9, 239, 262, 277, 286, 311
Grupo Só Diretas, 275, 282
Guedes, Beto, 289
Guerra Civil Espanhola, 55, 66
Guerra das Malvinas, 38-9, 40, 126, 186, 307
Guerra Fria, 98
Guevara, Che, 41
Guimarães Rosa, 154
Guimarães, Ulysses, 29, 35, 42, 44-5, 70, 74, 77, 85-6, 90-6, 100, 108, 110, 116, 119, 125, 127, 145-6, 148, 151, 153-4, 175, 177, 179, 187, 190, 193, 198, 210-3, 219, 221, 226, 231, 274, 276, 278, 290, 301, 309, 311, 314, 336; anticandidatura, 35, 92-3, 109, 119; candidato à Presidência da República (1973), 92; candidato ao Governo de São Paulo (1958), 87; "Constituição Cidadã", 301, 358;

críticas à proposta de Figueiredo durante o comício do Anhangabaú, 242; discurso na convenção do MDB, 93; eleito presidente da Câmara dos Deputados, 314; jantar com Roberto Marinho na véspera do comício da Sé, 197; "mandato-tampinha", 273; no Ministério da Indústria e Comércio, 90; no velório de Tancredo Neves, *300*; presidente nacional do PMDB, 35; reeleito deputado em 1978, 93; retrato atualizado, 358; "Senhor Diretas", 45, 175, 210, 302; sobre Ricardo Kotscho, *164*

Guimarães, Woile, 197

Guitarra armada, álbum (Luis Henrique e Carlos Mejía), 168

Gusmão, Roberto, 283

Gutemberg, Luiz, 85

Haddad, Fernando, 306, 355

Havelange, João, 23

hedge, conceito de, 69

Helal, George, 58

Henfil, 13-4, 21-2, 24, 29, 33, 58, *59*, 123, 133, 196, 201; afinidade ideológica entre Teotônio e, 32; Bode Orelana, 23; camiseta com a caricatura de Teotônio Vilela, *32*; campanha para Fernando Henrique Cardoso, 25; Capitão Zeferino, 23; críticas ao jogo de Tancredo Neves, 275; e a ideia da pomba branca nos comícios, *195*; Graúna, 23; retrato atualizado, 353; "Robespierre da Praça da Cruz Vermelha", 24; Turma da Caatinga, 23; Ubaldo, o Paranoico, 23; visita Teotônio, 32

Herrmann Neto, João, compara a aprovação da emenda à Independência do Brasil, 243

Herzog, Clarice, 253-4

Herzog, Vladimir, 23, 62, 121, 254

Heuser, Siegfried, 89n

hinos: da Anistia, 22, *295*; das Diretas, 74, 81, 82, 179-80, 193, *194*; da Independência, 93, 280; Nacional, 194, 198, 242-3, 248, 254, *295*

Hitler, Adolf, 138

Hora do Povo, jornal, 259

Hora, Rildo, 226

Houaiss, Antônio, 159

IBGE, 57

Igreja Católica, 99, 168; adere à campanha das Diretas, 308; ala política da, 66; doutrina social da, 98; na Argentina, 39; presença na campanha das Diretas, 246; solidariedade a Lula durante sua prisão, 67

Incríveis, Os (banda), 24

Instituto Datafolha, origem, 192

"Internacional, A", hino, 114

"Inútil" (Ultraje a Rigor), 73-4, 179, 308-9; cantada por Herbert Vianna, 297, *297*

"Isaura" (Herivelto Martins), 75

Isto É, revista, 133, 163; capa durante as greves dos anos 1970, 134

Itaú, banco, 94

ITT (International Telephone and Telegraph), 102

Jaguar (cartunista), 201

Jango, *ver* Goulart, João

Jango (Sílvio Tendler), 83

JB, *ver Jornal do Brasil*

JK, *ver* Kubitschek, Juscelino

Jô Soares, protesto em quadro de *Jornal da Globo*, 263

João Bosco, 294, *295*, 350; retrato atualizado, 354

João Ferrador (Laerte, Nunes, Vargas, Henfil), *59*, 63

João Gilberto, 75

João Pessoa (PB), comícios em, 289, 310

Jobim, Tom, 75

Jornadas de 2013, 11, 302

Jornal da República, 163

Jornal da Tarde, 201
Jornal do Brasil, 16, 23, 108, 135-6, 159, 163
Jornal Nacional, 182, 197, 229, 289; imagens de um comício pela primeira vez, 196
José Dirceu, 191, *191*
Juan Carlos, rei da Espanha, 38
Juarez, Benito (maestro), 280; maestro das Diretas, 234, 242; retrato atualizado, 350; "Sinfonia eleitoral nº 1", *233*
Juiz de Fora (MG), atos públicos em, 224, 311
Julião, Francisco, 227; retrato atualizado, 352
Jurema, Aderbal, 227
Juruna, Mário, 35, 244, 331; acusação a Calim Eid, 313; admite ter recebido dinheiro de Maluf em troca de apoio, 290; Comissão do Índio, 291; fala na posse, 36; no comício da Candelária, 226; retrato atualizado, 355; ergue os punhos pelas Diretas Já, *36*
Juventude Universitária Católica (JUC), 99, 189

Kfouri, Juca, 49-50
Kid Abelha e os Abóboras Selvagens, banda, 295
Kleiton e Kledir (dupla), 190, 231
Koltai, Caterina, 54
Kotscho, 15, 163, 166, 169, 210-2; "o cronista das Diretas", *164*, 198; presença no palanque, 212; retrato atualizado, 357
Krenak, Aílton, 244
Kubitschek, Juscelino, 75, 86-7, 89-91, 215

Laerte (cartunista), *59*, 63; "Bilhetes do João Ferrador", 59; retrato atualizado, 355
Lampedusa, Giuseppe Tomasi di, 301
Lampião da Esquina (jornal), 247
Lara Resende, Otto, 159-60

Latorraca, Ney, 220
Lava Jato, 304
Leão XIII, papa, 98
Lee, Rita, camisa da Democracia Corintiana, 53
Legião Urbana, banda, 76
Lei da Anistia, 123
Lei de Greve, 114
Lei de Imprensa, 114
Lei de Segurança Nacional, 114, 142, 151-2; decretada no Brasil, 310
Lei dos Estrangeiros, 188
Lei Falcão, 121
Lei Orgânica dos Partidos (1979), 35
Leitão de Abreu, 262, 274, 314; e a antecipação da votação da emenda, 311
Leminski, Paulo, 180, *181*, 182, 193, 226, 301, 356, 360; retrato atualizado, 357
Leonelli, Domingos, 15, 42, 44-5, 112, 117, 146, 149, 151, 155, 166, 168, 174n, 190, 206, 209, 219, 220, 239, 294; retrato atualizado, 352
leopardo, O (Lampedusa), 301
Levy, Herbert, 173
LGBTQIA+, movimento, criação do grupo Somos, 247; lançamento do jornal Lampião da Esquina, 247
Liberdade e Luta (Libelu), 247
Ligas Camponesas, 104, 227
Língua de Trapo, grupo, 77
Lira Paulistana, 77
Lisboa, Luiz Carlos, 139
Lispector, Clarice, 24
Lobão, 296
Lombardi, Bruna, 194, 253, 277
Londrina (PR), comícios em, 224, 312
Lopes Machado, José, 102
Lorscheiter, Ivo, 308
Lott, Henrique, 87
Louco amor (telenovela), 249
Lucena, Fábio, grupo Só Diretas, 275
Ludwig, Rubens, 207, 312
Lula da Silva, Luís Inácio, 15, 25, 30, 55, 60-4, 66-8, 70, 77, 114-5, 125, 147, 152, 163, 166, 168, 177, *193*, 195, 196,

201, 210, 213, 221, 223, 226, 231, 274-5, 278, 302, 304-5, 309, 311-2, 330, 340, 346, 350-2, 354, 357-8; críticas à proposta de Figueiredo durante o comício do Anhangabaú, 242; decepção com os militares, 62; encantador de multidões, 67; festa para arrecadar fundos para a campanha de, 53; fichado pelo Dops, 68; início da atividade sindical, 61; na presidência do Sindicato dos Metalúrgicos de São Bernardo, 61, 63; nascimento e infância, 60; prisão de, 306; tratamento favorável recebido da *Isto é*, 134; retrato atualizado, 355
Lusíadas, Os (Camões), 137
Lyra, Fernando, lança candidatura de Tancredo, 309

Macalé, Jards, 194, *295*
Macapá (AP), comícios em, 211
Maceió (AL), comícios em, 310
Maciel, Marco, 286, 290
Mães da Praça de Maio, Buenos Aires, 126, *126*
Magalhães, Antônio Carlos (ACM), 190, 357; propõe eleição direta para sucessor de Figueiredo, 310
Magalhães, Juracy, 89n
Magalhães, Roberto, 174n
Magalhães Pinto, 22; Banco Nacional, 94
Magri, Antonio Rogério, 168
Maia, Agripino, 174n
Maia, Carlito, 201
Maia, César, 155n
Major Curió (Sebastião Rodrigues de Moura), 35
Maksoud, Henry, 134
Maluf, Paulo, 35, 131, 136, 138, 211, 214, 239, 252, 282-3, 285-6, *287*, 288, 290, 292-3, 296, 302, 313, 339, 345, 353, 355, 357; delatado por Mário Juruna, 290; disputa com Mário Andreazza, 288n; eleição para governador em 1978, 285; lança o "Brasil Esperança", 310; obstinação de sentar-se na cadeira de presidente, 286; perde para Tancredo, 314; renegado por correligionários, 292
Malvinas, *ver* Guerra das Malvinas
Manaus (AM), comícios em, 289; fracasso da campanha das Diretas em, 212; manifestação reprimida pelo governador, 311
Manifesto da Maconha, 247
Marchas com Deus pela Família e pela Liberdade, 11, 250
Marchezan, Nelson, 138, 238, 254
Marcílio, Flávio, 262, 291
Marcondes Sampaio, 209
Marcos, Ferdinando, 203
"Maria, Maria" (Milton Nascimento), 233
Maricato, Percival, 54
Marighella, Carlos, 54
Marinho, família, 136
Marinho, Roberto, 197, 217, 228-9, 263; pressionado por militares a não cobrir eventos, 197; retrato atualizado, 357; sobre a cobertura do comício-monstro da Candelária, 229
Maritain, Jacques, 97-9
Markun, Paulo, 188, 263
Martins, Herivelto, 75
Martins, Mário, 222
Martins, Paulo Egydio, 62
Martins, Wilson, 155n
Maschio, Antonio, 201, 359; retrato atualizado, 350
Mata, Lídice da, 352
Mattos Paes, Acildon de, 247
Mayrink Veiga (rádio), 104
Medeiros, Octávio, 130, 262
Médici, Emílio Garrastazu, 63, 80, 93, 119-20, 150, 291
megacomícios, 17, 107, 138, 277, 300, 302, 304; cobertura jornalística dos, 137n, 196; de Belo Horizonte, 206, 213, 224, 251; de Goiânia, 230-1; de Curitiba, 172, 231, 237, 310; Jorge da Cunha Lima e, *191*;

José Dirceu e, *191*; largada dos, 13; na Sé, 13, 134, 185, *186*, 196, *199*, 205-206, 251; músicas que embalavam os, 83, 194
Mejía, Carlos, 168
Mendes de Almeida, Luciano, dom, sobre a presença na campanha das Diretas, 246
Mendes, Bete, 202, 243, 251, 254, 293; retrato atualizado, 350
Mendes, Theodoro, 43
"Menestrel das Alagoas" (Milton Nascimento/Fernando Brant), 82, 169, 179, 194, 233, 248, 308-9
Menezes, Bira, 179
Mequinho (enxadrista), 23
Mercer, Sérgio, 179
Mesquita, família, 137
Mestrinho, Gilberto, 212, 155n; reprime manifestação pelas diretas, 311
"Meu caro amigo" (Chico Buarque), 79
"Meu país" (Martinho da Vila), 226
Midani, André, 74
"milagre econômico", 26, 63, 69, 120, 148
Mindlin, José, 70
"Mintchura" (Neuzinha Brizola), 223
Mocidade Azul, escola de samba de Curitiba, 176
"moderados", 104, 108, 127, 207, 219, 274
Monteiro Alves, Adilson, 47, *48*, 50; preso junto com líderes estudantis em Ibiúna, 47; retrato atualizado, 349
Monteiro Alves, Orlando, 47
Montenegro, Fernanda, 194, 220
Montoro, André Franco, 13-4, 25, 54n, 55, 96-101, 104, 111, 134, 138, 150, 152, 155, 159-62, 165-6, 168-9, 175, 177-8, 187, 189-90, 193, *193*, *195*, 196, 202, 205-8, 213, 218-9, 221, 226, 236, 248, 261, 280, 283, 305, 309-10, 354; criação da Vanguarda Democrática, 99; eleito governador na primeira eleição direta (1982), 101; eleito senador, 101; na comitiva de Jango na visita à China, 100; na posse de Alfonsín, 188; no Ministério do Trabalho e Previdência Social, 100; rejeição à candidatura de Jânio Quadros ao governo de São Paulo, 99; renuncia ao cargo de vereador, 99; representante da Juventude Universitária Católica, 99; repressão no governo de, 150; retrato atualizado, 353; vota a favor de Castello Branco, 100
Montoro, Lucy, prega unidade entre militantes petistas e peemedebistas, 252
Montoro, Nelson, 160
Moraes Moreira, 180, 193, 201, 226, 356, 360
Moraes, Antônio Ermírio de, 70
Moraes, Dênis de, 32, 353
Morais, Fernando, 50-1, 65, 261, 359; Lula "encantador de multidões", 64; retrato atualizado, 352
moratória, 148-9, 153
Moreira Alves, Márcio, 28-9, 31-2, 148-9; pivô do AI-5, 28
Moreira, Roger, 72-4, 76; retrato atualizado, 357
"Morena de Angola" (Chico Buarque), 79
Moreno, Joyce, 225
"Morro velho" (Milton Nascimento/ Fernando Brant), 81
Mosconi, Carlos, 44
Mossri, Flamarion, 44
Motoryn, Mauro, 155, 188
Moura Andrade, Auro, 89n
Movimento (periódico), 124
Movimento 25 de Janeiro, 7
Movimento da Não Violência, 258
Movimento de Arregimentação Feminina (MAF), 250
Movimento de Emancipação do Proletariado (MEP), 115
Movimento de Mulheres Pró-Diretas, 252-3, convoca mulheres a participar do primeiro megacomício, 251

Movimento Democrático Brasileiro (MDB), 25, 27-30, 41-2, 65, 70, 91-3, 100-1, 108, 110, 121, 123, 141, 175, 178, 210; convenção do, 93; Grupo Autêntico, 107-8; Ulysses Guimarães assume a presidência (1971), 92
Movimento Feminino pela Anistia, 251
Movimento Negro Pró-Diretas, 245, 310
MR-8 (Movimento Revolucionário 8 de Outubro), 41-2, 259
"Muda Brasil", 294
mulheres, Ato Nacional de Mulheres pelas Diretas, 253; manifestação no Congresso Nacional, 254; mobilizações para a campanha das Diretas, 253; Movimento de Arregimentação Feminina, 250; Movimento Feminino pela Anistia, 251; *Mulherio*, jornal, 251; na Campanha das Diretas, 248-9, 251
Mulherio (jornal), 251
Mussolini, Benito, 256

"Nação tem o direito de ser ouvida, A", manifesto (F. Montoro), 160
"Não chores por mim, Argentina" (Claudya), 185n
Napoleão, Hugo, 174n
Nascimento, Abdias, 245, 319; denuncia o "racismo tupiniquim", 246; retrato atualizado, 349; sobre eleições diretas, 245
Nascimento, Milton, 78, 81, *83*, 169, 194, 200, 233, 308-9, 352, 356: *Ao vivo*, álbum, 83; "Coração de estudante", 83, 233; "Maria, Maria", 233; "Menestrel das Alagoas", 83, 233; "Nos bailes de vida", 82; retrato atualizado, 356; "Travessia", 233
Nascimento Brito, Manuel Francisco do, 135
Natal (RN), comícios em, 224, 312
Natel, Laudo, 285
Netto, Delfim, 150

Neves, Tancredo, 14, 18, 45, 58, 85-6, *87*, 88-92, 94-6, 100, 108, 125, 127, 147-8, 153, 155-6, 160, 175, 177-8, 187, 190, 198, 205-8, 212-4, 218, 221, 224, 226, 251, 271, 275, 280-3, 286-90, 292-3, *295*, 296, 299-301, 309, 312-4, 349, 356-7: candidato de consenso no caso de eleições indiretas, 275, 289; chapa Tancredo-Sarney, 288; com seus médicos, *299*; eleição de, 298; eleito deputado, 91; eleito senador (1978), 94; fundação do Partido Popular, 94; impede realização de comício em Ouro Preto, 266; internação e falecimento, 298-9, 314; no palanque, *215*; perde a eleição em 1960, 87; "Tancredance", show no Circo Voador, 294-5, *295*; último comício de, 314; Ulysses Guimarães em seu velório, *300*; vence Maluf, 314
Nicarágua, revolução da, 168
Ninoy (Benigno Aquino Jr.), 203
Nogueira, João, 226, 228
"Nos bailes de vida" (Milton Nascimento/Fernando Brant), 82
novo sindicalismo, 25, 30, 60, 64, 143
Novos Baianos, grupo, 180
"Nu com a minha música" (Caetano Veloso), 60n
Nunes Pereira, Julieta, 250
Nunes, Deusdete (Garrincha), 211
Nunes, Felix, 59
Nunes, Rodrigo, 304

OAB (Ordem dos Advogados do Brasil), 110, 125, 258, 311; carta-bomba, 124; documento pró-diretas, 310; invasão da sede da, 309
Occupy Wall Street, 303
Olinda (PE), Caravana das Diretas em, 210; showmício em, 310
Oliveira Sobrinho, José Bonifácio de (Boni), 54
Oliveira, Dante de, 15, 42-5, *43*, 74, 112, 117-8, 145-6, 149, 151, 155, 166,

174n, 190, 206-7, 209, 213, 219, 239, 294, 308, 319, 322; eleito deputado estadual em 1978, 42; emenda constitucional, 41; "Mosquito Elétrico", 44; retrato atualizado, 351
Oliveira, Sebastião de, 41, 43
Oliveira, Thelma de, 42
Olivetto, Washington, 50-174; campanha sos Sócrates, 236; retrato atualizado, 358
Ordem dos Frades Menores Capuchinhos, 44
Organização Socialista Internacionalista (OSI), 115
Organizações Globo, 160, 216-7
Orquestra Sinfônica de Campinas, 233, *233*, 280
Orwell, George, 172, 183
Osasco (SP), ato público em, 311
Outras palavras, LP (Caetano Veloso), 60n, 180

Pacote de Abril, 28, 121-2, 129
Pacto de Goiânia, 231, 266
Pacto de Moncloa, 38
Pacto de São José da Costa Rica, 82
Paes de Andrade, 108, 210
Palmeiras (time de futebol), 56, 191
Panela Vazia, bloco de Salvador, 226
Panelaço pelas Diretas Já, 312
Panfleto, O (semanário), 104
Panteras Negras, 216
Paralamas do Sucesso, banda, 297, *297*
parlamentarismo, 88, 100, 103, 273, 312
"Partido alto" (Chico Buarque), 79
Partido Comunista Brasileiro (PCB), 41, 56, 65, 104, 113-4, 116, 117n, 124, 208, 222, 227, 307
Partido Comunista do Brasil (PCdoB), 124, 150, 214-5, 236, 247, 308, 311
Partido da Frente Liberal (PFL), 287
Partido Democrata Cristão (PDC), 98-100, 104, 175, 178
Partido Democrático Social (PDS), 34, 94-5, 117, 146, 152, 154, 172-3, 177, 183, 210, 214, 219-21, 226, 231, 238-40, 254, 260, 262, 265-6, 274-5, 277, 284, 286, 288, 292, 299, 308-9, 311, 313-4, 319-20, 323-37, 347
Partido Democrático Trabalhista (PDT), 33-4, 36, 106, 155, 160, 165, 168, 177, 196, 210, 221, 227, 244-5, 258, 293, 305, 307-9, 311, 313, 319-24, 326-8, 331-3, 335-7
Partido do Movimento Democrático Brasileiro (PMDB), 16, 30, 33-6, 41-2, 44-5, 55, 65-6, 94, 110-1, 116-8, 143, 145, 147, 149-50, 153-5, 160-1, 165-6, 168-9, 175-6, 178-9, 182-3, 188-90, 194-5, 207, 209-12, 219-20, 222, 231, 240, 251, 254, 258-61, 265, 274-5, 284, 286, 288, 301, 307-9, 311-3, 319-37; facção Só-Diretas, 313; fusão com o PP, 95; grupo Só Diretas, 282; lançamento da campanha nacional pró--diretas, 310
Partido dos Trabalhadores (PT), 16, 34, 53, 57, 64-5, 95, 114-5, 118, 152, 165-70, 177, 190, 196, 201, 207, 209-10, 220, 251, 260-1, 282, 309, 311, 313, 319, 321, 323, 326, 328, 330; apoio ao PMDB, 308; críticas ao jogo de Tancredo Neves, 275; festa nas dependências do estádio do Corinthians, 54; oficialização do, 66; único partido de oposição contra o pleito indireto, 293
Partido Nacionalista Mineiro, 85
Partido Popular (PP), 89, 94,178, 212, 402; fusão com o PMDB, 95
Partido Progressista de Minas Gerais, 85
Partido Revolucionário Comunista (PRC), 115
Partido Social Democrático (PSD), 85, 89, 91, 92, 104
Partido Social Trabalhista (PST), 111
Partido Socialismo e Liberdade (PSOL), 57
Partido Trabalhista Brasileiro (PTB), 34, 85, 100-1, 104-5, 183, 212, 309, 311, 322, 324, 325, 327, 331-2, 334, 347

Pasqua, Roberto, 55
Pasquim, O (jornal), 23, 33, 199, 216
Passeata dos Cem Mil (1968), 11, 221
Passoni, Irma, 251, 254
"patrulha odara", 25
"patrulhas ideológicas", 25
Paulinho da Viola, 294
Pedro Aleixo, 120
Pedrosa, Mário, 66
Peinado, Quique, 53, 56
"Peixe vivo", 215-6
"Pelas tabelas" (Chico Buarque), 80
Pelé, 73, 90
Penteado, Darcy, 248
"perigo vermelho", 214; *ver também* comunismo/comunistas
Perón, Juan Domingo, 185
pesquisa Gallup, 138
Pessoa, Fernando, 93
Petrolina (PE), manifestações em, 224, 312
Pignatari, Décio, 23
Pilagallo, Oscar, *171*
Pilares, Ratinho de, 226
Pimenta da Veiga, 275
Pimentel, Paulo, 182
Pimentel, Sílvia, 251-2
Pinheiro, Ibsen, 44-5, 275
Pinheiro, Paulo César, 228
Pinto, Chico, 108
Pio XII, papa, 98; encíclica de, 98-9
Pirandello, *ver* Spazio Pirandello
Pires, Waldemar, 47, 52
Pires, Walter, 128
Plano Cruzado, 319
Plebe Rude (banda), 76
Plínio Marcos, 202, 351
pluripartidarismo, 34, 165; restituição do, 123
Plutarco, 84
"Podres poderes" (Caetano Veloso), 77, 244
Polícia Federal, agentes da, 54, 167, 235, 253; atentados a bancas, 124
"Pombo-correio" (Moraes Moreira), 180
Pompeu, general, 93

"Ponteio" (Edu Lobo e Capinam), 280
Portela, Noca da, 226
Portella, Petrônio, 94
Porto Alegre (RS), atos públicos de, 190, 230, 231, 305, 310, 312
Portugal, fim da ditadura em, 37
"Pra não dizer que não falei de flores" (Geraldo Vandré), 75, 216, 236, 280
praça Charles Miller, Pacaembu, São Paulo, festa-comício, 165-9, *167*; manifestações na, 56, 135-9, 144, 185-91, 194, *194*, 196, 197, *199*, 205-6, 218, 240, 245, 251, 261, 271, 280, 310, 313, 360; morte de Teotônio Vilela anunciada por Fernando Henrique Cardoso, 169; pauta, 167; Placar das Diretas, 261, 271; pós-votação, 280; reportagem de Ricardo Kotscho, 169
praça da Sé, São Paulo, comício, 13, 137; megacomício, 134, 185, *186*, 196-9, *199*
Prado Júnior, Caio, 351
Prado, Caio Graco, *ver* Caio Graco
"pragmáticos", 108, 282
Prestes, Anita Leocadia, 113-4, 355
Prestes, Luís Carlos, 111-4, 116, 222-3, 227; retrato atualizado, 355
"Preta pretinha" (Novos Baianos), 180
Primavera Árabe, 303
"Primeiro de Maio" (Chico Buarque), 79
"Pro dia nascer feliz" (Cazuza), 296
Proença, Maitê, 220, 253-4, 289
Projeto Emergência, 147, 149, 153, 308
Prosdócimo (empresa), 178
Prost, Alain, 84
"Proteção" (Plebe Rude), 76
PUC-RJ, vigília no prédio da, 261

Quadragesimo Anno, encíclica, 98
Quadros, Jânio, 55, 87, 99, 103, 118, 159, 352-3; apoio da UDN, 88; renúncia de, 88, 90, 100, 102
"Quando o Carnaval chegar" (Chico Buarque), 79
Quarup (Antonio Callado), 159

"Que país é este?" (Renato Russo), 76
Quércia, Orestes, 43, 108, 263, 352-3
"Quero votar pra presidente" ("Frevo das Diretas") (Moraes Moreira/ Leminski), 181
Quinta sinfonia (Beethoven), 233-4, 237
Quintana, Juan Carlos, 177

Radio Clube (SP), baile em prol das diretas, 311
Radiobrás, 304
Raízes do Brasil (Buarque de Holanda), 66
Ramalho, Elba, 294
Ramos, Nabantino, 140
Ravache, Irene, 229
Reagan, Ronald, 39, 168
Realpolitik, 284n
Rebelo, Aldo, 247
Recife (PE), manifestações em, 289, 311, 314
Rede Globo, 137, 168, 182, 195-7, 217, 228-9, 241, 249; cobertura de comícios, 229, 229n, 241-2; driblando a censura, 263; Festival Internacional da Canção, 216; megaesquema para cobrir a votação ao vivo, 262; "O povo não é bobo, abaixo a Rede Globo", 197; pressionada a não cobrir comícios, 197; protesto de Jô Soares no *Jornal da Globo*, 263; sob vigilância do Dentel, 263
"Rede do Esclarecimento", 104
Refazendo, tendência, 247
reforma partidária (1979), 94
Reinaldo (jogador do Atlético-MG), 216
Reis, Daniel Aarão, 114
repressão, 23, 27, 39,55n, 60-1, 67, 79, 101, 114, 123, 127-8, 140, 248-9, 254, 256, 258, 271, 302, 307; *ver também* "anos de chumbo"; ditadura; golpe militar; Cruz, Newton
Rerum Novarum (encíclica), 98
Revolução Constitucionalista, 98
Revolução dos Cravos, 37, 79, 260
Revolução Russa de 1917, 65
Rezende, Íris, 147, 155n
Ribeiro, Darcy, 349, 353
Ribeiro, José Augusto, 198
Ricelli, Carlos Alberto, 277
Richa, José, 155, 174-8, 193, 196, 226, 280; retrato atualizado, 354
Rio Branco (AC), manifestações em, 212-3, 289, 311
Rio de Janeiro, manifestações no, *ver* Candelária; Cinelândia; Circo Voador
Riocentro, atentado do, 124-5, 128, 130, 258, 354; direita tenta culpar a esquerda pelo, 187
Rocha, Glauber, 25
Rocha, Luiz, 174n
Rock in Rio, primeira edição do, 294-6, 314
Rodrigues de Moura, Sebastião (Major Curió), 35
Rodrigues, Nelson, 160, 249
Rosa, Noel, 84
Rossi, Clovis, 188, 242, 282; retrato atualizado, 351
Rousseff, Dilma, 11, 303-5, 355, 358
Russo, João, 161, 281; retrato atualizado, 354
Russo, Renato, 76

Saad, João, e a transmissão das imagens do comício da Sé, 198; reunião com o presidente Figueiredo após transmissão do comício pela TV Bandeirantes, 198
Salazar, António, 37
Salles, Mauro, 288
Salomão, Waly, 354
Sandino, Augusto César, 168
Santayana, Mauro, 271
Santos, Lucélia, 220, 253-4
Santos, Osmar, 74, 197, 213, 231, 248, 280, 288; apresentador das Diretas, 177, 192; na campanha de Franco Montoro para governador, 193, 193; retrato atualizado, 356

Santos, Silvio, 182
São Paulo, manifestações em, *ver* praça Charles Miller; praça da Sé; Anhangabaú
Sarney, José, 125, 265, 284, 286, 298, 300, 302, 305, 313, 319-22, 324, 330, 334, 346, 350-1, 353, 357-8; apresenta moção de apoio para Figueiredo, 308; Assembleia Nacional Constituinte, 301; assume a Presidência da República, 314; ingresso na política, 287; presidente acidental, 301; renúncia à presidência do partido, 285, 313; retrato atualizado, 355; toma posse, 314
Sarney Filho, José, 265
Sartori, Caio, 57
SBT (Sistema Brasileiro de Televisão), 182
Sem indiretas, show (Língua de Trapo), 77
senador biônico, 28-9, 76, 93-4, 122, 178, 183, 227, 292
Senhor Diretas, *ver* Guimarães, Ulysses
Senhor Vogue (revista), 189
Senhor (revista), 134
Senna, Ayrton, 84
Serra, José, 357, 358
Serviço Nacional de Informações (SNI), 56, 122, 130, 141, 188, 227, 235, 257, 262, 285, 308, 311, 314
Setúbal, Olavo, 94
Severiano, Jairo, 81, 83
Severo, Marieta, 229
Sfat, Dina, 253, 310
Shultz, George, 314
Silva Telles Jr., Goffredo da, 110
Silva, Benedita da, 253
Silva, Carmen da, "arte de ser mulher, A" (revista *Claudia*), 252; sai fantasiada de Estátua da Liberdade na passeata do Rio de Janeiro, 252
Silveira, Ênio, 159
Silvio Santos, grupo, 241

Simonal, Wilson, 23
Simone (cantora), 216
Sinatra, Frank, 203
Sindicato dos Artistas de São Paulo, 7, 202
Sindicato dos Metalúrgicos de São Bernardo e Diadema, 25, 59, 61, 67; Lula, presidente do, 61, 67
"Sinfonia das Diretas" (Walter Franco), 234; execução em Brasília, 313
"Sinfonia das buzinas" (Jorge Antunes), 278-80, 279, 313
"Sinfonia eleitoral nº 1" (Benito Juarez), 234
Siqueira Campos, 254
Skidmore, Thomas, 64-5
SNI, *ver* Serviço Nacional de Informações
Soares, Airton, 260, 290, 293
Soares, Jair, 190, 231
Soares, Mário, 352
Soares, Wladimir, 201, 350; retrato atualizado, 359
Sobral Pinto, 228, 281
Sócrates, 48, 51-2, 181; álbum sertanejo, 236; campanha sos Sócrates, 236; condiciona estadia no Brasil à aprovação da emenda Dante de Oliveira, 236; Democracia Corintiana, 51-2, 51-2; eleito o melhor da América Latina (1983), 55; organiza com Wladimir e Casagrande festa para arrecadar fundos para a campanha de Lula, 53; retrato atualizado, 358; saudação antifascista, 55; vai para a Itália após a derrota da emenda das diretas, 267
Sol, O (jornal), 22
Som Livre, gravadora, 195
Somoza, Anastasio, 168
sos Mulher, 252
Souza, Herbert José de (Betinho), 22
Souza, Tárik, 23
Souza Filho, Henrique, *ver* Henfil

Spazio Pirandello, bar, 200-3; Banda do Pirandello, 185, 201, 350; Festa do Amarelo, 7, 204; vigília no, 261
Stálin, Josef, 65
Suplicy, Eduardo, 70, 201, 323
Suplicy, Marta, 253, 357
Suruagy, Divaldo, 174n

Taiguara, 227, 280
"Tancredance", show no Circo Voador, 294-5, 295
"Tanto mar" (Chico Buarque), 37, 79
Tavares de Lima, Chopin, 189
Tavares, Cristina, 254
Tavares, Geraldo, 171
Tavares, Heraldo, 223
Taylor, James, 294
Teatro Lira Paulistana, 74
Teles da Rocha Júnior, Nabor, 155n
Teixeira, Miro, 58
telecomunicações, censura das, 257
Temer, Michel, 305
Tendler, Sílvio, 83
Teologia da Libertação, 168
Teresina (PI), manifestações em, 210-1, 211n, 289, 309
terrorismo, 123-6; *ver também* ultradireita
Theatro Municipal (SP), manifestações pró-diretas nas escadarias, 252, 310
Theodoro Mendes, emenda, 282
"Tie a Yellow Ribbon Round the Ole Oak Tree" (Tony Orlando and Dawn), 203
Timóteo, Agnaldo, 293
Tiso, Wagner, 83
Tita (jogador de futebol), 58
Toller, Paula, 295
Tolstói, Liev, 84
tomismo, 98
Tony Orlando and Dawn, banda, 203
Torloni, Christiane, 58, 194, 249; musa das Diretas, 249; retrato atualizado, 351
Torres, Fernanda, 220

tortura, 62, 67, 120, 186, 307; *ver também* ditadura; "anos de chumbo"; repressão
Tosi Rodrigues, Alberto, 16
"Travessia" (Milton Nascimento/ Fernando Brant), 81, 233
Trevisan, Dalton, 177
Tribuna Metalúrgica, 59
Tristão de Athayde, *ver* Amoroso Lima, Alceu
Troféu Joaquim Silvério dos Reis, 276
Tropicália, movimento, 75
Trótski, Leon, 65
trotskismo/trotskistas, 62, 65-6, 124, 247
Tuma, Romeu, 54, 55n, 236
"Turma do Dragão" (marchinha), 225
TV Bandeirantes, 241; comício da Sé, 198
TV Cultura, 240; censura do Dentel, 280; comício da Sé, 198
TV Gazeta de São Paulo, 240; resistência à censura, 263; comício da Sé, 137
TV Iguaçu, 182
TV Manchete, 241
TV Record, 241

Uberlândia (MG), manifestações em, 219, 224, 312
Última Hora, jornal, 86, 189
ultradireita, 125; ações terroristas da, 123
Ultraje a Rigor, 72, 74, 297, 357; "Inútil", 308-9
União Brasileira de Teatro, manifestação pró-diretas, 310
União Cívica Radical (UCR), 127
União Democrática Nacional (UDN), 26, 41, 85, 88, 99-100, 287
União Estadual dos Estudantes (UEE), 48
União Nacional dos Estudantes (UNE), 48, 104, 165, 202, 247, 311; reconstrução da, 247; Ulysses na vice-presidência da, 85
Universidade de Brasília, 278

Universidade do Estado do Rio de
    Janeiro (UERJ), 57
Universidade Federal do Rio de
    Janeiro (UFRJ), 57
Universidade Federal Fluminense
    (UFF), 57
USP, Faculdade de Direito da, ato
    cívico nas arcadas da, 110
Ustra, Brilhante, 350

"Vai passar" (Chico Buarque), 16, 80
Valença, Alceu, 194
Valladares, Benedicto, 85
Valle, Vicente Matheus, 47
vampiro de Curitiba, O (D. Trevisan), 177
Vandré, Geraldo, 75, 216, 236, 280
Vargas, Getúlio, 75, 85, 90, 98, 101,
    106, 109, 114, 123, 137, 185, 211, 228;
    morte de, 86, 101
Vargas, Hélio, 59
Vargas, Ivete, 106
Veja, revista, 130, 133, 308; entrevista
    de Roberto Gusmão, 283
Veloso, Caetano, 22, 25, 60, 75, 77, 78,
    93, 180, 201, 244, 294
Veloso, Luiz Augusto, 57
"Verdura" (Caetano Veloso/Leminski),
    180
Vereda tropical, telenovela, 54
Veríssimo, Lúcia, 229
Vianna, Herbert, canta "Inútil" no
    Rock in Rio, 297
Vianna, Luiz Fernando, 350
Videla, Jorge, 186
Vila, Martinho da, 226
Vilela, Teotônio, 21, 25, 26, 27-9,
    31-2, 67, 82, 147-8, 150, 153,
    194, 201, 232, 248, 280, 307-8;
    afinidade ideológico entre Henfil
    e, 32; boneco no comício do
    Anhangabaú, 232; caricatura feita
    por Henfil, 32; diagnóstico de
    câncer no pulmão, 30; entrevista
    ao *Canal Livre*, 31; morte, 169, 310;
    mudanças no Imposto de Renda,
    149; operado, 308; Projeto Brasil,
    29; Senhor Diretas, segundo
    Marcondes Sampaio, 210; sobre
    El Cid, 169; visita de Henfil, 32;
    visitando presos políticos pelo
    país, 30
Villares (empresa), 61
Villares, Paulo, 70
Viola, Paulinho da, 289
Viola, Roberto, 186
Visão, revista, 134
voto vinculado, 95
Voz da Unidade, jornal, 116, 220
Voz Operária, 114
"voz do Brasil, A" (Plebe Rude),
    76

W/Brasil, agência, 50
Wainer, Samuel, 86, 189
Wanderléa (cantora), "Hino da
    Independência", 280
Wando, 280
WEA, gravadora, 74
Webber, Andrew Lloyd, 185
Wisnik, José Miguel, 49, 53
Wladimir (jogador de futebol), 53,
    236; faixa pela democracia, 52

Xica da Silva (Cacá Diegues), 25

Zerbini, Therezinha, 201, 251, 276;
    retrato atualizado, 358
Zero Hora, jornal, 231
Zico (jogador de futebol), 236
Ziraldo, 201, 216; retrato atualizado,
    359
Zoé, Angela, 353

A marca FSC® é a garantia de que a madeira utilizada na fabricação do papel deste livro provém de florestas gerenciadas de maneira ambientalmente correta, socialmente justa e economicamente viável e de outras fontes de origem controlada.

Copyright © 2023 Oscar Pilagallo
Copyright © 2023 Editora Fósforo

Todos os direitos reservados. Nenhuma parte desta obra pode ser reproduzida, arquivada ou transmitida de nenhuma forma ou por nenhum meio sem a permissão expressa e por escrito da Editora Fósforo.

Todos os esforços foram feitos para determinar a origem das imagens publicadas neste livro, porém isso nem sempre foi possível. Teremos prazer em creditar as fontes, caso se manifestem.

EDITORES Luís Francisco Carvalho Filho e Rita Mattar
EDIÇÃO Eloah Pina
ASSISTENTE EDITORIAL Cristiane Alves Avelar
PREPARAÇÃO Lívia Azevedo Lima
REVISÃO Andrea Souzedo e Carlos Tranjan
ÍNDICE REMISSIVO Maria Claudia Carvalho Mattos
DIRETORA DE ARTE Julia Monteiro
TRATAMENTO DE IMAGENS Julia Thompson
CAPA Gabinete Gráfico
IMAGEM DA CAPA Foto: Gil Passarelli/ Folhapress
PROJETO GRÁFICO Alles Blau
EDITORAÇÃO ELETRÔNICA Página Viva

Dados Internacionais de Catalogação na Publicação (CIP)
(Câmara Brasileira do Livro, SP, Brasil)

Pilagallo, Oscar
  O girassol que nos tinge : uma história das Diretas Já, o maior movimento popular do Brasil / Oscar Pilagallo. — 1. ed. — São Paulo : Fósforo, 2023.
  Bibliografia.
  ISBN: 978-65-84568-30-3

  1. Brasil — Política e governo 2. Democracia — Brasil — História 3. Ditadura — Brasil — História — 1964-1985 4. Eleições — História — Brasil 5. Movimentos de protesto 6. Movimentos sociais I. Título.

23-143798   CDD — 320.98108

Índice para catálogo sistemático:
1. Brasil : Ditadura militar, 1964-1984 : História política   320.98108
Aline Graziele Benitez — Bibliotecária — CRB-1/3129

Editora Fósforo
Rua 24 de Maio, 270/276, 10º andar, salas 1 e 2 — República
01041-001 — São Paulo, SP, Brasil — Tel: (11) 3224.2055
contato@fosforoeditora.com.br / www.fosforoeditora.com.br

Este livro foi composto em GT Alpina e
GT Flexa e impresso pela Ipsis em papel
Pólen Natural 80 g/m² da Suzano para a
Editora Fósforo em fevereiro de 2023.